Otto Kaiser
Zwischen Athen und Jerusalem

Beihefte zur Zeitschrift für die alttestamentliche Wissenschaft

Herausgegeben von
Otto Kaiser

Band 320

Walter de Gruyter · Berlin · New York

2003

Otto Kaiser

Zwischen Athen und Jerusalem

Studien zur griechischen
und biblischen Theologie, ihrer Eigenart
und ihrem Verhältnis

Walter de Gruyter · Berlin · New York
2003

1003105796X

♾ Gedruckt auf säurefreiem Papier,
das die US-ANSI-Norm über Haltbarkeit erfüllt.

ISBN 3-11-017577-0

Bibliografische Information Der Deutschen Bibliothek

Die Deutsche Bibliothek verzeichnet diese Publikation in der Deutschen Nationalbibliografie;
detaillierte bibliografische Daten sind im Internet über <http://dnb.ddb.de> abrufbar.

Printed in Germany
Umschlaggestaltung: Christopher Schneider, Berlin

Der hochwürdigen Theologischen Fakultät
der Paris-Lodron-Universität Salzburg
als Zeichen des Dankes für die mir verliehene Würde
des Ehrendoktors

Inhaltsverzeichnis

Die Bedeutung der griechischen Welt
für die alttestamentliche Theologie[1]

1. Die weltgeschichtliche Bedeutung des Alten Testaments und des Griechentums. Es ist ein Allgemeinplatz, daß sich die westliche Kultur aus zwei Wurzeln speist, der biblischen und der griechischen. Weniger bekannt dürfte es sein, daß beide Kulturen nicht nur unterschiedliche, sondern auch gemeinsame Voraussetzungen besaßen, ehe sich die biblische im Zeitalter des Hellenismus griechischer Argumentationen und Konzepte bediente und damit der Theologie den Weg denkender Vergegenwärtigung des Glaubens wies.

Israel selbst trat als ein Spätling unter den Völkern des Alten Orients in die Geschichte ein. Sein weltgeschichtliches Erbe in Gestalt des Alten Testaments verarbeitet die religiöse Hinterlassenschaft der vorderasiatisch-ägyptischen Welt in einer eigentümlichen Konzentration auf die religiös-sittlichen Grundforderungen der Gottes- und der Nächstenliebe. Es bezeugt damit den Primat der praktischen über die theoretische Vernunft.[2] Es zeichnet sich jedoch immer deutlicher ab, daß es sich dabei um das Ergebnis einer bewußten Absetzung von der personalisierten Naturreligion der Kanaanäer handelt, wie sie uns in den ugaritischen Mythen und Epen aus der zweiten Hälfte des 1. Jt.s v. Chr. entgegentritt[3] und sich in den Götternamen der Bibel wie in den archäologischen Funden aus dem Boden Palästinas spiegelt.[4] Geschichtlich läßt sich die alttestamentliche daher als eine postkanaanäische Religion ansprechen.[5] An-

---

[1] Dem Aufsatz liegt ein Vortrag zugrunde, der von mir auf Einladung der Theologischen Fakultät der Ruprecht-Karls-Universität Heidelberg am 18. Januar 1999 gehalten wurde. Ich danke Herrn Kollegen Professor Dr. Manfred Oeming für die Herausforderung, meine Einzelstudien auf diesem Gebiet zusammenzufassen.

[2] Vgl. dazu auch O. Kaiser, Der Gott des Alten Testaments. Theologie des AT I: Grundlegung (GAT I), UTB 1747, Göttingen 1993, S. 349-352; ders., Die Bedeutung des Alten Testaments für Heiden, die manchmal auch Christen sind, ZThK 91, 1994, S. 1-9 = ders., Gottes und der Menschen Weisheit, BZAW 261, Berlin und New York 1998, S. 282-290.

[3] O. Loretz, Ugarit und die Bibel. Kanaanäische Götter und Religion im Alten Testament, Darmstadt 1990.

[4] Vgl. z.B. O. Keel und C. Uehlinger, Göttinnen, Götter und Gottessymbole. Neue Erkenntnisse zur Religionsgeschichte Kanaans und Israels aufgrund bislang unerschlossener ikonographischer Quellen, CD (D), Freiburg i.Br. u.a. [4]1998.

[5] Zur vorexilischen Religionspraxis vgl. z.B. H.M. Niemann, Herrschaft, Königtum und Staat, FAT 6, Tübingen 1993, S. 185-245, und M. Gleis, Die Bamah, BZAW 251, Berlin und New York, S. 245-253, zum allgemein-geschichtlichen Umfeld E.A. Knauf, Die Um-

dererseits hat sich aber auch die griechische materiale und Geisteskultur nicht ohne wesentliche Anstöße und Übernahmen aus der westasiatischen Welt formiert und dabei religiöse Entwicklungen durchlaufen, die im Alten Testament ihre Parallelen besitzen.

Man hat den Unterschied zwischen griechischem und hebräischem Denken in ebenso grandioser wie problematischer Vereinfachung auf den zwischen einem sehenden und einem hörenden Erschließen der Welt gebracht. Ausschlaggebend dafür ist die Konfrontierung der für die biblische Tradition konstitutiven Zentralstellung der göttlichen Gehorsamsforderung mit der ästhetischen Seite der griechischen Kultur.[6] Wie alle derartigen Generalisierungen besitzt auch diese ebenso ihr Recht wie ihre Grenze. Ihr Recht beruht darauf, daß sie die Eigentümlichkeit des Alten Testaments grundsätzlich richtig erfaßt. Ihre Grenze aber liegt darin, daß sie einerseits die biblische Theonomie als charakteristisch für das hebräische Denken überhaupt betrachtet und andererseits den unterschiedlichen Level der beiden Kulturen nicht gebührend berücksichtigt. Denn während das biblische Denken bis zu seinem Ende trotz seines postdeuteronomischen Rationalismus binnenmythisch geblieben ist,[7] zeichnet sich in Hellas die künftige Vorherrschaft des Logos über den Mythos bereits in den Epen des 8. und frühen 7. Jh.s v. Chr. ab.[8] So wie der biblische Rationalismus die Welt entgöttlichte, lehrte der griechische Welt und Existenz im distanzierten Sehakt zu erfassen.

Beide Tendenzen bilden in ihrer Vereinigung die Voraussetzung für das säkularisierte Weltverständnis der Neuzeit. Dabei bedürfen göttlicher Gehorsamsanspruch und kritische Reflexion der wechselseitigen Ergänzung, wenn der eine nicht anachronistisch mißdeutet und die andere sich nicht im Beliebigen verlieren soll. Damit ist bereits gesagt, daß die Begegnung zwischen dem so verstandenen biblischen und griechischem Geist kein einmaliges und hinter uns liegendes Geschehen ist, sondern sich jeder Generation in Gestalt der Aufgabe stellt, die theoretische mit der praktischen Vernunft zu versöhnen. Daher besitzt es nicht nur ein historisches Interesse, sich die Folgen der im Zeitalter

---

welt des Alten Testaments, NSK.AT 29, Stuttgart 1994, und zum religionsgeschichtlichen Hintergrund H. Niehr, Religionen in Israels Umwelt, NEB.E 5, Würzburg 1998.

[6]   T. Boman, Das hebräische Denken im Vergleich mit dem Griechischen, Göttingen ²1954, S. 166-168. Zu dem bis heute nachwirkenden ästhetischen Verständnis des Griechentums in Klassik und Romantik vgl. K. Christ, Hellas. Griechische Geschichte und deutsche Geschichtswissenschaft, München 1999, S. 7-21.

[7]   Vgl. dazu O. Kaiser, Der Mythos als Grenzaussage, in: J. Jeremias, Hg., Gerechtigkeit und Leben im hellenistischen Zeitalter, BZAW 296, Berlin und New York 2001, S. 87-116, und zum gebrochenen mythischen Denken der biblischen Autoren schon F. Gogarten, Die Verkündigung Jesu Christi. Grundlagen und Aufgabe, Heidelberg 1948 S. 447-453.

[8]   Vgl. dazu W. Nestle, Vom Mythos zum Logos. Die Selbstentdeckung des griechischen Denkens von Homer bis auf die Sophistik und Sokrates, Stuttgart ²1975, S. 17f.20-52.

des Hellenismus erfolgten geistigen Begegnung zwischen der griechischen und der biblischen Welt zu vergegenwärtigen, nach ihren Voraussetzungen zu fragen und knapp ihre weltgeschichtlichen Folgen zu skizzieren.

2. *Religiöse und kulturelle Gemeinsamkeiten zwischen Hellas und Israel.* Die Lösung dieser Aufgabe setzt die der anderen voraus, die trotz aller Unterschiede bestehenden Gemeinsamkeiten zwischen der israelitisch-jüdischen und der griechischen Religion festzustellen. Sie beruhen nach dem gegenwärtigen, in Einzelheiten noch zu überprüfenden Stand der Forschung darauf, daß seit der späthelladischen Epoche ein selbst durch das dunkle Zeitalter der Wanderzeit nicht vollständig abgerissener Kulturkontakt[9] zwischen der ägäischen Welt und der Levante bestand.[10] Auf diese Weise ist es vor allem dank phönizischer[11] und später wohl auch assyrischer Vermittlung[12] nicht nur zur Übernahme handwerklicher Techniken[13] und der für die Entstehung der griechischen Literatur entscheidenden Entlehnung der Alphabetschrift,[14] sondern auch zu einer solchen poetischer Formen und Formeln gekommen.[15] Bedeutsamer für unser Thema ist es, daß im Zuge dieser Kulturbegegnung eine ganzen Reihe vorderasiatischer Mythologeme und religiöser Konzepte von den Griechen assimiliert worden ist, die im Alten Testament teils lediglich nachklingen, teils aber von grundlegender Bedeutung sind. Bekanntlich hat jüdische und christliche Apologetik sich diese Parallelen später mittels der Abhängigkeit der griechischen Dichter und Denker von Mose und den Propheten zu erklären gesucht.[16]

---

9 Vgl. dazu H.-G. Buchholz, Ugarit, Zypern und Ägäis. Kulturbeziehungen im zweiten Jahrtausend v.Chr., AOAT 261, Münster 1999, S. 739-741.

10 Vgl. dazu F.H. Stubbings, CAH³ II/2, 1976, S. 181-184; W. Helck, Die Beziehungen Ägyptens und Vorderasiens zur Ägäis bis ins 7. Jahrhundert v. Chr., EdF 120, Darmstadt 1979, S. 38-48; J. Boardman, The Greeks Overseas. Their Early Colonies and Trade, London 1980, zit. nach der Übers. von K.-E. und G. Felten, Kolonien und Handel der Griechen, München 1981, S. 37-59; W. Burkert, The Orientalizing Revolution. Near Eastern Influence on Greek Culture in the Early Archaic Age, transl. M.E. Pinder und W. Burkert, Cambridge/Mass. 1995, S. 9-40, und zusammenfassend und weiterführend M.L. West, The East Face of Helicon, West Asiatic Elements in Greek Poetry and Myth, Oxford 1997, S. 2-9 und S. 609-626. Daß die Kontakte nicht nur in einer Richtung verliefen, unterstreicht Buchholz, a.a.O., S. 706f.

11 Helck, S. 158-165; West, S. 8f. und S. 608-614 und Buchholz, S. 706.

12 West, S. 614-616.

13 Helck, S. 171-225; West, S. 14-33; vgl. auch Brown, Israel and Hellas, BZAW 231, Berlin und New York 1995, passim.

14 Helck, S. 165-170; J. Nahveh, Early History of the Alphabet. An Introduction to Westsemitic Epigraphy and Paleography, Jerusalem und Leiden 1982, S. 175-186; Burkert, S. 25-33; Brown, S. 38-44, und West, S. 24f.

15 West, S. 168-275.

16 Vgl. dazu E.J. Bickerman, The Jews in the Greek Age, Cambridge/Mass. und London 1988, S. 226-231.

Als der homerischen und der biblischen Religion gemeinsam können wir vor allem folgende Vorstellungen betrachten:[17] So wie Jahwe vermutlich ursprünglich ein auf einem Berge wohnender Wettergott gewesen ist, der sich im Nachklang davon noch im Alten Testament zum Verkehr mit Mose und seinem Volk auf dem Sinai/Horeb niederließ,[18] wohnte nach homerischer Vorstellung auch Zeus auf dem Olymp, um dort seine göttlichen Kinder um sich zu versammeln und von dort seine Blitze zu streuen.[19] Nicht anders als Jahwe galt auch Zeus als Wahrer des Rechts und Rächer des Rechtbruchs,[20] der in seinem Zorn alle Rechtsübertretungen ahndet.[21] Die einschlägigen Worte der israelitischen Propheten, Hesiods und Solons legen für den Glauben an die göttliche Sanktion des Rechts ein eindrückliches und in seinen Grundzügen übereinstimmendes Zeugnis ab.[22] Und so wie Mose den Dekalog und die Rechtsbücher durch göttliche Offenbarung empfangen haben soll,[23] galten auch Zeus und zumal Apoll als die eigentlichen Geber des Rechts.[24] Entsprechungen zwischen den beiden Religionen lassen sich darüber hinaus

---

[17] Vgl. zum Folgenden auch W. Helck, S. 235-252, und Burkert, S. 41-87.

[18] Vgl. dazu auch O. Kaiser, GAT II, S. 81-86.

[19] Vgl. dazu O. Kaiser, GAT II, S. 67-86, S. 130-133 und S. 156f., mit West, S. 177-180 und ergänzend Brown, S. 98-105.

[20] Brown, S. 253-283; West, S. 19-23, S. 319-324 und S. 558f., und weiterhin die einschlägigen Aufsätze in O. Kaiser, Der Mensch unter dem Schicksal. Studien zur Geschichte, Theologie und Gegenwartsbedeutung der Weisheit, BZAW 161, Berlin und New York 1985, und ders., Gottes und der Menschen Weisheit, BZAW 261, Berlin und New York 1998, S. 18-42; bzw. zu den griechischen Vorstellungen H. Lloyd-Jones, The Justice of Zeus, Berkeley u.a. 1971; E.A. Havelock, The Greek Concept of Justice. From Its Shadow in Homer to Its Substance in Plato, Cambridge/Mass. und London 1978, und zur westasiatischen Wurzel der entsprechenden griechischen Vorstellungen West, S. 124-128, S. 135-137 und S. 321f., und schließlich den Sammelband von J. Assmann, B. Janowski und M. Welker, Hg., Gerechtigkeit. Richten und Retten in der abendländischen Tradition und ihren altorientalischen Ursprüngen, München 1998.

[21] Vgl. dazu E. Johnson, ThWAT I, 1973, Sp. 384-389 mit West, S. 124-130.

[22] Vgl. dazu O. Kaiser, Gerechtigkeit und Heil bei den israelitischen Propheten und griechischen Denkern des 8.-6. Jahrhunderts, NZSTh 11, 1969, S. 312-328 = ders., BZAW 161, S. 24-40.

[23] Vgl. dazu E. Otto, Art. Recht/Rechtsphilosophie. I. Recht und Rechtswesen im Alten Orient und im Alten Testament, TRE XXVIII, Berlin und New York 1997, S. 197-209; zur Theologisierung des Rechts im Alten Testament auch O. Kaiser, GAT I, S. 300-317.

[24] Vgl. dazu z.B. M.P. Nilsson, Geschichte der griechischen Religion I: Die Religion Griechenlands bis auf die griechische Weltherrschaft, HAW V,2.1, München [2]1955, S. 640-644; G.R. Morrow, Plato's Cretan City. An Historical Interpretation of the Laws, Princeton 1960 ([2]1993), S. 23-26; S. 33f. und S. 406-408; H. Lloyd-Jones, Justice, S. 6f.; O. Kaiser, Gott und Mensch als Gesetzgeber in Platons Nomoi, in: B. Kollmann, W. Reinbold und A. Steudel Hg., Antikes Judentum und Frühes Christentum. FS H. Stegemann, BZNW 97, Berlin und New York 1999, S. 278-295 = unten, S. 63-80, und zuletzt K.-J. Hölkeskamp, Schiedsrichter, Gesetzgeber und Gesetzgebung im archaischen Griechenland, Hist.ES 131, Stuttgart 1999, S. 47f.

auf dem Gebiet der Kultpraxis[25] und nicht zuletzt auf dem der Unterwelts- und Seelenvorstellung nachweisen.[26]

Gewiß dürfen die zwischen den beiden Religionen bestehende Unterschiede nicht übersehen werden. Sie fallen jedem Leser des Alten Testaments und der Homerischen Epen ins Auge. Als Beispiel seien die Erzählungen von der himmlischen Ratsversammlung in Hiob 2,1-7 und der olympischen im 1. Gesang der Odyssee V.26-95 und 96-310 gewählt. Beide sind insofern kompatibel, als sie der Verteidigung der göttlichen Gerechtigkeit dienen.[27] Die jüdische Dichtung konzentriert sich ganz auf den knappen Dialog zwischen Gott und dem Satan, in dem selbstverständlich Gott das letzte Wort besitzt, um dann die Folgen für Hiob in einem einzigen Vers zu berichten. Die griechische gibt dem Dialog zwischen dem Göttervater und seiner Tochter breiten Raum, wobei Athene, nachdem sie ihr Ziel erreicht hat, nach eigenem Willen handelt: Erst schildert Athene in epischer Breite den Aufenthaltsort und die Leiden des Helden auf der baumreichen Insel der Kirke. Dann erklärt ihr Zeus nicht weniger ausführlich, warum Poseidon dem Manne zürnt. Anschließend werden wir nicht nur über Athenes Entschluß unterrichtet, Hermes zu Kirke zu senden und ihr Odysseus' Freilassung zu befehlen, sondern wir begleiten sie weiterhin bei ihrem Besuch bei Telemachos in dem von den Freiern belagerten Haus seines Vaters. In der alttestamentlichen Erzählung wird von der himmlischen Welt nur insofern gesprochen wie es für das Verständnis des göttlichen Handelns am Menschen erforderlich ist.[28] Zu sehen gibt es hier nichts als am Ende den am ganzen Leib von Geschwüren

---

[25]   Vgl. dazu M. Gleis, Bamah, S. 198-220; J.P. Brown, S.183-218; West, S. 33-45, und breit ausholend die archäologischen Zeugen für die religionsgeschichtlichen Verknüpfungen zwischen West und Ost vorführend Buchholz, S. 563-707.

[26]   Vgl. z.B. Hom. Od. XI, 34ff. mit I Sam 28 und dazu O. Kaiser, in: ders. und E. Lohse, Tod und Leben, KonBib 1001, Stuttgart u.a. 1977, S. 25-48; J. Tropper, Nekromantie im Alten Orient und im Alten Testament, AOAT 223, Neukirchen-Vluyn 1989, S. 205-227, zur Nekromantie in Ugarit H. Niehr, Religionen in Israels Umwelt, NEB.AT.E 5, Würzburg 1998, S. 64-66, und West, S. 50f., S. 426f. sowie zu der weiteren Parallele in Aischyl. Pers. 623-842 West, S. 550-552. Zum Fortwirken der Tradition auch A. Dieterich, Nekyia. Beiträge zur Erklärung der neuentdeckten Petrusapokylpse, Leipzig und Berlin [2]1913 = Darmstadt [3]1969.

[27]   Zum Hiobprolog vgl. O. Kaiser, Grundriß der Einleitung in die kanonischen und deuterokanonischen Schriften des Alten Testaments III: Die poetischen und weisheitlichen Werke, Gütersloh 1994, S. 81f., zu seiner Genese W.-D. Syring, Hiob und sein Anwalt. Die Prosatexte des Hiobbuches und ihre Rolle in seiner Redaktions- und Rezeptionsgeschichte, Diss. Tübingen 1998/99, und zur Odyssee als einer Theodizeedichtung W. Jaeger, Paideia. Die Formung des griechischen Menschen I, Berlin und Leipzig 1936, S. 85f.

[28]   Siehe dazu auch den Vergleich der Schilderung der Narbe des Odysseus in Od. XIX,360ff. mit der Erzählung von der Opferung Isaaks in Gen 22 von E. Auerbach, Mimesis. Dargestellte Wirklichkeit in der abendländischen Literatur, Sammlung Dalp 90, Bern [2]1959, S. 5-27.

bedeckten Hiob.[29] Es geht im Alten Testament nicht um die Anschauung der himmlischen Welt, sondern um ihr Eingreifen in die irdische.[30] Die kanaanäische epische Tradition hat im Alten Testament keinen Niederschlag gefunden.[31] So verstehen wir das Urteil, zu dem seinerzeit Erich Auerbach aufgrund eines Vergleichs der biblischen Erzählung von Isaaks Opferung in Gen 22 und der Schilderung der Narbe des Odysseus Od. XIX,360-393.467-490 gelangt ist: „Die Welt der Geschichten der Heiligen Schrift begnügt sich nicht mit dem Anspruch, eine geschichtlich wahre Wirklichkeit zu sein – sie behauptet, die einzig wahre, die zur Alleinherrschaft bestimmte Welt zu sein. ... Die Geschichten der Heiligen Schrift werben nicht, wie die Homers, um unsere Gunst, sie schmeicheln uns nicht, um uns zu gefallen und zu bezaubern – sie wollen uns unterwerfen, und wenn wir es verweigern, so sind wir Rebellen".[32] Der Glaube an den einen, sich in Israels Geschick der Welt offenbarenden Gott ist herrisch und exklusiv. Die homerische Welt ist gewiß nicht ohne Tragik und Größe, aber ihr polytheistischer Horizont läßt der dichterischen Phantasie seine Freiheit.

Die geistige Mitte der Hebräischen Bibel ist die Tora, die göttliche Weisung, die dem Israel aller Zeiten und an allen Orten gilt (Dtn 29,13f.). Sie regelt ein für alle mal Israels Verkehr mit seinem Gott, mit den Brüdern und mit den Fremden.[33] Die olympische Religion stellte dagegen ein der Vielfalt der Poleis entsprechendes System von Ritualen und Mythen dar.[34] Gewiß galten in ihnen allen grundsätzlich die ungeschriebenen göttlichen Gesetze.[35] Aber darüber hinaus gab es keine kodifizierten Absolutheitsansprüche der Götter.[36] Trotzdem können wir festhalten, daß in beiden Religionen der höchste Gott als Wächter des Rechts

---

[29]   Vgl. auch Dtn 4,15b.

[30]   Vgl. dazu auch O. Kaiser, GAT II: Wesen und Wirken. Jahwe, der Gott Israels, Schöpfer der Welt und des Menschen, UTB 2024, Göttingen 1998, S. 312-317.

[31]   Daß diese aus Babylonien und Ugarit bekannte Gattung noch um die Wende des 8. zum 7. Jh. v.Chr. in Phönizien beheimatet war, macht West, S. 99f., anhand des Reliefs auf der Innenseite der aus Praeneste stammenden Silberschale Rom, Villa Giulia 61565 wahrscheinlich.

[32]   E. Auerbach, S. 17.

[33]   Vgl. dazu auch O. Kaiser, The Law as Center of the Hebrew Bible, in: M. Fishbane und E. Tov, Hgg., „Sha'arei Talmon". FS Sh. Talmon, Winona Lake/Ind. 1992, S. 93-104 bzw. ders., GAT I, S. 329-353.

[34]   Zu den Riten der Polisreligion der archaischen und klassischen Zeit vgl. L. Bruit Zaidmann und P. Schmitt Pantel; übers. A. Wittenburg, München 1994, S. 29-140.

[35]   Vgl. dazu z.B. V. Ehrenberg, Anfänge des griechischen Naturrechts, AGPh 35, 1923, S. 119-143 = ders., Polis und Imperium. Beiträge zur Alten Geschichte, hg. v. K.F. Strohekker und A.J. Graham, Zürich und Stuttgart 1965, S. 359-379.

[36]   Vgl. dazu W. Burkert, Griechische Religion der archaischen und klassischen Epoche, RM 15, Stuttgart u.a. 1977, S. 32f., zu weiteren entscheidenden Unterschieden zwischen den griechischen Göttern und dem christlichen Gott, wie sie in der Bibel präformiert sind, vgl. auch Zaitmann und Schmitt Pantel, S. 19f.

galt und es in der griechischen eine lebendige Unterströmung gab, die den göttlichen Rechtsanspruch auch jenseits des Grabes aufrecht erhielt.

3. Die Begegnung zwischen Juden und Griechen. Die Begegnung zwischen dem Griechen- und dem Judentum besitzt eine Vor- und eine eigentliche Geschichte. Ihre Vorgeschichte reicht vom ausgehenden 7. Jh. v. Chr. bis zum Ende der Perserzeit. Ihre Geschichte vollzog sich zwischen der Besetzung Palästinas durch Alexander den Großen 332 und der römischen Eroberung Jerusalems 63 v. Chr. bzw. (rechnen wir die frühe Kaiserzeit dazu)[37] der Zerstörung des Zweiten Tempels 70 bzw. der Jerusalems 135 n. Chr.[38]

Von einer griechischen Präsenz in Juda erfahren wir erstmals in den aus dem letzten Regierungsjahr König Jojakims (598/97) stammenden Ostraka aus der südjudäischen Grenzfeste Arad: Offenbar besaß nicht nur der neubabylonische König Nebukadnezar (604-562),[39] sondern auch der judäische König griechische Söldner.[40] Später hatte die Anwesenheit im persischen Dienst stehender griechischer Soldaten in Palästina das Nachkommen griechischer Händler zur Folge und wurde dadurch für den kulturellen Austausch bedeutungsvoller.[41] Solche Kaufleute lassen sich zumal in der Provinz Dor nachweisen.[42] Das sich vom Indus bis zur kleinasiatischen Westküste erstreckende Perserreich bildete einen Wirtschaftsraum, der auch griechischen Händlern und Kaufleuten ein reiches Betätigungsfeld bot.[43] Denkwürdig bleibt es schließlich, daß der Pharao Tachos im Jahre 360 in seinem Heer ein angeblich 10.000 griechische Söldner umfassendes Kontingent besaß und mit ihnen nach Palästina und Syrien

---

[37]   Vgl. dazu auch H.-J. Gehrke, Geschichte des Hellenismus, OGG 1 A, München 1990, S. 3.

[38]   Vgl. dazu M. Hengel, collab. Ch. Markschies, The ,Hellenization' of Judaea in the First Century after Christ, London und Philadelphia 1989.

[39]   Alk. 50 (D) = 350 (LP).

[40]   Vgl. die Arad-Ostraka Y. Aharoni, Arad Inscriptions. English Edition; ed. and rev. A.F. Rainey, Jerusalem 1981, Arad (6) 1; 2; 4; 5; 7; 8; 11; 14 und 17 bei J. Renz und W. Röllig, Handbuch der althebräischen Epigraphik I: J. Renz, Die althebräischen Inschriften 1: Text und Kommentar, Wiesbaden 1995, S. 353-382 und dazu bes. S. 353f. und zu ihrer vermutlich ins Jahr 598/97 fallenden Datierung S. 348f.; Arad (6) 1 und 18 auch bei D. Conrad, in: TUAT I/3, Gütersloh 1984, S. 251f.

[41]   Zur Lage Palästinas und besonders Judas in der Perserzeit vgl. E. Stern, The Persian Empire and the Political and Social History of Palestine in the Persian Period, CHJ I, 1984, S. 70-87, bzw. P.R. Ackroyd, The Jewish Community in Palestine in the Persian Period, ebd., S. 130-161.

[42]   Vgl. dazu E. Stern, Material Culture of the Land of the Bibel in the Persian Period, Warminster und Jerusalem 1973, S. 242, zur Verbreitung griechischer Keramik und anderer Gerätschaften im Lande S. 232-236, bzw. knapper Morton Smith, Palestinian Parties and Politics that Shaped the Old Testament, New York und London 1971, S. 61f.

[43]   Vgl. die Skizze der Situation Judas unter persischer Verwaltung von H. Weippert, Palästina in vorhellenistischer Zeit. Mit einem Beitrag von L. Mildenberg, Hb. der Archäologie. Vorderasien II/1, München 1988, S. 687-692, bes. S. 692.

8   Die Bedeutung der griechischen Welt für die alttestamentliche Theologie   [314]

vordrang, um damit das klassische Vorfeld zum Schutz vor den vorderasiatischen Mächten zurückzugewinnen. Trotz der militärischen Beratung des Pharao durch den spartanischen König Agesilaos und der Führung der Flotte durch den Athener Chabrias blieb auch dieser letzte ägyptische Vorstoß nach Palästina aufgrund der Ausrufung Nektanebos II. zum Gegenkönig erfolglos.[44] Aber die Jahrhunderte lange Präsenz griechischer Söldner und Händler in Palästina dürfte zumindest bei denen, die mit ihnen aufgrund ihres Amtes oder ihrer Interessen verkehrten, eine kontinuierliche Zunahme griechischer Sprachkenntnisse zur Folge gehabt haben, mögen diese auch zunächst so primitiv wie möglich gewesen sein.[45]

Ähnlich wie in Kleinasien[46] begann die Hellenisierung Palästinas zwar nicht erst mit dem Alexanderjahr 333/332 v. Chr., doch wurde sie ihm in seiner Folge zum Schicksal. Die nach dem Tod Alexanders 323 einsetzenden Kämpfe um die Wahrung der Reichseinheit erwiesen sich im Jahr 301 als endgültig gescheitert. Als Südsyrien nach der Schlacht von Ipsos Seleukos I. zugesprochen wurde, hatte es Ptolemaios I. bereits besetzt und weigerte sich, es herauszugeben.[47] Das hatte zwischen 275 und 168 die sechs Syrischen Kriege zur Folge, in dessen fünftem Antiochos III. in den Jahren 202 und 201 endlich den seleukidischen Anspruch auf Palästina durchsetzen konnte, so daß auch Juda unter seleukidische Herrschaft geriet.[48] Morton Smith hat ausgerechnet, daß

---

[44] Vgl. dazu K.F. Kienitz, Die politische Geschichte Ägyptens vom 7. bis zum 4. Jahrhundert vor der Zeitwende, Berlin 1953, S. 93-99, und knapp O. Kaiser, Zwischen den Fronten. Palästina in den Auseinandersetzungen zwischen dem Perserreich und Ägypten in der ersten Hälfte des 4. Jahrhunderts, in: R. Schnackenburg und J. Schreiner, Wort, Lied, Gottesspruch II: Beiträge zu Psalmen und Propheten. FS J. Ziegler, FzB 2, Würzburg 1972, S. 197-206, bes. S. 201f. = ders., Von der Gegenwartsbedeutung des Alten Testaments. Ges. Studien zur Hermeneutik und zur Redaktionsgeschichte, hg. von V. Fritz, K.-F. Pohlmann und H.-C. Schmitt, Göttingen 1984, S. 189-198, bes. S. 193f.

[45] Wenigstens anmerkungsweise sei die vermutlich für das Jahr 454 bezeugte Zugehörigkeit Dors zum Ersten oder Attisch-Delischen Seebund erwähnt. Dor dürfte der athenischen Flotte kaum über das Jahr 450 hinaus als Stützpunkt auf dem Wege nach Ägypten gedient haben. Vgl. dazu B.D. Merit, H.T. Wade-Gary und M.F. McGregor, The Athenian Tribute Lists I, Cambridge/Mass. 1939, Tribut-Liste A I, Frag. 1, S. 154, vgl. S. 483, und III, Princeton, 1950. S. 9ff.; zur politischen Situation K.F. Kienitz, Politische Geschichte, S. 69-77, sowie O. Kaiser, Der geknickte Rohrstab. Zum geschichtlichen Hintergrund der Überlieferung und Weiterbildung der prophetischen Ägyptensprüche im 5. Jahrhundert, in: H. Gese und H.P. Rüger, Hg., Wort und Geschichte. FS K. Elliger, AOAT 18, Kevelaer und Neukirchen-Vluyn 1973, S. 99-106, bes. S. 102-104 = ders., Gegenwartsbedeutung, S. 181-188, bes. S. 184-186.

[46] Vgl. dazu schon W. Judeich, Kleinasiatische Studien. Untersuchungen zur griechischpersischen Geschichte des IV. Jahrhunderts v. Chr., Marburg 1892, S. 3-6.

[47] Vgl. dazu G. Hölbl, Geschichte des Ptolemäerreiches, Politik, Ideologie und religiöse Kultur von Alexander dem Großen bis zur römischen Eroberung, Darmstadt 1994, S. 22-25, bzw. knapp H.-J. Gehrke, OGG I A, 1990, S. 38-41.

[48] Zur Epoche vgl. M. Hengel, The Political and Social History of Palestine from Alexander to Antiochus III, CHJ II: The Hellenistic Age, Cambridge/U.K. 1989, S. 35-78; zum Verlauf der Syrischen Kriege vgl. Hölbl bzw. Gehrke, passim.

Palästina in den 260 Jahren zwischen dem Tod Alexanders 323 und der das Ende der griechisch-hellenistischen Vorherrschaft über den jüdischen Tempelstaat bezeichnenden Eroberung Jerusalems durch Pompejus 63 v. Chr. nicht weniger als 200mal von fremden Heeren durchzogen worden ist.[49]

Juda besaß unter den Ptolemäern und Seleukiden den Status eines nach innen selbständigen *Ethnos* nach der Art eines Tempelstaates. Es wurde von dem Jerusalemer Hohenpriester, dem für die Finanzverwaltung zuständigen Prostaten und dem Synhedrion als dem höchsten ständischen Organ regiert.[50] Gleichzeitig unterlag es zumal in der gute hundert Jahre währenden Ptolemäerherrschaft deren effektiver Finanz- und Güterverwaltung.[51] Erst den hasmonäischen Hohenpriestern gelang es zwischen 152 und 104 v. Chr. durch eine geschickte Ausnutzung der zwischen den Ptolemäern und Seleukiden bestehenden Rivalitäten und des römischen Interesses an einer *balance of power* auf dem Wege über das Hohepriestertum erst zu Ethnarchen und schließlich (nach außen) zu Königen aufzusteigen.[52]

Die hellenistische Herrschaft manifestierte sich nicht nur in den griechischen Beamten und Besatzungssoldaten und den sie versorgenden Händlern,[53] sondern auch in einem Kranz griechischer, das jüdische Land umgebender Poleis.[54] Das aber bedeutete, daß es von Stätten einer gymnasialen griechisch-hellenistischen Bildung umgeben war.[55] Denn die Übernahme bürgerlicher Ämter war in den Poleis an die Ephebenausbildung geknüpft. Zu ihrem geistigen Kanon gehörten in der Regel außer Homer und Hesiod auch die Tragiker und unter ihnen zumal

---

[49] Parties, S. 64 mit S. 231f. Anm. 57.

[50] Zur ptolemäischen Verwaltung des Jerusalemer Tempelstaates und zu der unter ihr erfolgten wirtschaftlichen Entwicklung des Landes nebst ihren sozialen Auswirkungen vgl. M. Hengel, Judentum und Hellenismus. Studien zu ihrer Begegnung unter besonderer Berücksichtigung Palästinas bis zur Mitte des 2. Jh. v. Chr., WUNT 10, Tübingen (1969) [3]1988, S. 42-55 und S. 76-105 bzw. E. Schürer, The History of the Jewish People in the Age of Jesus Christ (175 B.C. - A.D. 135). New English Version, rev. and ed. G. Vermes, F. Millar und M. Black I, Edinburgh 1973, S. 138-142, zur Rolle des Synhedrions und der Verwaltungsordnung des Landes Schürer-Vermes II, 1979, S. 184-236.

[51] Vgl. dazu Hengel, Judentum und Hellenismus, S. 32-42.

[52] Vgl. dazu ausführlich Schürer-Vermes I, S. 174-242, bzw. J.A. Goldstein, The Hasmonean Revolt and the Hasmonean Dynasty, CJH II, 1989, S. 292-352, bzw. knapp H. Donner, Geschichte des Volkes Israel und seiner Nachbarn in Grundzügen II, ATD.E 4/2, Göttingen [2]1995, S. 483-488, und zu Hintergründen und Ablauf der Religionsverfolgung unter Antiochos IV. K. Bringmann, Hellenistische Reform und Religionsverfolgung in Judäa. Eine Untersuchung zur jüdisch-hellenistischen Geschichte (175-163 v. Chr.), AAWG.PH III/132, Göttingen 1983, S. 97-140.

[53] Vgl. dazu Hengel, Judentum und Hellenismus, S. 21-32.

[54] Vgl., zu ihnen V. Tcherikover, Hellenistic Civilization and the Jews, New York 1970 (ND), S. 90-116, und Schürer-Vermes II, Edinburgh 1979, S. 85-183.

[55] Diese Feststellung gilt auch, wenn man sich bewußt ist, daß zwischen ihnen und ihrem Umfeld ein wechselseitiges Geben und Nehmen bestand, wie es J.J. Collins, Jewish Wisdom in the Hellenistic Age, Edinburgh 1998, S. 24, betont.

Euripides sowie die Komödiendichter und hier zumal Menander.[56] Man kann voraussetzen, daß man in Jerusalem wußte, worauf man sich einließ, als dort 175 v. Chr. unter dem Hohenpriester Jason zusammen mit der Auslage einer Bürgerliste für die Polis *Antiocheia en Hierosolymois* (vgl. II Makk 4,9) ein Gymnasium eingerichtet wurde (I Makk 1,15 und II Makk 4,12-14).[57]

Erinnern wir uns daran, daß sich die jüdische Gemeinde in Alexandrien, dem in mancher Beziehung Athen und gewiß Pergamon überflügelnden geistigen Zentrum der hellenistischen Welt, zum Mittelpunkt des hellenistischen Judentums entwickelte,[58] haben wir den historischen Hintergrund der Bühne hinreichend ausgeleuchtet, auf der sich die Auseinandersetzung des Judentums mit dem Hellenismus vollzog.

4. Die Krise des Glaubens an die göttliche Vergeltung bei den Griechen. Im Laufe des 5. Jh.s v. Chr. wurde die griechische Welt von einer inneren Unruhe ergriffen, die sich in den beiden folgenden Jahrhunderten auch auf die Länder des östlichen Mittelmeers ausbreitete. Hatten die Griechen zu Beginn des 5. Jh.s zweimal den Zugriff der Perser auf ihr Land abwehren können, so verbrauchten sie in der zweiten Hälfte ihre Kraft im großen Peloponnesischen Krieg. Innerlich entsprach dem eine Zersetzung der traditionellen Werte im Lichte einer neuartigen Zuwendung zur Erfahrung. Dadurch wurde auch der traditionelle Glaube an die göttliche Sanktion menschlicher Hybris in Frage gestellt.[59]

Die Ankunft der Krise läßt sich bei den drei großen athenischen Tragikern ablesen. Mit der Heilung der Sinneskrise waren die Philosophen bis zum Ausgang der Antike beschäftigt. Aischylos, der älteste der drei Dramatiker, bekannte sich in seinem 458 aufgeführten *Agamemnon* betont zu dem traditionellen

---

[56]   Zum Schulprogramm vgl. C. Schneider, Die Welt des Hellenismus. Lebensformen in der spätgriechischen Antike (Auszüge aus ders., Kulturgeschichte des Hellenismus I-II, München 1967 und 1969), München 1975, S. 105, und T. Middendorp, Die Stellung Jesu Ben Siras zwischen Judentum und Hellenismus, Leiden 1973, S. 32, zur Institution M.P. Nilsson, Die hellenistische Schule, München 1955.

[57]   Vgl. dazu E. Bickerman(n), Der Gott der Makkabäer. Untersuchungen über Sinn und Ursprung der makkabäischen Erhebung, Berlin 1937, S. 59-65, engl. The God of the Maccabees. Studies on the Meaning and Origin of the Maccabean Revolt, transl. H.R. Moehring, StJLA 32, Leiden 1979, S. 38-42; zur Diskussion V. Tcherikover, Hellenistic Civilization, S. 161-167 und S. 404-409, und dann einerseits M. Hengel, Judentum und Hellenismus, S. 504-507, und andererseits O. Morkholm, Antiochus IV, CHJ II, 1989, S. 279f.

[58]   Vgl. dazu summarisch J.J. Collins, Jewish Wisdom, S. 135-157 und ergänzend M. Kepper, Hellenistische Bildung im Buch der Weisheit. Studien zur Sprachgestalt und Theologie der Sapientia Salomonis, BZAW 280, Berlin und New York 1999, bes. S. 197-199.

[59]   Vgl. dazu auch A.W.H. Adkins, Merit and Responsibility. A Study in Greek Values, Oxford 1960, S. 227-240, und A. Dihle, Die Krise der Legitimation „gerechter" Ordnung im Griechenland des fünften Jahrhunderts v. Chr., in: J. Assmann u.a., Hg., Gerechtigkeit, 1998, S. 141-148.

Glauben. Aber er wußte bereits, daß sich das gerechte Walten des Zeus nur dem erschließt, der es in dem Scheitern der hybriden menschlichen Versuche erkennt, den vermeintlich eindeutigen eigenen Rechtsanspruch durchzusetzen. Trotz der sich darin manifestierenden Zweifel vertrat Aischylos den herkömmlichen Glauben an die Gerechtigkeit des Zeus in der Form, daß der Gott die sich selbst überhebenden Menschen durch Leiden zur Einsicht führt (Ag. 160-166.176-183):[60]

> Zeus, wer er auch sein mag, ist ihm dies
> Lieb als Nam und steht ihm an,
> Ruf ich ihn so betend an.
> Nicht beut mir sich sonst Vergleich –
> Alles wäg ich prüfend ab –
> Außer Zeus selbst, wenn ich Grübelns
> vergebliche Last soll
> Wälzen mir von Herz und Seel.
> ...
> Zeus, der uns der Weisheit Weg
> Leitet, der dem Satz: „Durch Leid
> Lernen!" vollste Geltung leiht.
> Klopft anstatt des Schlummers an das Herz
> Reugemut Mühsal an: selbst sich Sträu-
> benden kommt Besonnenheit.
> Götter geben solche Gunst Ge-
> waltherrn auf des Weltensteuers Thron.

Bei dem fast dreißig Jahre jüngeren Sophokles kommt der Schwund des Glaubens an die das Walten der Götter bezeugenden Orakel in dem wohl in den zwanziger Jahren des 5. Jh.s aufgeführten *König Ödipus* auf bewegende Weise zur Sprache. Das Drama eilt seinem tragischen Höhepunkt entgegen, der von Ödipus selbst erzwungenen Aufdeckung der durch ihn unwissentlich vollzogenen Befleckungen des Landes durch den Totschlag des eigenen Vaters und die Heirat der eigenen Mutter. In diesem Augenblick erklingt das zweite Standlied des Chores, das verdeutlicht, für wie gefährdet der Dichter den Respekt vor den ungeschriebenen göttlichen Gesetzen hielt (Oid.T. 863-910):[61]

> O wär's mir vergönnt vom Schicksal
> zu erringen fromme Lauterkeit in Wort
> und Werken allen, wie Gesetze kundtun
> hoch wandelnd im Himmelsgezelt
> im Äther gezeugt; einzig ist Olympos

---

[60] Aischylos Tragödien. Griechisch-deutsch. Hg. v. B. Zimmermann. Übers. v. O. Werner, TuscB, Zürich und Düsseldorf [5]1996, S. 227 und S. 229; vgl. dazu A. Lesky, Die Tragische Dichtung der Hellenen, Studienhefte zur Altertumswissenschaft 2, Göttingen [3]1972, S. 111; zum verborgenen Charakter der Dike im Agamemnon E. Wolf, Griechisches Rechtsdenken I: Vorsokratiker und frühe Dichter, Frankfurt am Main 1950, S. 379-395, zu Aischylos' Sicht von Schicksal und Schuld auch Lesky, S. 162-168.

[61] Vgl. dazu V. Ehrenberg, Sophokles und Perikles, München 1956, S. 25-62, bes. S. 40-45 und weiterhin S. 89f., ferner M. Pohlenz, Die griechische Tragödie I, Göttingen [2]1954, S. 219.

ihr Vater, es hat sie nicht
ein sterblicher Menschenleib
erzeugt; sie läßt Vergessenheit nie,
nie in den Schlaf eingehn.
Denn in ihnen groß ist der Gott und altert nicht.
...

Doch wenn einer des Frevels Pfad
betritt in Worten oder Tat
ums Recht nicht besorgt und vor der
Gottheit Wohnstatt ohne Scheu,
den packe ein schlimmes Schicksal
für verruchten Übermut!
Wenn er gewinnt, wo doch Gewinn nicht recht ist,
unlautrem Tun sich nicht verschließt,
um dreist ans Unantastbare zu rühren,
wer darf sich da noch wünschen, von des Zorns Geschoß
frei zu halten die Seele?
Denn wenn solche Handlungen in Ehren stehn,
was soll dann mein Weihtanz?[62]

Nie zum Nabel der Erde geh'
ich mehr, zum heiligen, flehend, auch
 zum Tempel von Abai[63] nimmer
oder nach Olympia,
wenn dies nicht, mit Händen greifbar,
allen Menschen gelten soll.
Doch, o Gebieter, heißt du wahrhaft also,
Zeus, Weltbeherrscher, nicht entgeh'
es dir und deiner todlos ewigen Allmacht!
Der Spruch, den einst Laios empfing,[64] wird
als entkräftet abgetan, und
nirgend ist Apoll in Ehren offenbar:
das Göttliche schwindet.
Dahin ist die Gottheit.[65]

Wenden wir uns dem dritten und jüngsten unter den großen Tragiker des 5.
Jh.s, Euripides, zu, müssen wir ein wenig genauer zusehen, um den vielschichtigen Dichter nicht vorschnell auf eine bestimmte Meinung festzulegen. In ihm
tritt uns ein eigentümlich gebrochenes Verhältnis zum überlieferten Glauben
entgegen.[66] Als Beispiel wenden wir uns der nur wenige Jahre nach dem

---

[62] D.h.: Dann hat die Tragödie ihren Sinn verloren.
[63] Bei dem in Phokis gelegenen Heiligtum handelt es sich um die Stätte eines Apollonorakels,
vgl. NEP 1, 1996, Sp. 4f.
[64] Vgl. Soph. Oid. T. 711-714.
[65] Sophokles. Dramen. Griechisch-deutsch. Hg. und übers. v. W. Willige, überarb. v. K.
Bayer, Mit Anm. und einem Nachw. v. B. Zimmermann, TuscB, München. Zürich ³1995,
S. 337 und S. 339.
[66] Zur Gebrochenheit des euripideischen Denkens vgl. W. Jaeger, a.a.O., S. 440f.; K. Reinhard, Die Sinneskrise bei Euripides, in: ders., Tradition und Geist, Göttingen 1960, S. 226-
256, und vor allem E.R. Dodds, Euripides als Irrationalist (ClR 43, 1929), in: ders., Der

König Ödipus aufgeführten Hekabe zu.[67] Jedem Leser oder besser noch Be-
sucher ihrer Aufführung prägen sich die Worte des von der griechischen Heeresversammlung zu der gefangenen trojanischen Königin Hekabe gesandten
Boten Talthybios ein, die er der Ausrichtung seines schweren Auftrag voranschickt, ihr von der als Totenopfer gedachten Abschlachtung ihrer jüngsten
Tochter Polyxene auf dem Grabe Achills zu berichten und sie zu ihrer Beisetzung aufzufordern. Angesichts der von den Schicksalsschlägen gebrochen
am Boden liegenden Königin wendet er sich an Zeus, der für die Menschen
hinter der Rätselhaftigkeit des Schicksals zu verschwinden droht (Hec. 488-
490):[68]

> O, Zeus, ich frage, siehst du deine Welt?
> Ist deine Allmacht nur ein leerer Wahn
> und blindes Schicksal führt das Regiment?

Ehe man diese Verse für die Meinung des Dichters ausgibt, muß man freilich
zwei weitere Stellen berücksichtigen, in denen vom Walten der Götter die Rede ist. Bei der ersten handelt es sich um die heuchlerischen Worte des thrakischen Fürsten Polymestor. Er weiß nicht, daß Hekabe bereits über die von ihm
unter frevlerischem Bruch des Gastrechts[69] vollbrachte Ermordung ihres jüngsten Sohnes Polyxenos Bescheid weiß. Nachdem Polymestor scheinheilig das
Los des Priamos und das schreckliche Geschick Hekabes beklagt hat, die gerade ihre Tochter Polyxene verloren hat, bezichtigt er die Götter wegen ihres
Verwirrung stiftenden Handelns, nicht ahnend, daß er dabei ist, diesem selbst
zum Opfer zu fallen (956-960):[70]

> Was bleibt uns sicher? Aller Ruhm vergeht
> Und jedes Glück verkehrt sich in ein Leid!
> Die Götter selber rühren alles um,
> Verwirren uns, so daß wir ganz bestürzt
> Sie ehren müssen.

Denn offenbar wähnte sich Polymestor bei seiner Untat sicher, weil ihm das
Orakel des Dionysos den Sprung Hekabes in die Fluten und ihre Verwandlung
in eine Hündin sowie die Ermordung Agamemnons und Kassandras durch
Klytaimestra vorausgesagt hatte. Durch seine Hoffnung auf den Gewinn weiterer trojanischer Schätze ließ er sich mit seinen beiden Söhnchen in das Zelt

---

Fortschrittsgedanke in der Antike (The Ancient Concept of Progress, Oxford 1973), übers.
v. K. Morgenthaler, BAW.FD, Zürich und München 1977, S. 97-112.

[67]   Zum Aufbau und zur Einheit der Tragödie vgl. A. Lesky, Tragische Dichtung, S. 329-338.

[68]   Übers. E. Buschor, Euripides. Sämtliche Tragödien und Fragmente. Griechisch-deutsch, II:
Die Kinder des Herakles. Hekabe. Andromache, hg. v. G.A. Seeck, II, TuscB, München
1972, S.109.

[69]   Vgl. Agamemnons Zurückweisung der Behauptung Polymestors, er habe Polyxenos als
dessen Feind erschlagen, in 1240-1251.

[70]   Übers. E. Buschor, a.a.O., S. 139.

Hekabes locken,[71] die ihm die Augen ausstach und seine Knaben zerstückelte. Den Freiraum für ihre Rache aber hatte die versklavte Königin Agamemnon mit der Erinnerung an die Pflicht abgerungen, den Bruch des Gastrechts zu sühnen (798-805):[72]

> Wir sind wohl schwache Sklaven, doch es gibt
> Auch starke Götter, ein noch stärkres Recht,
> Ein Recht, das uns den Götterglauben schenkt
> Und Gut und Böse klar erkennen läßt.
> Du bist sein Hüter. Kommt es je zu Fall,
> Wird nicht bestraft, wer seinen Gast erdolcht,
> Sich an der Götter Heiligtum vergreift,
> Gibts unter Menschen nie ein gleiches Maß.

Die Ansicht, daß die Götter und alle Rechtsanschauungen mit diesen Worten als ein Produkt menschlichen Denkens gekennzeichnet werden,[73] wird der Differenziertheit des euripideischen Denkens kaum gerecht: Das Gesetz steht nach diesen Worten über den Göttern, die im Interesse seiner Durchsetzung walten. Seine Gültigkeit veranlaßt die Menschen, an die Götter zu glauben und ist der Quell der Unterscheidung zwischen Gut und Böse.[74] Dabei ist unter dem *Nomos* nicht die positive Gesetzgebung der Polis, sondern das ungeschriebene, göttliche Recht zu verstehen. Auf der anderen Seite läßt es der Dichter im Zeushymnus der *Troerinnen* offen, ob der Gott Menschengeist oder Weltgesetz ist (Z. 886).[75] Indem Agamemnon Hekabe zur Rache freie Bahn gibt, anerkennt er die Pflicht, diesem Recht Geltung zu verschaffen.[76] Hinderte er Hekabe an ihrer Mutterpflicht, den Sohn zu rächen, würde er nach herkömmlichem Glauben den Zorn der Götter auf sich ziehen. Das läßt der Dichter freilich unausgesprochen.

Den geblendeten und seiner Söhne beraubten Polymestor befiehlt Agamemnon am Ende des Dramas auf eine leere Insel zu verbringen. Doch vorher rächt sich der Thraker an Hekabe und an Agamemnon mit der Mitteilung, welches Unheil beide nach dem Gottesspruch erwartet.[77]So verdüstert das un-

---

71   Vgl. den Kommentar des Chores in 1024-1233, der in dem Kommenden das Walten der Dike und der Götter erkennt.

72   Übers. Buschor, a.a.O., S. 129.

73   Vgl. in diesem Sinne z.B. M. Pohlenz, Die griechische Tragödie I, ²1954, S. 282, aber auch F. Heinimann, Nomos und Physis. Herkunft und Bedeutung einer Antithese im griechischen Denken des 5. Jahrhunderts, Basel 1945 = Darmstadt 1978, S. 120f.

74   Vgl. dazu C. Wildberg, Hyperesie und Epiphanie. Ein Versuch über die Bedeutung der Götter in den Dramen des Euripides, Zet 109, München, S. 137-149; ders., Die Gerechtigkeit des Zeus in den Dramen des Euripides, in: J. Jeremias, Hg., Gerechtigkeit und Leben im hellenistischen Zeitalter, BZAW 296, Berlin und New York 2001, 1-20.

75   Vgl. dazu unten, S. 15 Anm. 78.

76   Vgl. 844f.: Der edle Mann steht im Gefolg des Rechts,/ Bekämpft die Übertreter, wo er kann.

77   1257-1292.

heilschwangere Orakel am Ende den Blick. Der ausziehende Chor der ihr hartes Los beklagenden Trojanerinnen endet mit einem *sterrà gàr anángke: „Unerbittlich wartet das Schicksal."*

Die Götter greifen in dieser Tragödie unmittelbar nur durch den Spruch des thrakischen Gottes ein, während die Menschen durch ihre Taten das ihnen bestimmte Schicksal vollziehen. Die zum Opfer bestimmte Polyxene nimmt es in heroischer Entschlossenheit auf sich. Sie verzichtet darauf, Odysseus als Bittflehende zu berühren und ihn damit, sollte er sich ihrer Bitte verweigern, dem Zorn des Zeus auszuliefern, weil sie den Tod einem Leben ohne Würde und Wert vorzieht (550-578). Die an ihrem Sklavenlos und dem Jammer über den Verlust ihrer Kinder zerbrochene Hekabe erhebt sich über ihr Elend, aber auch über die dem Menschen gesetzten Grenzen in der mit berechnender Grausamkeit vollzogenen Rache, um dann dem Götterspruch zu verfallen und in eine Hündin verwandelt ihr Grab zu finden. So nehmen die Hauptpersonen des Stücks ein ihrem Charakter gemäßes Ende.[78] Vollzieht sich darin die Gewalt des über den Göttern stehenden *Nomos* oder die undurchdringliche Macht des Schicksals? Suchte Euripides die Lösung der zum Problem gewordenen göttlichen Gerechtigkeit in der Erkenntnis, daß Zeus als der Vertreter der universalen Weltordnung der allein weise ist, der Zeus genannt und doch nicht genannt werden will, und daß auch Dike als die Gerechtigkeit bezeichnet werden will und nicht will?[79] Wir bleiben im Ungewissen. Die Antwort auf die von Talthybios an Zeus gerichtete Frage, sollte sich der Zuschauer wie der heutige Leser am Ende selbst geben.

Diese wenigen Beispiele zeigen, wie sich bei den drei großen Tragikern Athens in sich steigernder Weise die Sinneskrise spiegelt, die auf dem Verlust des traditionellen Glaubens an das Walten der göttlichen Gerechtigkeit beruht.[80] Diese Krise setzte um die Mitte des 5. Jh.s ein und wird in der Regel mit dem Wirken der Sophisten verbunden, die damals auch in Athen auftraten, die Tradition in Frage stellten und unter Verweis auf die Welt der Erfahrung den zu den Staatsämtern drängenden Jünglingen die dafür nötigen Kenntnisse zu

---

[78] Vgl. dazu C. Wildberg, Hyperesie, Zet 109, 2002, S. 132-139.

[79] So H. Lloyd-Jones, Justice, 1971, S. 155; vgl. Eur. Tro. 884-888 (Übertragung W. Jaeger, Paideia. Die Formung des griechischen Menschen I, Berlin und Leipzig ²1936 [ND]): *Der du der Erde Träger auf der Erde thronst,/ Wer du auch bist, zu wissen Unerforschlicher,/ Zeus, seist du Menschengeist nun oder Weltgesetz,/ Zu Dir ist mein Gebet gewandt, denn leisen Pfads/ Lenkst du der Menschen Schicksal in Gerechtigkeit.*

[80] Vgl. dazu ausführlich H. Lloyd-Jones, Justice, S. 79-128 und S. 151-155. Diesem Verlust der Gewißheit der göttlichen Gerechtigkeit ging der der subjektiven Überzeugung, selbst im Recht zu sein, voraus, ein Prozeß, der sich bei Theognis ankündigt. Ihm entspricht das Zurücktreten der Rede von der Dike zugunsten der Tugend der *dikaiosynê*, der Gerechtigkeit, die nun zum aufgegebenen Ziel des Handelns wird; vgl. dazu E. Wolf, Rechtsdenken I, S. 329-334.

vermitteln versprachen.[81] Die von ihnen betriebene Aufklärung fand ihren exemplarischen Ausdruck in der Gegenüberstellung von Natur und Gesetz, von *physis* und *nomos*.[82] Das neue Denken durchdrang die ganze Lebenswirklichkeit, spiegelte sich in der Kunst[83] und machte auch nicht vor dem göttlichen Gesetz halt.[84] Die banale, von den Sophisten nicht unbedingt beabsichtigte Wirkung war, daß an die Stelle der Ehrfurcht vor den ungeschriebenen, der göttlichen Sanktion unterstehenden Gesetzen die praktische, lediglich auf den eigenen Vorteil bedachte Klugheit als das vermeintlich der *physis* Gemäße trat.[85]

Als Beleg für diese Gesinnung brauchen wir nur an die dem Kallikles von Platon im *Gorgias* (482 c 4-486 d 1) in den Mund gelegte Rede zu erinnern. Kallikles, ein ehrgeiziger junger Athener mit politischen Ambitionen, der die Sophisten verachtet (520 a 1) und die Philosophen mitleidig belächelt (484 c 4-485 e 2),[86] bezeichnet in seiner Schlußrede die herrschenden Gesetze als dem Gesetz der Natur widersprechend und ein bloßes Mittel zur Unterdrückung der Stärkeren durch die Schwächeren.[87]

5. Die philosophische Überwindung der Krise bei Platon und in der Frühen Stoa.
Platon selbst aber hatte sich das Ziel gesetzt, in einer nach seiner Überzeugung rechtlos gewordenen Wirklichkeit dem Staat der Gerechtigkeit den Weg zu bereiten. Wir vergegenwärtigen uns, wie sich die Auseinandersetzung mit dem Zeitgeist in seinem *opus postumum*, den *Nomoi*, spiegelt.[88] In dem Vorspruch

---

[81]   Zu ihrer Eigenart und Bedeutung im Horizont des offenen griechischen, auch die Religion einschließenden Diskurses vgl. G.B. Kerferd, The Sophistic Movement, Cambridge/U.K. 1981, bes. S. 163-172.

[82]   Vgl. dazu F. Heinimann, Nomos und Physis. Herkunft und Bedeutung einer Antithese im griechischen Denken des 5. Jahrhunderts, Basel 1945 = Darmstadt ³1978, S. 110-147, und G.B. Kerferd, S. 111-130.

[83]   Zu den Entsprechungen zwischen den geistigen Grundzügen der Zeit in Gestalt des Subjektivismus, des Irrationalismus, des Individualismus und einsetzenden Klassizismus in der griechischen Kunst des 5. und 4. Jh.s vgl. J.J. Pollitt, Art and Experience in Classical Greece, Cambridge/U.K. 1972, passim, und zu der im 5. Jh. einsetzenden Politisierung der Bauten und Plätze T. Hölscher, Öffentliche Räume in frühen griechischen Städten, SHAW 7, 1988, S. 84-104.

[84]   Vgl. zu ihm auch V. Ehrenberg, Anfänge des griechischen Naturrechts, Archiv für Philosophie Abt. I, Archiv für Gesch. der Philosophie 35, 1923, S. 119-143 = ders., Polis und Imperium. Beiträge zur Alten Geschichte, hg. v. K.F. Strohecker und A.J. Graham, Zürich und Stuttgart 1965, S. 359-379, sowie ders., Sophokles und Perikles, S. 40-45.

[85]   Vgl. dazu A.W.H. Adkins, Merit, S. 227-240.

[86]   Vgl. E.R. Dodds, Plato, Gorgias. A Revised Text with Introduction and Commentary, Oxford 1959 (ND), S. 12-15.

[87]   Zur Position des Kallikles und ihrer Widerlegung vgl. auch T. Irwin, Plato's Ethics, New York. Oxford 1995, S. 101-108, und zu den damit verbundenen Schwierigkeiten und Platons schließlicher Lösung auch A. MacIntyre, After Virtue. A Study in Moral Theory, London ²1985 (ND 1999), S. 140f.

[88]   Zu den in ihnen entwickelten politischen Grundsätzen vgl. G.R. Morrow, Plato's Cretan City. A Historical Interpretation of the Laws, Princeton, NJ 1960 = 1993, S. 521-591, zu

zur Gesetzgebung der Nomoi begegnen wir dieser Antithese indirekt noch
einmal: Hier läßt er den Athener dem sich selbst überhebenden jungen Aristo-
kraten, der dank seines Reichtums und seiner sonstigen Privilegien und Vorzüge sich selbst überhebend zur Führung berufen wähnt und damit sich und den
Staat zugrunderichtet, den Mann gegenüberstellen, der das Maß hält und darin
dem Gott ähnlich ist.[89] Denn Gott und nicht der Mensch ist das Maß aller Dinge (leg. IV 715 e 7-716 d 4).[90] Dieser Gott ist nach dem orphischen Wort Anfang, Ende und Mitte von allem.[91] Als solcher (so deutet es Plato) ist er die
Urvernunft und damit der Ursprung aller irdischen Maße und maßvollen Bewegungen.[92] Ihm folgt, mythisch gesprochen, bei seinem Walten die rächende
Dike auf dem Fuß. Da aber die Seele nach Platons Ansicht unsterblich ist,
konnte er es nicht bei den immanenten Folgen der Hybris für den Täter belassen, zumal diese auch Unschuldige mit in den Untergang reißt. Daher sicherte
er den Glauben an die Unausweichlichkeit und Universalität der göttlichen
Gerechtigkeit mittels des Rückgriffs auf den in den Mysterien aktualisierten, in
seinen Wurzeln auf schamanischen Erfahrungen[93] beruhenden Glauben von
der Reinkarnation der Seele: Die Seele durchwandert verschiedene Leiber und
erfährt durch sich selbst oder andere Seelen fortgesetzte Veränderungen. Gott
aber, der das Beste des Ganzen im Auge hat, gleicht einem Brettspieler, der
den Menschen wie einen Spielstein je nach dem Zustand seines Charakters an
einen besseren oder schlechteren Ort versetzt (leg. X 903 b 4-e 1). Diese Platzanweisung erfolgte nach dem von Platon in anderen Zusammenhängen ebenfalls rezipierten Mythologem vom Totengericht aufgrund eines jenseitigen

---

dem Charakter des Buches als einer heuristischen Utopie vgl. W. Drechsler, Platons Nomoi als Objekt der Rechtsvergleichung, in: O. Werner u.a., Hg., Brücken für die Rechtsvergleichung. FS H.G. Leser, Tübingen 1998, S. 45-61, bes. S. 52f., und ähnlich schon
H.G. Gadamer, Platons Denken in Utopien (1963), in: ders., Griechische Philosophie III:
Platon im Dialog, GW 7, Tübingen 1991, S. 270-289, bes. S. 278.

[89] Vgl. dazu auch D. Roloff, Gottähnlichkeit, Vergöttlichung und Erhöhung zu seligem Leben. Untersuchungen zur Herkunft der platonischen Angleichung an Gott, UALG 4, Berlin
1970, S. 198-206.

[90] Daß Platon hier im Gegensatz zum Homomensurasatz des Protagoras formuliert, ist offensichtlich; vgl. DK 80 Protagoras B 1; Plat. Krat. 385 e6-386 a1; Tht.178 b 3f. und zur Bedeutung der These W.K.C. Guthrie, A History of Greek Philosophy III: The Fifth Century
Enlightment, Cambridge/U.K. 1969, S. 181-188 bzw. S. 188-192, und G.B. Kerferd, Sophistic Movement, 1981, S. 86-93.

[91] Orph.frg. 21 = VS 1 B 6; vgl. auch Orph.frg. 21 a und dazu M.L. West, The Orphic Poems,
Oxford 1983 (1998), S. 89f.

[92] Vgl. auch DK 22 Heraklit B 2; 50 und 67 und zu Platons Gottesverständnis O. Kaiser, Gott
und Mensch als Gesetzgeber in Platons Nomoi, in: FS H. Stegemann, BZNW 97, 1999, S.
278-295 = unten, S. 63-80.

[93] Vgl. dazu E.R. Dodds, The Greeks and the Irrational, Berkeley und Los Angeles 1966, S.
140-152 = ders., übers. v. H.-J. Dirksen, Die Griechen und das Irrationale, Darmstadt
²1991, S. 77-87, und z.B. M.L. West, Orphic Poems, S. 146-150.

Richterspruches.[94] Der Mythos rundet bei ihm die Existenzdeutung ab, wo der Logos dafür nicht zureicht.[95]

Die seit der Alexanderzeit nicht abreißende Kette von Kriegen demonstrierte den Völkern der hellenistischen Welt drastisch die Veränderlichkeit aller Dinge und führte dadurch zu einem Vordringen des Glaubens an die Macht des Schicksals.[96] Gleichzeitig bewirkte die Reduktion der politischen Freiheiten der Städte und Tempelstaaten auf die innere Verwaltung eine Entpolitisierung und Individualisierung. Daher mußten die hellenistischen Philosophen die Frage beantworten, wie der dem Schicksal ausgelieferte Einzelne glücklich zu sein vermag.[97] Epikur verwies die entwurzelten Menschen auf den Rückzug in den Kreis der Freunde. Die Skeptiker warnten ähnlich wie er, sich in einer dem Denken verschlossenen Welt unbegründeten metaphysischen Sorgen hinzugeben. Und die Stoiker lehrten sie die innere Zustimmung zu dem notwendigen und zugleich göttlichen Gang der Dinge und damit die Versöhnung mit dem Schicksal.[98]

Ihnen war der größte, bis in die Gegenwart reichende Einfluß beschieden. Daher können wir uns mit gutem Gewissen auf die Skizzierung ihrer Grundposition beschränken.[99] Dabei wird sich zeigen, daß sie die beiden grundlegenden

---

[94]   Vgl. Plat. Apol. 40 e 7-41 a 5; Gorg. 524 d 3-525 a 7; Phaid. 113 d 1-114 b 6 und rep. 614 b 8-d 1.

[95]   Zu Platons Umgang mit den Mythen vgl. P. Friedländer, Platon I: Seinswahrheit und Lebenswirklichkeit, Berlin ³1964, S. 182-222, und vor allem G. Krüger, Einsicht und Leidenschaft. Das Wesen des platonischen Denkens, Frankfurt am Main ³1963, S. 17f. und O. Kaiser, Der Mythos als Grenzaussage, in: J. Jeremias, Hg., Gerechtigkeit und Leben im hellenistischen Zeitalter, BZAW 296, 2001, 87-116.

[96]   Vgl. dazu z.B. M.P. Nilsson, Geschichte der griechischen Religion II: Die hellenistische und die römische Zeit, HAW V/2,2, München ²1961, S. 200-210 bzw. knapp M. Tarn collab. G.T. Griffith, Hellenistic Civilization, (³1952) ND, London 1959, S. 340f. = ders., Die Kultur der hellenistischen Welt, übertr. von G. Bayer, Darmstadt 1966, S. 404f.

[97]   Vgl. dazu prinzipiell A.A. Long, Hellenistic Philosophy. Stoics, Epicureans, Sceptics, London 1974, bzw. die Darstellungen der Epikurs und seiner Schule durch M. Erler, der Stoa durch P. Steinmetz und des Älteren Pyrrhonismus, der Jüngeren Akademie und des Antiochos aus Antiochien durch W. Görler in: H. Flashar, Die Hellenistische Philosophie, ³GGPh IV/1-2, Basel 1994.

[98]   Vgl. dazu M. Forschner, Über das Glück des Menschen. Aristoteles. Epikur. Stoa. Thomas von Aquin. Kant, Darmstadt 1993 (²1994), S. 22-44 (Epikur) und S. 45-79 (Stoa) und den von Platon und Aristoteles bis zu den Kynikern reichenden Überblick von L. Schwienhorst-Schönberger, „Nicht im Menschen gründet das Glück" (Koh 2,24). Kohelet im Spannungsfeld jüdischer Weisheit und hellenistischer Philosophie, HBS 2, Freiburg i.Br. u.a. 1994, S. 251-273.

[99]   Vgl. zum Folgenden O. Kaiser, Determination und Freiheit bei Kohelet und in der Frühen Stoa, NZSTh 31, 1989, S. 251-270, bes. S. 260-268 = ders., BZAW 261, S. 115-123; ergänzend zu der dort erwähnten Lit. seien zur stoischen Theologie L.P. Gerson, God and Greek Philosophy, London und New York 1990, S. 142-167, zu ihrer akademischen Kritik S. 167-184 und die vorzügliche Darstellung der stoischen Theologie und des stoischen Freiheitsproblems bei U. Wicke-Reuter, Göttliche Providenz und menschliche Verantwortung bei Ben Sira und in der Frühen Stoa, BZAW 298, 2000, S. 15-54 genannt.

platonischen Gedanken von der die Welt leitenden göttlichen Vernunft und der von ihr bewirkten Schönheit des Ganzen in eigentümlicher Abwandlung ausgestalteten. Den *Logos* oder *Nous*, die Weltvernunft, identifizierten sie ausdrücklich mit Zeus.[100] Ihm als dem aktiven, formativen Prinzip stellten sie den passiven der qualitätslosen Materie gegenüber.[101] Die Entdeckung des ursächlichen Zusammenhangs alles irdischen Geschehens verband sich bei ihnen mit dem Gedanken der ewigen Wiederkehr des Gleichen im Zuge einer von Weltenbrand zu Weltenbrand erblühenden und verlöschenden Welt.[102] Die zweckmäßige, dem Menschen dienende Einrichtung dieser Welt schrieben sie der göttlichen Vorsehung, der *pronoia*,[103] und die Unentrinnbarkeit ihres Verlaufs der *heimarmene*, der schicksalhaften Notwendigkeit zu, die wiederum mit dem Logos der Welt und damit mit Zeus identisch ist.[104] Aufgabe und Glück des Menschen ist es, in Übereinstimmung mit diesem geordneten Gang der Welt zu leben und dabei das eigenste Schicksal als unvermeidlichen Teil des in seinem Ganzen schönen und sinnvollen Kosmos[105] zu akzeptieren;[106] denn Güter und Übel können nur zusammen, aber nicht getrennt voneinander existieren.[107] Mithin ist alles, was geschieht, notwendig.[108] Der Mensch vermag dem, was ihm widerfährt, zuzustimmen oder sich ihm innerlich zu widersetzen, zu verändern vermag er es nicht. In diesem Sinne heißt es in dem Zeusgebet des Kleanthes (331/0-232/1) (SFV I,527):[109]

> Führe du mich, o Zeus, und du, Pepromene,
> wohin der Weg von euch mir ist bestimmt!
> Ich folg' euch ohne Zaudern. Sträub' ich mich,
> so handl'ich schlecht, – und folgen muß ich doch.[110]

So ist es letztlich die innere Haltung des Menschen, die über sein Glück oder Unglück entscheidet, nicht aber der äußere Verlauf der Dinge, die alle Zeus sind.

6. Hellenistische Argumente bei der Bewältigung der jüdischen Sinneskrise.
Glücklicherweise ist es nicht unsere Aufgabe, die geistige Auseinandersetzung

---

[100]   DL VII, 147-148, SVF I, 163 und II, 1021; vgl. schon Plat. Phil. 30 c 2-d 4.
[101]   DL VII, 134, SVF I, 85. Zur stoischen Theologie vgl. U. Wicke-Reuter, a.a.O.
[102]   SFV II, 623 und 625; vgl. Herkalit B 30.
[103]   DL VII, 147; SVF II, 1021; 1169 und 1170.
[104]   SFV II, 913.
[105]   SFV III, 1009.
[106]   DL VII, 87-89; SFV III, 16.
[107]   SFS II, 1179f.
[108]   SFV II, 913 und 917.
[109]   Übertragung M. Pohlenz, Die Stoa. Geschichte einer geistigen Bewegung I, Göttingen ³1964, S. 106.
[110]   Drastischer ist das *fata nolentem trahunt, volentem ducunt* durch Chrysipp in Anlehnung an Zenon mittels des Vergleichs des Menschen mit einem vor einen Karren gespannten Hund beschrieben (SVF II, 975).

des Judentums mit dem Hellenismus als ganze darzustellen.[111] Denn schon das
uns gesetzte Ziel, seinen Einfluß auf die alttestamentliche Theologie nachzuweisen, erweist sich als komplex genug. Wir übergehen hier daher den hellenistischen Kontext der Liebesdichtung des Hohen Liedes mit ihrer in religiöse Ur-
gründe reichenden und nun säkularisierten Metaphorik.[112] Und wir versagen es
uns nicht minder, auf die jüdische-alexandrinische Dichtung wie z.b. die *Exago-
ge* des Tragikers Ezechiel einzugehen.[113] Auch von der Geschichte des Judas
Makkabaios des Jason von Kyrene, die wir als ein jüdisches Exempel der pathe-
tisch-rhetorischen hellenistischen Historiographie betrachten dürfen, soll hier
nicht die Rede sein, wiewohl sie uns in der Epitome des 2. Makkabäerbuches
überliefert ist.[114]

Wir beschränken uns vielmehr auf die Skizzierung des Beitrages, den griechische Dichtung und griechisches Denken als ein Hilfsangebot (Norbert Lohfink)[115] bei der Lösung der für die alttestamentliche Religion schlechthin zentralen Frage nach der Gerechtigkeit Gottes geleistet haben. Dem gemäß müssen
wir unsere Aufmerksamkeit zumal auf das Hiobbuch, den Kohelet, die Weisheit
Ben Siras und die Weisheit Salomos richten. Das erscheint im Blick auf die drei
zuletzt genannten Schriften selbstverständlich, während die Erwähnung des Hiobbuches in diesem Zusammenhang eher befremdlich erscheinen dürfte.

a) *Das Hiobbuch als skeptisches Literaturwerk.* Die in den c.3-39* den Kern des
Hiobbuches bildende Dialogdichtung von Hiob und seinen drei Freunden liegt
heute in einer mehrfach überarbeiteten Gestalt vor, in der sich ein rund zwei
Jahrhunderte umfassendes Ringen der jüdischen Weisen mit dem Problem des
unschuldigen Leidens spiegelt.[116] In ihrer Grundfassung protestiert sie gegen die
Gleichsetzung von Leid und Schuld und verweist statt dessen auf die Unerforschlichkeit der göttlichen Schicksalslenkung. Sie reiht sich damit in die gegenüber der Tradition und auf die Wahrnehmung der Wirklichkeit drängende
Strömung ein, die zu Beginn des 4. Jh.s v. Chr. offensichtlich auch die Levante
erreicht hatte.[117] Um diese These zu belegen, reicht der Hinweis auf den fun-

---

[111] Vgl. dazu vor allem M. Hengel, Judentum und Hellenismus.
[112] Vgl. dazu H.-P. Müller, Vergleich und Metapher im Hohenlied, OBO 56, Frei-
burg/Schweiz und Göttingen 1984, bes. S. 45-51 und ders., Das Hohelied, in: ATD 16/2,
Göttingen 1992, S. 3-5.
[113] Vgl. die Bearbeitung von N. Walter, JSHRZ IV/2, Gütersloh 1977, S. 113-133.
[114] Vgl. dazu C. Habicht, JSHRZ I/3, Gütersloh 1979, S. 189.
[115] Vgl. dazu N. Lohfink, Kohelet, NEB, Würzburg 1980 (⁴1993), S. 9, bzw. ders., Der Bibel
skeptische Hintertür, Studien zu Kohelet, SBAB.AT 26, Stuttgart 1998, S. 17.
[116] Zur Literarkritik des Buches vgl. M. Witte, Vom Leiden zur Lehre. Der dritte Redegang
(Hiob 21-27) und die Redaktionsgeschichte des Hiobbuches, BZAW 230, Berlin und New
York 1994, bzw. das Referat bei O. Kaiser, Grundriß III: Die poetischen und weisheitlichen Werke, Gütersloh 1994, S. 73-82, und auch W.-D. Syring, Hiob und sein Anwalt.
[117] Vgl. dazu auch K.J. Dell, The Book of Job as Sceptical Literature, BZAW 197, 1991, S.
159-161 und S. 168-170.

damentalen Einspruch Hiobs in c.21 aus. Sein in V.17 in Frageform erhobener Einwand, wie oft der Frevler Lampe erlischt, stellt die inzwischen offenbar zur Herrschaft gelangte Ansicht geradezu statistisch in Frage; denn nach ihr spiegelt sich das unterschiedliche Schicksal der Gerechten und der Frevler eindeutig in ihrem Ergehen, so daß das Licht der einen hell leuchtet, während das der anderen verlischt (Prov 13,9).[118] In ähnlicher Weise appelliert auch seine in den V.29ff. gestellte Frage zugunsten der Erfahrung gegen die herrschende Lehre: Wer die Wanderer befragt, könnte von ihnen erfahren, daß gerade die Bösen die Katastrophen überleben und niemand es wagt, sie zur Rechenschaft zu ziehen, so daß sie schließlich in Ehren zu Grabe geleitet werden. Nachdem es den drei weisen Freunden Hiobs nicht gelungen ist, ihn von dem Gegenteil zu überzeugen, und ihm Elifaz als der Älteste unter ihnen offen erklärt hat, daß seine Leiden nur Folge seiner Missetaten sein können und er sich nur durch seine Umkehr zu Gott retten könne (c.22), bleibt Hiob angesichts seiner Unschuldsgewißheit (27,1-6) nur noch die Appellation bei Gott selbst (31,35-37). Aber der im Wetter erscheinende Gott weist nun seinerseits den Dulder mit einer Kette von Fragen nach den Geheimnissen der Schöpfung in seine irdischen Schranken: Dem Menschen ist die Einsicht in die göttliche Schicksalslenkung verwehrt.[119]

Der vermutlich bereits frühhellenistisch zu datierende Verfasser der Elihureden (Hiob 32-37) suchte die nach seiner Überzeugung in den Freundesreden enthaltenen Mängel zu korrigieren, um so die traditionelle Lehre zu rechtfertigen.[120] Deshalb führte er nicht nur die bruchlos aufeinander folgenden vier Reden Elihus, sondern nach meiner Ansicht auch einen die Gottesrede beantwortenden Widerruf Hiobs in 40,3-5+42,2.5-6 ein. Für unser Thema ist zumal die zweite neu eingefügte Rede 33,1-33 von Belang. Denn in ihr ist das herkömmliche Motiv der göttlichen Züchtigung in den V.14-30 zu einer Lehre von der göttlichen Leidensschule ausbaut, einem Konzept, das zumindest eine eigentümliche Parallele zu der bekannten Maxime des Aischylos vom Lernen durch das Leid darstellt.[121] Als Probe sei die Eröffnung dieser Argumentation in den V.14-18 zitiert:

> Wahrlich einmal redet Gott
> zweimal, doch man nimmt's nicht wahr.
> Im Traum, im Nachtgesicht,[122]

---

[118]   Vgl. dazu auch O. Kaiser, Einfache Sittlichkeit und theonome Ethik, NZSTh 39, 1997, S. 115-139, bes. S. 129-135 = ders., BZAW 261, 1998, S. 18-42, bes. S. 32-35.

[119]   Zur ursprünglichen Gestalt der Gottesrede vgl. J. van Oorschot, Gott als Grenze. Eine literar- und redaktionsgeschichtliche Studie zu den Gottesreden des Hiobbuches, BZAW 170, Berlin und New York 1987.

[120]   Zu den literarischen Problemen vgl. H.M. Wahl, Der gerechte Schöpfer. Eine redaktions- und theologiegeschichtliche Untersuchung der Elihureden – Hiob 32-37, BZAW 207, Berlin und New York 1993, und zu c. 30 auch W.-D. Syring, Hiob und sein Anwalt, z.St.

[121]   Vgl. Aischyl. Ag. 176-183 und dazu oben S. 17.

[122]   Vgl. 4,13b. Es handelt sich um einen redaktionellen Zusatz.

> im Schlummer auf dem Lager,
> Dann öffnet er der Menschen Ohr,
> ‚erschreckt er mahnend sie‘,
> den Menschen ‚von seinem Tun‘ abzubringen
> und den Hochmut des Mannes zu zerbrechen,
> Um seine Seele vor der Grube zu bewahren
> und sein Leben, den „Strom"[123] zu überqueren.

b) *Kohelet oder die Unberechenbarkeit des göttlichen Handelns und das carpe diem.* Wenden wir uns Kohelet zu, so haben wir es mit einem jüdischen Denker aus ptolemäischer Zeit zu tun. Sein sprachlicher Stil, in dem prosaische mit poetischen Sätzen unterschiedlicher Formung verbunden sind, besitzt in dem *poikilometron* seines Zeitgenossen Menipp von Gadara ihre Parallele.[124] Inhaltlich tritt der hellenistische Einfluß außer in der Betonung der eigenen Beobachtung und der Grundstimmung der Schicksalverfallenheit zumal in der Beantwortung der Frage nach dem Glück des Menschen zutage.[125] Seine Lehren sind wohl von dem für die Herausgabe seiner Aufzeichnungen verantwortlichen Mann[126] unter das Motto gestellt, daß alles durch und durch windig und das heißt: vergeblich und vergänglich ist (Koh 1,2; 12,8).

Die in 1,3 aufgeworfene Frage, ob es einen bleibenden Gewinn für das Tun des Menschen gibt, hat Kohelet dahingehend beantwortet, daß der Mensch nicht über das Ergebnis seines Handelns verfügt, weil er seine Zeit nicht kennt (3,1-9; 9,12). Trotzdem lautet seine eigentliche Lehre nicht *Alles ist eitel!*, sondern *Fürchte Gott!*[127] *Lebe umsichtig und zugleich tatkräftig!*[128] Vor allem

---

[123]   Das heißt: den Unterweltsfluß; vgl. M. Tsevat, The Canaanite God Sälah, VT 4, 1954, S. 41-49, bes. S. 43f.; O. Loretz, UF 7, 1975, S. 584f., und M. Dietrich und O. Loretz, UF 12, 1980, S. 204 Anm. 67, und M. Pope, Job, AncB 15, Garden City/NY [3/10]1985, S. 250 z.St.

[124]   N. Lohfink, NEB 1980 und [4]1993, S. 9 bzw. ders., SBAB. AT 26, 1998, S. 18; daß stilistische Analogien zwischen Kohelet und der Diatribe bestehen, aber nicht zwingend als Abhängigkeiten erklärt werden müssen, betont F.J. Backhaus, Kohelet und die „Diatribe", BZ.NF 1998, S. 248-256.

[125]   Vgl. dazu auch M. Hengel, Judentum und Hellenismus, S. 210-237, bes. S. 234. Zu den Versuchen von R. Braun, Kohelet und die frühhellenistische Popularphilosophie, BZAW 130, Berlin und New York 1973, und von C.F. Whitley, Kohelet. His Language and Thought, BZAW 148, Berlin und New York 1979, zwischen Kohelet und der hellenistischen Philosophie direkte Abhängigkeiten zu beweisen, vgl. die kritische Überprüfung durch O. Kaiser, Judentum und Hellenismus, VF 27, 1982, S. 68-86, bes. S. 69-77 = ders., BZAW 161, S. 135-153, bes. S. 136-144. Zur Stellung des jüdischen Weisen zwischen Judentum und Hellenismus vgl. L. Schwienhorst-Schönberger, Glück, HBS 2, S. 251-273.

[126]   Dem in 12,9-11 das Wort nehmenden sogenannten 1. Epitomisten; zu den Ansichten über die Entstehung des Buches vgl. auch O. Kaiser, Beiträge zur Kohelet-Forschung I: Grundfragen der Kohelet-Forschung, ThR 60, 1995, S. 1-31, bes. S. 4-9 = ders., Gottes und der Menschen Weisheit, BZAW 261, Berlin und New York 1998, S. 149-179, bes. S. 152-157.

[127]   Vgl. Koh 3,14; 5,6b und 7,18b, dazu A.A. Fischer, Skepsis oder Furcht Gottes? Studien zur Komposition und Theologie des Buches Kohelet, BZAW 247, Berlin und New York 1997, S. 226-250, und T. Zimmer, Zwischen Tod und Lebensglück. Eine Untersuchung zur Anthropologie Kohelets, BZAW 286, Berlin und New York 1999, S. 212-215.

[128]   Vgl. Koh 7,15-18; 9,10 und 11,1-6 und dazu A.A. Fischer, S. 163-171.

aber sollen seine Schüler von ihm lernen, sich ihres Lebens zu freuen und das ihnen von Gott gewährte Glück als das einzige dem Menschen mögliche Gut anzunehmen.[129] Daher gipfeln seine Lehren im Aufruf zur Freude (9,7-10):[130]

> Geh, iß dein Brot mit Freude
> und trink mit frohem Herzen deinen Wein;
> denn längst hat Gott dein Tun gebilligt.
> Zu jeder Zeit sei weiß dein Kleid
> und Öl soll nicht auf deinem Haupte fehlen.
> Genieße[131] das Leben mit der Frau, die du liebst
> alle Tage deines vergänglichen Lebens,
> das er dir unter der Sonne gegeben.
> Denn das ist dein Anteil am Leben und an deiner Arbeit,
> mit der du dich unter der Sonne abmühst.
> Alles, was du zu tun vermagst,[132]
> das tue mit ganzer Kraft.
> Denn es gibt weder Tun noch Planen
> und weder Wissen noch Weisheit in der Unterwelt
> zu der du auf dem Wege bist.[133]

Die eigene Gerechtigkeit bietet dem Menschen keine Garantie für ein langes und glückliches Leben.[134] Trotzdem darf er Gott weder durch törichte Übergerechtigkeit oder Ungerechtigkeit herausfordern, weil er es dadurch verkürzen kann:[135] Wer Gott als den Herrn seines Schicksals fürchtet[136] und weiß, daß er selbst unvollkommen ist (7,19-22), hält im Umgang mit dem Anderen Maß und entgeht so den unheilträchtigen Extremen (7,16-18).[137]

---

129   Vgl. auch 3,10-15; 5,7-19; 8,15; 9,7-10 und 11,9-12,7.

130   Vgl. dazu auch O. Kaiser, Die Botschaft des Buches Kohelet, EThL 71, 1995, S. 48-70, bes. S. 66-70 = ders., BZAW 261, S. 126-148, bes. S. 144-148 und weiterhin vor allem L. Schwienhorst-Schönberger, Glück, HBS 2, 1994. Für eine Beeinflussung des *carpe diem* bei Kohelet durch die ägyptischen Harfnerlieder plädiert jetzt S. Fischer, Die Aufforderung zur Lebensfreude im Buch Kohelet und seine Rezeption der ägyptischen Harfnerlieder, Wiener Atl. Studien 2, Frankfurt am Main u.a. 1999.

131   Wörtlich: *Sieh an ...*

132   Wörtlich: *Alles, was deine Hand zu tun findet ...*

133   Vgl. auch 2,24-26; 3,10-15; 5,17-19; 8,15 und 11,7-12,8.

134   7,15; 8,14-17; 9,1-6.

135   N.R. Whybray, Qoheleth as Theologian, in: A. Schoors, Hg., Qohelet in the Context of Wisdom, BEThL 136, Leuven, S. 239-265; weist S. 251 mit Recht darauf hin, daß Kohelet die Gerechtigkeit Gottes nicht grundsätzlich geleugnet hat.

136   Vgl. dazu oben. S. 22 Anm. 127.

137   Vgl. dazu auch L. Schwienhorst-Schönberger, Via media: Koh 7,15-18 und die griechisch-hellenistische Philosophie, BEThL 136, 1998, S. 181-203, und seinen Hinweis S. 203, daß es angesichts der Verbreitung des Gedankens vom goldenen Mittelweg, der sich z.B. auch im Pap. Insinger und den Achikar-Sprüchen findet, nicht erforderlich ist, ihn mit Priorität aus der griechisch-hellenistischen Kultur abzuleiten.

Der hellenistische Schicksalsglaube und seine Frage nach dem dem Menschen möglichen Glück hat so seine jüdische Transformation gefunden. Für den Juden gibt es neben Gott kein selbständiges Fatum. Die Unberechenbarkeit von Gottes Handeln am Menschen ist planvoller Ausdruck seiner Gottheit, denn sie lehrt ihn, seine Grenzen zu erkennen und also Gott zu fürchten (3,14). So wird Gott von Kohlet wie vom Hiobdichter als Grenze des Menschen erfahren.[138] In diesem Sinn können wir den Schluß des Traktates 1,3-3,15[139] in 3,10-15 als die *summa* des ganzen Buches bezeichnen. In ihm wird das über der sittlichen Leitung der Welt liegende Dunkel teleologisch interpretiert: Es soll den Menschen zur Furcht Gottes führen.[140]

> 10 Ich betrachtete die Mühseligkeit,
> die Gott den Menschenkindern gegeben hat,
> damit sie sich mit ihr plagen:
> 11 Alles macht er schön zu seiner Zeit;
> auch hat er ‚das Sich-Abmühen‘[141] in ihr Herz gegeben,
> nur bleibt dem Menschen das göttlichen Tun
> von Anfang bis zum Ende verborgen.
> 12 Ich erkannte: Es gibt bei ihnen
> nichts Besseres, als sich zu freuen
> und es sich wohl ergehen zu lassen, solange sie leben.
> 13 Doch wenn irgend ein Mensch essen und trinken kann
> und dank all seiner Arbeit Gutes erfährt
> ist auch dies eine Gabe Gottes.
> 14 Ich weiß: Alles, was Gott macht, das besteht in Ewigkeit.
> Zu dem kann niemand etwas hinzufügen
> und von dem kann niemand etwas wegnehmen.
> Gott aber handelt (so), damit sie (slc. die Menschen)
> sich vor ihm fürchten.
> 15 Das, was geschieht längst war es;
> und das, was geschehen wird,
> längst ist es gewesen;
> denn Gott sucht das Verwehte wieder hervor.

c) *Stoische Einflüsse auf Ben Sira.* Als Ben Sira im ersten Viertel des 2. vorchristlichen Jahrhunderts in Jerusalem seine Lehrreden in Buchform herausgab, war der Wechsel von der ptolemäischen zur seleukidischen Herrschaft bereits erfolgt. Juda befand sich damals schon weit über hundert Jahre unter

---

[138] Vgl. dazu J. van Oorschot, Gott als Grenze. Eine literar- und redaktionsgeschichtliche Studie zu den Gottesreden des Hiobbuches, BZAW 170, Berlin und New York 1987, S. 192-209 und zu Kohelet A.A. Fischer, Skepsis oder Furcht Gottes? Studien zur Komposition und Theologie des Buches Kohelet, BZAW 247, Berlin und New York 1997, S. 245-250.

[139] Vgl. dazu A.A. Fischer, S. 5f.

[140] Auch Hiob 28,28 setzt hinter das vorausgehende Gedicht über die Verborgenheit der Weisheit die Aufforderung zur Gottesfurcht.

[141] Lies *ha'amal* statt *ha'olam*.

hellenistischem Regiment.[142] Daher ist es nicht verwunderlich, daß sich der Einfluß hellenistischen Lebens,[143] griechischer Dichtung[144] und stoischer Philosophie[145] bei ihm konkreter als bei seine Vorgängern niedergeschlagen hat.

Dabei belegen seine mit einem „Sage nicht" eingeleiteten Lehrreden,[146] daß die Diskussion über die theoretische und praktische Gültigkeit der väterlichen Überlieferungen auch in seinen Tagen noch nicht zur Ruhe gekommen war. So wähnte sich der Reiche unbestraft im Besitz der Macht, sich an den Schwächeren zu vergehen (Sir 5,1-4); stieß sich der Arme am Glück der Gottlosen, während der Reiche sich sicher glaubte (11,21-24) und sich gegen fremde Vorwürfe damit verteidigte, daß Gottes Allmacht sein eigenes Sündigen umschließe (15,11f.). Sein eigenes Gewissen aber suchte er mittels des Gedankens zum Schweigen zu bringen, daß er dem Blick des die Welt regierenden göttlichen Richters angesichts der Größe seiner Aufgabe und der Menge der Menschen entginge (16,5). Ben Sira erinnert demgegenüber an die Langmut des richtenden Gottes (5,3b.4b); an seine Macht, den Armen reich und den Reichen arm zu machen (11,21 b-d, vgl. V.13f.); an die den Menschen von Gott in der Schöpfung verliehene Fähigkeit, sich zwischen Gut und Böse zu entscheiden und an das ihnen gegebene Gebot zu halten (15,14-20). Weiterhin erklärt er, daß dem Gott, dem das Tun keines einzigen Volkes verborgen ist, auch die

---

[142] Zum kulturellen und politischen Hintergrund Ben Siras vgl. O. Wischmeyer, Die Kultur des Buches Ben Sira, BZNW 77, Berlin und New York 1995, bzw. J.J. Collins, Jewish Wisdom in the Hellenistic Age, Edinburgh 1998, S. 23-41, und zu seiner Anthropologie R. Egger-Wenzel und I. Krammer, Hg., Der Einzelne und seine Gemeinschaft bei Ben Sira, BZAW 270, 1998, 1-22 unten, 225-246.

[143] Vgl. dazu J. Marböck, Weisheit im Wandel. Untersuchungen zur Weisheitstheologie bei Ben Sira, BBB 37, Bonn 1971 = ders., BZAW 272, Berlin und New York ²1999, S. 160-173, und O. Wischmeyer, Kultur, passim.

[144] Vgl. dazu Th. Middendorp, Die Stellung Jesu Ben Siras zwischen Judentum und Hellenismus, Leiden 1973, S. 7-34, dazu die kritischen Nachprüfungen von O. Kaiser, Judentum und Hellenismus, VF 27, 1982, S. 68-86, bes. S. 79-85 = ders., Der Mensch unter dem Schicksal, BZAW 161, 1985, S. 135-181, bes. S. 146-152, und H.V. Kieweler, Ben Sira zwischen Judentum und Hellenismus, BEATAJ 30, Frankfurt am Main 1992, passim. Das eindrücklichste Beispiel einer Motiventlehnung stellt die vermutliche Abhängigkeit Sir 14,18 von Hom. Il. 6,146-149 dar (vgl. auch DL IX,67 und Mimn.fr. 2,1f.D). Für sie läßt sich eine proverbielle Vermittlung nicht ausschließen, aber auch nicht zwingend fordern. – Das Lob der Väter in Sir 44-50, das von Henoch und Noah bis zu Nehemia als Beispielen frommer Männer führt und dann nach einem Rückblick auf die Urzeit seinen Höhepunkt in dem Lobpreis des Hohenpriesters Simon II. erreicht, dürfte sich an das hellenistische *enkomion* anschließen; vgl. T.R. Lee, Studies in the Form of Sirach 44-50, SBL.DS 75, Atlanta 1986, S. 83-245 und bes. S. 206-245, und nach der Diskussion weiterer Vorschläge zustimmend J.J. Collins, Jewish Wisdom, S. 97-100.

[145] Vgl. dazu das Folgende und die die weiteren Untersuchungen veranlassende Studie von R. Pautrel, Ben Sira et le stoïcisme, RSR 51, 1963, S. 535-549.

[146] Vgl. dazu vor allem J.L. Crenshaw, The Problem of Theodicy in Sirach: On Human Bondage, JBL 94, 1975, S. 47-64, und weiterhin G.L. Prato, Il probleme della teodicea in Ben Sira. Composizione dei contrari e richiamo alle origine, AnBib 65, Rom 1975.

Gedanken und Taten des Einzelnen nicht entgehen (17,16-21). Und in 23,28f. stützt er die Allwissenheit Gottes mit seiner Präszienz: Noch ehe der Herr das All erschuf, war es ihm bekannt, und nicht anders verhält es sich, nachdem es geendet.

Die Apologetik ist die Mutter der Theologie. Und so begegnet uns in dem weisen Schriftgelehrten zum ersten Mal ein Theologe, der den Glauben an Gottes Gerechtigkeit argumentierend verteidigt.[147] Da er sich den im gleichzeitigen apokalyptischen Schrifttum gewählten Weg versagt (vgl. 2,19-26 und 34,1-7), Gottes letztgültiges Urteil von seinem am jüngsten Tage stattfindenden Totengericht zu erwarten,[148] verweist er auf die Erfahrung des plötzlichen Wandels im Geschick der Menschen, wie es für die hellenistische Zeit in besonderer Weise charakteristisch war und auch in der demotischen Lehre des Pap. Insinger ihren Niederschlag gefunden hat.[149] Aber wie bei dem Ägypter ist es auch nach Ben Siras Überzeugung kein blindes Fatum, sondern Gott selbst, der hinter diesem Wandel und Wechsel steht. Mochte sich Gottes Gerechtigkeit nicht fortlaufend im Leben des Einzelnen kontrollieren lassen, ja mußte der Fromme in besonderer Weise mit Gottes Prüfungen rechnen (2,1-11), so sprach Gott nach Ben Siras Überzeugung jedenfalls im Tod sein letztes Wort über den Menschen.[150] In deutlicher Aufnahme der von Solon bzw. Herodot über Sophokles bis zu Euripides belegten Warnung, vor seinem Tode keinen Menschen glücklich zu preisen,[151] heißt es bei Ben Sira (11,25-28):

> Das Unglück von heute läßt das Glück vergessen,
> und das Ende des Menschen gibt über ihn Auskunft.
> Denn leicht ist es für den Herrn am Tage des Todes
> dem Menschen nach seinem Wandel zu vergelten.
> Jetziges Leid läßt einstiges Wohlsein vergessen,
> und das Ende des Menschen enthüllt seine Taten.
> Vor dem Tode preise keinen glücklich;
> denn an seinem Ende erkennt man den Mann.

Man kann diesen Hinweis auf den letzten Tag kaum anders verstehen, als daß Ben Sira die Art des Todes als ein Gottesurteil verstanden wissen wollte.[152]

---

[147] Vgl. dazu J. Marböck, Gerechtigkeit Gottes und Leben nach dem Sirachbuch, in: J. Jeremias, Hg., Gerechtigkeit und Leben im hellenistischen Zeitalter, BZAW 296, 2001, 21-52.

[148] Vgl. dazu unten, S. 37ff.

[149] Zu den Parallelen und Unterschieden in der demotischen Lehre des Pap. Insinger und Ben Sira vgl. M. Lichtheim, Late Egyptian Wisdom Literature in the International Context. A Study of Demotic Instructions, OBO 52, Freiburg/Schweiz und Göttingen 1983, S. 138-143.

[150] Vgl. dazu J. Marböck, a.a.O., 26-28.

[151] Vgl. Hdt 1,32,7 86,3; Soph. Oid. T. 1524-1530 und z.B. Eur. Andr. 100-103.

[152] Zu den sich daraus ergebenden Spannungen zu Sirachs anderen Äußerungen über den Tod, vor allem in 41,1-4 vgl. J.J. Collins, Jewish Wisdom, 1998, S. 92f.

Seit alters erkannten die Israeliten wie ihre Nachbarn und auch die Griechen in allen gewaltsamen Schädigungen des Lebens göttliche Sanktionen für die Sünden der Menschen.[153] Ben Sira gab diesem Glauben einen neuen Rückhalt, indem er ihn in eigentümlicher Weise mit den beiden stoischen Konzepten der Vorsehung, der göttlichen *pronoia*, und der kosmischen Teleologie verband.[154] So heißt es in seinem großen, der Verteidigung der Vollkommenheit der Werke Gottes dienenden Hymnus in 39,12-35 in den V.21-25:[155]

> Man sage nicht: Wozu ist das da?
> Denn alles ist für seinen Zweck bestimmt.
> Man sage nicht: Dies ist schlechter als das!
> Denn alles bewährt sich zu seiner Zeit.
> Sein Segen fließt über wie der Nil,
> wie der Euphrat tränkt er die Erde.
> Aber sein Zorn vertreibt die Völker
> und er wandelt zu Salz bewässertes Land.
> Seine Pfade sind für den Frommen gerade,
> aber unzugänglich für die Vermessnen.
> Gutes bestimmte er den Guten von Anfang an,
> aber den Bösen Gutes und Böses.

Es folgt ein Katalog der wichtigsten, zum Leben erforderlichen Güter, an denen die Guten wie die Bösen teilhaben, und dann ein solcher der natürlichen Mittel, deren sich Gott bei seinen Strafgerichten bedient.[156] Der Gedanken der göttlichen Präszienz und Providenz verbindet sich schließlich bei ihm mit dem der Harmonie und Schönheit des Ganzen in dem großen, die Weisheitslehren abschließenden Hymnus auf die Schönheit der Welt und die Unergründlichkeit ihres Schöpfers in 42,15-43,33: Dieser Gott weiß alles und sieht alles Künftige

---

[153]   Vgl. dazu K. van der Toorn, Sin and Sanction in Israel and Mesopotamia. A Comparative Study, SSN 22, Assen und Maastricht 1984, und für die Griechen z.B. Hes. erg. 225-247 mit Dtn 28 und dazu auch West, East Face, 1997, S. 321.

[154]   Zu ihrer Vorgeschichte vgl. W. Theiler, Zur Geschichte der teleologischen Naturbetrachtung bis auf Aristoteles, Berlin ²1965, zu ihrer stoischen Gestalt E. Zeller, Philosophie der Griechen III/1: Die nacharistotelische Philosophie, hg. E. Wellmann, Leipzig ²1923 = Hildesheim 1963, S. 174-176, und zur Sache O. Kaiser, Die Rezeption der stoischen Providenz bei Ben Sira, Memorial F. Deist, JNSL 24/I, 1998, S. 41-54 = unten, S. 293-303, und ders., GAT II, S. 227-232.

[155]   Vgl. zur Intention des Hymnus als Beantwortung der Theodizeefrage auch M. Hengel, Judentum und Hellenismus, S. 261-267, der dort S. 267 mit Recht auch auf den griechisch-philosophischen Hintergrund des Gedankens der Polarität alles Erschaffenen hinweist. Er tritt am deutlichsten in 36(33),14f. zutage (vgl. SVF II, 1169), ohne daß dadurch der Gedanke der Wahlfreiheit eingeschränkt wird; vgl. dazu auch J.J. Collins, Jewish Wisdom, S. 85, S. 131 und S. 226, sowie J. Marböck, Gerechtigkeit, in: J. Jeremias, Hg., BZAW 296, 28-40, und U. Wicke-Reuter, Göttliche Providenz und menschliche Verantwortung bei Ben Sira, BZAW 298, 55-89

[156]   Zu ihrem alttestamentlichen Hintergrund vgl. G.L. Prato, Problema, AnBib 63, 1975, S. 105-113.

voraus. Seine Schöpfung erweist sich als schön und durch und durch zweck-
mäßig, 42,22-25:[157]

> Sind nicht all sein Werke liebenswert
> bis zum Funken in seiner bunten Erscheinung?
> Alles lebt und besteht für immer,
> und für jeden Zweck ist alles bewahrt.
> Sie alle sind voneinander verschieden,
> und keines von ihnen erschuf er vergebens.
> Eins übertrifft das andre durch seine Schönheit,
> und wer wird satt, ihre Pracht zu schauen?

Gleichzeitig ist die Fülle dessen, was sich menschlichem Verstehen entzieht,
unermeßlich. Und so hebt die Schlußstrophe 43,27-33 in V.27f. so an:

> Noch mehr von diesem fügen wir nicht hinzu,
> aber der Rede Ende lautet: Alles ist nur er![158]
> Laßt uns denn jubeln, weil wir (ihn) nicht ergründen,
> denn er ist größer als alle seine Werke.

Aber aus Gottes Omnipotenz und Omniszi, ergeben sich für den jüdischen
Weisen keine Probleme hinsichtlich der Verantwortung des Menschen: Ihm ist
von Gott von Anfang an das Gebot und auch die als *jeṣer* (eigentlich:
Form/Trieb)[159] bezeichnete Fähigkeit gegeben, an dem von Gottes Gebot geforderten Guten Gefallen zu haben, es zu begehren (ḥapaṣ), 15,14-17:

> Er selbst hat am Anfang den Menschen gemacht
> und ihn in die Hand seines Willens (jiṣrô)[160] gegeben:
> Wenn du es begehrst (taḥpoṣ), hältst du das Gebot,
> und Treue ist es, nach seinem Gefallen zu handeln.
> Vor dir liegen Feuer und Wasser,
> was du begehrst danach strecke aus deine Hand.
> Vor dem Menschen liegen Leben und Tod,
> das, was er begehrt, wird ihm gegeben.

Hier begegnet uns zum ersten Mal im Alten Testament eine Reflexion über das
Problem der menschlichen Entscheidungsfreiheit.[161] An ihr erkennen wir die
Grenze, die das Denken des jüdischen Weisen bei der Übernahme von Motiven
aus griechischer Dichtung und hellenistischer Philosophie nicht zu überschrei-
ten bereit war: Jene durften weder die Herrschaft des einen Gottes noch die
sich aus den Forderungen der Tora ergebende Entscheidungsethik in Frage

---

[157] Daß Ben Sira auch den Gedanken der Polarität alles Geschaffenen kannte und von den
Stoikern entlehnte, zeigt U. Wicke-Reuter, Providenz, BZAW 298, S. 256-273 an Hand
von 3,13-15.
[158] Zur Übersetzung des *hû'hakkål* vgl. Kaiser, JSNL 24, 1998, S. 49f. = unten, S. 302.
[159] Vgl. Gen 6,5 und 8,21.
[160] Wörtlich: Triebes.
[161] Vgl. dazu U. Wicke-Reuter, Providenz, z.St., und zu den vergleichbaren Ansätzen zu einer
Willenslehre in der aristotelischen und nacharistotelischen Philosophie A. Dihle, Die Vorstellung vom Willen in der Antike, Sammlung Vandenhoeck, Göttingen 1985, S. 66-78.

stellen.[162] Daher suchen wir bei ihm wie bei Kohelet vergeblich nach einem der *Heimarmene*, der Notwendigkeit im Ablauf aller Dinge, entsprechenden Konzept.

Stoischer Einfluß dürfte auch hinter Ben Siras eigentümlicher Gleichsetzung der Weisheit mit der in den fünf Mosebüchern enthaltenen göttlichen Weisung, dem Gesetz stehen, wie sie ausdrücklich in 24,23 vorgenommen[163] und in 1,26; 6,37 und 15,1 vorausgesetzt wird. Daß bei Ben Sira diese Identifikation unter dem Einfluß des stoischen Konzepts des mit der Weltvernunft und mithin mit Zeus identischen kosmischen und zugleich sittlichen Nomos des Weltgesetzes steht,[164] wird freilich erst deutlich, wenn wir das Selbstlob der Weisheit in Sir 24 mit der einleitenden Lehrrede über sie in 1,1-10* vergleichen. Denn hier heißt es in V.1, daß alle Weisheit vom Herrn kommt und bei ihm in Ewigkeit bleibt. Diese göttliche Weisheit ist jedoch nach V.9-10 a in allen seinen Werken einschließlich der Menschen gegenwärtig, reichlich hat er sie nach V.10b freilich nur denen gegeben, die ihn lieben. Aber die Menschen, die ihn lieben, sind nach alttestamentlicher Tradition die, die seine Gebote halten (vgl. z.B. Ex 20,5b).[165] Dem entspricht der Bericht der Weisheit in 24,7ff., daß Gott ihr bei ihrer Suche nach einer irdischen Wohnstatt Jakob und Israel und zumal den Zion zugewiesen habe, wo sie nun blüht und gedeiht und die, welche auf sie hören, vor Sünde bewahrt (V.12-17.19-22). Aus den zwischen 1,1ff. und 24,1ff. bestehenden Beziehungen wird deutlich, daß Ben Sira das partikulare Gesetz des Mose als den Inbegriff der universalen, der Schöpfung inhärenten und prinzipiell allen Menschen zugänglichen göttlichen Weltordnung deutet.[166]

d) Die Anfänge der natürlichen Theologie und die Verheißung der Unsterblichkeit als Lösung des Theodizeeproblems in der Weisheit Salomos. Schon ein oberflächlicher Blick in die Weisheit Salomos zeigt, daß sie tiefgreifend hellenistisch beeinflußt ist. Ihr Stil[167] und ihr Wortschatz entsprechen der späthel-

---

[162] Vgl. dazu O. Kaiser, Anknüpfung und Widerspruch. Die Antwort der jüdischen Weisen auf die Herausforderung durch den Hellenismus, in: J. Mehlhausen, Hg., Pluralismus und Identität, VWGTh 8, Gütersloh 1995, S. 54-69, bes. S. 58-62 = ders., BZAW 261, S. 201-216, bes. S. 205-209.

[163] Falls man den Vers nicht für redaktionell hält.

[164] SVF III,314; vgl. dazu M. Pohlenz, Die Stoa I, Göttingen ³1964, S. 133f.

[165] Dazu O. Kaiser, GAT II, UTB 2024, 1998, S. 54-65.

[166] Vgl. dazu J. Marböck, Gesetz und Weisheit. Zum Verständnis des Gesetzes bei Jesus Ben Sira (1976), in: ders., Gottes Weisheit unter uns. Zur Theologie des Buches Jesus Sirach, hg. v. I. Fischer, HBS 6, Freiburg i.Br. u.a. 1995, S. 52-72, bes. S. 71; J.J. Collins, Jewish Wisdom, S. 54-61, bes. S. 61 und ausführlich U. Wicke-Reuter, Göttliche Providenz und menschliche Verantwortung bei Ben Sira und in der frühen Stoa, BZAW 298, 2000.

[167] Vgl. dazu J. M. Reese, Hellenistic Influence on the Book of Wisdom and Its Consequences, AnBib 41, Rom 1971, S. 25-31, und M. Kepper, Hellenistische Bildung im Buch der Weisheit. Studien zur Sprachgestalt und Theologie der Sapientia Salomonis, BZAW 280, Berlin und New York 1999, S. 74-97.

lenistischen Bildungssprache.[168] Ihre Datierung vor dem Jahr 28 v. Chr. ist
durch den Gebrauch augusteisch-imperialer Termini ausgeschlossen.[169] Für die
römische Kaiserzeit spricht auch die Erwähnung der Bilder der in der Ferne
lebenden Herrscher in 14,17.[170] Die für die Verbindung mit den alexandrinischen antijüdischen Pogromen während der Regierung Caligulas (37-41 n.
Chr.) vorgebrachten Argumente sind nicht unbedingt stichhaltig.[171] Ihre Ansetzung in Alexandrien erfolgt unter Berufung auf die Dominanz Ägyptens und
der Ägypter in c.10-19 und die Polemik gegen den ägyptischen Tierkult,[172]
bleibt aber angesichts des paradigmatischen Charakters der Belege letztlich ein
Zirkelschluß von der in ihr vorausgesetzten hellenistischen Bildung[173] auf die
von ihr bestimmte alexandrinische jüdische Gemeinde,[174] ohne daß es zureichende Argumente für eine andere Lokalisierung des Buches gibt.[175] Die literarische Form des Buches läßt sich am ehesten als die einer an die Könige der
Erde gerichteten lehrhaften Ermahnung oder eines *Protreptikos* bezeichnen
(vgl. 1,1 mit 6,2.22 ff.),[176] wobei 6,22-9,19 enkomischen und c.10-19 epideik-
tischen Charakter besitzen.[177]

Auch inhaltlich ist die Sapientia Salomonis wie keine andere biblische
Schrift durch die griechisch-hellenistische Philosophie beeinflußt. Das gilt für
die zentrale Gestalt der personifizierten Weisheit, die als Mittlerin zwischen
Gott, Welt und Mensch waltet (7,21-8,1).[178] Gleichgültig ob man sie als Hypo-
stase bezeichnet oder nicht,[179] dürfte sie auf alexandrinische Diskussionen über
die Vermittlung zwischen dem jenseitigen Gott und der Welt zurückgehen, wie

---

[168] Vgl. M. Kepper, S. 39-73.
[169] G. Scarpat, Ancora sull'autore del libro della Sapienza, RivBib 15, 1967, S. 171-189; ders.,
    Libro della Sapienza. Testo, Traduzione, Introduzione e Commento I, Brescia 1989, S. 13-
    39, und M. Kepper, a.a.O., S. 46-51.
[170] So schon E. Zeller, Die Philosophie der Griechen in ihrer historischen Entwicklung III/2,
    [5]1923 (ND), S. 295f. Anm. 1.
[171] Die Verfolgung des Gerechten in Sap 2 ist mit J.J. Collins, Jewish Wisdom, S. 179, eher
    als ein gleichsam philosophisches Argument für den Nutzen der Gerechtigkeit als ein hi-
    storischer Kommentar zu konkreten Judenverfolgungen in Alexandrien zu verstehen.
[172] J.J. Collins, Jewish Wisdom, S. 178.
[173] Vgl. dazu M. Kepper, Bildung, BZAW 280, 1999, S. 196-204.
[174] Vgl. auch M. Kepper, S. 201f.
[175] J.J. Collins, Jewish Wisdom, S. 178.
[176] Vgl. J.M. Reese, Hellenistic Influence, 1970, S. 90-121 und bes. S. 117-121, und zur
    Diskussion z.B. D. Winston, The Wisdom of Solomon, AncB 43, New York 1979, S. 18;
    J.J. Collins, S. 181f., und M. Kepper, S. 1-12.
[177] Vgl. J.J. Collins, Jewish Wisdom, S. 182, und H. Engel, Das Buch der Weisheit, NSK.AT
    16, Stuttgart 1998, S. 19-30.
[178] Vgl. dazu R.E. Murphy, The Personification of Wisdom, in: J. Day, R.P. Gordon und
    H.G.M. Williamson, Hg., Wisdom in Ancient Israel. FS J.A. Emerton, Cambridge/U.K.
    1995, S. 222-233, bzw. ders., The Tree of Life. An Exploration of Biblical Wisdom Lit-
    erature, Grand Rapids/Mich. und Cambridge/U.K. [2]1996, S. 133-150.
[179] Vgl. dazu E. Zeller, Philosophie der Griechen III/25, S. 292f.

sie sich ansatzweise bei Eudoros spiegelt. Er hat dem transzendenten Einen die *Dyas* und *Monas* als immanente kosmische Prinzipien gegenübergestellt. Dagegen bleibt die Unterscheidung zwischen dem göttlichen *Logos* oder *Pneuma* als dem formativen Prinzip des Kosmos in den Bahnen der stoischen Kosmo-Theologie. Auch bei dem stoizierenden Akademiker Antiochos von Askalon lassen sich keine entsprechenden Ansätze nachweisen.[180] Poseidonius betonte unter platonischem Einfluß den Unterschied zwischen Gott und Welt[181] In der Sapientia regiert die Weisheit als Ausfluß der göttlichen Herrlichkeit, Abglanz des göttlichen Lichts und Spiegel des göttlichen Wirkens die Welt und leitet dabei die heiligen Seelen durch alle Zeiten (7,25-27).

Darüber hinaus begegnet in der Sapientia in jüdischem Kontext erstmals ein rationaler, zumal von stoischem Denken beeinflußter Beweis für die Gottheit Gottes aus der Schönheit und Ordnung der Welt (13,1-9).[182] Verwandte Gedanken begegnen weiterhin bei Philo in *De decalogo* 52-54[183] und nicht zuletzt beim Apostel Paulus in Röm 1,18-23,[184] so daß man annehmen möchte, daß sie sehr schnell zu einem Topos synagogaler Apologetik geworden sind. Geistesgeschichtlich handelt es sich hier um den Anfang der natürlichen Theologie, die schon in ihrem Beginn in einer eigentümlichen Spannung zum Offenbarungsglauben steht. Dieser begegnet in der Sapientia ihrem jüdischen Charakter gemäß als Glaube an die Erwählung Israels zum Volk Gottes. Dabei tritt die Theologie der Offenbarung in eine dialektische Spannung zur natürlichen Theologie, indem sie im Namen der ersteren den Anspruch erhebt, dem prinzipiellen Offenbarsein Gottes allein angemessen gerecht zu werden.[185]

Wegen seiner Bedeutung für die christliche Theologie sei hier ein weiterer Aspekt in den Mittelpunkt gerückt, nämlich der der Aufnahme der Erwartung eines Totengerichts und des Glaubens an die Unsterblichkeit der Seele. Daß die Unterwelt ihre Pforten hinter den schattenhaften Seelen der Toten nicht für

---

[180] Vgl. J. Dillon, The Middle-Platonists, London ²1996, S. 136f., künftig mit M. Neher, Wesen und Wirken der Weisheit in der Sapientia Salomonis, BZAW, passim.

[181] Vgl. J.M. Rist, Steutz Philosophy, Cambridge/U.K. 1969 (ND), S. 202-218 und bes. S. 202: *According to Posidonius, God, nature and fate are not identical; in the contrary they form a sequence of realities in terms of which the physical world must be understood,* bzw. P. Steinmetz, Die Stoa, GGPh³ IV/2, Basel 1994, S. 686-690 und bes. S. 688.

[182] Vgl. Cic. De nat. II.12-15 und II.253 sowie zur Sache M. Gilbert, La critique des dieux dans le livre de la Sagesse (Sg 13-15), AnBib 53, Rom 1973, S. 1-52; J.J. Collins, Jewish Wisdom, S. 205-209 und S. 230, und M. Kepper, Bildung, BZAW 280, 1999, S. 147-195, bzw. knapp O. Kaiser, GAT II, S. 271-274.

[183] Vgl. J.J. Collins, S. 208f.; zu den Gemeinsamkeiten und Unterschieden der Verwendung des Gedankens der Erkenntnis Gottes *kat analogian* in der pseudoaristotelischen Schrift *De mundo* 399b 20 und im Corpus Hermeticum XI,22 sowie weiteren Parallelen vgl. M. Kepper, S. 179-183.

[184] Vgl. auch Sap. 14,22ff. mit Röm 1,24ff.

[185] Vgl. dazu auch Collins, S. 218-221 und S. 230-232.

immer schließe, sondern dort die Totengeister der Gerechten, der Sünder, der Sündergenossen und der um ihren gewaltsamen Tod Klagenden in unterschiedlichen Höhlen verwahrt und am Tage des großen Gerichts wieder ans Licht gebracht würden, hatte schon der Apokalyptiker des henochitischen Wächterbuches I Hen 1-36 in c.22 gelehrt:[186] Nur die Seelen der Sündergenossen sollten dann nicht mehr vor Gottes Tribunal erscheinen, sondern von vornherein und für immer in ihrer dunklen Höhle bleiben.[187] Ergänzend können wir aus I Hen 104,1-6 entnehmen,[188] daß die Seelen der Gerechten zur Zeit des großen Gerichtstages in eine Lichtgestalt verwandelt und sich ihnen die Tore des Himmels öffnen werden. Diese Vorstellung hat gerade noch in Dan 12,1-3 während der Zeit der Religionsverfolgung durch Antiochos IV. ihre explizite Aufnahme in die Hebräische Bibel gefunden.[189] Denn hier heißt es in V.2-3 über die Endzeit:

> Und von denen, die im Staub der Erde schlafen,
> werden viele erwachen,
> Die einen zum ewigen Leben
> und die anderen[190] zu ewiger Abscheu.
> Aber die Unterweiser[191] werden glänzen wie
> der Glanz des Himmels
> Und die vielen zur Gerechtigkeit verholfen haben,
> wie die Sterne für immer und ewig.

Dieses Konzept begegnet, auf Israel bezogen, auch in dem vermutlich in seiner Grundfassung gleichzeitigen Testament Moses,[192] in dem es in 10,9 heißt:[193]

> Gott wird dich zu den Höhen erheben,
> Ja, er wird dich an den Sternenhimmel versetzen,
> an den Platz ihrer Wohnstätten.

---

[186] Zu seiner Entstehung im letzten Drittel des 3. Jh.s v. Chr. vgl. F. García Martínez, Qumran and Apocalyptic. Studies on the Aramaic Texts from Qumran, StTDJ 9, Leiden 1992, S. 79-96.

[187] Vgl. dazu M.Th. Wacker, Weltordnung und Gericht. Studien zu 1 Henoch 22, FzB 45, Würzburg 1982, S. 179-200.

[188] Zur Datierung des Henochbriefes 1. Hen 92-104 in das erste Drittel des 2. Jh.s v. Chr. vgl. F. García Martínez, StTDJ 9, 1992, S. 71.

[189] Die Entrückung des Gerechten aus der Unterwelt in Ps 49,16 und 73,24 setzt einen entsprechenden Kontext voraus; vgl. dazu O. Kaiser, Mythos, in: J. Jeremias, Hg., Gerechtigkeit, BZAW 296, 2001, S. 97-98

[190] Zu Schmähungen ist erläuternde Glosse des folgenden Wortes.

[191] Vgl. Dan 11,32; 1QS III.13; IX,15.18 und CD XX,24.

[192] Vgl. dazu G.W.E. Nickelsburg, Resurrection, Immortality, and Eternal Life in Intertestamental Judaism, HThS 26, Cambridge/Mass. und London 1972, S. 43-45; J. Priest, in: J.H. Charlesworth, Ed., Old Testament Pseudepigrapha I, London 1983, S. 920-922; G. Vermes, in: The History of the Jewish People in the Age of Jesus Christ (175 B.C.-A.D. 135). By Emil Schürer. A New English Version rev. and ed. by G. Vermes, F. Millar, M. Goodman, III/1, Edinburgh 1986, S. 287-288, bes. S. 281-283 bzw. J.J. Collins, The Apocalyptic Imagination. An Introduction to Jewish Apocalyptic Literature, Grand Rapids/Mich. und Cambridge/U.K. [2]1998, S. 128-132, bes. S. 129.

[193] OTP I, S. 932 und dazu G.E.W. Nickelsburg, Resurrection, S. 28-31.

Dieses in chasidischen Kreisen gepflegte Gedankengut hat seit der Mitte des 2. Jh.s v. Chr. zumal bei den Essenern Beachtung[194] und bei den Pharisäern[195] einflußreiche Vertreter gefunden. Für die Einwurzelung und Bewahrung dieser eschatologischen Heilserwartungen in den Kreisen der Frommen dürften die Erfahrungen der Religionsverfolgungen seit Antiochos' IV. bis zu dem hasmonäischen König Alexander Jannaios eine Rolle gespielt haben. Wenn denn die Gerechten um ihrer Treue und ihres Gehorsams willen nicht nur verfolgt, sondern auch getötet wurden, dann konnte das nicht Gottes eigentlichem Willen entsprechen. Wenn der Gott, der diese Treue von ihnen verlangt und dafür ein heilvolles Leben versprochen hatte (vgl. Dtn 28,1-14 und 30,15-20), wahrhaft Gott ist, kann er sie im Tode nicht im Stich und ihre Mörder nicht unbestraft lassen. Die Mythe von dem sich zugleich mit dem Weltgericht vollziehenden Totengericht gab den von der Erwählung Israels durch seinen Gott überzeugten Frommen die Antwort auf die Anfechtung durch Verfolgung und Martyrium der Ihren.

Da der Verfasser der Sapientia Salomonis das eschatologische Drama nicht zusammenhängend entfaltet, sondern unter verschiedenen Aspekten auf es anspielt, konnte er offenbar dessen Bekanntschaft bei seinen Adressaten voraussetzen. Er selbst hat diese Mythologeme nicht nur rezipiert, sondern teilweise auch in eigentümlicher Weise rationalisiert. So leitet er aus der Gottebenbildlichkeit des Menschen ab, daß Gott den Menschen zur *aphtharsia*, zur Unvergänglichkeit erschaffen habe (2,23). Der Tod, so erklärt er wohl unter Aufnahme einer anderen jüdischen Tradition, sei erst durch den Neid des Satans in die Welt gekommen, dessen Anhänger ihm seither zum Opfer fielen (2,24f.; vgl. 1,13f. und Vit.Ad. 12-17).[196] Die Gerechten scheinen dagegen nur gestorben zu sein, während ihre Seelen in Wahrheit in Gottes Hand sind und sie keine Qual anrührt; denn durch ihre Leiden sind sie von Gott erprobt und bewährt erfunden und daher im Frieden (3,1-6).[197] Zur Zeit der Heimsuchung (und d.h. des Endgerichts) werden sie in verwandelter Lichtgestalt aufleuchten, die Heiden richten (vgl. I Kor 6,2), über die Völker herrschen (3,7-9)[198] und

---

[194] Vgl. dazu H.-W. Kuhn, Enderwartung und gegenwärtiges Heil. Untersuchungen zu den Gemeindeliedern von Qumran, StUNT 4, Göttingen 1966, und J.J. Collins, Apocalypticism in the Dead Sea Scrolls, London und New York 1997, S. 110-129.

[195] Vgl. Ps Sal 3,11f. mit 14,1ff. und 15,12, dazu J.J. Schüpphaus, Die Psalmen Salomos. Ein Zeugnis Jerusalemer Theologie und Frömmigkeit in der Mitte des vorchristlichen Jahrhunderts, ALGHJ 7, Leiden 1977, S. 92-105, und zu ihrer Herkunft aus pharisäischen Kreisen S. 127-137.

[196] Vgl. dazu O. Kaiser, Die ersten und die letzten Dinge, NZSTh 36, 1994, S. 75-91, bes. S. 83-86 = ders., BZAW 261, S. 1-17, bes. S. 9-12, sowie J.J. Collins, a.a.O., S.189f.

[197] Zur Mehrdeutigkeit des Todesverständnisses in der Sapientia als eines physischen bzw. geistigen vgl. M. Kolarcik, The Ambiguity of Death in the Book of Wisdom 1-6, AnBib 127, Rom 1991, S. 159-190 bes. S. 178-184.

[198] Zum traditionsgeschichtlichen Hintergrund von 3,1-9 vgl. z.B. D. Winston, AncB 43, 1979, S. 125-129 bzw. H. Engel, Das Buch der Weisheit, NSK.AT 16, Stuttgart 1998, S.

unter die Heiligen des Höchsten, die Engel (Dan 7,18; 1QM 17,6-8)[199] in die
himmlische Welt aufgenommen (5,5). So wird ihnen von Gott aufgrund ihres
gerechten Wandels die Unsterblichkeit verliehen.[200]

Vergleicht man die Behauptung in 4,7-14 mit der Klage eines jungen Leidenden in Ps 88, so erkennt man die revolutionierende Kraft, die der neue Unsterblichkeitsglaube besaß: Der todkranke junge Patient in Ps 88,11-13 kann
seinen Gott als letztes Mittel, um ihn zur Hilfe zu veranlassen, nur daran erinnern, daß er mit seinem Tode einen von denen verliert, an denen er seine Wun-
dermacht erweisen und der sein Lob auf Erden vermehren kann. Weil sein Leiden gegen seine Integrität zu zeugen scheint, schrecken seine Freunde und
Verwandten vor ihm zurück (V.19 vgl. V.5f.). Sap 4,7-14 ist der vorzeitige
Tod eines Gerechten dagegen ein Zeichen, daß ihn Gott geliebt und zum
Schutz vor künftigen Verführungen weggerafft hat. Aus dem vorzeitigen bösen
ist so der Tod des Gottgeliebten geworden. Vielleicht dürfen wir Sap 4,10

> Gott wohlgefällig ward er geliebt,
> und zwischen Sündern lebend ward er entrückt.

als eine jüdische Adaption des Menander zugeschriebenen Monostichos (583)

> *hon hoi theoi philousin, apothnêskei neos.*

betrachten.

Sucht man nach den im Hintergrund von Sap Sal 3, 1-3 stehenden und in
I Hen 22 ihre nächste jüdische Parallele besitzenden Vorstellungen über das unterschiedliche Schicksal der Seele nach dem Tod, so wird man sie kaum in einer
einzigen, ihrerseits vorgängerlose Tradition entdecken können. Doch selbst

---

80-84, zu den Parallelen in I Hen 102-104 im Rahmen von I Hen 91-105 auch H.W.E.
Nickelsburg, Resurrection, HThS 26, Cambridge/Mass. 1972, S. 112-130, bzw. knapp J.J.
Collins, Apocalypticism, S. 23, und zu den literarischen Problemen der Henochüberliefe-
rung F.G. Martínez, StTDJ 9, S. 79-96.

[199]   Vgl. dazu J.J. Collins, The Apocalyptic Vision of the Book of Daniel, HSM 16, Missou-
la/Mont. 1977, S. 142-144, und zum astralen Charakter der Engel S. 136f. Ein eigentümli-
ches Beispiel für diese Vorstellung aus dem hellenistischen Bereich bietet der Prolog 1-30
zu der von Plautus assimilierten Komödie des Diphilos *Rudens*, in dem sich der Stern
Arcturus, der Hauptstern des Sternbildes Bootes, als Diener des Jupiter vorstellt, der zusammen mit den anderen Sternen die Aufgabe wahrnimmt, das Tun und Ergehen der Menschen zu beobachten und anschließend Jupiter zu melden, der dann seinerseits dafür sorgt,
daß die Verfälscher und Brecher des Rechts ihre verdiente Strafe erhalten. Die an ihrer
pietas und *fides* Festhaltenden seien dagegen auf anderen Tafeln verzeichnet, so daß ihre
Opfer angenommen und ihre Gebete erhört würden; vgl. dazu auch M.P. Nilsson, Geschichte der griechischen Religion II: Die hellenistische und römische Zeit, HAW V/2,2,
München [2]1951, S. 196f. und S. 276f.

[200]   Vgl. Sap Sal 3,4; 4,1; 8,13.17 und 15,3; dazu J.M. Reese, Hellenistic Influence, S. 62-71,
und M. Neher, Der Weg zur Unsterblichkeit in der Sapientia Salomonis, in: G. Ahn und M.
Dietrich, Hg., Engel und Dämonen. Theologische, Anthropologische und Religionsgeschichtliche Aspekte des Guten und Bösen, FARG 29, 1997, S. 121-136.

wenn ägyptische oder iranische Vorstellungen vom Totengericht direkt oder indirekt auf I Hen 22 eingewirkt haben sollten,[201] so finden sich die eigentlichen Parallelen doch bei den Griechen.[202] Was Platon Sokrates im *Phaidon* (113 d 1-114 c 8) und *Gorgias* (523 a 1-527 a 4) über das unterschiedliche Los der Seelen in der Unterwelt berichten läßt, kommt dem in Hen 22 Geschilderten am nächsten.[203] Es weist seinerseits auf orphisch-dionysische Mysterienkulte zurück, die sich in hellenistischer Zeit bis Alexandrien verbreitet haben.[204] Andererseits ist der astralmythologische Hintergrund der Vorstellung von den in eine Lichtgestalt verwandelten und in den Himmel versetzten Gerechten ebenso offensichtlich wie daß er seine Entsprechungen und vermutlich auch Vorbilder in dem griechisch-hellenistischen Glauben an die astrale Unsterblichkeit besitzt.[205]

Der platonische Glaube an die Seelenwanderung findet dagegen in der Sapientia nur in zwei Zusätzen aus der Hand eines Bearbeiters seine für die Kundigen kenntliche Erwähnung. Der erste findet sich in 8,19f. In ihm rühmt sich Pseudo-Salomon dessen, daß er wegen seiner vortrefflichen Seele auch einen unbefleckten Leib erhalten habe (8,19f.).[206] Der zweite steht in 9,15. Hier stellt Pseudo-Salomon fest, daß der vergängliche Leib die Seele beschwert (9,15).[207] Offensichtlich konnte der Ergänzer wegen der in der Sapientia vertretenen Endgerichtserwartung zwar den Gedanken der Präexistenz, aber nicht den weiterer Reinkarnationen ins Spiel bringen.[208] Der Glaube an die Befreiung der

---

[201] Vgl. dazu die kritische Überprüfung der einschlägigen Hypothesen durch M.-T. Wacker, Weltordnung und Gericht. Studien zu 1 Henoch 22, FzB 45, Würzburg 82, S. 200-219.

[202] Wacker, S. 211-219.

[203] Vgl. dazu auch O. Kaiser, in: ders. und E. Lohse, Tod und Leben, 1977, S. 68-80.

[204] Zum unterschiedlichen Geschick der Seelen in den eleusinischen Mysterien vgl. F. Graf, Eleusis und die orphische Dichtung Athens in vorhellenistischer Zeit, RGW 33, Berlin und New York 1974, S. 79-150.

[205] Vgl. Aristoph. Pax. 832ff.; Plat. Phaid.1146 6-c l; Tim. 41 d 4-42 d 2 und dann Ps. Plat. Axioch.371 a 6-b und zur hier bezeugten Verlegung des Hades an den Himmel M. Nilsson, Geschichte II, S. 240-242.; zu den Sternen als Göttern vgl. Plat.leg. 899 b 3-9 und Ps.Plat.epin. 983 b 6-c 5, dazu M. P. Nilsson, Geschichte der griechischen Religion I: Die Religion Griechenlands bis auf die griechische Weltherrschaft, S. 839-842, und zu Platons kosmischer Theologie W. Burkert, Griechische Religion der archaischen und klassischen Epoche, RM 15, Stuttgart u.a 1977, S. 479-484. Zu den im kaiserzeitlichen Syrien verbreiteten Vorstellung von der himmlischen Heimat der Seelen und ihren babylonischen Vorläufern vgl. F. Cumont, Die orientalischen Religionen im römischen Heidentum, nach der 4. franz. Aufl., bearb. von A. Burckhardt-Brandenberg, Darmstadt [7]1975, S. 114-119.

[206] Vgl. Plat. leg. X 904 a 6-905 a 1 und zur jüdischen Rezeption auch Philo, Som I 13 8f.

[207] Vgl. Plat. Krat. 400 c 1f.; Phaid. 66 b 1-67 a 2 mit DK 1 Orpheus B 3 und DK 44 Philolaos B 14.

[208] Vgl. dazu O. Kaiser, Anknüpfung und Widerspruch, VWGTh 8, S. 65f. = BZAW 261, S. 212f., und J.J. Collins, Jewish Wisdom, S. 185. Das im Blick auf die schlechten Seele konstatierte palindromousin bei Philo, Som I.138f. spricht m.E. für eine nicht nur einmalige Inkarnation der Seele. Daß andere, bessere Seelen dem Leib als Grab zu entfliehen trachten und daher in himmlische Höhen streben, widerspricht dem nicht; vgl. auch E. Zeller, III/2, S. 446.

Seelen der Frommen aus der Unterwelt, der in der Hebräischen Bibel nur in wenigen redaktionellen Einfügungen zu Wort kommt,[209] hat durch die Weisheit Salomos seinen festen Platz in der griechischen und damit der christlichen Bibel Alten Testaments gefunden. Ihre Botschaft von der Hoffnung der Gerechten auf Unsterblichkeit (3,4) war der christlichen Interpretation fähig und gehörte so zur *praeparatio evangelica*.[210]

7. *Rückblick und Ausblick.* Wir sind bei unserem Streifzug der Anfänge der argumentierenden biblischen Theologie innegeworden. Sie trägt von vornherein den Charakter der Apologie des angefochtenen Glaubens mittels des Denkens. Als die mit einer Zuwendung zur phänomenalen Welt verbundene skeptische Infragestellung der Tradition zu Beginn des 4. Jh.s v. Chr. die Levante erreichte, setzte auch in Juda die Krise des Glaubens an die göttliche Gerechtigkeit ein. So bestritt der Hiobdichter die Gültigkeit des Rückschlusses vom Leiden auf die Schuld des Menschen. Der im späten 4. oder frühen 3. Jh. wirkende Dichter der Elihureden suchte dagegen die traditionelle Lehre mittels des Gedankens der göttlichen Leidensschule zu rechtfertigen, wie er vor ihm grundsätzlich von Aischylos vertreten war. Im Horizont der schicksalhaften Rätselhaftigkeit des Gotteshandelns am Menschen und der für ihn bestehenden Unmöglichkeit, einen bleibenden Lebensertrag zu gewinnen, gab Kohelet seinen Schülern um die Mitte des 3. Jh.s die Antwort auf die in der zeitgenössischen Philosophie verhandelte Frage nach dem Glück mit der Aufforderung, das vergängliche Glück als von Gott gewährte und gebilligte Gabe anzunehmen.

Den letzten groß angelegten Versuch, den traditionellen, von den heiligen Schriften bezeugten Glauben an Gottes Gerechtigkeit zu verteidigen, unternahm Ben Sira zu Beginn des 2. vorchristlichen Jahrhunderts. Die Hilfsmittel dazu bot dem jüdischen Weisen die stoische Philosophie, die es ihrerseits im Schatten einer vergleichbaren Krisis des Glaubens an die göttliche Gerechtigkeit un-

---

[209] Vgl. Ps 49,16; 73,24; Jes 25,8; 26,19; Dan 12,1-3 und Ez 37,7a.86-10 und zu der zuletzt genannten Stelle R. Bartelmus, Ez 37,1-14, die Verbform *weqatal* und die Anfänge der Auferstehungshoffnung, ZAW 97, 1985, S. 366-389.

[210] Zu der altchristlichen Verbindung der Vorstellung von der Auferstehung der Toten mit der von der Unsterblichkeit der Seele vgl. z.B. Ch. Markschies, Zwischen den Welten wandern. Strukturen des antiken Christentums, Europäische Geschichte, Frankfurt am Main 1997, S. 87-92; T.D. Barnes, Tertullian. A Historical and Literary Study, Oxford 1971, S. 206-208; zur Spiritualisierung der Auferstehungserwartung zugunsten der Unsterblichkeit der Seele J.W. Trigg, Origen. The Bible and Philosophy in the Third-Century Church, Atlanta 1983, S. 103-107 und S. 113-115, und zur Spiritualisierung der Reinkarnation bei Festhalten an der Unsterblichkeit der Seele G. O'Dally, Augustine's Philosophy of Mind, Berkeley und Los Angeles 1987, S. 11-80 und bes. S. 70-75.

ternommen hatte, sie denkend zu bewältigen.[211] Der stoische Gedanke der teleologischen Ordnung des Kosmos durch die göttliche Pronoia und der bereits bei Platon angelegte der Prävalenz der Harmonie des Ganzen gegenüber den Teilen diente Ben Sira dazu, seinem Glauben an die Vollkommenheit der göttlichen Schöpfung Ausdruck zu geben. Gottes Gerechtigkeit aber dokumentierte sich nach seiner Ansicht in der Art des Todes des Menschen, eine Einsicht, die ihm im Anschluß an eine griechische Maxime auf die Formel zu bringen gelang.

Während Ben Sira sich auf die eschatologischen Erwartungen der chasidischen Kreise nicht einließ, sollten diese seit der Zeit der Religionsverfolgung durch Antiochos IV. in Juda an Boden gewinnen. Die Frommen setzten sich nun über den Tod als der Jahwes Wirksamkeit gesetzten Grenze hinweg, indem sie wie vor ihnen schon Platon die Mythologeme des Totengerichts, eines vorausgehenden differenzierten Zwischenzustandes der Totenseelen und der Entrückung der in Lichtgestalt verwandelten Frommen aus hellenistischen Mysterientraditionen übernahmen. Während die chasidische Eschatologie außer im Danielbuch nur noch in redaktionellen Zusätzen in der Hebräischen Bibel zur Sprache kam, ist sie dank der Weisheit Salomos Bestandteil der Botschaft der Septuaginta und damit im Sinne der praeparatio evangelii auch der christlichen Bibel geworden. Blicken wir zurück, so hat zuerst der orientalische Geist die griechische Religion bereichert, dann aber hat der griechische Geist der jüdischen Religion bei der Bewältigung ihrer Krise des für sie fundamentalen Glaubens an Gottes Gerechtigkeit beigestanden.

Seit sich der europäische Geist unter dem Eindruck der Wiederentdeckung des griechischen Denkens der empirischen Wirklichkeit zugewandt hat, bedürfen die Sätze der Theologie ihrer argumentativen Begründung. Auch wenn es die *fides* ist, die den *intellectus* befragt, darf sie sich nicht von den Phänomenen entfernen. Zu ihnen gehört nicht allein die äußere Welt, die uns dank ihrer

---

[211] Die Bedeutung der Werke der drei großen Tragiker des 5. Jh.s für die christliche Theologie erschöpft sich freilich nicht in ihrem historischen Beitrag zu diesem Prozeß. Denn ihre Einsicht in das tragische Schicksal, dem der Mensch dank seiner Hybris und Begrenztheit verfällt, ergänzt das alttestamentliche Menschenbild, soweit es von der deuteronomisch-deuteronomistischen Entscheidungsethik geprägt ist. Darüber hinaus stellt der griechische Begriff der Hybris ein nachvollziehbares Interpretament für das jüdisch-christliche Sündenverständnis bereit. Und schließlich verweist das platonische Zusammenspiel zwischen rationaler Argumentation und Mythos paradigmatisch auf die der menschlichen Vernunft gezogenen Grenzen und die Bedeutung des Mythos als religiöser Kategorie. Eine Theologie, die nicht zu der Einsicht kommt, daß alles Wissen um die ersten und die letzten Dinge den Charakter des nichtwissenden Wissens besitzt, verfehlt hybrid ihre Sache; vgl. Plat.apol. 23 a 5-b 4 und dazu auch O. Kaiser, Der Tod des Sokrates, in: K. Giel und R. Breuninger, Hg., Die Rede von Gott und Welt. Religionsphilosophie und Fundamentalrhetorik. Mit Beiträgen von O. Kaiser und P. Oesterreich, Bausteine Philosophie 10, Ulm 1996, S. 33-57, bes. S. 48-50 = ders., BZAW 261, 1998, S. 233-257, bes. S. 248-250; ders., Die Rede von Gott am Ende des 20. Jahrhunderts, Bausteine 10, S. 9-32, bes. S. 22-24 = BZAW 261, S. 258-281 bes. S. 271-273.

immanenten Begrenzung nach der Transzendenz zu fragen zwingt, sondern auch der sittliche Ruf, den das Gewissen heiligt. Die jüdischen Denker des hellenistischen Zeitalters haben sich dieser Herausforderung gestellt und dabei die Grenze nicht überschritten, die ihnen einerseits der im Ersten oder Hauptgebot Gebot verankerte Alleinverehrungsanspruch Jahwes und andererseits die Überzeugung zogen, daß Gott der Welt als seiner Schöpfung frei gegenübersteht. Die christliche Theologie hat dieses Erbe in charakteristischen Abwandlung übernommen. So ist auch der christliche Glaube zum denkenden Glauben geworden.[212] Athen und Jerusalem sind seither keine unversöhnlichen Gegner mehr, sondern, wenn auch in unterschiedlicher Weise, die Ursprungsstätten der Theologie.[213]

---

[212] Vgl. dazu C.H. Ratschow, Das Christentum als denkende Religion, NZSTh 5, 1963, S. 16-33 = ders., Von den Wandlungen Gottes. Beiträge zur Systematischen Theologie, hg. C. Keller-Wentorf und M. Repp, Berlin und New York 1986, S. 3-23.

[213] Vgl. auch O. Kaiser, Die Rede von Gott, S. 33-57 = ders., BZAW 261, S. 258-281 bzw. ders., Die Rede von Gott im Zeitalter des Nihilismus, in: J.A. Loader und H.V. Kieweler, Hg., Vielseitigkeit des Alten Testaments. FS G. Sauer, Wiener alttestamentliche Studien 1, Frankfurt am Main u.a. 1999, S. 411-426. – Für freundschaftliche Kritik und Korrekturhilfen danke ich Christian Wildberg, Princeton, und Rainer Kattel, Tartu und Marburg.

Das Deuteronomium und Platons Nomoi
Einladung zu einem Vergleich

1. Ein sinnvoller Vergleich?

Bei den Nomoi handelt es sich um das einigermaßen genau zu datierende Werk[1] einer geschichtlich fest umrissenen Persönlichkeit (428-347 v. Chr.), eines Mannes, der aus athenischem Uradel stammte und sich zunächst als Tragödiendichter einen Namen zu machen suchte (Diog. Laert. III.5).[2] Dank seiner umfassenden Bildung war er ebenso mit den großen Dichtungen wie mit den Schriften der Philosophen und der politischen Theoretiker und Praktiker seines Volkes vertraut. In gleicher Weise über die Ungerechtigkeit der Herrschaft der Dreißig wie über die der an die Macht zurückgekehrten Demokraten enttäuscht, von denen die einen seinen Lehrer Sokrates ihrer Gewalttaten mitschuldig zu machen versucht und die anderen ihn zum Tode verurteilt hatten, suchte er unter Einsatz seiner ganzen poetischen Kunst zunächst in dessen Nachfolge die Vorläufigkeit alles menschlichen Wissens aufzudecken[3] und weiterhin die Polis aus dem Geist der wahren Philosophie

---

1 Bekanntlich handelt es sich bei den *Nomoi* um Platons *opus postumum*, das erst nach seinem Tode durch Philipp von Opus veröffentlicht worden ist (Diog. Laert. III.37). Nach Klaus Schöpsdau, Platon. Nomoi (Gesetze) Buch I-III, Platon Werke. Übersetzung und Kommentar, hg. E. Heitsch und C.W. Müller, IX/2, Göttingen 1994, 135-138 beschäftigte der Plan Platon bereits vor der zweiten Reise nach Sizilien 366/65, während er mit der systematischen Ausarbeitung vermutlich erst nach der dritten und letzten 361/60 begonnen hat. Obwohl er vermutlich bis zu seinem Tode an dem Werk arbeitete, gelang es ihm nicht mehr, ihm seinen letzten Schliff zu geben; vgl. dazu auch William K.C. Guthrie, The Later Plato and the Academy. A History of Greek Philosophy V, Cambridge 1978, 322 und Schöpsdau, 141-142.

2 Zur Biographie vgl. z.B. Guthrie, Plato. The Man and His Dialogues. Earlier Period. A History of Greek Philosophy IV, Cambridge 1975, 8-38; zu den Platon Bildnissen Paul Zanker, Die Maske des Sokrates, Das Bild des Intellektuellen in der antiken Kunst, München 1995, 46-49 und passim.

3 Diesen Aspekt unterstreicht eindrucksvoll, aber im Blick auf die politische Philosophie Platons zu einseitig Drew A. Hyland, Finitude and Transcendence in the Platonic Dialogues, Sunny Series in Ancient Philosophy, Albany, N.Y. 1995.

als der Erkenntnis von dem, was ewig ist, neu zu begründen (Plat. apol. 32c 3-e 1; epist. VII.324b 8-326b 4).[4]

Beim Deuteronomium handelt es sich dagegen um ein Buch, das in einem längeren, mindestens ein Jahrhundert umfassenden Fortschreibungsprozeß entstanden ist.[5] Es bedient sich der Autorität Moses, einer sagenhaftem, historisch kaum greifbaren Gestalt, die uns im Alten Testament als die des berufenen Mittlers zwischen Jahwe und seinem Volk entgegentritt.[6] Sie wurde im Laufe der Fortschreibungen des Deuteronomiums bundestheologisch überhöht und dadurch mit direkter göttlicher Dignität versehen (vgl. z.B. Dtn 26,16-19).[7]

Mit Platon begegnet uns dagegen ein Philosoph, der als geistiger Nachfahre Solons eine differenzierte Vorstellung vom politischen Handeln besaß und den Staat auf eine Religion der Vernunft zu gründen suchte, welche die religiösen Vorstellungen und Bräuche seines Volkes nicht abschafft, sondern neu interpretiert[8] und gleichzeitig Sittlichkeit und Politik miteinander versöhnt.[9] Seine Autorität ist keine andere als die der göttlichen und zugleich praktischen Vernunft.

---

4   Zu Sokrates' unterschiedlicher Rolle in Platons Dialogen vgl. Gregory Vlastos, Socrates. Ironist and Moral Philosopher, Cambridge, 1991 (Nachdr.), 45-80.

5   Zur Diskussion vgl. Otto Kaiser, Pentateuch und Deuteronomistisches Geschichtswerk, in: ders., Studien zur Literaturgeschichte des Alten Testaments, FzB 90, Würzburg 2000, 70-133, bes. 116-120, und weiterhin z.B. Eckart Otto, Das Deuteronomium. Politische und Theologie und Rechtsreform in Israel und Assur, BZAW 284, 1999, 15-90, und Reinhard G. Kratz, Die Komposition der erzählenden Bücher des Alten Testaments, UTB 2157, Göttingen 2000, 118-138.

6   Vgl. dazu Herbert Donner, Geschichte des Volkes Israel und seiner Nachbarn in Grundzügen, ATD.E 4/1, 3. Aufl., Göttingen 1995, 123-131, und jetzt vor allem Eckart Otto, Die Tora des Mose. Die Geschichte der literarischen Vermittlung von Recht, Religion und Politik durch die Mosegestalt, Berichte aus den Sitzungen der Joachim Jungius-Gesellschaft der Wissenschaften e.V., 19 (2001/02), Hamburg und Göttingen 2001.

7   Vgl. dazu Lothar Perlitt, Bundestheologie im Alten Testament, WMANT 36, Neukirchen-Vluyn 1969, 271-284, und zur weiteren Diskussion Christoph Levin, Die Verheißung des neuen Bundes in ihrem theologiegeschichtlichen Zusammenhang ausgelegt, FRLANT 137, Göttingen 1985, 83-88; Hans-Ulrich Steymans, Deuteronomium 28 und die adê zur Thronfolge Asarhaddons, OBO 145, Freiburg, Schweiz, und Göttingen 1995, 119-142; Eckart Otto, Deuteronomium, BZAW 284, 1999, 32-90; ders., Das Deuteronomium im Pentateuch, FAT 30, Tübingen 2000, 138-155; zu einer gegenüber Ottos Beurteilung von Dtn 13* als Kristallisationspunkt des Deuteronomiums und direkter Übersetzung aus der adê Asarhaddons abweichenden Beurteilung des Kapitels vgl. Timo Veijola, Wahrheit und Intoleranz nach Deuteronomium 13, ZThK 92, 1995, 287-314 = ders., Moses Erben. Studien zum Dekalog, zum Deuteronomismus und zum Schriftgelehrtentum, BWANT 149, Stuttgart 2000, 109-130.

8   Vgl. dazu ausführlich Glenn R. Morrow, Plato's Cretan City. A Historical Interpretation of the Laws, Princeton, N.J. 1960, 399-470 und bes. 469f.

9   Vgl. dazu Arthur W.H. Adkins, Merit and Responsibility. A Study in Greek Values, Oxford 1960, 308-311.

Bei den Deuteronomikern und Deuteronomisten handelt es sich dagegen um Männer, die unter den Trümmern des Staates nach tragfähigen sozialen Strukturen suchten und ihre konkreten Bestimmungen, Rechtssätze und Gebote im vorliegenden Textzusammenhang als Auslegung der Zehn Gebote vortrugen,[10] die Jahwe, der Gott Israels, der Überlieferung nach einst aus den Gewitterwolken über dem Horeb an sein erwähltes Volk gerichtet hätte (Dtn 5,1-3).[11] Bei ihrer Gesetzgebung haben sie die überkommenen religiösen Vorstellungen und Bräuche von allen polytheistischen Elementen gereinigt[12] und von dem Anspruch der ausschließlichen Verehrung Jahwes her gedeutet,[13] wie er im Ersten Gebot (Dtn 5,6-10)[14] und im Schema Jisrael (Dtn 6,4-5)[15] seinen verpflichtenden Ausdruck gefunden hat. Pointiert läßt sich sagen, daß die Deuteronomiker und Deuteronomisten einen kämpferisch-exklusiven Monojahwismus vertreten, während Platon die Götter und Dämonen seine Volkes als formende Kräfte der Wirklichkeit der höchsten göttlichen Vernunft unterordnet.[16] Ziel der Deuteronomiker und Deuteronomisten war es,

---

10 Vgl. dazu Georg Braulik, Die Abfolge der Gesetze in Deuteronomium 12-26 und der Dekalog, in: ders., Studien zur Theologie des Deuteronomiums, SBAB 2, Stuttgart 1988, 221-256, und ders., Die dekalogische Redaktion der deuteronomischen Gesetze in Abhängigkeit von Lev 19 am Beispiel von Deuteronomium 22,1-12; 24,10-22 und 23,13-16, in: ders., Hg., Bundesdokument und Gesetz. Studien zum Deuteronomium, HBS 4, Freiburg i.Br. 1995, 1-26.

11 Zur Diskussion über die Priorität seiner Fassung in Ex 20 oder Dtn 5 vgl. Frank-Lothar Hossfeld, Der Dekalog, OBO 45, Freiburg, Schweiz, und Göttingen 1982, der sich 283-284 für die von Dtn 5 ausspricht, mit z.B. Christoph Levin, Der Dekalog am Sinai, VT 35, 1985, 165-191; Axel Graupner, Zum Verhältnis der beiden Dekalogfassungen Ex 20 und Dtn 5. Ein Gespräch mit Frank-Lothar Hossfeld, ZAW 99, 1987, 308-329; Reinhard G. Kratz, Der Dekalog im Exodusbuch, VT 44, 1994, 205-238; Eckart Otto, Deuteronomium, BZAW 284, 1999, 223-238 und Frank-Lothar Hossfeld, Der Dekalog als Grundgesetz, in: Reinhard R. Kratz und Hermann Spieckermann, Hg., Liebe und Gebot. Studien zum Deuteronomium. FS Lothar Perlitt, FRLANT 190, Göttingen 2000, 46-59.

12 Zum Problem der josianischen Reform vgl. Herbert Niehr, Die Reform des Joschija. Methodische, historische und religionswissenschaftliche Aspekte, in: Walter Groß, Hg., Jeremia und die „deuteronomistische Bewegung", BBB 98, Weinheim 1995, 33-57; Christoph Uehlinger, Gab es eine joschianische Kultreform? Plädoyer für ein begründetes Minimum, ebd., 57-90 und jetzt die traditionelle Ansicht neu begründend Martin Arneth, Die antiassyrische Reform Josias von Juda. Überlegungen zur Komposition und Intention von 2 Reg 23,4-15, ZAR 7, 2001, 189-216.

13 Vgl. dazu Otto Kaiser, Der Gott des Alten Testaments. Theologie des Alten Testaments I: Grundlegung, UTB 1747, Göttingen 1993, 318-321.

14 Vgl. zu seiner das Deuteronomium gestaltenden Kraft Norbert Lohfink, Das Hauptgebot. Eine Untersuchung literarischer Einleitungsfragen zu Dtn 5-11, AnBib 20, Rom 1963, 281-285.

15 Vgl. zu ihm Oswald Loretz, Des Gottes Einzigkeit. Ein altorientalisches Argumentationsmodell zum „Schema Jisrael", Darmstadt 1997, 61-84, und Timo Veijola, Das Bekenntnis Israels. Beobachtungen zu Geschichte und Aussage von Dtn 6,4-9, in: ders., Moses Erben, 76-108.

16 Vgl. dazu Morrow, Cretan City, 487.

daß Israel werde, was es eigentlich ist, das Volk Jahwes,[17] und es als das eine Volk des einen Gottes brüderlich zusammen lebte (Dtn 15,2-18). Die praktischen Folgen des ausschließlichen Jahwedienstes bestehen mithin in einer sozialen Bruderschaftsethik.[18]

Ziel der Gesetze Platons war es, der Polis durch eine Verfassung Dauer zu verleihen, welche ihre Freiheit durch die Eintracht ihrer Bürger im Geiste einer friedfertigen und freundschaftlichen Gesinnung sichert[19] und sich dabei auf vernünftige Einsicht (φρόνησις) bzw. die Vernunft (νοῦς) selbst stützt.[20] Indem diese Verfassung Freiheit, Freundschaft und Friede im Auge behält, dient sie zugleich der ἀρετή, der Tugend oder Bestform ihrer Bürger (IV.705e 1-706a 4; XII.963a 1-c 6).[21] Dabei hält sie sich an das Maß als die rechte Mitte zwischen den Extremen, die sich bei der kritischen Durchsicht der Staatsformen in Gestalt ihrer dorischen, persischen und attischen Realisierungen im dritten Buch als Bedingung ihres guten Gedeihens (εὐπραγία) erwiesen hat (III 701e). Gleichzeitig respektiert und sichert sie mit ihren konkreten Bestimmungen die sogenannten ungeschriebenen Gesetze, die ἄγραφα νόμιμα, als den Inbegriff der von den Vätern ererbten Gesetze und Bräuche, der πάτριοι νόμοι (VII.793a 9-d5).[22]

---

17 Vgl. dazu Otto Kaiser, Der Gott des Alten Testaments. Theologie des AT II: Entfaltung. Jahwe, der Gott Israels, Schöpfer der Welt und des Menschen, UTB 2024, Göttingen 1998, 49-63.

18 Vgl. dazu Lothar Perlitt, „Ein einzig Volk von Brüdern". Zur deuteronomischen Herkunft der biblischen Bezeichnung „Bruder" (1989), in: ders., Deuteronomium-Studien, FAT 8, Tübingen 1994, 50-73 und bes. 72, sowie Eckart Otto, Theologische Ethik des Alten Testaments, ThW 3/2, Stuttgart u.a. 1994, 177-181; vgl. auch Tert. apol. 39.8-11

19 Vgl. I.628c 10f.: εἰρήνη δὲ πρὸς ἀλλήλους ἅμα καὶ φιλοφροσύνη.

20 Vgl. III.693b 4-6; 693c 8-9; 693d 7-e 1 und 701d 6-8; vgl. auch 649c 5-7.

21 Vgl. auch I.631b 6-d 2. Zu der mit Xenophanes frg. 2 einsetzenden Versittlichung der ἀρετή vgl. Rainer Kattel, The Political Philosophy of Xenophanes of Colophon, Trames 1, 1997, 125-142, bes. 133-139; zur Ersetzung des altgriechischen Adelsideals des ἀγαθός durch das des ὑγιὴς ἀνήρ bei Simonides frg. 4 (Diehl) vgl. Otto Kaiser, Der Mensch unter dem Schicksal (1972), in: ders., Der Mensch unter dem Schicksal. Studien zur Geschichte, Theologie und Gegenwartsbedeutung der Weisheit, BZAW 161, Berlin und New York 1985, 63-90, bes. 70-73.

22 Vgl. dazu Aristot. rhet. I, 1368b 7-9 und 1373b 4-18 und zum ambivalenten, teils das ius naturale, teils das gewohnheitsrechtliche ius civile meinenden Sprachgebrauch Victor Ehrenberg, Anfänge des griechischen Naturrechts (1923), in: ders., Polis und Imperium. Beiträge zur alten Geschichte, hg. v. Karl F. Strohecker und Alexander J. Graham, Zürich u.a. 1965, 359-379, bes. 365.

2. Die Geltung der Gesetze und ihre Bedeutung als pädagogische Norm im Deuteronomium und in den Nomoi

Oberste Richtschnur des Handelns in der jüdischen Gemeinschaft soll die im Deuteronomium aufgezeichnete göttliche Weisung, das Buch der Tora sein (Dtn 30,10; vgl. 4,44),[23] deren Wortlaut unveränderlich ist (Dtn 4,2). Ihre Worte soll jeder Hausvater seinen Kindern einprägen, er soll sie sich zwischen die Augen und um die Handgelenke binden, sie auf die Türpfosten seines Hauses schreiben (Dtn 6,6-9) und über sie Tag und Nacht nachsinnen (Ps 1,2).[24] Darüber hinaus soll die ganze Tora Israel alle sieben Jahre vorgelesen werden, damit sie das ganze Volk kennt und befolgt (Dtn 31,9-13). Denn der Gehorsam oder Ungehorsam gegen ihre Gebote entscheidet über Tod oder Leben, Untergang oder Heimkehr des in die Fremde zerstreuten Volkes (Dtn 30,13-20). Ihre Bedeutung aber wird durch die in Dtn 4-11 enthaltenen Paränesen, welche die Alleinverehrung Jahwes und die Abgrenzung von den Völkern fordern, und weiterhin durch entsprechende Gebotsbegründungen unterstrichen.[25] So gilt das Deuteronomium für das Israel aller Zeiten und an allen Orten (Dtn 29,13f.). Befolgt es seine Gebote, so wird es aller Segensverheißungen seines Gottes teilhaftig (Dtn 28,1-14); versagt es ihnen den Gehorsam, sind ihm alle Heimsuchungen und schließlich die Schrecken der Knechtschaft sicher, wie sie die Fluchandrohungen für diesen Fall ankündigen (Dtn 28,15ff.58ff.).[26] Der von seinen juridischen Aufgaben entbundene künftige König soll nach Dtn 17,14-20 unter dem Gesetz stehen. Daher soll er sich nach seiner Einsetzung eine Abschrift von ihm machen, sie ständig mit sich führen und in ihr lesen, um Jahwe, seinen Gott, zu fürchten und „alle Worte dieser Weisung und dieser Satzungen zu respektieren, so daß er nach ihnen handelt, sein Herz nicht über seine Brüder erhebt und von dem Gebot weder zur Rechten noch zur Linken abweicht, damit er lange als König in Israels Mitte lebt, er und seine Nachkommen" (17,18-20). So ist er „*vor allem Mitisraelit*".[27]

Grundsätzlich lassen sich die Deuteronomiker und Deuteronomisten als ethische Optimisten bezeichnen. Sie haben die Frage, ob der Mensch dem göttlichen Gebot von sich aus gehorchen kann, als solche nicht oder nur am

---

23 Vgl. dazu auch Kaiser, Gott des Alten Testaments I, 301-304 und 312-318.
24 Vgl. dazu Lothar Perlitt, Deuteronomium 6,20-25: eine Ermutigung zu Bekenntnis und Lehre (1989), in: ders., Deuteronomium-Studien, FAT 8, 1994, 144-156.
25 Vgl. z.B. Dtn 14,2; 15,18; 23,21b; 24,18.22 und dazu P. Doron, Motive Clauses in the Laws of Deuteronomy, HAR 2, 1978, 61-77.
26 Vgl. dazu auch Moshe Weinfeld, Deuteronomy and the Deuteronomic School, Oxford 1972, 116-129.
27 Georg Braulik, Deuteronomium II: 16,18-34,12,. NEB.AT, Würzburg 1992, 129.

Rande thematisiert. Prinzipiell dürften sie dem frühnachexilischen Herausgeber des Jesajabuches zugestimmt haben, der den Propheten die Katastrophe mittels eines *„aber ihr habt nicht gewollt"* deuten (Jes 30,15b) und im Blick auf die Zukunft sagen ließ: *„Wenn ihr wollt und gehorcht, werdet ihr des Landes Bestes genießen"* (Jes 1,11).[28] Immerhin hat ein später Deuteronomist darin ein Problem gesehen und Mose Israel verheißen lassen, daß Jahwe nach seiner Rückführung in das Land der Väter sein und seiner Nachkommen Herz beschneiden und dadurch seine vollkommene und immerwährende Gottesliebe ermöglichen werde (Dtn 30,6, vgl. 10,16).[29]

Eigentlicher Herrscher in der platonischen Polis soll das Gesetz, der νόμος, sein, der über allen Parteien steht und nichts als das Wohl der ganzen Stadt im Auge hat. Daher sollen die menschlichen Vertreter der Macht (und das heißt im konkreten Fall: die *„nächtliche Versammlung"*[30] und die durch siebenundreißig Gesetzeswächter[31] angeführten Magistrate) aber Diener der Gesetze (ὑπηρέται τοῖς νόμοις) sein.[32] Denn das Gesetz ist der Gebieter über die Herrschenden (δεσπότης τῶν ἀρχόντων), sie aber sollen die Sklaven des Gesetzes (δοῦλοι τοῦ νόμου) sein.[33] Sei das der Fall, so sei das Wohl, die σωτηρία der Polis gesichert. Darüber hinaus würden ihr alle Gü-

---

28 Zur literarkritischen und theologiegeschichtlichen Einordnung der Belege vgl. Uwe Becker, Jesaja – von der Botschaft zum Buch, FRLANT 178, Göttingen 1997, 252f.

29 Vgl. dazu Thomas Krüger, Das menschliche Herz und die Weisung Gottes, in: Reinhard G. Kratz und ders., Hg., Rezeption und Auslegung im Alten Testament und seinem Umfeld. FS Odil Hannes Steck, OBO 153, Freiburg, Schweiz, und Göttingen 1997, 65-92, bes. 80.

30 XII.946b 3-968e 5; vgl. XII.951c 6-952c 4.

31 VI.752d 2-755b 6.

32 Zum Verständnis der Hyperesie bei Sokrates und Platon vgl. Christian Wildberg, Hypersie und Epiphanie. Ein Versuch über die Bedeutung der Götter in den Dramen des Euripides, Zet. 109, München 2002, 102-112.

33 Während Platon Sokrates in der *Politeia* eine ausführliche schriftliche Gesetzgebung wegen ihrer Nutzlosigkeit in einem gut oder schlecht konstituierten Staat ablehnen ließ (rep. 427a), legte er im *Politikos* den das Gespräch führenden Fremden die Erklärung in den Mund, daß es nicht darauf ankomme, ob eine Polis nach Gesetzen oder ohne solche, sondern darauf, ob sie gut regiert werde (pol. 293c 5-d 2). Ein Gesetz könne niemals den in ihrem Wesen und Handlungen so verschiedenen Menschen gerecht werden. Daher sei es das beste, wenn nicht Gesetze, sondern ein dank seiner Einsicht königlicher Mann, ein βασιλικὸς ἀνήρ, regiere (294a 6-c 3; vgl. auch das βασιλικοὶ ἄρχοντες 297e 9). Da die Zahl der Einsichtigen aber gering sei, lasse sich nur ein zweitbester Staat verwirklichen, der sich der Schriften der einzig richtigen Verfassung bediente und unerbittlich auf der Beachtung seiner Gesetze bestünde (297b 7-e 3). Wer gegen die auf langer Erfahrung beruhenden Gesetze zu handeln wagte, würde einen größeren Fehler als die ihrer Eigenart nach beschränkten Gesetze begehen (300b 1-6). So führt ein gerader Weg von der *Politeia* über den Politikos zu den *Nomoi* (IV.715e 7-718c 6 und V.726a 1-734e 2). Zur Rolle der Gesetze im *Politikos* vgl. Erik Wolf, Griechisches Rechtsdenken IV/2: Platon. Dialoge der mittleren und späten Zeit. Briefe, Frankfurt a.M. 1970, 149-151.

ter zuteil, welche die Götter jemals den Poleis gegeben haben (IV.715b 2-d
6). Das aber bedürfe einer die Entwicklung der ἀρετή im Auge behaltenden
Erziehung (II.653 a 5-c 4), die darauf abzielt, die Knaben und Mädchen nach
Leib und Seele möglichst schön und gut (ὡς κάλλιστα καὶ ἄριστα) zu machen (VII.788 c 7-8).[34] Der Erschließung des Geistes der Gesetze dienen die
ihnen vorangestellten allgemeinen (IV.715e 7-718c 6 + V 726a 1-734e 2) und
speziellen Vorreden.[35] Sie sollen das Muster (παράδειγμα) für die der Erziehung dienenden Lehrbücher darstellen (VII 811c 6-e 1).[36] Auch Platos Strafbestimmungen fügen sich seiner erzieherischen Absicht ein: Die Strafen dienen (abgesehen von den Todesstrafen für unverbesserliche Fälle) der
Wiedereinbeziehung der Schuldigen in die Polis.[37] Einmal aufgezeichnet,
sollten die Gesetze prinzipiell als unveränderlich gelten (X.890e 6-891a 2).
Die Fähigkeit des Menschen, ein tugendhaftes Leben zu führen, hängt nach
Platons Einsicht davon ab, ob er der göttlichen Leitung durch die Vernunft
oder den Antrieben der Sinnlichkeit folgt (I 644d 7-645b 8). Ein tugendhaftes
Leben ist mithin das Ergebnis des Zusammenwirkens der menschlichen mit
der göttlichen Vernunft.[38] Das zunächst wie spielerisch aufgenommene Bild
vom Menschen als einer Marionette Gottes mit ihren beweglichen goldenen
und ihren starren eisernen Zugbändern bekommt schließlich seine grundsätzliche Bedeutung: Des hingegebenen seligen Ernstes sei eigentlich nur Gott
würdig, der Mensch aber sei als sein Spielzeug erschaffen und dies (seine
Bewegung durch das goldene Zugband des göttlichen νοῦς) sei auch sein
Bestes (VII.803c 2-8). Daraus folgt, daß ein dem Dienst der Götter im heiligen Spiel von Opfer, Gesang und Tanz geweihtes und mithin friedvolles Leben der Natur des Menschen als Marionetten Gottes gemäß ist (VII.803d 8-
804b 4).[39] Platon war allerdings realistisch genug zu erkennen, daß nur ganz

---

34 Zu Platons Erziehungskonzept in den *Nomoi* vgl. Werner Jaeger, Platons Stellung im
    Aufbau der griechischen Bildung III: Die platonische Philosophie als Paideia, in: ders.,
    Humanistische Reden und Vorträge, 2. Aufl., Berlin 1960, 158-177, und Erik Wolf,
    Griechisches Rechtsdenken IV/2, 239 und 248-254; zu den von Platon in den Gesetzen
    berücksichtigten Grenzen der Rationalität des Menschen vgl. Eric R. Dodds, The Greeks
    and the Irrational (1951), Berkeley und Los Angeles 1966, 211-216 = ders., Die Grie-
    chen und das Irrationale, übers. H.-J. Dirksen, 2. Aufl., Darmstadt 1991, 10-115, und zu
    Spannungen im platonischen Verständnis der Kalokagathie Adkins, Merit, 312-313.
35 Vgl. z.B. IX.854b 1-c 5; 866c 7-867c 2; 869e 10-871a 1 und weiterhin auch
    X.885b.907d.
36 Vgl. IX.858c 7-589a 2 und XI. 957c 1-d 5.
37 Vgl. zu den entsprechenden sich aus den Strafbestimmungen ergebenden Widersprüchen
    Trevor J. Saunders, Plato's Penal Code. Tradition, Controversy, and Reform in Greek
    Penology, Oxford 1991 (Nachdr. 1994), 349-356.
38 Vgl. dazu auch Adkins, Merit, 302.
39 Vgl. dazu auch Werner Jaeger, Paideia. Die Formung des griechischen Menschen III:
    Das Zeitalter der großen Bildner und Bildungssysteme II, 3. Aufl., Berlin 1959, 332-334.

wenige Menschen wahrhaft weise und einsichtig sind; darum war er von der Notwendigkeit überzeugt, die Menschen zu wahrer Freiheit zu erziehen und ein Leben lang durch Gesetze zu leiten.[40]

3. Fiktive Situation und höchster Anspruch:
Die Nomoi als heuristische Utopie

Das Deuteronomische Gesetz und die Nomoi sind bedacht jeweils in eine fiktive Situation eingebettet. In den *Nomoi* wird der Dialog über die Aufstellung eines philosophisch begründeten Verfassungs- und Gesetzesentwurfes[41] absichtsvoll als Gespräch zwischen einem namenlosen Athener[42] und seinen beiden Begleitern, dem Knossier Kleinias und dem Spartaner Megillos gestaltet. Am längsten Tag des Jahres machen sich die drei auf den Weg von Knossos zur Höhle des Zeus auf dem Ida, um die Verfassung für eine kretische Neugründung zu entwerfen. Dadurch wird ihre Wanderung zu einem Nachspiel der Mythe von dem sagenhaften Gesetzgeber Minos, der sich alle neun Jahre auf den Weg zu Zeus auf dem Ida gemacht haben soll, um sich dort von ihm beraten zu lassen.[43] Auf diese Weise gibt Platon zu erkennen,

---

40 Vgl. die Forderung, daß die Philosophen Herrscher oder die Herrscher Philosophen werden müssen, rep. 473c 11-d 5 und die Folgetexte 496 a 11-b 6; 498 d 6-499a 2; leg. V 711e 6-712a 7 und dazu das Urteil von Adkins, Merit, 303, über den pädagogischen Staats der *Nomoi*.

41 Zum Aufbau des Buches vgl. z.B. eine der Übersichten bei Otto Apelt, Platon, Gesetze, PhB 139, Leipzig = Platon. Sämtliche Dialoge. In Verb. mit K. Hildebrandt, C. Ritter und G. Schneider hg. von dems., (Nachdr.) Hamburg 1988, xxii-xxix; Klaus Schöpsdau, Platon. Gesetze Buch I-VI, Werke in acht Bänden, Griechisch und Deutsch, hg. v. G. Eigler, Darmstadt 1977, xi-xx bzw. ders., Platon Werke. Übersetzung und Kommentar IX/2: Nomoi. Buch I-III, Göttingen 1994, 93-102 oder die analytische Darstellung von W.K.C. Guthrie, History of Greek Philosophy V, 324-376.

42 Zur Frage, warum hier statt Sokrates ein namenloser Athener auftritt, vgl. mit Leo Strauss, The Argument of the Action in Plato's Laws. With a Foreword by J. Cropsey, Chicago und London 1975 (Nachdr. 1983), 1-2 Plat.apol. 31c 3-32 a und dann Krit. 53b 4-e 6. Wäre Sokrates dem Rat Kritons gefolgt, so wäre er nach Kreta gegangen. Der unbekannte Athener wäre dann kein anderer als Sokrates. So erklärt es sich, daß Aristoteles in seiner Politik den Sprecher der Gesetze mit dem Sokrates der Republik identifiziert. Dagegen spricht jedoch, daß Platon die von Sokrates zitierten Gesetze im Kriton (52e 5-53a 4) erklären läßt, daß Sokrates weder Lakonien noch Kreta seiner Heimatstadt Athen vorgezogen habe. Obwohl er beide als wohlgeordnet gerühmt habe, habe er sich aus Athen nicht weiter als Lahme und Blinde entfernt.

43 Vgl. Plat. leg. I 624 a 7-b 3 mit Hom. Od. XIX.178-179 und Plat. Min. 319a 9-320b 7 und dazu auch Otto Kaiser, Gott und Mensch als Gesetzgeber in Platons Nomoi, unten, S. 63-80, bes. S. 71-72. Zur Abhängigkeit der mythischen Belehrung des Minos durch Zeus von westasiatischen Einflüssen vgl. Martin L. West, The East Face of Helicon, Oxford 1997, 135-136.

daß die wahre Verfassung und die wahre Gesetzgebung ein Werk der Annäherung an die göttliche Vernunft ist.[44] Die beabsichtigte Neugründung ent-
puppt sich im Lauf des Gesprächs als die eines wüst liegenden Magnesia.[45]
Das lediglich Paradigmatische dieser Wahl gibt Platon dadurch zu erkennen,
daß er den Athener im Zusammenhang der Schlußbemerkung in XII 996a 6
zu Kleinias sagen läßt, daß er höchsten Ruhm erlangen würde, wenn er der
Polis der Magneten *oder welchen Namen auch immer der Gott für sie bestimmt hat,* die richtige Verfassung gäbe.[46] Es geht Platon also in den *Nomoi*
eigentlich nicht um die Gründung einer bestimmten kretischen Polis, sondern
um ein Modell für die Einrichtung eines Staates, dessen Gerechtigkeit seinen
Bürgern ein Leben in Freiheit, Frieden und Freundschaft ermöglicht.

Sachlich läßt Platon keinerlei Zweifel darüber aufkommen, wie seine politische Philosophie zu verstehen ist. In der *Politeia* erklärt Sokrates, daß sich
der in ihr vorgestellte Entwurf eines gerechten Staates auf Erden nur schwierig, aber keineswegs unmöglich verwirklichen lasse (rep. IV.502c 5-7).[47]
Entscheidend sei es jedoch, daß diese Polis im himmlischen Reich beheimatet sei und dem Gerechten als Leitbild seines Handelns diene (rep. IX.592a 5-
b 5).[48] Nach diesem Entwurf sollen bekanntlich die Besitzlosigkeit zusammen mit der Frauen- und Kindergemeinschaft die Regenten und Wächter zum
ausschließlichen Dienst zum Wohl der Polis zusammenschließen (rep. III.16d

---

44 Vgl. dazu Kaiser, unten, S. 76-80.
45 Vgl. III.702b 4-d5 mit IX.860e 7; XII.946b 6; weiterhin VIII.848d 3 und IX.910d 5 und
    dazu Schöpsdau, Werke IX/2, 107-108.
46 Vgl. dazu auch Paul Friedländer, Platon III: Die platonischen Schriften. Zweite und
    dritte Periode, 2. Aufl., Berlin 1960, 389, dessen Bestreitung der Existenz eines kreti-
    schen Magnesia inzwischen überholt ist.
47 Vgl. dazu James Adam, The Republik of Plato, ed. with Critical Notes and Appendices,
    2nd Ed. with an Introduction by D.A. Rees, II, Cambridge 1963 (Nachdr.), 44 und wei-
    terhin rep. V.472a 8-e 1 und Erik Wolf, Griechisches Rechtsdenken IV/1: Platon. Früh-
    dialoge und Politeia, Frankfurt a.M. 1968, 371.
48 Vgl. dazu Adam, Republic, 369-370; Jaeger, Paideia III, 79-90, und Wolf, Rechtsdenken
    IV/1, 400: *„Ob er bereits verwirklicht war oder nicht, ob er schon bald oder erst später
    verwirklicht werde – das alles bedeute wenig; denn die philosophische Wahrheit bleibt
    unabhängig von jeder empirischen Realität".* In diesem Sinne kann man die *Politeia* als
    Utopie bezeichnen, wie Hans-Georg Gadamer, Platons Denken in Utopien, GW 7,
    Tübingen (1983) 1991, 270-289, bes. 275-278, mit guten Gründen getan hat. Dagegen
    scheint mir das von Drew A. Hyland, Finitude and Transcendence in the Platonic Dialo-
    gues, 1995, 59-86, begründete Urteil, *„that Plato does not intend the Republic as a rea-
    lizable utopia but as an antiutopian work, designed to show that utopias are impossible
    and even undesirable"* (86) trotz der auch von Gadamer beobachteten ironisch-
    sarkastischen Züge über das Ziel hinauszuschießen. Es dürfte kaum zufällig sein, daß
    Hyland die *Nomoi* unberücksichtigt läßt, weil sie sich mit ihrem Pathos ihrer Vorreden
    und ihren detaillierten Gesetzesvorschlägen schwerlich in das Konzept einer Anti-Utopie
    einfügen lassen. Zum Aufbau der *Politeia* ist immer noch hilfreich Ulrich von Wilamo-
    witz-Moellendorff, Platon II: Beilagen und Textkritik, hg. R. Stark, Dublin und Zürich
    1969 (Nachdr. Zürich und Hildesheim 1992), 179-213.

3-417 b 6; IV.423e 4-424a 2; V.457b 7-d 9). Diese πρώτη πόλις ist und bleibt für Platon die beste, weil sie den sprichwörtlichen Grundsatz verwirklichte, daß Freunden alles gemeinsam gehört (vgl. leg. V 739c 1-2 mit rep. IV.424a 1-2 und V.449c 5), und in ihr daher alle gleichen Sinnes seien.[49] Die in den *Nomoi* vorgelegten Gesetze transponieren das Ideal des gerechten Staates auf seine Realisierbarkeit hin. In diesem Sinne lassen sie sich als heuristische Utopie bezeichnen.[50] Als solche setzen sie die Möglichkeit voraus, daß sich eine künftige Verfassungs- und Gesetzgebung an ihnen zu orientieren vermag.[51] Dabei war sich Platon durchaus bewußt, daß jede konkrete Realisierung seines Entwurfes weitere Angleichungen an die politischen und geographischen Realitäten verlangte (leg. V.738b 8-e 7).[52] Für seinen Zweck bot eine imaginäre kretische Neugründung die besten Voraussetzungen für den Nachweis einer grundsätzlichen Realisierbarkeit seines Ideals, weil die dortigen dorischen Traditionen mit ihrer Achtung vor dem Gesetz, dem in ihm verankerten gemeinsamen Leben und ihrer Gewaltenteilung seiner eigenen Vorstellung einer wohl verfaßten Polis am ehesten entsprachen.[53]

Mit seinem Entwurf antwortete Platon auf eine Krise der griechischen Poleis und zumal Athens, dessen Kraft durch den Peloponnesischen Krieg und innere Zwistigkeiten geschwächt und dessen Sittlichkeit durch den Schwund des Glaubens an die göttlichen Sanktionen und den Zerfall der Werte zugunsten eines vordergründigen Nützlichkeits- und Erfolgsdenkens ausgehöhlt war. Die griechischen Stadtstaaten waren während ihrer ganzen Geschichte durch nähere oder entferntere, ihnen feindlich gesinnte Nachbarn bedroht, bedurften aber im Interesse ihres Überlebens in ihrer damaligen Lage mehr denn je einen den inneren Frieden wahrenden εὐνομία oder Wohlge-

---

49 Vgl. dazu vor allem Wolf, Rechtsdenken IV/1, 371, sowie A.W. Price, Love and Friendship in Plato and Aristotle, Oxford 1989, 181.

50 So Wolfgang Drechsler, Platons Nomoi als Objekt der Rechtsvergleichung, in: Olaf Werner u.a., Hg., Brücken für die Rechtsvergleichung. FS Hans Georg Leser, Tübingen 1998, 45-61, bes. 52-53, in Anknüpfung an Gadamer, Denken, 278, nach dem es sich bei ihnen um eine „*der Realität genäherte Gründung in der Form einer Utopie*" handelt.

51 So mit Recht das mit Hinweis auf die Fülle der detaillierten Gesetzesvorschläge begründete Urteil von W.K.C. Guthrie, History V, 335: „*The most reasonable conclusion is that he* (scil. Plato) *hoped to leave the Laws as a posthumous guide to members of the Academy in their business of legislation and to any rulers, such as Hermais of Atarneus, who were willing to listen.*"

52 Vgl. auch rep. 501b 1-7 und zur Sache im Blick auf die gegenüber der *Politeia* in den *Nomoi* vorgenommenen Abänderungen in den Eigentums- und Familiengesetzen Morrow, Cretan City, 103-107 und 118-121, sowie Otto Kaiser, Die Stellung der Frauen in Platons Nomoi, in: Rainer Kessler u.a., Hg., „Ihr Völker alle, klatscht in die Hände!" FS E.S Gerstenberger, Exegese in unserer Zeit 3, Münster 1997, 377-400.

53 Vgl. dazu Morrow, Cretan City, 17-34.

setzlichkeit (Solon frg. 3 Diehl, vgl. Plat. leg. XIII.960d 3).[54] Daher entwarf Platon das Idealbild einer Polis, die es jedem in den durch das Gemeinwohl abgesteckten Grenzen ermöglichen sollte, das Seine zu tun und zu besitzen (rep. IV.433e 12-334a 1). Sein zentrales Anliegen ist, daß sich in ihr jedermann darum bemüht, Gott als dem Maß aller Dinge maßhaltend ähnlich zu werden.[55] Denn andernfalls folgt Dike, die strafende Gerechtigkeit, den Spuren des Gottes auf dem Fuße (leg. IV.715e 7-716d 4).[56] Platons Gesetze sind trotz ihrer heuristisch-utopischen Zielsetzung ähnlich wie die des Deuteronomiums keine frei schwebenden Schöpfungen eigenen Nachdenkens, sondern stützen sich in kritischer Prüfung auf die Sitten und Gebräuche wie die Sakral- und Rechtstraditionen seines Volkes.[57]

4. Fiktive Situation und weitreichende Absicht: Das Deuteronomium als Abschiedsrede Moses und als Tora Israels

Die Gesetzgebung des Deuteronomiums gibt sich samt ihren Vor- und Nachreden in Dtn 4-12 und 29-30 als Abschiedsrede Moses an Israel im Lande Moab am Vorabend des Zuges durch den Jordan und des Einmarsches in das

---

54 Vgl. dazu Hermann Fränkel, Dichtung und Philosophie des frühen Griechentums. Eine Geschichte der griechischen Epik, Lyrik und Prosa bis zur Mitte des fünften Jahrhunderts, 4. Aufl., München 1993, 253-256. Zu Solons Erkenntnis der Gesetzmäßigkeiten des politischen Handelns und der Rolle der Götter als Wahrer der sittlichen Ordnung vgl. Werner Jaeger, Paideia I, Berlin und Leipzig 1936 (Nachdr.), 193-204 und knapp Otto Kaiser, Dike und Sedaqa, in: ders., Der Mensch unter dem Schicksal, BZAW 161, Berlin und New York 1985, 1-23, bes. 16.

55 Vgl. dazu Dietrich Roloff, Gottähnlichkeit, Vergöttlichung und Erhöhung zum seligen Leben. Untersuchungen zur Herkunft der platonischen Angleichung an Gott, UALG 4, Berlin 1970, bes. 198-206.

56 Vermutlich bedient sich Platon hier der herkömmlichen Vorstellung, während bei ihm im eigentlichen Sinne die göttliche Vernunft selbst das Gericht vollzieht. Zur Problematik der Textkorrektur, hier *Dike* statt *dike* zu lesen, vgl. unten, S. 88; doch müßte die Frage noch einmal im Zusammenhang mit einer Untersuchung über das Verhältnis zwischen dem höchsten Gott als dem Prinzip der Vernunft und den olympischen Göttern als seinen Sachwaltern auf Erden untersucht werden. Zur klassischen Rolle der Dike als rächende Wächterin über das Recht vgl. Hugh Lloyd-Jones, The Justice of Zeus, SCL 41, Berkeley, Calif. u.a. 1971, 35-36.86-87.99-101, bzw. Eric Havelock, Greek Concept of Justice. From Its Shadow in Homer to Its Substance in Plato, Cambridge, Mass. und London 1987, 206-208.216.258-260.288-292.298 bzw. zusammenfassend Fritz Graf, NEP 3, 1997, Sp. 570-571.

57 Vgl. dazu die ausführlichen Nachweise bei Morrow, Cretan City, 25-34.40-62.74-94, zu den vorausgehenden attischen Rechtskodifikationen Douglas M. MacDowell, The Law in Classic Athens, AGRL, London 1978, 41-49, und zum vorplatonischen griechischen Strafrecht und dem Vergleich der platonischen zumal mit den attischen Strafbestimmungen Saunders, Plato's Penal Code, passim.

den Vätern verheißene Land aus (vgl. Dtn 1,1-3 mit 34,1-8). Sie formuliert
die Bedingungen für Israels Bleiben in dem Land, das in Besitz zu nehmen es
sich gerade anschickt. Ihrer Zeitstellung gemäß will es damit das unter seinem Exilsgeschick leidende Volk darüber belehren, wie es sein Leben in der
Heimat und in der Fremde einzurichten hat, wenn es seinen Gott dazu bewegen will, ihm seinen eigenen Staat zurückzugeben und die Heimkehr seines
Verbannten und unter die Völker Zerstreuten zu bewirken. Es ging den Deuteronomikern und Deuteronomisten mithin darum, dem Volk eine Lebensordnung zu geben, unter der es die Zeit der Knechtschaft überdauern könnte
und weiterhin auch als befreites Volk leben sollte.[58]

Bei den hinter dem deuteronomischen Rechtsbuch stehenden Verfassern
handelt es sich um die Nachkommen und Erben der Anführer der Jahwe-
allein-Bewegung, die sich im Juda des 7. Jh. v. Chr. in Abgrenzung gegen
den Fremdgötterdienst angesichts der assyrischen Oberherrschaft herausge-
bildet und nach dem Verlust der Staatlichkeit ihre Bewährungsprobe zu bestehen hatte.[59] Sie stützte sich in ihrer religiösen Programmatik auf das Vorbild der assyrischen oder der babylonischen Vasallenverträge, indem sie an
die Stelle des für sich und seinen Nachfolger unbedingte Treue fordernden
fremden Königs seinen Gott Jahwe als den setzte, der von Israel, als dem von
ihm in der Herausführung aus der ägyptischen Knechtschaft erwählten Eigentumsvolk (Dtn 7,6-8) mit Recht seine ausschließliche Verehrung fordert
(Ex 20,2-3 par Dtn 5,4-5).[60] Für ihr Vorhaben, dem staatenlos gewordenen
Volk eine Verfassung zu geben, standen den Deuteronomikern und Deutero-

---

58 Zur Diskussion über seine literarische Schichtung vgl. Timo Veijola, Deuteronomismus-
    forschung zwischen Tradition und Innovation (I), ThR 67, 2002, 273-327, bes. 276-320,
    und die beiden Entwürfe von Rainer G. Kratz, Die Komposition der erzählenden Bücher
    des Alten Testaments, UTB 2157, Göttingen 2000, 118-138, und als Zusammenfassung
    seiner bisherigen einschlägigen Studien Eckart Otto, Die Tora des Mose, 2001, bes. 8-
    33.
59 Der Name geht auf Bernhard Lang, Die Jahwe-allein-Bewegung, in: ders., Der einzige
    Gott. Die Geburt des biblischen Monotheismus, München 1981, 47-83 zurück. Zur Kri-
    tik an seinem Versuch, sie bis in das Nordreich zurückzuverfolgen, vgl. Timo Veijola,
    Moses Erben, BWANT 149, 2000, 91; zu ihren archäologischen Bezeugungen vgl. Oth-
    mar Keel und Christoph Uehlinger, Göttinnen, Götter und Gottessymbole. Neue Er-
    kenntnisse zur Religionsgeschichte Kanaans und Israels aufgrund bislang unerschlosse-
    ner ikonographischer Quellen, QD 134, 4. Aufl., Freiburg i.Br. 1998, 428-429, und zur
    Datierung ihrer Anfänge im 7. Jh. Veijola, ebd., und E. Otto, Tora des Mose, 2001, 30-
    31.
60 Vgl. dazu oben, S. 40 Anm. 7, und weiterhin Hans-Ulrich Steymans, Eine assyrische
    Vorlage für Deuteronomium 28,20-44, in: Georg Braulik, Hg., Bundesdokument und
    Gesetz. Studien zum Deuteronomium, HBS 4, 1995, 119-142, bes. 122-141, bzw. ders.,
    Deuteronomium 28 und die adê Asarhaddons, OBO 145, Freiburg, Schweiz, und Göttin-
    gen 1995, bes. 143-149.300-312.377-383, der die Möglichkeit der Abhängigkeit von ei-
    nem neubabylonischen Treueeid offenläßt.

nomisten in mündlicher Tradition überlieferte Institutionen,[61] Rechtsbräuche, Rechtsreihen[62] und vor allem als Kern das sog. Bundesbuch (Ex 20,22-23,33) zur Verfügung, das vermutlich bereits im 8. Jh. v. Chr. auf ähnliche Weise entstanden war.[63] Diese Traditionen stellten sie um des Überlebens ihres Volkes willen unter die Leitgedanken, Jahwe, den Gott Israels, zu fürchten, ihm allein zu dienen (Dtn 6,4) und ausschließlich an dem von ihm erwählten Ort zu opfern (Dtn 12,13-18*)[64] und aus Liebe zu ihm (Dtn 6,5) seinen Geboten und Rechtsatzungen zu gehorchen (Dtn 10,12; 4,8).[65] Denn sie erkannten im Niedergang und Untergang des davidischen Reiches Jahwes Sanktionen für Israels und seiner Könige Ungehorsam (Dtn 28,15-68; vgl. II Reg 21,12-15) und im Gehorsam gegen seinen Willen die Voraussetzung für deren Aufhebung und damit für die Beendigung der Knechtschaft Israels, seines künftige Wohls und Heils und nicht zuletzt seines Aufstiegs zur führenden Weltmacht, wie es ihm als den Volk des einzig wahren Gottes gebührte (Dtn 28,1-14). Daher forderten sie es zur Umkehr zu seinem Gott im Gehorsam gegen seine Tora oder Weisung auf (Dtn 30,1-5).

---

61 Vgl. dazu z.B. Joachim Buchholz, Die Ältesten im Deuteronomium, GThA 36, Göttingen 1988, 103-105 und weiterführend Jan Christian Gertz, Die Gerichtsorganisation Israels im deuteronomischen Gesetz, FRLANT 165, Göttingen 1994, der 232 als früheste Abfassungszeit für die Ältestengesetze den Untergang der judäischen Monarchie 587 und als *terminus ad quem* die Etablierung der synagogalen Jurisdiktion in der Perserzeit (vgl. Esr 7,25f.) bezeichnet. Die Einsetzung einer lokalen Gerichtsorganisation in Dtn 16,18 sollte als Ersatz für die traditionelle Ortsgerichtsbarkeit im Tor eintreten und könnte eine Angleichung an die Jerusalemer Verhältnisse darstellen, falls Josia bei seiner staatlichen Reorganisation Judas auch die Gerichtsorganisation neu geordnet hätte (S. 230-231).

62 Vgl. dazu Rosario P. Merendino, Das deuteronomische Gesetz. Eine literarkritisch-, gattungs- und traditionsgeschichtliche Untersuchung zu Dtn 12-26, BBB 31, Bonn 1969, 398-402, bzw. das Referat bei Kaiser, Einleitung in das Alte Testament, 4. Aufl., Gütersloh 1984, 126-129.

63 Vgl. dazu E. Otto, Wandel der Rechtsbegründungen in der Gesellschaftsgeschichte des antiken Israel. Eine Rechtsgeschichte des Bundesbuches (Ex 20,22-23,33), StB 3, Leiden 1988, ders., Rechtsgeschichte der Redaktionen im Kodex Ešnunna und im „Bundesbuch", OBO 85, Freiburg, Schweiz, und Göttingen 1989, 181-182; ders., Vom Profanrecht zum Gottesrecht: Das Bundesbuch, ThR 56, 1991, 412-427 und ders., Art. „Bundesbuch", RGG 4. Aufl., Tübingen, I 1998, Sp. 1876-1877.

64 Vgl. dazu Eleonore Reuter, Kultzentralisation. Entstehung und Theologie von Dtn 12, BBB 87, Frankfurt a.M. 1993, 97-114; Martin Keller, Untersuchungen zur deuteronomisch-deuteronomistischen Namenstheologie, BBB 105, Weinheim 1996, 22-58, bzw. Otto Kaiser, Der Gott des Alten Testaments II (GAT II), UTB 2024, 1998, 198-203.

65 Vgl. dazu Kaiser, a.a.O., 54-63.

5. Die Rangfolge der Werte in Platons Nomoi

Für wie bedroht Platon die angemessene Rangfolge der von ihm als Güter (ἀγαθά) bezeichneten Werte und welche grundlegende Bedeutung er ihr zuschrieb, geht schon daraus hervor, daß er nicht weniger als vier Mal grundsätzlich auf sie zu sprechen kommt (I.631b 6-d 7; II.661a 4-c 5; IV.715e 7-718b 6 und V.726a-734e. 2). Dabei rahmen die beiden zuerst genannten Abschnitte die Vorüberlegungen über die sittliche angemessene Verfassung (εὐθεῖα), während der dritte den Vorspruch zur ganzen Gesetzgebung in Gestalt einer Ansprache an die künftigen Einwohner der Polis darstellt und der vierte die Fortsetzung dieser Rede bildet.

In I.631b 6-d 7 geht es darum, die Aufgaben des Gesetzgebers so zu bestimmen, daß sie alle, welche die von ihm erlassenen Gesetze befolgen, glücklich machen. Daher müssen zuvor die Güter, die ἀγαθά, richtig bewertet werden. Diese aber lassen sich in die größeren göttlichen und die kleineren menschlichen einteilen. Sachlich gebührt natürlich den göttlichen die Führung, während die anderen von ihnen abhängig sind. Daher erwirbt eine Polis mit den größeren zugleich die kleineren. Bei den größeren oder göttlichen Gütern handelt es sich um die vier klassischen Tugenden der Einsicht (φρόνησις), der mit Vernunft verbundenen besonnenen Haltung der Seele (μετὰ νοῦ σώφρων ψυχῆς ἕξις) oder Besonnenheit, der σωφροσύνη, der Tapferkeit oder ἀνδρεία und der Gerechtigkeit oder δικαιοσύνη. Dabei ergibt sich aus der Verbindung zwischen der Einsicht und der Besonnenheit mit der Tapferkeit die Gerechtigkeit. Die hier aufgestellte Rangordnung entspricht der in rep. IV.427d-434d, nur daß dort an der Stelle der Besonnenheit die Weisheit (σοφία) erscheint. Nur wenn diese vier Tugenden als eine Einheit zusammenwirken, besitzen auch die kleineren Güter in Gestalt der Gesundheit, der Schönheit, der Körperkraft und eines umsichtig erworbenen und verwalteten Reichtums einen wahren Wert. Daher ist es für das Gedeihen der Polis unabdingbar, daß allen Bürgern bewußt ist, daß sämtliche ihnen gegebenen Anordnungen dieser von der Vernunft, dem νοῦς, angeführten und damit zugleich diktierten Wertskala genügen. Platon war nicht so weltfremd, um zu übersehen, daß die faktisch geltende Rangordnung schon in seinen Tagen genau umgekehrt aussah: Auf ihr rangierten Gesundheit, Schönheit und Besitz ganz oben. Der Einsicht des Philosophen in die Wahrheit aller Dinge gemäß verhält es sich jedoch genau umgekehrt: Nur zusammen mit den göttlichen Gütern besitzen die menschlichen einen Wert. Von ihnen getrennt sind sie ein Übel, auch wenn die Ungerechten sie als Güter betrachten. Denn wirkliche Güter gibt es nur für die Guten (leg. II.661a 4-d 3).

Welche Funktion der Vernunft, dem νοῦς, als der Führerin auf der Skala der Werte zukommt wird deutlich, wenn wir uns der das eigentliche Gesetzeswerk eröffnenden Ansprache an die Siedler (IV.715e 7-718b 6) zuwenden. Der Abschnitt ist zumal in seinem Anfang traditionsbeladen. In ihm werden der Gott als Inbegriff des Maßes und die ihm folgende, jeden Abfall vom göttlichen Gesetz rächende Dike[66] den ihr demütig und bescheiden Folgenden und dem von Hybris Erfaßten gegenübergestellt. Dieser überhebt sich in seiner Jugendkraft und Schönheit, seinem Reichtum oder seinen Ehren und stiftet dadurch Verwirrung, bis Dike ihn als einen von Gott Verlassenen samt seinem Hause zugrunde richtet.

Denn dem Gott lieb kann nur sein, wer ihm ähnlich ist. Da Gott das Maß aller Dinge ist, ist dem Gott nur der maßvolle und d.h. der besonnene als der ihm ähnliche Mensch lieb (IV.716c 1-d 4). Man wird sich bei der Feststellung, daß Gott das Maß aller Dinge ist, auch an Platons mathematische Theologie und Kosmologie zu erinnern haben: Alles, was Maß und damit Gesetz besitzt, hat an der göttlichen, das Maß setzenden Vernunft teil. Andererseits ist nichts maßloser als die Lust und nichts maßvoller als Vernunft und Einsicht (Plat. Phil. 65d 4-66a 10). Daraus ergibt sich auf dem Gebiet der praktischen Vernunft als der schönste und wahrste Satz, daß für die guten Menschen alle Formen der Gottesverehrung wie Opfer, Gebet und Weihgeschenke das schönste und beste Mittel zur Erreichung eines glücklichen Lebens, für einen schlechten aber schädlich sind. Sodann wird der Verständige (ἔμφρων) die Dämonen und die Heroen verehren, die gleichsam die Brücke zwischen den als Familiengöttern bezeichneten Ahnen und den Eltern bilden: Jene sind nach dem Brauch (κατὰ νόμον) zu verehren, diese nach göttlichem Recht (θέμις) zu ehren: ihnen sind es die Kinder als ihren Erzeugern schuldig, ihnen für immer Achtung zu erweisen und sie mit allen Kräften, all ihren Gütern und auf jegliche Weise zu versorgen (leg. IV.717b 6-718a 6): „Wenn wir das tun und danach leben, dann werden wir den verdienten Lohn erhalten, in dem wir in guten Hoffnungen den größten Teil unseres Lebens verbringen". So stehen die Gebote, die Götter und die Eltern zu ehren, bei Platon nicht anders als im Deuteronomium am Anfang.[67]

Fortsetzung und Schluß der Ansprache an die Siedler (V.726a 1-734e 2) werden durch die These eingeleitet, daß von allen Besitztümern nächst den Göttern die Seele als das Göttlichste und Allereigenste (οἰκειότατον) zu eh-

---

66 Vgl. zu ihr unten, S. 88 Anm. 37.
67 Vgl. dazu unten, S. 57.

ren sei.[68] Das geschehe jedoch nicht, indem man jeder Regung und jeder Lust nachgebe und umgekehrt alle Beschwerden scheue, das Leben für ein Gut, das Nachleben im Hades aber für ein Übel halte,[69] die Schönheit der Tugend vorziehe, dem Leib mehr Ehre als der Seele zolle oder auf unrechte Weise zu Besitz gelange. Die unmittelbare Vergeltung für ein solches Verhalten liege darin, daß man dadurch den Schlechten ähnlich werde. Umgekehrt bestehe die Ehre des Menschen darin, dem Besseren zu folgen und das Schlechtere, das noch der Besserung fähig ist, zu demselben Ziel zu führen.[70] So gebühre die erste Stelle der Güter oder Werte den Götter, die zweiten der Seele und erst die dritte dem Leib. Unter den Leibern aber verdienen weder der schönste noch der schnellste, noch deren Gegenteil die größte Ehre, sondern solche, die in der Mitte an all diesen Eigenschaften teilhaben. Denn sie machen die Seele weder hoffärtig und dreist noch niedrig und kriecherisch.[71] Das delphische μηδὲν ἄγαν, μέτρον ἄριστον („*Nichts zu sehr; das Maß ist das beste.*")[72] findet so seine platonische Anwendung. Wer sich selbst und seinem Besitz gegenüber entsprechend verhalte, erweise dadurch seine σωφροσύνη, seine Besonnenheit.

Denn das Übermaß an Besitz führe zu Feindschaft und Aufruhr, der Mangel aber in der Regel zur Knechtschaft. Er war nach Platons Überzeugung mit dem Zweck seiner Gesetze, die Bürger glücklich und miteinander befreundet werden zu lassen, unvereinbar (V.743c 5-d 2). Daher sollte in seiner idealen Polis niemand mehr als den vierfachen Wert des die Armutsgrenze darstellenden einfachen Landloses besitzen und jeder diese Höchstgrenze übersteigende Besitz, gleichgültig ob er durch Schenkung, Verdienst oder einen sonstigen Glücksfall erworben würde, an die Polis oder die über ihr waltenden Götter abgeführt werden (V.744d 8-745a 3). So ist das Maßhalten auf allen Gebieten Annäherung an Gott[73] und damit ebenso die Voraussetzung für ein glückliches Leben des Einzelnen wie für den sozialen Frieden in der Polis.

---

68 Zur Vorgeschichte und Eigenart der platonischen Seelenvorstellung vgl. David B. Claus, Toward the Soul. An Inquiry into the Meaning of ψυχή before Plato, YCM 2, New Haven und London 1981, bes. 156-180.

69 V.727b 7- d2. Im Hintergrund steht die Mythe von der Reinkarnation; vgl. X.903d 3-e 1 mit rep. X.614a 5-621d 3 und dazu unten, S. 95-101, sowie Otto Kaiser, Der Mythos als Grenzaussage, in: Jörg Jeremias, Hg., Gerechtigkeit und Leben im hellenistischen Zeitalter, BZAW 296, Berlin und New York 2001, 87-116.

70 Zur Bedeutung dieser Maxime für Platons Strafkodex vgl. T.J. Saunders, Plato's Penal Code, 1991 (Nachdr. 1994), 309-318 und 352-356.

71 Vgl. V.726a-729a.

72 Vgl. Diels 10 (73a) Die Sieben Weisen, β) Solon 1 und α) Kleoboulos 1.

73 Strauss, Argument, 60.

Wir können im vorliegenden Zusammenhang darauf verzichten, Platons Lehre über den Umgang mit dem Anderen[74] und über das richtige Leben[75] zu referieren. Statt dessen beschließen wir den Abschnitt mit Platons eigenem Résumée (V.734d 4-e 2): „*... ein Leben, das mit Tüchtigkeit (ἀρετή) an Leib und an Seele verbunden ist, ist angenehmer als das mit Schlechtigkeit verbundene und ihm überdies auch in anderer Hinsicht überlegen, nämlich durch Schönheit, Richtigkeit, Tugend und guten Ruf, so daß es dem, der es besitzt, in allem und im ganzen glücklicher leben läßt als das entgegengesetzte.*" Angesichts des Vorrangs des Göttlichen gegenüber dem Menschlichen läßt Platon seinen Athener dafür plädieren, daß die Mitglieder der nächtlichen Versammlung in der Lage sein sollen, die Gottesleugner vom Vorrang der Seele über alle Dinge und der Regelmäßigkeit im Umlauf der Gestirne als dem Beweis für die Herrschaft der göttlichen Vernunft im Weltall zu überzeugen (leg. III.966c 1 – 967a 5).[76]

6. Die Rangfolge der Werte im Deuteronomium.

Wie oben bereits angekündigt, gilt der Dekalog im Deuteronomium gleichsam als das Grundgesetz Israels. Gegenüber der in der Regel bekannteren Fassung in Ex 20,2-17 unterscheidet sich die Zählung der Gebote in Dtn 5,6-21 dadurch, daß in ihr das Fremdgötter- und das Bilderverbot in den V. 6-10 als eine Einheit betrachtet wird. Zur Rückgewinnung der Zehnzahl wurde daher das Verbot, nach dem Eigentum des Nächsten zu begehren, in zwei zerlegt.[77] Während in der Exodusfassung an das allgemeine Verbot, des Nächsten Haus zu begehren, der Katalog mit der Aufzählung von „Frau, Knecht, Magd, Rind, Esel und alles, was ihm gehört" unmittelbar anschließt, hat der Deuteronomist das Verbot, die Frau des Nächsten zu begehren, als

---

74 Vgl. dazu die Pflichtenlehre in V.729b-730a.

75 Vgl. dazu V.730b-734d.

76 Zu der dieser Aufgabe entsprechenden Mathematisierung seines Denkens vgl. Konrad Gaiser, Plato's ungeschriebene Lehre. Studien zur systematischen und geschichtlichen Begründung der Wissenschaften in der platonischen Schule, 2. Aufl., Stuttgart 1968, 115-145 und bes. 137-145; aber auch Wolfgang Wieland, Platon und die Formen des Wissens, Göttingen 1982, 38-50.

77 Zur Diskussion der Frage nach der Priorität der Dekalogfassung im Buch Exodus oder im Deuteronomium vgl. oben, S. 41 Anm. 11. Wir können sie im vorliegenden Zusammenhang auf sich beruhen lassen. Zu den Unterschieden der beiden Ausgaben vgl. die Synopse bei Werner H. Schmidt in Zusammenarb. mit Axel Graupner und Holger Delkurt, Die Zehn Gebote im Rahmen alttestamentlicher Ethik, EdF 281, Darmstadt 1993, 34-35.

neuntes Gebot verselbständigt und im zehnten den Restkatalog aufgenommen. Das Bilderverbot bezieht sich in der deuteronomischen Fassung auf
jegliche Verwendung der Bilder fremder Götter im offiziellen Jahwekult.
Dadurch erhält die Forderung, Jahwe allein zu dienen, eine kräftige Unterstreichung, während der im offiziellen Jahwekult selbstverständliche Aspekt,
dies bildlos zu tun, in den Hintergrund tritt, weil er offenbar keiner besonderen Unterstreichung mehr bedarf.[78] Die das Verbot, andere Götter zu verehren, eröffnende Selbstvorstellung Jahwes als des Gottes, der Israel aus dem
ägyptischen Sklavenhaus herausgeführt hat (V. 6), proklamiert seinen Besitzanspruch auf Israel als sein erwähltes Eigentumsvolk (vgl. Dtn 7,7-8). Der
Anspruch auf Israels Gehorsam erfolgt nicht im Namen der Teilhabe des
Menschen an der göttlichen Vernunft als des eigentlichen Weltregenten, sondern im Namen des Gottes, der durch sein Handeln an Israel vor den Völkern
der Welt offenbar werden will. Daß seine Tora zur Weisung für die ganze
Völkerwelt und Israel für sie zum Mittler seines Willens werden soll (Jes 2,2-
5 par. Mich 4,1-5), liegt hier noch außerhalb des Gesichtskreises.[79] Dem
Deuteronomium geht es um die Sicherung der Zukunft Israels als des Volkes
Jahwes, die nach der Überzeugung seiner Verfasser von der exklusiven Treue
Israels gegenüber seinem Gott abhängt. Ihn ernst zu nehmen schließt selbstverständlich die Respektierung seines Namens ein. Daraus ergibt sich das
(nach deuteronomischer Zählung) zweite Gebot (V. 11), auf jeden Versuch
zu verzichten, den Namen dieses Gottes zu mißbrauchen. Ob darunter seine
Verwendung in magischen Praktiken[80] oder nicht vor allem im Meineid zu
verstehen ist,[81] ist umstritten. Doch sprechen die inneralttestamentliche, die
frühjüdische und die frühchristliche Auslegungsgeschichte für die zuletzt
genannte Möglichkeit (vgl. zumal Lev 19,12a).[82] So führte die generali-
sierende Auslegung des Gebotes einerseits zum generellen Verbot der Aus-
sprache des Gottesnamens[83] und andererseits zum Verbot des Schwörens
überhaupt (Mt 5,33-37*). Dann folgt als drittes und erstes positives in den

---

78 Vgl. dazu Christoph Dohmen, Das Bilderverbot. Seine Entstehung und Entwicklung im
     Alten Testament, BBB 62, 2. Aufl., Frankfurt a.M. 1987, 229, bzw. Kaiser, GAT II,
     1998, 173-174, und zum anikonischen Kult Israels Tryggve N.D. Mettinger, No Graven
     Image? Israelite Aniconism in Its Ancient Near Eastern Context, CB.OT 42, Stockholm
     1995, 191-197, bzw. Kaiser, 161-182.
79 Vgl. dazu auch Otto Kaiser, Die Ausländer und die Fremden im Alten Testament, in:
     Peter Biehl u.a., Hg., Heimat – Fremde, JRP 14, Neukirchen-Vluyn 1998, 65-83, bes.
     79-83.
80 So z.B. Anthony Philipp, Ancient Israel's Criminal Law, Oxford 1970, 53-60.
81 So z.B. Timo Veijola, Das dritte Gebot (Namensverbot) im Lichte einer ägyptischen
     Parallele, ZAW 103, 1991, 1-17 = ders., Moses Erben, 48-60, und Werner H. Schmidt
     u.a., Die Zehn Gebote, EdF 281, 1993, 78-85.
82 Veijola, 12-17 = 56-60.
83 Vgl. dazu Kaiser, GAT II, 74-77.

V. 11-15 das Sabbatgebot. Das in ihm enthaltene Arbeitsverbot in V. 14 schließt das ganze Haus mit der Familie, den Sklaven und dem Vieh zusammen. Der Deuteronomist begründet diese Forderung in V. 14b und 15 nicht wie Ex 20,11 mittels des Hinweises auf Gottes Ruhen nach der Vollendung des Sechstagewerkes der Schöpfung, sondern damit, daß auch die Sklaven und Sklavinnen ruhen können wie es selbst, das durch Jahwes aus seinem ägyptischen Sklavendasein erlöst worden ist. So soll der Sabbat zugleich der Erinnerung Israels an seine Befreiung aus Ägypten dienen. Dabei kann man davon ausgehen, daß die ausdrückliche Erwähnung des Sabbats die unausgesprochene Erinnerung an die Pflicht einschließt, an den drei Wallfahrtsfesten in Gestalt des Passa-Massot, des Wochen- und des Laubhüttenfestes vor dem Herrn zu erscheinen (vgl. Dtn 16,1-17).[84] So stellen die drei ersten Gebote Gott im Leben jedes Israeliten an die erste Stelle. Sie grenzen ihn dabei von den Göttern der Völker ab, wahren seine Ehre und Gottheit und erinnern mit der Forderung, auch den Sklaven ihre Ruhe zu gönnen, an die sich aus seiner Gnadenwahl ergebenden Pflicht, das Recht der sozial Schwachen nicht zu beugen (vgl. Dtn 10,12-22 mit 24,6-22).[85]

Auf diese traditionell der „Ersten Tafel"[86] zugeordneten Gebote folgen sieben weitere, welche die sozialen Beziehungen regeln. An ihrer Spitze steht das Gebot, die Eltern zu ehren und das heißt, sie ihr Leben lang zu achten und im Alter zu versorgen (Dtn 5,16).[87] Nächst Gott, dem Israel seine Existenz verdankt, ist jeder seinen Eltern gegenüber ein Leben lang verpflichtet, weil er ihnen sein Leben schuldet. Zur Unterstreichung seiner besonderen Bedeutung hat das Vierte Gebot als einziges eine positive Begründung erhalten, die Israel für den Fall seines Gehorsams langes Leben und Wohlergehen in dem Lande verspricht, das ihm Jahwe geben wird. Dann folgen in den V. 17-19 drei Kurzverbote, die Mord, Ehebruch und ursprünglich wohl Menschenraub (vgl. Ex 21,16 und Dtn 24,7) und später generalisierend jeden Diebstahl verbieten. Halten wir uns an die ursprüngliche Bedeutung, so schützen die drei apodiktischen Kurzgebote Leben, Ehe und Freiheit des

---

84 Zur Historisierung der alten Ackerbaufeste vgl. Kaiser, GAT I, 1993, 318-323.

85 Es ist allerdings auffallend, daß das Deuteronomium die Strafbestimmung für den Totschlag eines Sklaven in Ex 21,20 nicht aufgenommen und nur das Gesetz über die Schuldsklaven in Dtn 15,12-18 reformiert hat; vgl. dazu Gregory C. Chirichigno, Debt-Slavery in Israel and the Ancient Eear East, JSOT.S 141, Sheffield 1993, 256-301. Die Vorstellung von einem generellen Recht des Sklaven und der Sklavin, wie sie Hiob 31,13-15 bezeugt ist, scheint seinen Verfassern noch fremd gewesen zu sein. Vgl. weiterhin Spr 17,6; 19,26; 23,22; Sir 3,1-16 und 7,20-21.

86 Vgl. Ex 24,12; 31,18; 32,15-19; 34,1.27-28; Dtn 10,1-5.

87 Vgl. Sir 7,27-28 und die weniger menschenfreundlichen als durch den Gesichtspunkt der Nützlichkeit bestimmten Ratschläge zum Umgang mit (nichtisraelitischen?) Sklaven in Sir 36(33),25-32.

Menschen, legen wir seine erweiterte zugrunde, dagegen Leben, Ehe und Besitz.[88] Daneben stellt das Achte Gebot in V. 20 mit seiner kategorischen Untersagung der falschen Zeugenaussage vor Gericht die Unverletzlichkeit des Rechts und damit zugleich der Ehre (vgl. Ex 23,1b-3 mit Dtn 19,15-21). Das auch dieses Gebot der Verallgemeinerung fähig und auf das Verbreiten von Lügen überhaupt bezogen werden konnte, belegen Ex 23,1a und Lev 19,16a:[89] Gerechtigkeit und Wahrhaftigkeit gehören unauflöslich zusammen und bilden als solche das Fundament des menschlichen Verkehrs. Die Verselbständigung des Verbots in V. 21, seines nächsten Weib zu begehren, sichert noch einmal die Ehe als die fundamentale Form des menschlichen Zusammenlebens. Es beschreitet wie das folgende Zehnte in V. 22, das „Haus" und mithin Kinder, Sklaven, Vieh und sonstigen Besitz des Nächsten zu begehren, den Rahmen des Rechts und appelliert an das ethische Verhalten. Denn das in V. 21 gebrauchte hebräische Verb חמד „begehren" und das in V. 22 verwendete התאוה „wünschen, begehren" bezeichnen einen Affekt, der über kurz oder lang entsprechende Handlungen auslöst.[90] So ist es verständlich, daß man das Verbot angesichts der Schwäche des Menschen weiterhin ganz verinnerlichte (vgl. Hiob 31,1 mit Mt 5,28). So fordern die Begehrensverbote Israel dazu auf, die eigenen Wünsche und Gedanken zu zügeln, damit nicht aus bösen Gedanken böse Taten entspringen. Denn die Zukunft Israels hängt an dem Gehorsam gegen diese, die ganze Tora repräsentierenden Zehn Gebote; weil Jahwe nur denen, die ihn lieben und seine Gebote halten, seine Treue für unabsehbare Geschlechterfolgen verheißt, während er die Sünde der Väter noch an den Urenkeln heimzusuchen androht (Dtn 5,9b-10).[91] So ergibt sich als die dem Deuteronomium und Platon gemeinsame natürliche Rangfolge der Werte: Gott, die Eltern und der Nächste. Diese drei Stufen lassen sich biblisch auf zwei reduzieren, indem wir die beiden Gebote, Gott und den Nächsten zu lieben (vgl. Dtn 6,5; 10,12 bzw. Lev 19,18b)[92] als die Summe der ganzen Tora betrachten (Mk 12,28-34 par Mt 22,35-40; Lk 20,45-47).

---

88 Vgl. dazu auch W.H. Schmidt u.a., Dekalog, 122-124.
89 Vgl. ebd., 128-130.
90 Vgl. dazu Gerhard Wallis, ThWAT II, 1977, Sp. 1020-1032, bes. Sp. 1026-1032, und W.H. Schmidt u.a., Dekalog, 139.
91 Vgl. dazu als signifikante griechische Parallele Solon frg. 1, 16-32 (Diehl); zur Sache Hermann Spieckermann, „Barmherzig und gnädig ist der Herr...", ZAW 102, 1990, 1-18, und Kaiser, GAT II, 59-62.
92 Vgl. Dtn 10,17-19 und Lev 19,34.

7. Beschluß

Im Deuteronomium erfolgt die Offenbarung des Dekalogs durch den auf den Gipfel des Berges Sinai/Horeb herabgefahrenen und in den Wolken verborgenen Gott. Er erteilt Mose den Auftrag, dem Volk seine Gebote und Rechtssätze zu lehren (vgl. Dtn 5,2-3 mit 4,9-14). Platons drei Männer machen sich auf den Weg zur Höhle des Zeus als der Stätte, an welcher der mythischen Überlieferung nach Minos von Zeus alle neun Jahre über das Recht belehrt wurde. So legt das Deuteronomium als Ganzes den offenbaren Gotteswillen aus; bei den Nomoi handelt es sich dagegen um den Versuch, sich ihm im Dialog anzunähern. Der Gegensatz erscheint jedoch nur solange als unüberwindlich, als man sich an die mythische Form hält. Blickt man auf die Sache, spricht hier wie dort die vernehmende Vernunft, die in der Zwiesprache zwischen der Rechtstradition und der eigenen Situation das Gesetz des Lebens für Israel bzw. für die griechische Polis zu ermitteln sucht. Dieser Aufgabe, dem zutiefst in der condition humaine verwurzelten göttlichen Recht neu zur Sprache zu verhelfen, muß sich jede Generation auf ihre Weise stellen. Die in Israel wie bei Platon an erster Stelle stehende Forderung, Gott vor allen anderen Kreaturen zu achten, ergibt sich aus der Angewiesenheit des Menschen auf ihn als den Grund seines Daseins. Die Bodenlosigkeit seiner exzentrischen Position im Jetzt und Hier gehört zu seiner Geistnatur, die es ihm erlaubt, seine konkrete Situation vorwärts und rückwärts zu transzendieren. Sie zwingt ihn zugleich dazu, nach dem transzendenten Grund seines Daseins zu fragen.[93] Der bewußt oder unbewußt nach Gott als dem Grund seiner Existenz Fragende wird durch das Hauptgebot daran erinnert, daß er längst der von Gott Gefragte ist. Die von ihm erwartete Antwort besteht in dem Vertrauen, daß ihn nichts aus der Hand seines Gottes reißen kann, und in der Bereitschaft, das Vertrauen auch im Umgang mit den Anderen als seinen Mitgeschöpfen und Nächsten zu bewähren, wie es die ebenso souveränen wie spontanen Daseinsäußerungen des Vertrauens, der Aufrichtigkeit, Hilfsbereitschaft und Barmherzigkeit als unser Eigenart als Gemeinschaftswesen gemäß bezeugen.[94] Daher können wir das Gebot der Nächstenliebe mit Knud

---

93 Vgl. dazu Helmuth Plessner, Die Stufen des Organischen und der Mensch, SG 2000, 3. Aufl., Berlin 1928 = 5. Aufl. 1975, 291-292, und O. Kaiser, Die Rede von Gott am Ende des 20. Jahrhunderts, in: Kurt Giel und Renate Breuninger, Hg., Die Rede von Gott und Welt. Religionsphilosophie und Fundamentalrhetorik. Mit Beiträgen von O. Kaiser und P. Oesterreich, Bausteine zur Philosophie 10, Interdisziplinäre Schriftenreihe des Humboldt-Studienzentrums der Universität Ulm, Ulm 1996, 9-32 bes. 24-27 = ders., Gottes und des Menschen Weisheit, BZAW 261, 1998, 273-276.
94 Vgl. dazu Knud E. Løgstrup, Norm und Spontaneität. Ethik und Politik zwischen Technik und Dilettantokratie, übers. Rosemarie Løgstrup, Tübingen 1989, 6-36, und Kaiser, a.a.O., 27-30 = 276-279.

E. Løgstrup als das natürlichste aller Gebote bezeichnen können.[95] Die aktive Wahrung der Grundrechte des Anderen als des Anderen unser selbst auf ein Leben in Freiheit bei gleichzeitiger Achtung seiner persönlichen Bindungen, seiner Ehre, seines Rechts und seines Besitzes bilden zusammen mit dem ihm entgegengebrachten Vertrauen die Grundvoraussetzungen ebenso für das Gelingen des Lebens des Einzelnen wie der ihn tragenden Gemeinschaft. Die positive Fassung der Goldenen Regel, den Anderen so zu behandeln, wie man selbst behandelt zu werden wünscht (Mt 7,12),[96] gibt diesem Verhältnis erweckenden Ausdruck, stellt allerdings auch vor die Frage, warum wir Menschen in der Regel voreinander auf der Hut sind, und führt so zu der in die Tiefe dringenden Frage nach dem Zusammenhang zwischen Schuld als Folge des Mißbrauchs des Lebens im Gegensatz zu seiner geschöpflichen Bestimmung und damit zugleich als Sünde, die im Mangel von Gottvertrauen und Gottesfurcht gründet.[97] Nur dies sei noch hinzugefügt, daß zwischen Gottvertrauen und Menschenfurcht ein dialektisches Verhältnis besteht: Gottvertrauen ist die Wurzel der Freiheit, Menschenfurcht die Wurzel der Knechtschaft. Kehren wir zu unseren Texten zurück, so bleibt Platons Mahnung, die im Prozeß der Angleichung an Gott errungene und immer neu auf dem Spiel stehende eigene Integrität höher als Schönheit und Kraft der Leiber und alle äußeren Güter zu ehren, von überzeitlicher Aktualität. Daß Platon und dem Deuteronomium gemeinsame Leitbild der Gerechtigkeit für das politische Handeln und seiner von der Bibel verlangten Bewährung im Verhalten gegenüber den schwächsten Gliedern der Gesellschaft sollte keine Zeit um der friedlichen Zukunft der Menschheit willen aus dem Auge verlieren. Platon scheute nicht davon zurück, die Maxime, daß unter Freunden alles gemeinsam sei,[98] auch zum politischen Leitbild zu erheben. So steht mit der Kraft der Nächstenliebe das Gottvertrauen selbst auf einem kritischen Prüfstand. Es ist gut, wenn der unendliche Überschuß des heuristischen Ideals gegenüber jeder Verwirklichung auch weiterhin für eine Beunruhigung sorgt, die das Bemühen um eine humanere Gesellschaft und vor allem um eine Revolution der Denkungsart[99] nicht erlahmen läßt.

---

95 Ebd., 14-15.
96 Vgl. die negative Formel in Tob 4,15 (Luther-Bibel 4,16) und zur Sache Albrecht Dihle, Die goldene Regel. Eine Einführung in die Geschichte der antiken und frühchristlichen Vulgärethik, Göttingen 1962, bes. 103-116, und Løgstrup, a.a.O., 10-14.
97 Vgl. dazu Løgstrup, 119-125.
98 Vgl. auch Tert. apol. 39.11-12.
99 Vgl. Immanuel Kant, Die Religion innerhalb der Grenzen der reinen Vernunft, 2. Aufl. 1794, 50-54; Vorländer, PhB 45, 51-52; Weischedel IV, 697-698. Nach ihm bilden die Revolution für die Denkungsart und eine allmähliche Reform für die Sinnesart die Voraussetzungen für die Rückgewinnung der Anlage zum Guten bzw. zum Übergang von den Antrieben der Sinnlichkeit zu der Maxime der Heiligkeit.

Platon hat das Problem erkannt, das sich daraus ergibt, daß sich die göttliche Gerechtigkeit zwar im Scheitern der Hybris am Werk erweist, der Schuldige aber auch Unschuldige mit sich in den Abgrund reißt (leg. IV 715e 7-716b 5), Daher griff er auf die Mythe der Reinkarnation zurück, nach der Gott den Menschen wie ein Brettspieler seine Figuren verrückt, indem er ihnen über das jetzige Leben hinaus einen immer neuen Platz gemäß ihren Taten zuweist (leg X 903d 3-e 2).[100] Dem Judentum hat sich dieselbe Frage angesichts des regelwidrigen Glücks der Frevler und des Unglücks der Gerechten gestellt. Die Notwendigkeit, sie zu beantworten, wurde durch die Martyrien der Frommen von den Tagen des seleukidischen Oberherrn Antiochos IV. bis zu denen des hasmonäischen Priesterkönigs Alexander Jannaios verstärkt. So ist es kein Wunder, daß sich in der Spätzeit des Zweiten Tempels auch in Israel die von den Frommen gegebene Antwort durchgesetzt hat, daß sich Gottes Gerechtigkeit im Jüngsten Gericht erweisen und die Gerechten in die himmlische Lichtwelt zum ewigen Leben entrückt würden. Daß sich dieser Glaube anders als bei den Griechen nicht mit dem an die Reinkarnation verbunden hat, lag in der brennenden Naherwartung des Endes dieser Welt begründet, wie sie dem Bibelleser zumal aus dem Danielbuch bekannt ist (vgl. Dan 12).[101]

Blicken wir abschließend noch einmal auf das Deuteronomium und Platon zurück, so zeichnet sich trotz der Gemeinsamkeit der Rangordnung der sittlichen Güter oder Werte eine grundsätzlich entgegengesetzte Denkrichtung und damit zugleich der Gebrauchs des Mythos ab: Die Deuteronomiker und Deuteronomisten reden von Gott her und behaften den Einzelnen auf seine Stellung vor Gott und neben dem Bruder. Ihre Botschaft erinnert die Menschen über die Zeiten hinweg daran, über seinen immer größeren Künsten das Wesentliche nicht zu vergessen und mit Gott den Grund des eigenen und des gemeinsamen Lebens zu verlieren. Platon redet zu Gott hin und entwirft die heuristische Utopie einer Polis, in der Gott das Maß aller Dinge ist und die Bürger versuchen, ihm ähnlich zu werden.[102] Beide Denkwege schließen einander nicht aus, sondern ergänzen einander. Denn auch der durch das Biblische Wort zur Umkehr Ermutigte muß sich der Frage stellen, wie die Polis zu

---

100 Vgl. dazu O. Kaiser, Gott als Lenker des menschlichen Schicksals in Platons Nomoi, unten, S. 81-103, bes. S. 95-101.

101 Vgl. dazu auch Otto Kaiser, Die Zukunft der Toten nach den Zeugnissen der alttestamentlich-frühjüdischen Religion, in: ders., Der Mensch unter dem Schicksal, BZAW 161, Berlin und New York 1985, 182-195, sowie künftig ausführlich ders., Der Gott des Alten Testaments. Theologie des Alten Testaments III: Gottes Gerechtigkeit § 13.

102 Vgl. dazu auch Dietrich Roloff, Gottähnlichkeit, Vergöttlichung und Erhöhung zu seligem Leben, UALG 4, Berlin 1970, 198-206.

gestalten ist, damit Gerechtigkeit in ihr wohnt. Die konkrete Antwort aber können ihm wegen der Geschichtlichkeit des Daseins weder das Deuteronomium bzw. die Bibel noch Platons politische Schriften vorgeben: Er muß sie selbst in immer neuem Bemühen finden, so daß auch in dieser Beziehung des Pauluswort gilt (Phil 3,12): *„Nicht, daß ich es schon ergriffen hätte oder schon vollkommen wäre; ich jage ihm aber nach."*

Gott und Mensch als Gesetzgeber in Platons Nomoi

1. Die Leitfrage und der Weg zu ihrer Beantwortung

Auf den ersten Blick besteht ein eigentümlicher Widerspruch zwischen dem Satz, der das opus postumum Platons, die *Nomoi* eröffnet[1], und der weiteren, ganze zwölf Bücher füllenden Diskussion über den bestmöglichen Staat und seine Gesetze. Denn es beginnt mit der Frage des die Einsichten Platons gegenüber dem Knossier Kleinias und dem schweigsamen Spartaner Megillos vertretenden namenlosen Atheners: „θεὸς ἤ τις ἀνθρώπων ὑμῖν, ὦ ξένοι, εἴληφε τὴν αἰτίαν τῶν νόμων διαθέσεως; Gilt bei euch, ihr Gastfreunde, ein Gott oder einer der Menschen als Urheber der Gesetzgebung?" Darauf erwidert Kleinias: „θεός, ὦ ξένε, θεός, ὥς γε τὸ δικαιότατον εἰπεῖν ... Ein Gott, mein Gastfreund, ein Gott, wie man mit vollem Recht sagen kann; bei uns nämlich Zeus, aber bei den Lakedaimoniern, woher unser Freund da herkommt, sagen sie, glaube ich, geben sie Apoll an" (I 624 a 1-5). Dreimal hintereinander begegnet so bereits im ersten Wortwechsel das Wort θεός. Auf diese Weise deutet Platon an, daß eine wahre Gesetzgebung unbeschadet des unbestreitbaren Anteils, den Menschen an ihr nehmen, das Werk Gottes selbst ist. Damit ist der philosophische Leser dazu herausgefordert, sich die Frage zu stellen, wer dieser Gott ist und wie sich seine Leitung und die im Dialog gewonnenen menschlichen Einsichten zueinander verhalten. Bei der Lektüre werden wir in Rechnung zu stellen haben, daß die Gesprächspartner des Atheners keine dialektisch geschulten Philosophen, sondern (was sich zumindest beim Fortschreiten des Gespräches für Kleinias ergibt) in ihren Staaten angesehene und immer noch von ihnen mit Aufgaben betraute Männer sind[2]. Daraus ergibt sich (abgesehen von der Wi-

---

1 Zur Herausgabe der Nomoi durch Philipp von Opos vgl. Diog. Laert. III 37 und dazu Glenn R. Morrow, Plato's Cretan City. A Historical Interpretation of the Laws, Princeton/N.J. 1960, 515-518; W.K.C. Guthrie, A History of Greek Philosophy V. The Later Plato and the Academy, Cambridge 1978, 321, sowie vor allem Klaus Schöpsdau, Platon. Nomoi (Gesetze). Buch I-III, Platon Werke. Übersetzung und Kommentar, IX/2, Göttingen 1994, 138-143.

2 Vgl. J. Moreau, L'ame du monde de Platon aux Stoïciens, Paris 1939 (= Hildesheim/New York 1971), 57.80.

derlegung der Gottesleugner mittels des kinetischen Beweises der sich selbst
bewegenden Seele in Buch X und dem Nachweis, daß die künftigen Mitglieder
der nächtlichen Versammlung einer Erziehung in der Dialektik, Ethik und kos-
mologischen Theologie bedürfen, in Buch XII) eine Zurückhaltung im Blick auf
die für Platons Denken spezifischen spekulativen Zusammenhänge. Der nicht
entsprechend vorgebildete Leser mag manches im Sinne der herkömmlichen
Gottesvorstellungen verstehen, was eigentlich auf Platons spekulative Theologie
und Kosmologie verweist. Wir werden daher ebenso genau auf das zu achten
haben, was der Athener im Lauf des Dialoges erklärt, wie auf das, was unerklärt
stehen bleibt und erst im Zusammenhang der in seinen späten Dialogen enthaltenen Hinweise seinen Sinn erhält. Unter dieser Voraussetzung gehen wir der
Leitfrage nach, indem wir zunächst den Hintergrund von Kleinias' bejahender
Antwort auf die Frage des Atheners untersuchen, uns dann über die tiefere Bedeutung des szenischen Rahmens wie über die von Mißverständnissen bedrohte
Absicht ins Bild setzen, die Platon mit dem hier vorgelegten Verfassungs- und
Gesetzesentwurf verfolgt. Anschließend wenden wir uns der in den Büchern I
bis III entwickelten Rangordnung der Güter zu, die in den der eigentlichen Besinnung auf die bestmögliche Verfassung und Gesetzgebung gewidmeten und
nur noch beschränkt diskursiv vorgehenden Büchern IV bis XII vorausgesetzt
wird. Diese Rangordnung wird zumal in den beiden Vorreden zu dem Ge-
samtentwurf wie zu den konkreten Gesetzen zusammenhängend reflektiert. Am
Ende dieses Weges liegen die Prämissen bereit, die eine an den Texten begründete Antwort auf unsere Leitfrage ermöglichen.

2. Die Bedeutung der szenischen Rahmung für das Verständnis des Ganzen

Die szenische Rahmung des zunehmend lediglich formal als Dialog zwischen
dem Athener, dem Knossier Kleinias und dem Spartaner Megillos gestalteten
Werkes ergibt sich wie von selbst aus dem es eröffnenden, oben bereits teilweise mitgeteilten Wortwechsel. Megillos und Kleinias beantworten die Eingangs-
frage des Atheners nach dem göttlichen oder menschlichen Ursprung ihrer Gesetzgebung bejahend. Nicht zufällig werden wir über den legendären Ursprung
der spartanischen Verfassung erst einige Seiten später in Gestalt eines knappen,
dem Athener in den Mund gelegten Hinweises darüber informiert, daß die beiden sagenhaften Gesetzgeber, der Spartaner Lykurg und der Kreter Minos, ihre
Gesetze im Blick auf den Kriegsfall hin formuliert haben, ohne daß dabei die
Art der göttlichen Vermittlung erwähnt wird[3]. Denn die einschlägigen Aus-
künfte Herodots zeigen, daß die Spartaner nicht der Überlieferung folgten, nach
der die delphische Pythia den König ihre Verfassung gelehrt hätte, sondern daß

---

3   I 630 d 5-7, vgl. III 691 d 8 - e 1.

sie die Ansicht vertraten, er habe sie von den Kretern übernommen[4]. Bei diesen
aber verhält es sich (wie der zweite Wortwechsel zwischen dem Athener und
Kleinias zeigt) so, daß sich Minos nach dem Zeugnis Homers alle neun Jahre zu
seinem Vater Zeus begeben hätte, um nach seinem Rat den kretischen Städten
ihre Gesetze zu geben[5]. Bei Homer aber lautet das so[6]:

„Unter den Städten ragt das hohe Knossos, das Minos
Immer neun Jahre lang als Zeus' Vertrauter beherrschte."[7]

Diese Legende bietet Platon den Anknüpfungspunkt für den szenischen
Rahmen des Dialoges: Die drei bejahrten Männer wandern am Tag der Som-
mersonnenwende als dem längsten des Jahres zur Grotte und zum Heiligtum des
Zeus auf dem Ida. Sie wiederholen damit gleichsam den Weg des Minos[8]. Man
hat berechnet, daß man für diesen Weg von Knossos gute zwölf Stunden benö-
tigt[9]. So besaßen die drei Zeit genug, dem Vorschlag des Atheners zu folgen
und sich gründlich über die rechte Staatsverfassung und die ihr gemäßen Gesetze (περί τε πολιτείας ... καὶ νόμων) zu besprechen. Dabei boten ihnen im
Schatten von Bäumen gelegene Ruheplätze Gelegenheit zu ihrem Alter angemessenen Erholungspausen (I 625 a 4-7). Auf diesem Weg begleitet sie Platon
bis zu ihrer ausgedehnten, auf der Hälfte ihres Weges liegenden mittäglichen
Rast (IV 722 c 7-9). Hier angekommen, hatten sie die in den Büchern I-IV verhandelten Grundfragen zum Abschluß gebracht, so daß sie sich dem Problem
der Verfassung und der konkreten Gesetzgebung des Staates zuwenden konnten.

3. Die Stellung der Nomoi zwischen Ideal und Wirklichkeit

Um dem Vorhaben seine Wirklichkeitsnähe zu sichern, läßt Platon Kleinias am
Ende des III. Buches dem nach der Bewährung der bisher gewonnenen fundamentalen Einsichten fragenden Athener eröffnen, daß die Kreter eine Kolonie-
gründung planten. Die Knossier seien dazu bestimmt worden, sich der Sache
anzunehmen. Er selbst aber sei zum Mitglied der von der Polis eingesetzten
Kommission von zehn Männern berufen, die auf der Grundlage ihrer eigenen

---

4   Hdt. I, 65.
5   I 624 a 7- b 3 und dazu Schöpsdau, Werke IX/2 (s. Anm. 1), 154.
6   Hom., Od. XIX 178f., zitiert in der Übertragung von Thassilo von Scheffer, Samm-
    lung Dieterich 14, Leipzig 1938 (ND Bremen o.J.), 327.
7   Vgl. auch Plat., Min. 319 a 9 - 320 b 7.
8   Plat., Min. 319 c 5 - 7.
9   Vgl. dazu Schöpsdau, Werke IX/2 (s. Anm. 1), 155f., und zur Bedeutung der idäi-
    schen Grotte als der Geburts- bzw. Zufluchtstätte des Zeus vgl. Hes., Theog. 454-
    484 mit Apollod. I, 1,4; zur Höhle M.P. Nilsson, Geschichte der Griechischen Reli-
    gion I. Die Religion Giechenlands bis auf die griechische Weltherrschaft, HAW V
    2/1, [2]1955, 261f., und zur Mythe H.J. Rose, Griechische Mythologie. Ein Handbuch,
    München [2]1961, 41f.

wie ihnen besser erscheinender fremder Gesetze einen Verfassungsentwurf für diese Kolonie vorlegen sollten (IV 702 b 4 - d 5). Später erfahren wir, daß es sich um die Neugründung einer angeblich (?) wüst liegenden Polis der Magneten (IX 860 e 7; XII 946 b 6; VIII 848 d 3 und XI 919 d 5) und also eines alten kretischen Magnesias handele[10]. Mit diesem Kunstgriff sichert Platon dem Folgenden seine Plausibilität im Rahmen des Ganzen. Natürlich stellt sich dem Leser die Frage, wie sich der anschließend vorgestellte Verfassungs- und Gesetzesentwurf zu den in der Politeia entwickelten Grundsätzen verhält. Ihre Beantwortung ist nicht auf Spekulationen angewiesen, weil sie Platon selbst in V 739 b 8 - e 7 mittels einer dem Athener in den Mund gelegten Erklärung gegeben hat: Danach gilt es zwischen dem *ersten Staat*, der πρώτη πόλις, dem hier entwickelten, den zweiten Rang verdienenden Staatsmodell und dem dritten als seiner schließlichen Verwirklichung zu unterscheiden. In dem ersten Staat würde der Grundsatz, daß unter Freunden alles gemeinsam sei, uneingeschränkt gelten und demgemäß auch (die in der Politeia geforderte) Frauen und Kinder einschließende Gütergemeinschaft[11]. Die in den Nomoi vorgelegten Gesetze[12] transponieren das Ideal auf ihre mögliche Verwirklichung hin. Eine kretische Staatsgründung hat sich Platon aber deshalb als Modell ausgesucht, weil in einer solchen von ihrer Tradition her die Achtung vor dem Gesetz, ein in ihm verankertes Gemeinschaftsleben und eine funktionale Gewaltenteilung als selbstverständlich betrachtet werden konnte und diese drei seiner eigenen Vorstellung von der Eunomie entsprachen[13]. Daß sich zwischen dem Entwurf und seiner tatsächlichen Umsetzung in die Realität als dem dritten Staat eine weitere Ak-

---

10 Vgl. dazu auch K. Schöpsdau, Werke IX/2 (s. Anm. 1), 107f.

11 Vgl. Plat., Rep. 423 e 4- 424 a 2; 457 b 7 - d 9. Zu der damit von Platon verfolgten Intention vgl. A.W. Price, Love and Friendship in Plato and Aristotle, Oxford 1989, 181: „In abolishing (among the guardians) the private household and family, he expects also to abolish private joys and sorrows (464 c 7 - d 3). His goal is the collectivization, so to speak, not only of externals, but of emotions. The ideal is a community in respect of pleasure and pain, in which all citizens grieve and rejoice at the same things (462 b 4-6)."

12 Ein eigentlicher Verfassungsentwurf wird von Platon absichtlich nicht entwickelt. Was er seinen Athener dazu konkret im Anschluß an die Überprüfungen der dorischen, persischen und attischen Verfassung sagen läßt, beschränkt sich auf die grundsätzlichen Feststellungen, daß das Gesetz der oberste Herrscher und die Herrschenden seine Diener sein sollen (IV 713 a 6 - 715 d 6). Wenn er ihn vorschlagen läßt, ihn statt als Demokratie, Oligarchie, Aristokratie oder Königtum (712 c 2 - 4) zu bezeichnen, ihn nach dem Abbild der glücklichen Herrschaft und Staatsverwaltung (οἰκέτης) unter Kronos zu gestalten, schwebt ihm keine Theo-, sondern eine Nomokratie vor, obwohl (wie wir weiterhin erfahren werden) der eigentliche Gesetzgeber Gott ist. Die Gesetze mit ihren Vorschlägen zur funktionalen Gliederung der Gesellschaft machen daher einen gesonderten Verfassungsentwurf überflüssig.

13 Zu dem sachgemäßen Umgang mit den Überlieferungen zur Geschichte der dorischen Staaten vgl. Morrow, Plato's Cretan City (s. Anm. 1), 63-73.

komodation an die konkreten politischen (und geographischen) Verhältnisse ergeben würde, war Platon bewußt. Es ging ihm mithin in den Nomoi um den
Nachweis, daß das Ideal der Gerechtigkeit, wenn auch unter Anpassungen an
die jeweils vorgegebenen Verhältnisse, prinzipiell in die Wirklichkeit übersetzt
werden könnte[14]. Seine Erfüllung bestünde nach der Politeia eben darin, daß
jeder das Seine und ihm Angemessene (ἡ τοῦ οἰκείου τε καὶ ἑαυτοῦ ἕξις τε
καὶ πρᾶξις δικαιοσύνη) verrichtet (Rep. 433 e 12 - 434 a 1), und im Staat wie
in der Seele des Einzelnen die rechte Ordnung waltet. Das aber ist der Fall,
wenn das vernünftige Seelenvermögen (das λογιστικόν) mit Hilfe des affektiv-
voluntativen (des θυμοειδές) über den begehrenden (das ἐπιθυμητικόν)
herrscht (vgl. 441 e 4 - 6 mit 441 d 1-3)[15]. Daß das geschieht, setzt 1.) voraus,
daß die umsichtige Besonnenheit (die σωφροσύνη) das von ihr als richtig Erkannte mittels der Tapferkeit (der ἀνδρεία) ohne Rücksicht auf den Einspruch
der Lust (der ἡδονή) durchsetzt, und verlangt 2.) daß die Herrscher wie die
Beherrschten in freundschaftlicher Verbundenheit (φιλία καὶ ξυμφωνία) darin
übereinstimmen, daß das Vernünftige (τὸ λογιστικόν) herrschen soll (vgl. 441 d
1 - 442 c 8 und besonders 442 c 10 - d 1)[16].

---

14 Vgl. dazu die Widerlegung der Einwände gegen die Realisierbarkeit durch den
   Athener in V 745 e 7 - 746 d 2 und zur Akkomodation der für die Frauen vorgese-
   henen prinzipiellen bürgerlichen Gleichstellung, der Aufgabe der Weibergemein-
   schaft bei Aufrechterhaltung der Kindergemeinschaft O. Kaiser, Die Stellung der
   Frauen in Platons Nomoi, in: R. Kessler, K. Ulrich, M. Schwantes und G. Stansell
   (Hg.), „Ihr Völker alle, klatscht in die Hände!" FS E.S. Gerstenberger, Exegese in
   unserer Zeit 3, 1997, 377-400. Zur Kritik an der Weiber- und Kindergemeinschaft
   vgl. bereits Aristot., Pol. II 1261 a 4-22 und 1261 b 24 - 1262 a 33.
15 Vgl. auch Plat., Phaidr. 245 c - 246 d, und zum Problem der Einheit der Seele trotz
   ihrer sich durch ihre Inkorporation ergebenden „Schichten" W.K.C. Guthrie, A History of Greek Philosophy IV. Plato the Man and His Dialogues: Earlier Period,
   Cambridge u.a. 1975, 421-425, und besonders 476-478, Terence Irwin, Plato's Moral Theory. The Early and Middle Dialogues, Oxford 1977, 191-195, und Friedo
   Ricken, Philosophie der Antike, Grundkurs der Philosophie 8, UB 350, 1988, 88-90.
   Zum Unterschied zwischen antiker und moderner Willensvorstellung, der sich schon
   darin zu erkennen gibt, daß es im Griechischen kein Äquivalent für das Wort Wille
   im Sinne der modernen Sprachen gibt, vgl. Albrecht Dihle, Die Vorstellung vom
   Willen in der Antike, SV, Göttingen 1982, 31-38, und zur Illustration auch die Beschreibung des homerischen Menschenbildes bei Hermann Fränkel, Dichtung und
   Philosophie des frühen Griechentums. Eine Geschichte der griechischen Epik, Lyrik
   und Prosa bis zur Mitte des fünften Jahrhunderts, München [3]1969, 83-94, bzw. Bru-
   no Snell, Die Entdeckung des Geistes. Studien zur Entstehung des europäischen
   Denkens bei den Griechen, Göttingen 1975, 13-29.
16 Vgl. dazu Plat., Rep. 443 c 9 - 444 a 1, und Eric A. Havelock, The Greek Concept of
   Justice. From Its Shadows in Homer to Its Substance in Plato, Cambridge/Mass. und
   London 1978, 321-323, zur Argumentation der diskutierten Stelle und ihren Problemen auch Irwin, Plato's Moral Theory (s. Anm. 15), 195-217.

Am Ende des Dialogs macht Platon darauf aufmerksam, daß die Verwirklichung seines Entwurfes einer speziellen dialektischen und mathematisch-kosmologischen Bildung bedürfe. Wenn die zu Wächtern über das Gesetz berufenen Mitglieder der nächtlichen Versammlung den Bestand der Gesetze und damit des Staates sichern sollen, müssen sie ebenso in der Lage sein, über die Eigenart der Tugend im allgemeinen und der Tugenden im besonderen Auskunft zu geben wie die Zweifler und Gottesleugner von der Existenz der Götter zu überzeugen[17]. Dieser Vorschlag findet die nachdrückliche Zustimmung nicht nur des Kleinias, sondern auch des bis dahin fast verstummten Spartaners Megillos. Aber die hier angekündigte Fortsetzung des Werkes hat Platon offenbar nicht geschrieben[18]. Warum das nicht zufällig, sondern in der Sache begründet ist, werden wir erst im Zusammenhang mit unserem späteren Ausblick auf die einschlägigen Überlegungen über das Bildungsprogramm für die nächtliche Versammlung verstehen, mit denen Platon die Gesetzgebung in Buch XII beschließt[19].

4. Gesetzgebung als Initiation

Szene und einleitender Redewechsel bereiten den Leser darauf vor, daß der weiterhin vorgelegte Gesetzesentwurf für sich göttlichen Ursprung beansprucht[20]. Die beiden großen Gespräche über die ethischen Grundlagen des

---

17 Damit kommt auch in den Nomoi die von Platon in der Politeia (473 c 11 - e 5) erhobene Forderung zum Zuge, daß entweder die Philosophen Könige oder die jetzt so bezeichneten Könige und Machthaber Philosophen, die bloßen Politiker aber zu völligem Verzicht gezwungen werden müßten, andernfalls das Unheil für die Staaten kein Ende nehmen werde. „Aber das", so bekennt Platon, „ist etwas, was ich mich seit langem zu sagen scheue, weil es offensichtlich gegen die allgemeine Meinung verstößt." (473 e 3f.).

18 Zu Philipp von Opos als dem Verfasser der in Platons Werken überlieferten Epinomis vgl. Diog. Laert. III 37 sowie Guthrie, History V (s. Anm. 1), 385 und 385f., und Hans Joachim Krämer, Die Ältere Akademie, in: H. Flashar (Hg.), Grundriß der Geschichte der Philosophie, begründ. F. Ueberweg. Die Philosophie der Antike 3, 1983, 1-174: 103-108.

19 Vgl. dazu unten, S.289f.

20 Es erscheint mir fraglich, ob man mit Olaf Gigon, Das Einleitunggespräch der *Gesetze* Platons, MH 11, 1954, 201-230: 206f. (= ders., Studien zur antiken Philosophie, Berlin/New York 1972, 155-187: 161), vermuten darf, daß die Rahmung lediglich dazu diente, einen aufgrund von Kriton 52 e postulierten älteren Dialog, in dem Sokrates selbst mit einem Spartaner und einem Kreter diskutierte, nach dessen Ersetzung durch einen Athener in eine für den Inhalt letztlich beliebige Szene einzubetten.

Staates samt der ihnen gemäßen Erziehung[21] und über die beste Verfassungs-
form und Gesetzgebung werden durch ihren Charakter als Wiederholung der
einst von Minos unternommenen Wanderungen zu Zeus in den Rang der Vorbereitung auf die Einweihung in das göttliche Geheimnis der Welt erhoben[22].
Gleichzeitig partizipieren sie auf eine noch näher zu bestimmende, aber entscheidende Weise an einem Gotteshandeln. Denn eine der wahren Rangordnung
der religiös-sittlichen Werte gerecht werdende Gesetzgebung kann nach Platons
Ansicht nur durch das Zusammenwirken zwischen Gott und dem Gesetzgeber
zustandekommen.

Am Anfang des IV. Buches hat er (zwischen die grundsätzlichen Überlegungen über die geographischen und demographischen Bedingungen des zu
gründenden und seinen Vorstellungen entsprechenden Staates und die Erwägungen über den zuchtvollen Tyrannen als den zu ihrer Verwirklichung am
besten geeigneten Herrscher) in 708 e 1 - 709 d 9 eine Reflexion über die Be-
dingtheit alles menschlichen Tuns durch den Zufall bzw. durch Gott eingescho-
ben. In ihr stellt er zunächst fest, „daß kein Sterblicher irgendein Gesetz gibt,
sondern fast alles menschliche Handeln ein Werk des Zufalls ist" (τὸ θνητὸν
μὲν μηδένα νομοθετεῖν μηδέν, τύχας δ' εἶναι σχεδὸν ἅπαντα τἀνθρώπινα
πράγματα, 709 a 8 - b 2). Zur Erläuterung läßt er den Athener auf die Künste
des Steuermanns, des Arztes und des Feldherrn verweisen, deren Handlungen
(so legen wir die Beispiele aus) in der Regel in einem Reagieren auf eine vorge-
gebene Situation bestehen. Dabei entscheiden nicht in ihrer Gewalt liegende
Umstände über den Erfolg oder Mißerfolg ihres Tuns. Aber das ist in Platons
Augen eben nur eine der beiden möglichen Betrachtungsweisen. Man könne (so
läßt er den Athener anschließend ausführen) dasselbe auch anders beurteilen
und demgemäß behaupten, „daß Gott alles und mit Gott zusammen der Zufall
und der rechte Augenblick die menschlichen Verhältnisse insgesamt steuern"
(Ὡς θεὸς μὲν πάντα, καὶ μετὰ θεοῦ τύχη καὶ καιρός, τἀνθρώπινα διακυβερ-
νῶσι σύμπαντα, 709 b 7 - c 3). Diesen Satz schwächt Platon dann allerdings
mit einem Nachsatz ab, der so formuliert ist, daß er fast wie ein Zugeständnis an
die Unwilligkeit des Menschen erscheint, dem factum der vollständigen göttlichen Determination seines Handelns ins Auge zu sehen: „Es klingt freilich mil-
der, wenn man als ein Drittes zu ihnen einräumt, daß zu ihnen menschliches
Können hinzukommen muß" (Ἡμερώτερον μὴν τρίτον συγχωρῆσαι τούτοις
δεῖν ἕπεσθαι τέχνην). Diese synergistische Aussage begründet er mit einem

---

21 Zur Bedeutung der Erziehung in den Gesetzen vgl. Werner Jaeger, Paideia. Die
    Formung des griechischen Menschen III, Berlin ³1959, 289-344, und Ada B.
    Hentschke, Politik und Philosophie bei Platon und Aristoteles. Die Stellung der
    „NOMOI" im Platonischen Gesamtwerk und die politische Theorie des Aristoteles,
    Frankfurter Wissenschaftliche Beiträge. Kulturwissenschaftliche Reihe 13, 1971,
    284-295.
22 Vgl. dazu unten, S.290f. = 75f.

Hinweis auf die Kunst des Steuermanns, die auf das Zusammenwirken mit dem rechten Augenblick, dem καιρός, angewiesen ist (709 b 8 - c 3). Entsprechendes gilt mithin auch für die Gesetzgebung. Zur Überraschung des Lesers entfaltet Platon jedoch diesen Gedanken im unmittelbar Folgenden nicht. Statt nachzuweisen, inwiefern das Gesagte auf den *Inhalt* der Gesetze zutrifft, bezieht er es auf ihre *Realisierung*: Sollen die Gesetze optimal verwirklicht werden, so bedürfe es auch dafür eines glückhaften Kairos. Ein solcher wäre nach Platons Ansicht gegeben, wenn ein hervorragender Gesetzgeber mit einem jungen, besonnenen und lernbegierigen Tyrannen zusammenträfe (709 e 6-8 bzw. 709 c 5 - 712 a 7)[23].

Doch offensichtlich ist die göttliche Fügung nach Platons Überzeugung nicht nur für die bestmögliche Realisierung der wahren Gesetzgebung, sondern (wie nach 709 b 7ff. zu erwarten ist) auch schon für ihren Entwurf erforderlich. Denn noch ehe er seinen Athener an das Werk gehen und mit der Belehrung seiner Weggenossen über die beste Staatsform beginnen läßt, legt er ihm einen entsprechenden Gebetswunsch in den Mund: „Gott laßt uns um seinen Beistand bei der Einrichtung des Staates anrufen. Er möge uns denn hören und, indem er uns erhört, uns gnädig und gütig nahen, indem er mit uns zusammen den Staat und die Gesetze einrichtet" (712 b 4 - 6). Und wiederum steht das Wort θεός an der Spitze des Satzes. Dasselbe wiederholt sich zu Beginn der Widerlegung der Behauptung, daß es keine Götter gäbe, in X 887 c 5-8 und dann noch einmal vor dem Antritt des kinetischen Gottesbeweises in X 893 b 1-4. Nun ist es, wie wir im Timaios (27 c 1-3) erfahren, bei „allen, die auch nur ein wenig an der Besonnenheit teilhaben", üblich, „daß sie bei jedem Aufbruch zu einem kleinen oder großen Vorhaben stets die Gottheit anrufen". Dieser Brauch setzt voraus, daß die Gottheit den Beter, sofern sie es will, erhört und ihm Gelingen verleiht. Gelingendes Denken wäre dann wohl von der göttlichen Vernunft selbst geleitet.

Auch wenn es sich bei den Nomoi (wie es schon die Auswahl der Gesprächspartner zu erkennen gibt), um eine allgemeinverständliche Schrift handelt[24], in der manches anklingt, was sich in dem vorausgesetzten Rahmen nicht erörtern läßt[25], liegt uns in ihnen trotzdem keine politische Flugschrift, sondern ein seine philosophischen Hintergründe besitzender Text vor. Mithin ist uns der Nachweis auferlegt, daß die Hauptverantwortung Gottes für eine gelingende Gesetzgebung nach Platons Ansicht tatsächlich in dem den Gesetzgebern geleisteten Beistand der göttlichen Vernunft begründet ist.

---

23 Man geht kaum fehl, wenn man sich dabei an Platons Freundschaft mit Dion und die mit seinen sizilianischen Reisen verbundenen Hoffnungen erinnert; vgl. Plat., Epist. VII 335 e 3 - 336 b 4, dazu Hermann Breitenbach, Platon und Dion. Skizze eines ideal-politischen Reformversuches im Altertum, Lebendige Antike, Zürich/Stuttgart 1960.

24 Vgl. dazu oben, S.278f. = 63f.

25 Vgl. X 898 e 1f. und dazu Moreau, L'ame (s. Anm. 2), 81.

5. Die Rangordnung der Tugenden und die Vernunft als Lenkerin des Kosmos und der wahren Gesetzgebung

Um diesen Nachweis zu führen, vergewissern wir uns vorab der Grundsätze, auf denen der in den Büchern IV bis XII vorgelegte Verfassungs- und Gesetzesentwurf beruht. Denn wir dürfen vermuten, daß in der Begründung ihrer Rangordnung wesentliche Hinweise für die Beantwortung unserer Leitfrage enthalten sind. Dagegen können wir die konkreten Vorschläge für die künftige Gesetzgebung der kretischen Kolonie[26] auf sich beruhen lassen. Demgemäß wenden wir uns zunächst den Büchern I bis III zu, die der Einigung über die basalen Voraussetzungen der Gesetze dienen. Eine knappe Zusammenfassung ihres Inhalts dürfte dem besseren Verständnis des Folgenden zugutekommen: In den Büchern I und II werden zunächst die ethischen und dann die pädagogischen Prämissen für das Gedeihen eines Staates entwickelt. Anschließend wird in Buch III über Ursprung, Bestand und Niedergang der dorischen Staaten, der persischen Monarchie und der athenischen Demokratie gehandelt, um auf diese Weise die in Buch IV folgenden Erörterungen über die beste Staatsform vorzubereiten. Dabei setzen schon die Vorüberlegungen in I 625 c 6 - 632 d 7 die programmatischen Akzente: Das Glück eines Staates beruht auf freundschaftlichem Gemeinsinn (φιλία) und innerem Frieden (εἰρήνη), die es gar nicht erst zur gewaltsamen, inneren Störung seiner Ordnung, zum Aufruhr (στάσις) kommen lassen[27]. Ein Gesetzgeber, dem es um eine der Gerechtigkeit entsprechende Gesetzgebung geht, darf mithin nicht von der Kasuistik, sondern muß von der Tugend (ἀρετῆς) ausgehen (630 d 9 - 631 b 1). Weiterhin hat er für eine sachgemäße Rangordnung der Güter oder Werte (ἀγαθά) zu sorgen, indem er die göttlichen den menschlichen vorordnet. Bei den göttlichen handelt es sich um die Tugenden der Einsicht (φρόνησις), der selbstbeherrschten Besonnenheit (σωφροσύνη[28]), der mit Tapferkeit verbundenen Gerechtigkeit (δικαιοσύνη) und schließlich der Tapferkeit oder Mannhaftigkeit (ἀνδρεία) selbst[29]. Dieser in ihren vier Aspekten *einen* Tugend sind die rein menschlichen Vorzüge der Gesundheit, Schönheit und Kraft des Leibes wie des Reichtums unterzuordnen (I 631 b 6 - d 1)[30]. Diese Rangordung wird später in dem Vorspruch zu dem gesamten Gesetzeswerk (IV 715 e 7 -718 a 6) und in der Vorrede zu den konkreten Gesetzen (V 726 a - 730 a), die beide an die Besiedler der imaginierten Neugründung gerichtet sind, dahingehend variiert, daß nach den Göttern, den Eltern und Vorfahren der Seele als dem höchsten Besitztum des Menschen grö-

---

26 Eine Ausnahme bilden die beiden ersten Vorreden.
27 Vgl. I 628 b 9-11.
28 I 631 c 7 als μετὰ νοῦ σώφρων ψυχῆς ἕξις umschrieben.
29 Vgl. auch XII 964 b 3-6, wo diese Eigenschaften als das für die Gesetzgeber und Gesetzeswächter Bedeutendste aufgeführt werden.
30 Vgl. auch II 661 a 4 - c 5.

ßere Ehre als seinem Leib und seinen äußeren Gütern zukomme (715 b 7 - d 6 und 726 a - 729 a). Wir werden darauf zurückkommen müssen, weil in der ersten Rede die beiden für unser Thema zentrale Bedeutung besitzenden Sätze stehen, daß Gott und nicht der Mensch das Maß aller Dinge (716 c 4 -7) und der Besonnene als der ihm ähnliche ihm lieb (716 d 1f.) sei. In der zweiten aber wird in nachdrücklicher Wiederholung behauptet, daß die Seele gleich nach den Göttern zu ehren sei (726 a 6 - 727 a 4)[31]. Ihre unterschiedlichen Vermögen werden in diesem Zusammenhang nicht erörtert, es geht im Kontext vielmehr um den Nachweis, daß sich die Seele durch Abweichungen von der skizzierten Rangordnung der Werte selbst schädigt. Die Ausführungen über die Seele im Zusammenhang der Rede zur Widerlegung der Gottesleugner in Buch X 893 b 1 - 899 d 3 lassen sich nur analog auf die menschliche beziehen. Den entsprechenden, ebenfalls kinetischen Beweis für die Unsterblichkeit der Seele des Menschen hat Platon im Phaidros im 245 c 5 - 246 a 1 geführt[32]. In den Gesetzen ist er apologetischer Natur und dient dem Nachweis, daß die Gestirne keineswegs bloße Steine sind, sondern daß sie durch eine sich selbst bewegende und also lebendige Seele in Gang gehalten werden. Ihr regelmäßiger Umlauf bezeuge, daß die sie leitende Seele der Vernunft verwandt oder ähnlich sei (897 c 3-9; vgl. 898 a 8 - b 8)[33]. Was eigentlich von der besten, der den Kosmos leitenden oder Weltseele (X 898 d 2f.) gilt[34], wird im Interesse der Apologetik der traditionellen polytheistischen Religion auf die Gestirne übertragen. Aber es

---

31 Zur Vorgeschichte und Eigenart der platonischen Vorstellung von der Seele vgl. S. David B. Claus, Towards the Soul. An Inquiry into the Meaning of ψυχή before Plato, YClM 2, 1981.

32 Zu den Voraussetzungen Platons vgl. Friedrich Solmsen, Plato's Theology, CSCP 27, 1942, 75-97, und ausführlicher Hentschke, Politik und Philosophie (s. Anm. 21), 167-183.

33 Zum Beweisgang und seinen Problemen vgl. Hentschke, Politik und Philosophie (s. Anm. 21), 305-321, und L.P. Gerson, God and Greek Philosophy. Studies in the Early History of Natural Theology, London/New York 1990, 71-79, zur Frage, ob diese Seele erschaffen oder unerschaffen ist, auch Guthrie, History V (s. Anm. 1), 366f.

34 Zu der zweiten „schlechten" Seele (897 d 1f.) vgl. Ulrich von Wilamowitz-Moellendorff, Platon. Bd. II. Beilagen und Textkritik, Zürich/Hildesheim 1992 (= Berlin ³1962), 315-323, und Guthrie, History V (s. Anm. 1), 95-97.364f. Eigentümlicher Weise verneint Moreau, L'ame (s. Anm. 2), 69, daß es sich in 896 e - 897 b um die Weltseele handelt. Wenn er a.a.O., 81 den Satz in VII 821 a 2-5, daß man, „wie wir sagen" (d.h.: wie man zu sagen pflegt!), dem höchsten Gott und dem ganzen Kosmos nicht nachforschen dürfe und es unfromm sei, seine Neugier mit einer Nachforschung über die Gründe zu befriedigen, als Beleg dafür anführt, daß Platon den höchsten Gott mit der Totalität der Welt identifiziert habe, kann es sich nur um ein Versehen handeln. Denn natürlich bezieht sich Platon damit auf eine gängige antiphilosophische Ansicht, vertritt damit aber keineswegs seine eigene Meinung. Überdies werden Gott und Welt hier überhaupt nicht identifiziert.

bleibt dabei letztlich offen, ob jedes Gestirn seine eigene Seele besitzt oder ob es die eine Weltseele ist, die sie bewegt und leitet (898 d 2 - 899 b 9)[35]. Diese ist als die sich selbst bewegende Kraft (895 b 3-7) Ursache von allem und damit älter als die materielle Welt (896 b 10 - c 3)[36]. Sie herrscht über alle Körper und ist (wie wir in XII 967 d 4 - e 1 erfahren) unsterblich, aber (in Übereinstimmung mit dem über sie im Timaios Ausgeführten)[37] damit keineswegs ungeworden und ewig[38]. Sie lenkt die Welt mit Hilfe der göttlichen Vernunft (897 b 1f.)[39]. Diese aber ist dank ihrer Präsenz in den Gestirnen die Führerin alles Seienden (XII 967 d 8f.)[40].

Der Weltseele entspricht die Seele des Menschen[41], die von Gott wie einem Brettspieler im Wandel ihrer Inkarnationen den ihr jeweils gebührenden Platz zugewiesen erhält (X 903 d 3 - e 1)[42]. Denn da die Seele ebenso Tugend wie Schlechtigkeit besitzt, von denen die eine stets nützt und die andere stets schadet, hat sich der als König bezeichnete höchste Gott überlegt, welchen Platz im Interesse des Sieges der Tugend und der Niederlage der Schlechtigkeit jedes Teil gemäß seiner Beschaffenheit im Ganzen einnehmen soll. Dabei hat er die Entscheidung über jene den Entschlüssen (βουλήσεσιν) des Einzelnen anheim gestellt, der mithin selbst für den Zustand seiner Seele verantwortlich ist (904 a 6 - c 4). So gilt auch hier der Grundsatz aus der Politeia: αἰτία ἑλομένου· θεὸς

---

35 Vgl. besonders 899 b 4f.: ὡς ἐπειδὴ ψυχὴ μὲν ἢ ψυχαὶ πάντων τούτων αἴτιαι ἐφανήσαν, und dazu auch Guthrie, History V (s. Anm. 1), 360, der den Plural auf die gute und die schlechte Seele bezieht: „However, the prevailing regularity of the heavenly motions proves that the good is in control. That is all what matters to Plato. The question of monotheism or polytheism does not worry him so far as it concerns the actual existence of gods, but only one must have supreme control."

36 Vgl. auch Plat., Tim. 34 b - 37 a 2, und dazu Hans Günter Zekl, Platon, Timaios. Griechisch-Deutsch, PhB 444, 1992, XXXIIIf.

37 Vgl. den Bericht über ihre Herstellung durch den Demiurgen Tim. 34 a 8 - 37 c 5, und zur Erschaffung der Götter 41 a 7 - b 6. Zu den in 37 c 6 erwähnten ewigen Göttern, von denen die beseelte Welt ein Abbild ist, vgl. unten, S.293 Anm.62.

38 Vgl. aber auch 904 a 8f., wo es heißt, daß Seele und Leib (bzw. Körper), einmal entstanden, unvergänglich, aber nicht ewig sind.

39 Lies mit H. Görgemanns, Beiträge zur Interpretation von Platons Nomoi, Zetemata 25, München 1960, 200 Anm. 3; E. Dönt, Bemerkungen zu Phaidros 249 und Nomoi 897, Hermes 96, 1968, 369-371, zitiert in: Platon. Werke in acht Bänden. Griechisch und Deutsch, hg. G. Eigler, VIII/2, Gesetze. Buch VII-XII, bearb. und übers. K. Schöpsdau, Darmstadt 1977, 301 Anm. 35 θεὸν ὀρθῶς θεοῖς ὀρθά κτλ.

40 Das kann, muß aber nicht deterministisch verstanden werden. Text von Auguste Diès, zitiert nach: Platon. Werke VIII/2 (s. Anm. 39), 504.

41 Zu ihrer Eigenschaft als einem verkleinerten und geringwertigen Imitat der Weltseele s. Zekl, Platon. Timaios (s. Anm. 36), XXXIII; vgl. Plat., Tim. 41 d 4 - 42 e 4, und dazu Zekl, a.a.O., XXXVII f.

42 Vgl. auch Tim. 41 d 4 - d 1.

ἀναίτιος, „die Schuld liegt bei dem Wählenden, Gott ist unschuldig" (Rep. 617 e 4f.)[43].

Daher liegt der Nachdruck schon der einleitenden Erörterungen der Bücher I und II über das Verhältnis zwischen Tapferkeit und Besonnenheit wie über die rechte Art der Erziehung auf der richtigen Rangordnung der Tugenden bzw. der als Güter bezeichneten Werte. Im Interesse der angemessenen Zielsetzung für die Verfassung eines Staates läßt Platon den Athener nachweisen, daß in der kretischen, auf den Kriegsfall hin orientierten Verfassung die Tapferkeit an erster Stelle steht, während der Besonnenheit für das friedliche Zusammenleben im Staate eine viel größere Bedeutung gebührt (I 632 d 9 - 634 a 5). Das entspricht der von ihm weiterhin vertretenen Rangordnung der Tugenden und seinen späteren Vorschlägen für eine Gesetzgebung, die den Vorrang des Göttlichen über das Menschliche wahrt und Freiheit, Gerechtigkeit, Frieden und freundschaftlichen Gemeinsinn als Grundpfeiler des Staates betrachtet. Die Analyse der in den Gesetzen vorgeschlagenen Ämter, Institutionen und Verfahrensweisen würde unschwer zeigen, daß Platon im Rückgriff auf dorische und attische Rechtstraditionen ein neues, diesen Grundsätzen entsprechendes Staatswesen entworfen hat. Dem entspricht es, wenn er schon hier den spartanischen Syssitien oder Gemeinschaftsmahlzeiten[44] und Leibesübungen die attischen Symposien mit ihrem Weingenuß (I 634 a 6 - II 653 a 2; II 673 d 9 - 674 c 8) und (damit verklammert) eine musisch-choretische Ausbildung (II 653 a 5 - 673 d 8) als notwendige Ergänzungen bei der Erziehung zur Selbstbeherrschung und der Bändigung der Gefühle durch das Maß an die Seite stellt[45]. Ziel der παιδεία ist es, schon in dem Knaben eine Tugend zu entwickeln, die in ihm Lust und Liebe dazu erweckt, ein vollkommener Staatsbürger zu werden, der es ebenso versteht, der Gerechtigkeit gemäß zu herrschen als sich beherrschen zu lassen (643 e 4-6). Die Erziehung ist aber keineswegs auf die Kindheit und das Knabenalter beschränkt, sondern muß sich auch den potentiellen künftigen Mitgliedern des höchsten Gremiums, der nächtlichen Versammlung[46] widmen, damit sie zur Wahrnehmung ihrer Aufgabe, über der Stabilität des Staates und der Angemessenheit seiner Gesetze zu wachen, in der Lage sind. Dazu benötigen sie ebenso eine besondere dialektische wie mathematisch-astronomische Bildung. Denn es ist von ihnen zum Beispiel zu verlangen, daß sie über die Einheit der Tugenden in ihrer Vierheit[47] wie über die Wirkungen der Tugend und der Schlechtigkeit Rede und Antwort stehen können (XII 936 a - 965 e). Außerdem sollen sie es auch vermögen, über das Schöne und das Gute in seiner

---

43 Vgl. auch Tim. 41 d 2f.
44 Vgl. zu ihnen Morrow, Plato's Cretan City (s. Anm. 1), 389-398.
45 Vgl. dazu Morrow, a.a.O., 318-352.
46 Eigentlich müßte man sie nach XII 951 d 7 die Versammlung vor Sonnenaufgang nennen.
47 Vgl. dazu auch Plat., Prot. 328 d 3 - 334 c 6.

Vielheit und Einheit und damit wohl über das Herzstück der platonischen Theologie Auskunft zu erteilen (966 a 5-8)[48]. Ohne eine derartige dialektische wie mathematisch-astronomische Bildung aber könnten sie weder die Unsterblichkeit der Seele als der Wurzel alles sich in der Bewegung formierenden Seins noch aus der berechenbaren Gesetzmäßigkeit des Umlaufs der Gestirne deren Göttlichkeit erkennen. Beides aber müssen sie wissen, um den Gottesleugnern entgegenzutreten, die den Bestand der Gesetze und ihrer Grundwerte in Frage stellen (vgl. XII 965 c 9 - e 5 und vor allem 967 d 4 - 968 a 4)[49].

Kleinias und Megillos stimmen dem Vorschlag des Atheners nachdrücklich zu, weil sie sonst auf die Gründung des bisher entworfenen Staates verzichten müßten (XII 968 e 7 - 696 d 3). Aber so wenig wie die drei Wanderer ihr Ziel der idäischen Grotte erreichen, scheint Platon den hier in Aussicht gestellten Teil geschrieben zu haben. Das wäre in der Tat eine Einführung in die höchste Wissenschaft geworden, die ebenso eine „philosophisch-mathematisch begründete Kosmologie wie eine allgemeine theologische Prinzipienlehre" enthalten hätte[50]. Der Leser der Politeia erinnert sich daran, daß Sokrates der Bitte, das Wesen des Guten zu erklären, mit dem Hinweis darauf ausweicht, daß ein Gespräch dafür nicht der geeignete Ort sei (Rep. VI 506 d 8 - e 1). Hat Platon also später erkannt, daß er sich angesichts der den angesprochenen Problemen innewohnenden Schwierigkeiten mit seiner Ankündigung übernommen hatte, oder dürfen wir annehmen, daß er so, wie die idäische Grotte der Ort von Mysterien war[51], auch den Kern seiner Lehre der Einweihung seiner Schüler in der mündlichen Lehre vorbehalten wissen wollte und daher das Buch absichtlich nach hinten offen ließ?[52]

Fragen wir, was unsere bisherigen Nachforschungen für die Beantwortung unserer Leitfrage ergeben haben, so können wir im Sinne einer Zwischenbilanz festhalten: Offensichtlich besteht zwischen der Leitung der Welt durch die Vernunft in der Weltseele bzw. in den Gestirnen und der Herrschaft des Gesetzes im Staat insofern eine Entsprechung, als der Gesetzgeber sich dank seiner

---

48 Vgl. dazu auch Gerson, God (s. Anm. 33), 57-65; Konrad Gaiser, Platons ungeschriebene Lehre. Studien zur systematischen und geschichtlichen Begründung der Wissenschaften in der Platonischen Schule, Stuttgart 1962, 67-88, und Guthry, History V (s. Anm. 1), 426-441.

49 Vgl. dazu Hentschke, Politik und Philosophie (s. Anm. 21), 313, die eindrücklich nachweist, daß eine auf ihren transsubjektiven Charakter Anspruch erhebende Gesetzgebung des Nachweises ihrer objektiven Gültigkeit und das heißt für Platon: ihrer Begründung in einer philosophischen Gottesvorstellung als Garant der sittlichen und politischen Ordnung bedarf. Zu den Mängeln der Beweisführung vgl. a.a.O., 320f.

50 Gaiser, Lehre (s. Anm. 48), 241f.

51 Vgl. dazu Walter Burkert, Griechische Religion der archaischen und klassischen Epoche, RM 15, 1977, 143.168.

52 Vgl. auch Gerson, God (s. Anm. 33), 81.

φρόνησις und σωφροσύνη von der göttlichen Vernunft leiten läßt, an der die seine insofern Anteil hat, als sie Gott das Maß aller Dinge sein läßt. Denn, was Platon seinen Athener als Überleitung zu seiner Forderung nach einer dialektischen Bildung der Mitglieder der nächtlichen Versammlung sagen läßt, das gilt auch für seinen gesamten Gesetzesentwurf: Νοῦν δέ γε πάντων τούτων ἡγεμόνα, „die Vernunft sei Führerin von dem allem" (963 a 8f.). Dem aber können wir den anderen Satz an die Seite stellen, mit dem Kleinias die Ermunterung des Atheners beantwortet, das gemeinsame Nachdenken über die für die Mitglieder der nächtlichen Versammlung erforderliche Bildung fortzusetzen: ... παντὸς μὲν μᾶλλον ταύτῃ πορευτέον τοιοῦτον ἧπερ καὶ ὁ θεὸς ἡμᾶς σχεδὸν ἄγει, „unbedingt müssen wir diesen Weg einschlagen, den uns wohl der Gott selbst führt" (968 b 10f.). Der Weg zur gottgefälligen Gesetzgebung ist ein Gedankenweg der Initiation in die Folgerungen, welche die Vernunft aus der Rangordnung der Tugenden und der Güter zieht[53], Ziel der Gesetzgebung aber ist ein Staat, dessen Bürger wie die des dorischen in Freundschaft, Einsicht und Freiheit (693 b 4-6; c 8f. und d 7 - e 1) leben bzw. ein solcher, der selbst frei und freundschaftlich geeint ist und Vernunft (νοῦν) besitzt (701 d 7f.). Also muß der Gesetzgeber selbst wohl als erster über diese Vernunft verfügen.

6. Gott als das Maß aller Dinge und die göttliche Vernunft als Quelle der wahren Erkenntnis

Nach der Schöpfungserzählung des Timaios ist die sichtbare Welt von dem Demiurgen im Aufblick zu dem immer Seienden als ein Abbild in Gestalt eines immer Werdenden erschaffen (Tim. 27 d 5 - 28 a 4). Jene ewige Welt erschließe sich ihm nur mittels seiner denkenden Vernunft, diese zeitliche aber mittels der vergleichsweise stumpfen Wahrnehmung. Indem der Schöpfer im Aufblick auf das Ewige die Seele erschaffen und die grenzenlose Materie zur Welt geformt hätte, sei diese Welt entstanden. Als ein geordneter Kosmos ist sie dank der göttlichen Pronoia ein beseeltes und mit Vernunft begabtes Wesen (34 b 3f.). Andererseits wäre nach der Politeia die Idee des Guten selbst die Ursache der Erkenntnis und der Wahrheit. Sie läßt dank ihrer Würde und ihrer Kraft das Sein hinter sich, sie ist ἐπέκεινα τῆς οὐσίας (Rep. 509 b 9f.). Gleichwohl verleiht sie als die höchste Form des Wissens (μέγιστον μάθημα) dem Gerechten und allem, was sonst von ihr Gebrauch macht, seine positive Wirkung (ὠφέλιμα) (Rep. 505 a 2-4). Die sichtbare Wirklichkeit selbst ist, wie es Platon mittels des Höhlengleichnisses zu verdeutlichen sucht, nur ein Abbild der Idee des Guten. Zu ihrer Betrachtung schwingt sich allein die Seele (Rep. 514-516),

---

53 Diese Rangordnung entspricht der Anthropologie des Timaios, wie sie dort in 41 a 6 - d 3 skizziert wird. Nach ihr ist, wie Zekl, Platon. Timaios (s. Anm. 36), XXXVII, festgestellt hat, der Mensch „ein Bürger zweier Welten ..., der noetischen und der sinnlichen."

um zu erkennen, daß sie die Ursache alles Richtigen und Schönen und so im Bereich der Erscheinungen auch die von Sonne und Licht ist. Da sie auch die Herrin der Wahrheit und der Vernunft sei, müsse sie jeder erkennen, der im eigenen Interesse oder in dem des Staates vernünftig zu handeln beabsichtigt (rep. 517 b 7 - c 5).

Im Blick auf das durch Vernunft und Denken Faßbare, sich immer gleich Bleibende dachte sich Platon nach dem Timaios die Erschaffung der sichtbaren Welt durch den Demiurgen (vgl. auch Tim. 29 a 2 -5). Die Frage ist, wie sich der späte Platon die Beziehung zwischen der Welt der Ideen, an deren Spitze die des Guten steht, der alles lenkenden Vernunft, Gott und der Seele vorgestellt hat[54]. Im Philebos heißt es, daß „alle Weisen, sich selbst erhöhend, darin übereinstimmen, daß Vernunft für uns König des Himmels und der Erde ist. „Und vermutlich", so fügt Sokrates hinzu, „haben sie recht" (Phileb. 28 c 6 -8). Als Ausgangspunkt für unsere Überprüfung des Befundes in den Nomoi wählen wir den großartigen Auftakt zu dem als Einleitung zu dem ganzen Gesetzeswerk gedachten Vorspruch an die Siedler in IV 715 e 7 - 717 d 4. Hier heißt es (in der Übersetzung von Klaus Schöpsdau) in 715 e 7 - 716 a 4[55]:

> „'Ihr Männer', wollen wir also zu ihnen sagen, 'der Gott, der, wie auch das alte Wort besagt, Anfang und Ende und Mitte alles dessen, was ist, in Händen hat (ἀρχήν τε καὶ τελευτὴν καὶ μέσα τῶν ὄντων ἁπάντων ἔχων), geht auf geradem Wege zum Ziel, indem er der Natur gemäß kreisend seine Bahn zieht; und ihm folgt stets die Gerechtigkeit (Δίκη)[56] nach als Rächerin für diejenigen, die hinter dem göttlichen Gesetz zurückbleiben. An diese schließt sich nun an, wer glücklich sein will, und folgt ihr in Demut und Bescheidenheit.'"

Nach einem seit alters zur Erklärung herangezogenen orphischen Lied (Fr. Orph. B 7) war es Zeus: Er war der erste und der letzte, er war die Mitte, alles war aus ihm und in ihm erzeugt. Andererseits galt er seit alters als der Gott, der die Ordnung des Universums und so auch die sittliche der Menschenwelt aufrecht erhält[57]. Bei Aischylos heißt es von ihm im Hymnus (Ag. 176-183)[58]:

> „Zeus, der uns der Weisheit Weg lehret, der dem Satz: 'Durch Leid Lernen!' vollste Geltung leiht.
> Klopft anstatt des Schlummers an das Herz Reugemut Mühsal an: selbst sich Sträubenden kommt Besonnenheit.
> Götter geben solche Gunst, Gewaltherrn auf des Weltensteuers Thron."

---

54 Vgl. dazu Gerson, God (s. Anm. 33), 71-81.
55 Platon. Werke in acht Bänden. Griechisch und Deutsch, hg. G. Eigler, VIII/1, Gesetze. Buch I-VI, bearb. und übers. K. Schöpsdau, Darmstadt 1977, 255.
56 Vgl. ebd., Anm.47.
57 Vgl. dazu Hugh Lloyd-Jones, The Justice of Zeus, SCIL 41, 1971, 156-164.
58 Übersetzung von Oskar Werner, Aischylos. Tragödien, hg. v. B. Zimmermann, STusc, Zürich/Düsseldorf 1996, 229.

Dem entspricht die Fortsetzung der Siedlerrede in 716 a 4 - b 7 mit ihren anschließenden Hinweisen auf die selbstzerstörerische Kraft jugendlicher Hybris, die ebenso zum eigenen Untergang wie zu dem des Hauses und schließlich der Stadt führt. Von der religiösen Überlieferung her läge es daher nahe, den hier eingeführten Gott, der Anfang, Mitte und Ende von allem ist, mit dem Zeus zu identifizieren, dem die Dike als die Vollstreckerin seines Ordnungswillens folgt[59]. Der Leser sollte jedoch bei der Auskunft stutzen, daß der Gott auf geradem Weg zum Ziel gelangt, indem er der Natur gemäß kreisend seine Bahn zieht (εὐθείᾳ περαίνει κατὰ φύσιν περιπορευόμενος, 716 a 1f.). Das erinnert notwendigerweise an die kreisförmige Bahn der Vernunft als der Urform aller geordneten Bewegung, wie sie Platon in seinem kinetischen Gottesbeweis beschreibt. Dort führt er aus, daß die Seele bei allen glückhaften wie geordneten Bewegungen die als Gottheit zu betrachtende Vernunft zu Hilfe nehmen muß (896 e 8 - 897 b 5, vgl. bes. b 1f.[60]). Die Bewegung der Vernunft selbst aber sei schwierig und von den Augen der Sterblichen möglicherweise überhaupt nicht vollständig zu durchschauen, so daß man sie sich nur am Beispiel der kreisförmigen, um einen festen Mittelpunkt erfolgenden Bewegung vergegenwärtigen könne. Der geordnete Umschwung des Himmels besitze eine dem Umschwung und den Berechnungen der Vernunft ähnliche Natur (897 c 4 - e 2). Die geordnete Bewegung ist für Platon die der besten Seele, diese aber der erste Ursprung von allem (899 c 6f.). So muß sich der Leser fragen, ob die kreisförmige und doch zielgerichtete Bewegung des Gottes in 716 a 1f. nicht statt auf Zeus auf die Vernunft als König des Alls verweist und die beste Seele in 899 c 6f. nicht die Seele des Kosmos, sondern die des Gottes ist[61], der als die höchste Vernunft zugleich den ganzen hierarchisch geordneten Kosmos der Ideen in sich birgt[62], den die irdische Welt spiegelt.

Die in die Frage nach den Konsequenzen mündende Schilderung des Atheners, daß dieser Gott Herr über alles ist und er unerbittlich jede Übertretung seiner Ordnung vergilt, führt über den Zwischengedanken, daß ihm jedermann folgen müsse, und der Frage, wie das zu geschehen habe, zu der Feststellung, daß Gott nur der ihm Ähnliche[63] und mithin der Maßvolle lieb sein könne (IV 716 b 8 - c 4). Daraus ergibt sich dann in 716 c 4-6 ungezwungen die zentrale

---

59 Vgl. Hes., Op. 248-260, und Sol., Fr. 3,12-18, und dazu Havelock, Concept of Justice (s. Anm. 16), 205-208.258-260.

60 Und zu den Textproblemen Schöpsdau, Werke VIII/2 (s. Anm. 39), 301 Anm. 35.

61 In diesem Fall fände die Vorstellung, daß die Seele entstanden, aber unvergänglich ist (X 904 a 8f.), natürlich keine Anwendung.

62 Die möglicherweise mit den Tim. 37 c 6 erwähnten ewigen Göttern zu identifizieren wären, vgl. oben S. 288 Anm.37.

63 Vgl. dazu auch Dietrich Roloff, Gottähnlichkeit, Vergöttlichung und Erhöhung zu seligem Leben. Untersuchungen zur Herkunft der platonischen Angleichung an Gott, ULG 4, 1970, besonders 198-206 mit der Darlegung der sittlichen Umprägung des Gedankens durch Platon.

Feststellung, daß „der Gott für uns am ehesten das Maß aller Dinge sei, und dies weit mehr als etwa, wie manche sagen, irgendein Mensch". Das wird also in bewußter Antithese zu dem von Protagoras aufgestellten homo mensura-Satz[64] formuliert, der freilich eigentlich erkenntnistheoretisch gemeint war. Platons Deus mensura-Satz entspricht seine Feststellung, daß es der Besonnene, der σώφρων ist, der Gott lieb und teuer ist. Nun erinnern wir uns noch einmal daran, daß der Gesetzgeber bei seinem Verfahren nach III 701 d 7 - 9 dreierlei im Auge zu behalten hat: die Freiheit des von ihm geplanten Staates, die in ihm durch freundschaftlichen Gemeingeist gesicherte Einigkeit und seine Vernünftigkeit. Daher muß, so können wir folgern, der Gesetzgeber selbst bei seinen Überlegungen die umsichtige Bedachtsamkeit, die σωφρωσύνη walten lassen; denn sie allein bürgt dafür, daß auch er mit seinen Bestimmungen das Gott wohlgefällige Maß einhält. Insofern handelt es sich bei dem Tun des Gesetzgebers nur um einen Spezialfall des vernünftigen Charakters menschlichen Handelns überhaupt. Gott vermag dem Gesetzgeber wie jedem Menschen Anteil an seiner Vernunft zu geben und seinem zeitlich und irdisch gebrochenen Wirken Anteil an seinen ewigen Gedanken zu verleihen, sofern der eine wie der andere in Besonnenheit maßhält. Weil und insofern die Gesetze an Gottes ewiger Vernunft teilhaben, sind sie am Ende nicht das Werk des Menschen, der sie konzipiert, sondern des Gottes, der als Vernunft das vollkommene Maß ist. Darum soll das Gesetz selbst der wahre Herrscher des Staates sein, die menschlichen Herrscher aber seine Knechte (IV 715 e 7 - d 6)[65]. Natürlich müssen sie für ihr Amt die nötige Kompetenz besitzen. Denn der Wahn, von allem etwas zu verstehen und über alles entscheiden zu können, wie er sich nach Platons Meinung in der Folge der Auflösung der festen Maßstäbe der Kunst in Gestalt der θεατροκρατία τις πονηρά in Athen breit gemacht hatte (III 701 a 3), hatte zum Niedergang der attischen Demokratie geführt. Aus diesem Wahn heraus wäre die Verachtung der Eltern, der Gesetze, der Eide und eine allgemeine Zügellosigkeit hervorgegangen. Dagegen sei Athen einst durch die Herrschaft der Gesetze groß geworden (700 a 3 - 701 d 3). Die dorischen Staaten aber hätten sich in den Perserkriegen dank ihrer Freiheit, Einsicht und freundschaftlichen Einig-

---

64 Protagoras, Fr. B 1 (FVS II, ⁶1952, 262f.); Plat., Theaet. 183 b 7 - c 7; vgl. dazu W.K.C. Guthrie, A History of Greek Philosophy III. The Fifth-Century Enlightenment, Cambridge 1969, 183-188, und G.B. Kerferd, The Sophistic Movement, Cambridge 1981, 85-90.

65 Vgl. dazu auch Morrow, Plato's Cretan City (s. Anm. 1), 571: „The instinctive respect for law among the Greeks is shown to have a philosophical justification, for the claims of the law to be sovereign are eventually its claim to be the expression of reason - reason in its simplest manifestation as the good sense of honest men endeavoring to order their lives prudently, and of good statesmen trying to bring virtue and happiness to their cities; and in its higher forms this same human reason becomes aware through philosophic discipline of the cosmic Nous upon which it depends."

keit behauptet (III 691 d 8 -693 d 1). So lautet denn die politische Botschaft der *Nomoi*, daß die Wahrung der Rangordnung der göttlichen und menschlichen Güter durch den Gesetzgeber und die Achtung der Herrscher wie der Bürger vor dem Gesetz dem Staat seine Zukunft sichert. Nicht die Opportunität, sondern die an Gott als das Maß aller Dinge gebundene Vernunft soll also die wahre Herrscherin im Staate sein[66]. Blicken wir zurück, so erkennen wir, daß Platon den beiden delphischen Maximen des γνῶθι σαυτόν, des „Erkenne dich selbst!", und des μηδὲν ἄγαν, des „Nichts zu sehr!"[67], in einer kritischen Umbruchszeit eine neue, ihre Bedeutung für den Einzelnen wie für den Staat aufeinander abstimmende Auslegung gegeben hat, die bis heute die Menschen aus ihrer Selbst- und Gemeinschaftsvergessenheit zu erwecken vermag.

„Wenn einer nun nur mit den Gegenständen der Begierde und des Ehrgeizes beschäftigt ist und darein seine ganze Mühe setzt, dem können notwendig nur lauter ganz sterbliche Meinungen innewohnen, und soweit man überhaupt nur durch und durch sterblich werden kann, darin läßt er gar nichts aus, da er doch dies Seelenvermögen gemehrt hat. Wer dagegen um Wißbegier und um wahre Gedanken sich müht und besonders dieses unter seinen Seelenvermögen in Übung gehalten hat, dem ergibt es sich ganz notwendig, Unsterbliches, Göttliches zu denken, wenn er Wahrheit ergreift, soweit es überhaupt menschlichen Wesen gestattet ist, der Unsterblichkeit teilhaftig zu werden, und davon läßt er kein Stück aus, da er doch immer das Göttliche pflegt und den ihm innewohnenden Schutzgeist selbst in wohlgefügter Ordnung hält, und so ist er denn ausnehmend glücklich (Tim. 90 a 2 - d 7)".[68]

---

66 Zur Sache und im Blick auf die gegenwärtige Rechtsdiskussion vgl. Otfried Höffe, Vernunft und Recht. Bausteine zu einem interkulturellen Rechtsdiskurs, stw 1270, 1996.

67 Paus. X 24,1; vgl. FVS I, ⁶1951, 63 (Fr. 10,3 β.1 und γ.1), und dazu auch Lloyd-Jones, Justice of Zeus (s. Anm. 57), 52f.

68 Übersetzung nach Zekl, Platon. Timaios (s. Anm. 36), 185. Möge diese philosophische Begründung des Rechts den Kollegen und Freund grüßen, der sich die Entschlüsselung der Qumran-Texte zur Lebensaufgabe gewählt und damit fortlaufend mit der mythischen Vorstellung von dem auf dem Sinai/Horeb offenbarten und ausgelegten Gottesrecht konfrontiert ist.

Gott als Lenker des menschlichen Schicksals
in Platons *Nomoi*

1. Die Nomoi als politische und ethische Schrift

Die *Nomoi* sind mit ihren zwölf Büchern das umfangreichste Werk Platons[1]. Seine Ausarbeitung hat ihn vermutlich bereits seit der Rückkehr von seiner zweiten 366/5[2] und spätestens seit der von seiner dritten Reise nach Sizilien 360 bis zu seinem Tode im Jahre 347 v. Chr. beschäftigt[3]. Offenbar konnte er das Werk nicht mehr herausgeben, so daß sich sein Schüler Philipp von Opus dieser Aufgabe widmete[4]. Platon fügt in ihnen seine weitausgreifenden Erwägungen über die Tugend[5], die Erziehung[6], die Gründe für den Niedergang

---

1   Zu seinem Aufbau und seiner Argumentation vgl. ausführlich L. Strauss, The Argument and the Action of Plato's *Laws*, 1983 bzw. das Referat von W.K.C. Guthrie, A History of Greek Philosophy, V, The Later Plato and the Academy, 1978, 321-82 und zur schnellen Orientierung die schematische Übersicht von K. Schöpsdau in: G. Eigler, Hg., Platons Werke. Griechisch und Deutsch, VIII/1, Gesetze Buch I-VI, 1977, XI-XIX bzw. ders., Platon. Nomoi (Gesetze) Buch I-III, Platons Werke. IX/2 (weiterhin als Kommentar zitiert), 1994, 95-98.

2   Schöpsdau, Kommentar, 135-38; ähnlich schon U. von Wilamowitz-Moellendorff, Platon. Sein Leben und seine Werke, 1959, 521f.

3   Guthrie, History, V, 322.

4   Vgl. dazu die Nachweise und die Diskussion bei Schöpsdau, Kommentar, 138-42, der es offen läßt, ob das *metegrapse* Diog. Laert. III, 37 mit "er schrieb ab" oder "er schrieb sie (redigierend) um" zu übersetzen ist. Zu seiner Vita und Lehre vgl. H.J. Krämer, Die Ältere Akademie, in: H. Flashar, Hg., Ältere Akademie. Aristoteles-Peripatos, GGPh[2] III, 1983, 103-105 und zu seiner Epinomis 108-14. Daß sich seine Gewissenhaftigkeit bei der Herausgabe in den Stilbrüchen und Wiederholungen der Nomoi spiegelt, betont Guthrie, History, V, 321f. Zu den kompositionellen Schwächen der Nomoi vgl. von Wilamowitz-Moellendorf, Platon, 518f.

5   Zu seiner Durchsetzung der schwächeren neben den herkömmlichen kriegerischen der Adelsethik vgl. A.W.H. Adkins, Merit and Responsibility. A Study in Greek Values, 1960, 282-86 und E. Flaig, Ehre gegen Gerechtigkeit. Adelsethos und Gemeinschaftsdenken in Hellas, in: J. Assmann, B. Janowski und M. Welker, Hg., Gerechtigkeit. Richten und Retten in der abendländischen Tradition und ihren altorientalischen Ursprüngen, 1998, 97-140, bes. 137.

6   Vgl. dazu W. Jaeger, Paideia. Die Formung des griechischen Menschen, III, 3. Aufl.,

der Staaten und die Herrschaft des Gesetzes als der besten Staatsform[7] und seine Vorschläge für eine entsprechende Gesetzgebung in den Rahmen einer Wanderung ein, die er einen namenlosen Athener zusammen mit dem Spartaner Megillos und seinem kretischen Gastfreund Kleinias am längsten Tage des Jahres von Knossos aus zur Höhle des Zeus auf dem Ida unternehmen läßt[8]. Will man diesem umfangreichsten und am Ende seltsam offenen Werk Platons gerecht werden[9], darf man sich bei seiner Betrachtung nicht allein auf seine staatspolitischen Grundsätze und konkreten Gesetzesvorschläge beschränken. Man muß vielmehr den von der ersten Zeile des Werkes an dominanten Gedanken im Auge behalten, daß die wahre Gesetzgebung zugleich göttlicher Natur ist[10]. Mithin gehört zum Verständnis der *Nomoi* nicht nur die Kenntnis ihrer rechts- und zugleich religionsgeschichtlichen Voraussetzungen, sondern auch die Einsicht in Platons eigene Lösung des Problems der Gerechtigkeit Gottes. Der ersten Aufgabe haben sich Glenn R. Morrow und Trevor J. Saunders umsichtig gewidmet, wobei der eine den allgemein rechtsgeschichtlichen[11] und der andere den speziellen Hintergrund für seine hier zur Diskussion gestellte Strafgesetzgebung[12] untersucht hat. Dabei ist nicht nur deutlich gezeigt, in welchem Umfang Platon dorische und zumal spartanische Sitten in den Rahmen eines idealisierten Athen eingebettet[13], sondern auch wie er seine für den heutigen Leser in ihrer Strenge befremdliche Strafgesetzgebung dem dominanten Erziehungsgedanken

1959, 289-309.324-41. Zu einem sich aus der gegenwärtigen Situation ergebenden Verständnis der platonischen Kritik an der Dichtung vgl. C. Riedwig, Medienkritik in der Antike. Zu Platons Ausgrenzung der Dichtung aus dem Staat, Neue Zürcher Zeitung, 27./28. März 1999, Nr. 72, S. 53.

7   Vgl. Jaeger, Paideia, 309-17 und E. Wolf, Griechisches Rechtsdenken, IV/2, Platon. Dialoge der mittleren und späteren Zeit. Briefe, 1970, 220-22.

8   Zur grundsätzlichen Bedeutung der von Platon seinen Dialogen gegebenen Rahmungen vgl. D.A. Hyland, Finitude and Transcendence in the Platonic Dialogues, SUNY Series in Ancient Greek Philosophy, 1995, 13-33 und zur speziellen in den Nomoi: O. Kaiser, Gott und Mensch als Gesetzgeber in Platons Nomoi, in: B. Kollmann u.a., Hg., Antikes Judentum und frühes Christentum, FS H. Stegemann, BZNW 97, 1999, 278-95, bes. 279f. Zur fiktiven Chronologie der platonischen Dialoge vgl. W. Wieland, Platon und die Formen des Wissens, 1982, 87-94.

9   Vgl. dazu auch O. Kaiser, Gott und Mensch, 283.289f.

10   Ebd. 278.283-85.

11   G.R. Morrow, Plato's Cretan City. A Historical Interpretation of the Laws, 2. Aufl., 1993.

12   T.J. Saunders, Plato's Penal Code. Tradition, Controversy and Reform in Greek Penology, 1994.

13   Morrow, Plato's Cretan City, 592.

untergeordnet hat[14]. Es ging ihm in diesem Werk um nichts weniger als den Nachweis für die Möglichkeit, daß sich der im Himmel existierende ideale Staat der *Politeia*[15] der irdischen Realität soweit annähern läßt, daß seiner Verwirklichung keine grundsätzlichen Bedenken entgegen stehen[16]. Dabei verweist die geschichtlose Statik des Entwurfes auf seinen utopischen[17] und die konkreten Bestimmungen der Gesetze unter dem leitenden Gesichtspunkt eines durch Gerechtigkeit, Freundschaft und inneren Frieden geeinten Staates[18] auf seinen heuristischen Charakter[19].

---

14   Saunders, Plato's Penal Code, 351f.

15   Vgl. Pl., *Rep.*, IX 592 a 10-b 5.

16   Vgl. *Leg.* V 739 b 8-e 7 mit *Rep.* VI 502 c 5-7 und *Leg.* IV 709 e 6-711 a 3 und dazu Schöpsdau, Kommentar, 131-35.

17   K.R. Poppers leidenschaftliche Kritik an Platon als dem Verräter an seinem Lehrer Sokrates und geistigen Vater der geschlossenen Gesellschaft besaß ihren geschichtlichen Ort in der Bedrohung der offenen Gesellschaft durch die Großideologien, die im Zweiten Weltkrieg ihren Höhepunkt erreichte, vgl. ders., The Open Society and Its Enemies, I, The Spell of Plato, 1944 = Der Zauber Platos, 2. Aufl., 1970, und z.B. S. 260: "Sokrates hatte nur *einen* würdigen Nachfolger, seinen alten Freund Antisthenes, den letzen der Großen Generation. Platon, sein genialster Schüler, sollte sich bald als der treuloseste erweisen. Er verriet Sokrates, wie ihn seine Onkel verraten hatten. Diese hatten Sokrates nicht nur verraten, sie hatten auch versucht, ihn für ihre terroristischen Handlungen mitverantwortlich zu machen; ohne Erfolg jedoch, da Sokrates sich ihnen widersetzte. Platon tat sein möglichstes, um Sokrates in seinen großartigen Versuch zu verwickeln, eine Theorie der erstarrten Gesellschaft zu konstruieren; und er war erfolgreich; denn Sokrates war tot." Daß Platon seinen Athener in der Tat eine geschlossene Gesellschaft skizzieren läßt, ist nicht zu übersehen; vgl. dazu auch C.H. Kahn in seinem Vorwort zu Morrow, Plato's Cretan City, XXIVf. Die vorliegende Studie beschränkt sich bewußt auf die erste Aufgabe, einer textimmanenten und historischen Darstellung der in den *Nomoi* vertretenen Lösung des Problems der Gerechtigkeit des Schicksals als der Übereinstimmung zwischen sittlicher Würdigkeit und faktischer Glückseligkeit; denn der Ausleger ist in erster Linie der Anwalt seines Textes; vgl. dazu O. Kaiser, Zwischen Interpretation und Überinterpretation. Vom Ethos des Auslegers, Variations herméneutiques 6 (1997), 53-70. Schließlich sei der Leser noch einmal daran erinnert, daß auch die *Nomoi* ihrer Form nach ein Dialog sind, in der sich drei Männer über die beste Gesetzgebung unterhalten. Auch wenn der Athener (wie in der Regel mit Recht angenommen) weithin Platons eigene Gedanken vertreten dürfte, legt Platon damit zwischen sich und dem Leser eine Distanz, die ihn dazu auffordert, nicht die Frage der Neugier zu stellen, was Platon selbst dachte, sondern zu entscheiden, ob und inwieweit er dem Gelesenen beizustimmen vermag. Die platonischen Dialoge mit ihrem oft mythischen Schluß bleiben wie die euripideischen Tragödien auf ihre Rezipienten hin offen.

18   Vgl. *Leg.* III 693b 4-6 und d 7-e 1.

19   Ansprechend bezeichnet W. Drechsler (Platons Nomoi als Objekt der Rechts-vergleichung, in: O. Werner u.a., Hg., FS H.G. Leser, 1998, 52f.) in Anknüpfung an H.G. Gadamer (Platos Denken in Utopien, Gesammelte Werke 7, 1991, 278) diesen

Daß ein in dieser Absicht vorgelegter Verfassungsentwurf nicht nur technischer Art sein konnte, ergibt sich aus dem zeitgeschichtlichen Kontext in Gestalt der Krise der griechischen Polis und ihrer religiösen Wurzeln[20]. Demgemäß suchen Platons *Nomoi* als ein Beitrag zur Überwindung der Krise notwendigerweise nicht nur die Frage nach der Gerechtigkeit des Bürgers, sondern auch der über sie wachenden Gerechtigkeit Gottes zu beantworten. Mithin will auch diese letzte Schrift Platons als eine philosophische ernst genommen werden. Die in seinem 7. Brief enthaltene Auskunft über seine Lebensaufgabe, der Politik eine philosophische Begründung zu geben, ist auch in seinem Alterswerk wirksam. In jenem berichtet er bekanntlich, wie er durch die dreifache Enttäuschung angesichts der Gewaltherrschaft der Dreißig[21], der Hinrichtung seines Freundes Sokrates und des fortschreitenden Verfalls der Gesetzgebung und Sitten zu der Erkenntnis gelangte, daß allein die richtige Philosophie zu der Einsicht vermitteln könne, was im öffentlichen und privaten Bereich gerecht sei. Daher könne es für die Polis keine Heilung geben, solange nicht entweder die Politiker zu Philosophen oder die Philosophen zu Politikern würden[22]. Demgemäß konnte sich auch der in den *Nomoi* vorgelegte politische Entwurf nicht damit zufrieden geben, die Bedeutung der vier Tugenden für eine gesunde Polis darzulegen, die auf die Freundschaft und den inneren Frieden ihrer Bürger gegründet und daher vor parteiischem Aufruhr sicher ist (*Leg.* I 628 b 9-11)[23]. Wollte er an den religiösen Ursachen der Krise der griechischen Staatenwelt nicht vorübergehen, so mußte er in ihnen eine rationale Antwort auf die Zweifel an der göttlichen Sanktion menschlichen Handelns geben. Wenn die rationale Argumentation sich schließlich des Mythos bediente, weist das auf die ihr unübersteigbar ge-

---

Sachverhalt als eine "der Realität angenäherte Gründung in der Form einer Utopie". Vgl. weiterhin auch auch Kaiser, Gott und Mensch, 280-83 = oben, 65-68.

20   Vgl. dazu A. Dihle, Die Krise der Legitimation "gerechter Ordnung" im Griechenland des fünften Jahrhunderts v.Chr., in: Assmann u.a., Hg., Gerechtigkeit, 141-48 und zur Auswirkung J. Bleicken, Die athenische Demokratie, UTB 1330, 4. Aufl., 1995, 437-61 und 472-78.

21   Zum Hintergrund ihrer in ihrem Verständnis der *aretē* begründeten Revolution vgl. Adkins, Merit and Responsibility, 235-38 und ferner 220-22.

22   Pl., *Epist.* VII 324 b 8-326 b 4, vgl. *Rep.* V 473 c 11-e 4 und dann was er *Leg.* XII 964 b 8-968 b 2 an philosophischen Kenntnissen von den Mitgliedern der nächtlichen Versammlung als dem höchsten Verfassungsorgan erwartet. Zum Problem, wie sich ihr Wissen zu der von den Regierten erwarteten rationalen Einsicht verhält, vgl. T. Irwin, Plato's Ethics, 1995, 350-53.

23   Vgl. I 629 a 1-630 d 1 und weiterhin 631 b 6-d 7 mit *Rep.* IV 427 d-434 und dazu knapp A. MacIntyre, After Virtue. A Study in Moral Theory, London, 2. Aufl., 1985, 141 und zum Problem der Einheit der vier Tugenden Irwin, ebd., 237-39.

setzten Grenzen hin. Insofern hält sich auch beim späten Platon unbeschadet der sich abzeichnenden Kohärenz seiner Gedankenwelt die sokratische Ironie des wissenden Nichtwissens durch[24].

Von der Tradition her standen dem griechischen Denken für die Beantwortung der Frage nach der göttlichen Gerechtigkeit zwei Möglichkeiten offen: Einerseits ließ sich der bis zu Euripides wirksame Gedanke, daß sich die durch die Gestalten von Zeus und Dikē symbolisierte göttliche Gerechtigkeit im Wechselspiel menschlichen, durch das Schicksal begrenzten Handelns vollzieht, im Sinne eines ethischen Empirismus lösen, wie ihn die Sophisten vertraten[25]. Andererseits konnte man versuchen, den Glauben an die göttliche

---

24   Vgl. dazu auch G. Krüger, Einsicht und Leidenschaft. Das Wesen des platonischen Denkens, 4. Aufl., 1963, 72f.; W. Wieland, Platon und die Formen des Wissens, 1982, 50-70; Hyland, Finitude and Transcendence, 87-110 (dessen Beurteilung der *Politeia* S. 59-86 als Anti-Utopie mich nicht überzeugt hat) und nicht zuletzt *Epist*. VII 341 b 5-342 a 1 und dazu A. Dihle, Platons Schriftkritik, JAWG 1997, 120-47. In diesem Sinne ist die Lektüre Platons grundsätzlich wie speziell die der *Nomoi* nur sinnvoll, wenn man bereit ist, sich auf die Denkbewegung seiner Dialoge im Horizont ihrer eigenen selbstverständlichen Denkvoraussetzungen einzulassen und über dem den gegenwärtigen Leser Befremdlichen nicht ihre Intention zu verkennen, der Politik ein neues Leitbild in Gestalt des Strebens nach Gerechtigkeit, Freundschaft und innerem Frieden zu geben. Erst wenn der Leser dieser Aufgabe genügt hat, mag er sich die Frage vorlegen, welche von Platon vorgeschlagene Konkretionen sich im Horizont der geschichtlichen Erfahrung und der geistigen Situation der eigenen Zeit und des durch beide bewirkten Wandels des Menschenbildes verbieten. Wenn er es allein bei einer in diese Richtung verlaufenden Kritik beläßt und sich nicht gleichzeitig der unbequemen Frage aussetzt, ob der Dialog nicht auch eine gegenläufige Denkbewegung in Gang setzen könnte, weil wir in seinem Spiegel Defizite der gegenwärtigen selbstverständlichen Denkvoraussetzungen entdecken könnten, bringt er sich um die Frucht der Lektüre. In dieser Richtung bleibt z.B. darüber nachzudenken, ob eine Gesellschaft auf einen grundlegenden ethischen Konsens und mithin auf ein Urteil über Gut und Böse verzichten kann; dazu bedarf sie eines zumindest heuristischen Menschenbildes als teleologischen Rahmens; denn ohne ein Sein gibt es kein Sollen. Und ebenso fordert uns Platon dazu auf, darüber nachzudenken, ob die Ethik der Hoffnung auf Gott als dem tragenden Grund der Existenz zur Erhaltung ihrer Offenheit im permanten Wandel entbehren kann und gemäß ihrer Endlichkeit eines eschatologischen Sinnhorizontes bedarf; vgl. dazu auch MacIntyre, After Virtue, 60 und dann O. Kaiser, Amor fati und Amor Dei, NZSTh 23 (1981), 57-73, bes. 69f. = ders., Der Mensch unter dem Schicksal, BZAW 161, 1995, 256-72, bes. 268f. und ders., Die Rede von Gott am Ende des 20. Jahrhunderts, in: K. Giel und R. Breuninger, Hg., Die Rede von Gott und Welt. Religionsphilosophie und Fundamentalrhetorik, Bausteine zur Philosophie 10, 1996, 9-32.24-27 = ders., Gottes und der Menschen Weisheit. Gesammelte Aufsätze, BZAW 272, 1998, 258-81, bes. 273-76.

25   H. Lloyd-Jones, The Justice of Zeus, SCL 41, 1971, 129-55 und Saunders, Plato's Penal Code, 33-51.

Sanktion menschlichen Handelns durch Anleihen bei den orphisch-pythagoreischen Jenseitserwartungen abzustützten. Platon hat den dritten, beide Ansätze aufnehmenden Weg beschritten und den überkommenen Glauben einerseits religionphilosophisch entmythisiert und andererseits im Rückgriff auf den Mythos von den künftigen Schicksalen der Seele erweitert und abgesichert[26]. Ein glückliches Leben des Einzelnen wie der Polis kann es nach seiner Überzeugung nur als Folge eines tugendhaften Wandels geben. Dabei geht es für den Einzelnen jedoch nicht nur um sein zeitliches Glück in einer auf Freundschaft und Frieden gegründeten Polis, sondern zugleich um sein zukünftiges Los und letztlich sein ewiges Heil.

In der Zeit einer ethischen Krise von zunehmend globalem Ausmaß verdienen es Platons Gedanken auch vom Theologen zur Kenntnis genommen zu werden. Denn sie haben nicht nur auf das jüngste Buch des Griechischen Alten Testaments, die *Weisheit Salomos* eingewirkt[27], sondern stellen in ihrer zweifachen Ausgestaltung einen in sich schlüssigen Entwurf zur Beantwortung einer entscheidenden Grundfrage menschlicher Existenz dar. Dabei ist der Blick auf seinen Lösungsversuch für den Alttestamentler schon deshalb von Bedeutung, weil sich in den letzten Jahren immer deutlicher abzeichnet, daß die griechische Welt ihrerseits nachhaltig durch westasiatisches Lehngut beeinflußt worden ist. So läßt sich der israelitische Glaube an Jahwe und der griechische an Zeus als Rechtswahrer auf ein gemeinsames westasiatisches Erbe zurückführen[28]. Der Ausleger der Bibel, der in seinen Texten mit der Krise dieses Glaubens im spätperserzeitlichen und frühhellenistischen Judentum konfrontiert ist, kann beobachten, wie auch in seinen Texten schließlich die Schranken der Immanenz unter griechischem Einfluß gesprengt worden sind, um dem Glauben an die göttliche Sanktion alles menschlichen Verhaltens seine Überzeugungskraft zurückzugewinnen[29]. Das mag Grund genug für ihn sein, sich auch die platonische Lösung selbst zu vergegenwärtigen. Dieser Aufgabe zu genügen scheint dem Verfasser die rechte Gratulation

---

26   Vgl. dazu Anm. 81.
27   Vgl. dazu z.B. J.J. Collins, Jewish Wisdom in the Hellenistic Age, 1998, 185-87 und 190-95.
28   Vgl. M.L. West, The East Face of Helicon. West Asiatic Elements in Greek Poetry and Myth, 1997, 112-15.124-32.135-38.321-28 und speziell zu Vertrag und Eid J.P. Brown, Israel and Hellas, BZAW 231, 1995, 253-83. Zu den mit der Übertragung der Vorstellung von Gott als Rechtswahrer auf Zeus verbundenen Problemen vgl. Flaig, Ehre, 121-25.
29   Vgl. dazu oben, 29-36.

für einen Kollegen zu sein, der nachdrücklich darauf hingewiesen hat, daß das
Alte Testament nicht nur auf seine östlichen, sondern auch auf seine westli-
chen Beeinflussungen hin zu untersuchen sei[30].

2. Tradition und Interpretation in Platons Theologie
und Religionspolitik in den Nomoi

Da die traditionellen Kulte in der von Platon entworfenen kretischen Stadt
durchaus ihren Platz finden, hat kein geringerer als Ulrich von Wilamowitz-
Moellendorff in den Religionsgesetzen einen Ausdruck seiner
Altersresignation gesehen: "... wenn die Welt es nicht verträgt, daß die
Wissenschaft zu ihrem Heile die Führung übernimmt, so versucht er, eine
Stufe hinabsteigend, doch noch für sie zu sorgen"[31]. So habe er den
Menschen, denen die "eigene Suche der Wahrheit fehlt", Ersatz zu schaffen
gesucht und daher durch eine Erziehung und Religion unfrei gemacht, die in
beiden Fällen von den wahren Wissenden geleitet wird[32]. Aber man würde
Platons Intention verkennen, wollte man seine Religionsgesetze unbesehen als
traditionalistisch beurteilen. Denn die überkommenen Riten und Gebräuche
werden von ihm im Lichte seines philosophischen Glaubens uminterpre-
tiert[33] und seiner pädagogischen Absicht unterstellt, die Bürger täglich mit
anderen zusammenzuführen und so miteinander bekannt und befreundet zu
machen[34]. Unbeschadet von Platons ebenso ererbter wie biographisch
begründeter Hochachtung vor dem delphischen Orakel[35] gilt es bei der
Erhebung der von ihm in den *Nomoi* vertretenen Theologie sorgfältig

---

30   J. Van Seters, Prologue to History. The Yahwist as Historian in Genesis, 1992,
     passim und bes. 328-33.
31   Von Wilamowitz-Moellendorff, Platon, 551.
32   Ebd., 545-47, Zitat 545.
33   Morrow, Plato's Cretan City, 399-401, bes. 400f.
34   Vgl. *Leg.* V 738 c 7-e 6 und dann VIII 828 a 7-b 3, ferner II 664 b 3-d 4.
35   Vgl. schon *Apol.* 20 d 5-21 d 7 und dann die grundsätzliche Bestimmung über die
     Zuständigkeit der Orakel für alle Religionsangelegenheiten *Leg.* V 738 b 5-e 2;
     wiederholt in VI 759 c 6 - d 7 anläßlich der Bestimmungen über die Wahl der
     Exegeten und in VIII 828 a 1-5 als Einleitung zu den Gesetzen über die Feste und
     Opfer; entsprechend schon *Rep.* IV 427 b 6-c 4. Weiterhin stellt *Leg.* IX 856 d 5-e 3
     die Zuständigkeit des Orakels bei der Neuvergabe erledigter Landlose fest, IX 865 a
     3-b 2 die für die Reinerklärung bei unfreiwilliger Tötung in Wettkämpfen oder
     Spielen und XI 914 a 2-5 die für die Verwendung eines gefundenen Schatzes. Zum
     religionsgeschichtlichen Hintergrund vgl. Morrow, Plato's Cretan City, 402-11.

zwischen der Tradition und ihrer philosophischen Interpretation zu unterscheiden.

3. Gott als Inbegriff aller vernünftigen Ordnung

Schon wenn wir uns dem ersten, für das hier gestellte Thema der göttlichen Leitung des menschlichen Schicksals grundlegenden Abschnitt in der die konkrete Gesetzgebung einleitenden Ansprache an die Siedler in IV 715 e 7-718 a 6 zuwenden, wird die Berechtigung dieser Forderung deutlich[36]. Er beginnt mit dem Satz:

> "Ihr Männer", wollen wir also zu ihnen sagen, "der Gott, der, wie auch das alte Wort besagt, Anfang und Ende und Mitte alles dessen, was ist, in Händen hat, geht auf geradem Wege zum Ziel, indem er der Natur gemäß kreisend seine Bahn zieht; und ihm folgt stets die Gerechtigkeit (*dikē*)[37] nach als Rächerin für diejenigen, die hinter dem göttlichen Gesetz zurückbleiben. An diese schließt sich nun an, wer glücklich sein will, und folgt ihr in Demut und Bescheidenheit"[38].

Bei dem *palaios logos*, dem alten Wort, handelt es sich um ein Zitat aus einem orphischen Gedicht (fr. 168 bzw. 1a), in dem es heißt:

> Zeus ist der Erstgeborene, Zeus ist der Letzte,
> der Herrscher des hellen Blitzes
> Zeus ist das Haupt, Zeus ist die Mitte,
> aus Zeus ist alles entstanden ...[39]

---

36   Vgl. zum Folgenden auch Kaiser, Gott und Mensch, 292f.

37   Es erscheint mir angesichts der hier vorliegenden philosophischen Reflexion fraglich, ob man entgegen der Textüberlieferung mit z.B. P. Friedländer (Platon, III, Die platonischen Schriften. Zweite und dritte Periode, 2. Aufl., 1960, 510, Anm. 63); G. Müller (Studien zu den platonischen Nomoi, Zet. 3, 2. Aufl., 1968, 73, Anm. 4), Schöpsdau (in: Platon Werke, VIII/1, 235, Anm.47) und Kaiser (Gott und Mensch, 292 Anm.47) *dikē* hier groß zu schreiben und als Erwähnung der Göttin zu verstehen hat. Zum breiten platonischen Sprachgebrauch von *dikē* vgl. auch E. Wolf, Rechtsdenken IV/2, 304-309. Die gleichnamige Göttin wird durch die Großschreibung nur in IV 717 d 3 und XII 943 e 1 als solche kenntlich gemacht. Ihre klassischen rächende Funktion wird gegen E. Wolf, (S. 303) in IX 872 e 2f. wie in IV 716 2f. auch der klein geschriebenen *dikē*, der Gerechtigkeit, zugeschrieben und damit in die philosophische Theologie eingeordnet. Zur Verwendung von *dikaiosunē* als eine der vier Tugenden bzw. als Inbegriff der *aretē* vgl. E. Wolf, 311f.

38   Übers. K. Schöpsdau, ebd.

39   Vgl. dazu auch M.L. West, The Orphic Poems, 1998, 89f.

Und auch bei der Aussage über die *dikē* dürfte Platon einem orphischen Fragment folgen (fr. 168)[40]. Gerade angesichts dieses Hintergrundes fällt es auf, daß Plato hier statt von Zeus und seiner rächenden Akolutin der Dikē[41] von Gott (*ho theos*) und der Gerechtigkeit (*dikē*) spricht[42]. Ebenso erstaunlich ist die Aussage, daß der Gott auf geradem Wege zum Ziel geht, indem er kreisend seine Bahn zieht (*eutheia perainei kata physin periporeuomenos*). Platon greift auch dabei auf die in dem zitierten orphischen Hymnus enthaltene Vorstellung zurück, nach der Zeus im Kreislauf der Zeit alles verschlingt und alles neu gebiert:

Denn nachdem er sie alle verborgen hatte, ins erfreuliche
   Licht
brachte er sie hinauf, erstaunliches wirkend[43].

Auf der anderen Seite hat Platon Zeus mit seinen klassischen Funktionen als Beschützer der Grenze, des Eides und des Fremden wie als Wettergott nicht als abgesetzt betrachtet, sondern im Rahmen seiner landwirtschaftlichen Gesetze vor allem unter dem Gesichtspunkt seines rächenden Waltens zum Zuge kommen lassen (VIII 842 e 6 - 843 a 8 bzw. 844b 1 und c 1). Trotzdem besteht kein unüberbrückbarer Gegensatz zwischen diesem traditionellen Gottesbild und Platons philosophischem, weil die göttliche Urvernunft eben auch das Walten der Götter bestimmt.

Sie aber dürfte mit dem Gott gemeint sein, der sich nach 716 a 1f. kreisförmig und doch gerade auf sein Ziel zubewegt. Denn diese Beschreibung seines Handelns erinnert notwendig an die kreisförmige Bahn der Vernunft als der Urform aller geordneten Bewegung, wie sie Platon in seinem kinetischen Gottesbeweis in X 896 e 8-897 b 5 (vgl. besonders 897 b 1f.) beschreibt.

---

40   Zum Text vgl. W. Burkert, Das Proömium des Parmenides und die Katabasis des Pythagoras, Phronesis 14 (1969), 11, Anm. 25; zitiert nach West, ebd., Anm. 35, und zu seinem Sinn auch E. Wolf, Griechisches Rechtsdenken, I, Die Vorsokratiker und frühen Dichter, 1950, 160-62.

41   Vgl. Hes. *Op.* 248-273 und zum Wesen und Wirken der Göttin Wolf, Rechtsdenken, I, 34-45 und passim; M.L. West, Hesiod. Works and Days, 1978, 219-25; E.A. Havelock, The Greek Concept of Justice. From Its Shadows in Homer to Its Substance in Plato, 1978, 205-208.258-60; Saunders, Plato's Penal Code, 39-46 und Flaig, Ehre, 121-25.

42   Vgl. auch DK 22 Heraklit B 94 ("Denn Helios überschreitet nicht das Maß; sonst werden (ihn) die Erinyen, die Schergen der Dikē, ausfindig machen") und dazu Wolf, Rechtsdenken, I, 240f., der herausstellt, daß die von Dikē durch ihre Helferinnen vollstreckte "Strafe" darin besteht, daß sie die Hybris eines Seienden aufdecken und durch seine Erfüllung bestrafen.

43   Ps. Aristot. mund. 401b 6f. Vgl. dazu auch West, Orphic Poems, 90.

Dort heißt es, daß die Bewegung der Vernunft schwierig und von den Augen der Sterblichen vielleicht überhaupt nicht zu durchschauen sei, so daß man sie nur am Beispiel der kreisförmig um einen festen Mittelpunkt erfolgenden Bewegung vergegenwärtigen könne. Der geordnete Umschwung des Himmels besitze eine dem Umschwung und den Berechnungen der Vernunft ähnliche Natur (X 897 c 4-e 2)[44]. Mithin dürfte die Annahme berechtigt sein, daß der Gott in 716 a 1f. als die letztlich transzendente Urvernunft[45] oder die beste Seele (X 898 c 4f.) und damit als der Ursprung von allem zu verstehen ist (899 c 6f.)[46]. Sie leitet den ganzen hierarchisch geordneten Kosmos einschließlich der sie bewachenden unsterblichen, aber erschaffenen unsichtbaren (*Tim.* 40 d 6-41 b 6) und der Sterne als der sichtbaren Götter (*Leg.* X 897 c 4-9; 898 c; vgl. *Tim.* 36 e 2-37 a 2). Die traditionelle Vorstellung vom Walten des Zeus und der Dikē wird hier mithin philosophisch interpretiert und damit entmythisiert.

4. Das Verhältnis zwischen der göttlichen Urvernunft und der vernünftigen Überlegung des Menschen

Aber diese kosmische alles bestimmende und alles erschaffende göttliche Urvernunft ist selbstverständlich, wenn auch in einer durch die Bindung an seine Zustimmung gebrochenen Weise in der Vernunft des Menschen am

---

44   Zu den im Hintergrund stehenden astronomischen Theorien des Eudoxos von Knidos vgl. Guthrie, History V, 450-53 bzw. S. Sambursky, The Physical World of the Greeks, 1963, 59f. und H.G. Zekl, Timaios. Griechisch-Deutsch, PhB 444, 1992, 201, Anm. 56 zu *Tim.* 36 c 5ff., aber auch sein grundsätzliches Urteil, S. LXX, das der Timaios "eine große Synthese aller bisherigen Naturforschung" darstellt, die den übernommenen Stoff auf ein "höheres Reflexionsniveau" hebt; aber auch B.L. van der Waerden (Die Pythagoräer. Religiöse Bruderschaft und Schule der Wissenschaft, BAW.FD, 1979), der S. 427-55 für die Abhängigkeit Platons von der älteren pythagoreischen Astronomie plädiert.

45   Vgl. dazu das *Phdr.* 247 c 3 -d 1 über den überhimmlischen Ort des farb- und gestaltlosen und nur durch die Vernunft zu erkennenden Seins Gesagte; vgl. auch 248 b 6, und dazu E. Heitsch, Platon. Phaidros. übers. und Komm., 1993, 109f.; dann *Tim.* 30 c 2-d 2, wo der sonst unbekannte Lokrier Timaios erklärt, daß der Demiurg die sichtbare Welt als allerähnlichstes Abbild der Ideenwelt geschaffen habe, und schließlich und vor allem *Rep.* VI 509e b 6-10, wonach das Gute sich *epekeina tēs ousias* befindet.

46   Vgl. dazu auch W. Weischedel, Der Gott der Philosophen. Grundlegung einer philosophischen Theologie im Zeitalter des Nihilismus, I, Wesen, Aufstieg und Verfall der philosophischen Theologie, 1971, 51f.

Werke (*Leg.* X 898 a 3-b 3; vgl. *Tim.* 47 a 4-c 4)[47]. Das findet in dem metaphorischen Vergleich der Menschen als den Marionetten[48] der Götter[49] in I 644 d 7-645 b 1 seinen deutlichen Ausdruck: Hier werden dem biegsamen goldenen Zug oder der "heiligen Leitung der vernünftigen Überlegung", die sich in dem Erwerb der Tugend und dem auf die Sicherung von Freundschaft und Frieden bedachten *nomos* der Polis niederschlägt (vgl. 644 c 9-d 3)[50], die starren eisenharten Sehnen[51] der Furcht vor dem Schmerz und der Hoffnung auf Lust gegenübergestellt (644 c 9-d 3)[52]. Dabei hinkt der Vergleich insofern, als der *logismos*, die vernünftige Überlegung, die Entscheidungen des Menschen nicht als eine von außen kommende Kraft durchgehend bestimmt, sondern zur Besiegung der sinnlichen Antriebe des Beistandes des Menschen bedarf (645 a 4-b 1). Die von der Vernunft geleitete Überlegung und damit die Vernunft selbst üben keinen Zwang auf den Menschen aus, aber der Mensch kann sich ihrer bedienen, und wenn er sich ihrer bedient, sind die *doxai mellontōn* (644 c 9), die von Furcht und Hoffnung gelenkten Meinungen über

---

47   Vgl. dazu auch P. Friedländer, Platon, III, 407.

48   Eigentlich: Wunderwerk, vgl. auch 658 c 1 und dazu Schöpsdau, Kommentar zu 644 d 7, 237.

49   Dieser Vergleich findet im Buch VIII im Zusammenhang mit den Gesetzen über Gesang und Tanz eine realistische Aufnahme; denn in VII 803 c 2-6 erklärt der Athener, daß Gott alles seligen Ernstes würdig ist, während der Mensch als sein Spielzeug verfertigt ist, was in der Tat das Beste an ihm sei; vgl. auch X 902 b 8f., wo es heißt, daß alle sterblichen Lebewesen Eigentum der Götter sind, denen auch der ganze Himmel gehört. Demgemäß gehören nach 804 a 4-b 4 die Darbringungen von Opfern und Aufführungen von den Göttern geweihten Reigentänzen zu den natürlichen Pflichten der Menschen, mit denen sie ein ihrer Natur gemäßes Leben führen, weil sie überwiegend Marionetten (*thaumata*) sind, die an der Wahrheit nur relativ geringen Anteil haben. Mithin ist es nach Platons Überzeugung die Bestimmung des Menschen, die Götter durch ihre Kultspiele zu erfreuen. Überdies tun sie gut daran, ihr zu genügen, weil sie dieser Aufgabe gerecht werden können, während sie dem Anspruch, sich von der Vernunft leiten zu lassen, nur sehr bedingt nachzukommen vermögen. Der heutige Leser wird sich fragen, ob sich eine wohlgenährte Oberschicht mit täglichen Kriegsspielen und Opferfeiern zufrieden geben und nicht politische Rechte einfordern würde. Ebenso mag er sich darüber wundern, daß Platon die Erfüllung der Bestimmung des Menschen nur seinen Politen zugesteht und damit die Götter um das viel größere Vergnügen zu bringen bereit ist, das ihnen eigentlich die Spiele aller Menschen aus allen Völkern und Rassen und also auch der Sklaven bereiten müßte. An der Gleichsetzung des Menschen mit dem freien Griechen hat auch Platon nicht gerüttelt, obwohl er mit Bewunderung von den Persern Kyros des Großen sprechen konnte, vgl.III 694 a 3- b 6.

50   Vgl. dazu auch Wolf, Rechtsdenken IV/2, 220-22.

51   Vgl. dazu die Diskussion bei Schöpsdau, ebd., 238 zu 645 a 2-3.

52   Vgl. dazu auch Irwin, Plato's Ethics, 342.

die Zukunft machtlos (vgl. auch *Rep.* IV 440 a 8-b 8)[53].

Wenn im Zusammenhang des Gesetzes über Grenzverletzungen je nach dem Fall an das rächende Eingreifen Zeus des Hüters der Grenze, Zeus des Schützers der Phylen oder Zeus des Schützers der Fremden erinnert wird, darf man nicht vergessen, was zuvor über das Walten der göttlichen Urvernunft gesagt ist. Letztlich waltet in Göttern und Menschen die eine göttliche Urvernunft. Und letztlich lenkt dieser Gott und mit ihm zusammen die glückliche Fügung (*tychē*) und die konkrete Situation (*kairos*) alle Angelegenheiten der Menschen (*tanthrōpina*). Platon läßt seinen Athener diese These dahingehend abmildern, daß man weniger schroff urteilend zugeben könne, daß zu beiden als Drittes das menschliche Können (*technē*) tritt. So wirken zum Beispiel in einem Sturm die Steuermannskunst und der Kairos zusammen (IV 709 b 7-c 3).

Kehren wir zu der Einleitung der Ansprache an die Siedler in 715 e 7- 716 b 7 zurück, so hängt das Glück (*eudaimonia*) des Menschen davon ab, daß er sich nicht selbst überhebt, sondern demütig und bescheiden der Gerechtigkeit treu bleibt. Wer sich dagegen aus seinem Stolz auf seinen Reichtum, seine ehrenhafte Stellung oder seine leibliche Wohlgestalt heraus dünkelhaft erhebt und dabei noch wähnt, er sei zum Führer berufen, der ist von Gott verlassen und bringt durch sein Agieren alle und alles in Verwirrung. Aber auch er muß schließlich der Gerechtigkeit eine nicht unempfindliche Strafe zahlen, indem er sich selbst, sein Haus und seine Polis ruiniert. Denn die schwerste Strafe für schlechtes Handeln (*kakourgia*) besteht nicht in seiner gesetzlichen Ahndung, sondern darin, daß der Täter den Schlechten ähnlich wird, sich ihnen statt den Guten anschließt und dafür die göttliche Vergeltung in Gestalt des der Ungerechtigkeit folgenden Leidens erduldet (V 728 b 2 - c 5). Dabei ist sowohl der unglücklich, den es trifft, weil er daran zugrunde geht, wie der, den es nicht trifft, weil er nicht geheilt wird[54]. Grundlegend aber vollzieht

---

53   Vgl. dazu auch L. Strauss, Argument (Anm.1), 18.
54   Vgl. dazu auch den sokratischen Grundsatz, daß Unrecht leiden ist besser als Unrecht tun ist (*Gorg.* 469 b 1-c 2) und der daraus gezogenen Folgerung, daß der Schlechte weniger elend ist, wenn ihn seine göttliche oder menschliche Bestrafung erreicht (*Gorg.* 472 e 4-7). Vgl. dann was der Athener über die von der Liebe zum Reichtum Angetriebenen in *Leg.* VIII 832 a 4-6, vgl. 831 e 4 - 832 a 2 und über den sagt, der trotz aller Belehrungsversuche dem Tempelraub nicht zu widerstehen vermag: Er soll den Tod dem Leben vorziehen und aus dem Leben scheiden und d.h. Selbstmord begehen IX 854 c 4f. (zur Formel *apallassesthai tou biou* vgl. z.B. Eur., *Hel.* 102, wo Ajax Helena den entsprechenden Rat gibt); zur hier vorausgesetzten Metempsychose vgl. unten 107-11 = 97-101.

sich die göttliche Gerechtigkeit durch das hybride Handeln des Menschen selbst: Es ist die Ursache seiner und seiner Anhänger Leiden. Denn wer gegen die sittliche Vernunft handelt oder einem Vernunftlosen folgt, muß die Folgen tragen (716 a 2-b 7). Er ist ein *adikos*, ein Ungerechter, ohne es zu wissen; denn er handelt unfreiwillg gegen seine eigene Natur (vgl. V 731 c 1 - d 5; IX 860 d 5 -e 3) und schadet den Anderen, ob er es will oder nicht (IX 862 a 2-7)[55]. Dagegen ist der Gute, der zugleich besonnen und gerecht ist, unabhängig von seiner leiblichen Konstitution und seinem Vermögen ein glücklicher und für die Anderen nützlicher (wir würden heute sagen: sozialverträglicher) Mensch (II 660 d 11-661 d 3; IX 862 b 3).

5. Die Gottähnlichkeit als Ziel des sittlichen Handelns

Daher besteht die ethische Aufgabe des Menschen darin, sich nicht selbst zu überheben, sondern Maß zu halten. Die beiden delphischen Wahrsprüche in Gestalt des *mēden agan* und des *metron ariston*, des "Nichts zu sehr" und des "Das Maß ist das Beste"[56] begründet Platon durch den Mund des Atheners mittels des ausdrücklich dem Homomensura-Satz des Protagoras[57] entgegengestellten Deusmensura-Satzes, nach dem Gott das Maß aller Dinge ist. Da nun nur das Gleiche dem Gleichen lieb sein kann[58], muß, wer von Gott geliebt werden will, ihm ähnlich werden und also in seinem Tun und Lassen Maß halten. Das aber tut er, indem er sich besonnen *(sōphrōn)* verhält. Daß Besonnenheit und Gerechtigkeit einander entsprechen, ergibt sich aus dem Gegensatz, nach dem der Unbesonnene ungerecht ist (716 c 1-d 4). Die dem Menschen gestellte Aufgabe besteht also darin, Gott ähnlich zu werden, wie Platon es Sokrates zum Beispiel im *Theaitetos* als Folge aus der Feststellung, daß das Böse als Gegensatz zum Guten unausrottbar ist[59], zie-

---

55   Zum Sprachgebrauch von *adikos* in den *Nomoi* vgl. Wolf, Rechtsdenken IV/2, 316f.

56   Vgl. Pl. *Prot.* 343 a 1-b 3; *Paus.* X. 24.1.

57   DK 80 Protagoras B 1; vgl. Pl., *Tht.* 178 b 3f. und zu seiner Bedeutung W.K.C. Guthrie, A History of Greek Philosophy III: The Fifth-Century Enlightenment, 1969, 181-88 und zu den Übersetzungsproblemen 188-92.

58   Vgl. Hom. *Od.* XVII 218; Pl. *Leg.* 757 a 6; 773 b 6f.; VIII 837 6f.; *Lys.* 214a 2-b 1; *Gorg.* 510 b 2-5; *Symp.* 195 b 5 und *Rep.* IV 425 c 2 a und dazu auch D. Bolotin, Plato's Dialogue on Friendship, 1979, 124-28; ferner Aristot. *Eth. Nic.* VIII 1156 b 7-9; vgl. 1157b 25-28.

59   Über die Herkunft des Bösen hat Platon nicht spekuliert. Die schlechte Seele wird *Leg.* X 897 d 1f. eher beiläufig erwähnt. Zum Problem vgl. Guthrie, History, V, 92-100.365.

hen läßt: Der Weg, dem Bösen zu entgehen, besteht eben in der *homoiōsis theou*, in der Angleichung an Gott und speziell in der an seine vollkommene Gerechtigkeit (*Tht.* 176 a 5-c 3)[60]. In der *Politeia* sind es die wahren Philosophen, die beständig mit dem Göttlichen und Geregelten umgehen und dadurch, soweit es dem Menschen überhaupt möglich ist, göttlich werden (*Rep.* VI 500 c 9-d 1)[61]. Schon bei Heraklit berühren sich Gott und Mensch im *Logos* (vgl. fr. 2 mit fr. 50 DK) und ist es der Weise, der dank seiner Einsicht an dem die Welt leitenden göttlichen *Logos*, der Allvernunft Anteil hat (fr. 41 DK)[62]. In den *Nomoi* gilt bei dem Streben nach der Gottähnlichkeit für einen guten Menschen der ständige Verkehr mit den Göttern als "das schönste, beste und wirksamste Mittel zu einem glückseligen Leben" (*Leg.* 716 d 6f.)[63]. Von einem schlechten, in seiner Seele[64] verunreinigten Menschen dargebracht, bewirken Opfer, Weihgeschenke und Gebete das Gegenteil (716 e 2-717 a 3); denn (so erfahren wir gegen Ende der Vorrede zu den Gesetzen gegen Gottesfrevel in X 905 d 8-907 b 4) die Götter lassen sich weder durch die als Gebetszauber mißverstandenen Gebete der Ungerechten dazu bewegen, von ihrer Bestrafung abzulassen (906 b 3-c 2), noch sind sie bestechlich, so daß sie ihnen verzeihen, wenn sie ihnen etwas von ihrem ungerechten Gewinn abgeben (906 c 8-d 6). Andernfalls wären die zur Wache über das Herrlichste[65] berufenen Götter schlechter als Hunde und durchschnittliche Menschen, die unbestechlich über das ihnen Anvertraute und damit das Gerechte wachen (907 a 5-9). Gleich hinter der Verehrung der Götter kommt auf dem Wege zur Gottgleichheit die der Vorfahren und zumal der Eltern zu stehen[66]. Wer sich gegen sie vergeht, steht der traditionellen Vorstellung gemäß unter der Aufsicht der Nemesis, der *Vergelterin*[67], die als

---

60   Vgl. dazu D. Roloff, Gottähnlichkeit, Vergöttlichung und Erhöhung zu seligem Leben. Untersuchungen zur Herkunft der platonischen Angleichung an Gott, UaLG 4, 1970, 198-206.

61   Vgl. auch *Rep.* X 613 a 7-b 1; vgl. auch *Phd.* 82 b 10-c 2.

62   Vgl. aber auch DK 22 Heraklit B 83, wo dieser erklärt, daß der weiseste Mensch neben Gott ein Affe ist; vgl. dazu auch Roloff, Gottähnlichkeit, 180-86.

63   Vgl. auch *Gorg.* 507 a 5 - b 1.

64   Zur Vorgeschichte und Eigenart des platonischen Konzepts der Seele vgl. D.B. Claus, Toward the Soul. An Inquiry into the Meaning of psuchē before Plato, YCM 2, 1981 mit der Zusammenfassung S. 181-83.

65   Nämlich die universale kosmische Ordnung.

66   Vgl. zu ihr auch *Epist.* VII 331 c 1-6; *Krit.* 50 e 7 - 51 a 2.

67   Vgl. zu ihr M.P. Nilsson, Geschichte der griechischen Religion, I, Die Religion Griechenlands bis auf die griechische Weltherrschaft, HAW V.2.1, 2. Aufl., 1955, 738-40 bzw. knapp H.J. Rose und B.C. Dietrich, Nemesis, OCD², 1034a.

Botin der Dikē, darüber wacht[68], und muß entsprechend mit seiner göttlichen Bestrafung rechnen. Auf die weiteren, sich aus dem Streben nach der Gottähnlichkeit ergebenden Verhaltensweisen und ihre Rangfolge, brauchen wir in diesem Kontext nicht weiter einzugehen: Sie ordnen die persönliche Integrität oder Sorge für die eigene Seele allen leiblichen Vorzügen und äußern Gütern unter[69].

So zeichnet sich die göttliche Vernunft als eine ebensowohl kosmische wie sittliche Macht ab, die der Mensch zu respektieren hat, will er sich nicht selbst ins Unglück stürzen. Sie ist als Inbegriff allen Maßes die Richtschnur für sein Handeln. Die Konstellation des *Kairos* ist für ihn schicksalhaft. Doch in diesen Grenzen ist der Mensch für sein Glück verantwortlich, wobei ihm sein Anteil an der göttlichen Vernunft helfend zur Seite steht.

6. Gerechtigkeit für Täter und Opfer oder der Glaube an die Reinkarnation als Abrundung des platonischen Konzepts der göttlichen Vergeltung

Dem zunehmend monologischen Charakter der *Nomoi* gemäß, in denen die beiden Gesprächspartner des Atheners mehr und mehr zu blossen Statisten werden, kommen die Bedenken nicht zur Sprache, die sich angesichts des Endes des hybriden Menschen als der Form des Waltens Gottes und seiner Gerechtigkeit erheben; denn es ist offensichtlich, daß dabei ebenso häufig ein Mißverhältnis zwischen dem Unheil des Übeltäters und dem Unglück derer besteht, die *volens* oder *nolens* von ihm in den Untergang geführt worden sind[70]. Angesichts des Dunkels, das in der Regel über dem Schicksal der

---

68 Dieselbe Aufgabe wird unter deutlicher Kennzeichnung, daß es sich um eine traditionelle Überlieferung (*mythos ē logos*) handelt, in IX 872 d 7-e 5 der in der Textüberlieferung wohl in diesem Fall fehlerhaft kleingeschriebenen Dikē als Rächerin des Verwandtenmordes zugeschrieben.

69 Vgl. dazu künftig auch O. Kaiser, Das Deuteronomium und Platons Nomoi. Ermutigung zu einem Vergleich.

70 Vgl. dazu z.B. (Ps)Theog. 373-392. 731-752 sowie die anklagende, an Zeus gerichtete Frage des Boten der griechischen Heeresversammlung angesichts des Elends der versklavten Königin Hekabe Eur. *Hec.*, 488-490, ob Zeus seine Welt sieht oder ein blindes Schicksal den Lauf der Dinge bestimmt, und weiterhin die heuchlerische und im Blick auf den Sprecher hintergründig wahre Klage des Polymestor ebd. 956-960 und die Unentschiedenheit Eur. *Tro.*, 884-889 (und dazu K. Reinhard, Die Sinneskrise bei Euripides, in: ders., Tradition und Geist, 1960, 226-56 sowie C. Wildberg, Die Gerechtigkeit des Zeus in den Dramen des Euripides,

Menschen liegt, ist jeder Versuch einer das Ergehen des Einzelnen zufrieden-
stellenden generalisierenden Theodizee in den Grenzen der Immanenz zum
Scheitern verurteilt[71]. Obwohl es selbstverschuldete Untergänge und damit
einen zureichenden Anhaltspunkt für ihre Deutung als göttliche Vergeltung
gibt, liegt über den schicksalhaften Fügungen im Leben des Einzelnen wie der
Völker ein tiefes Dunkel, so daß sich dieser Glaube nicht in ein Wissen um-
setzen läßt. Dessen war sich Platon bewußt. Daher hat er sich bei seiner
Beantwortung dieser Grundfrage menschlicher Existenz des Jenseitsmythos
bedient, auf dessen (wie wir heute sagen würden) symbolischen, indirekten
Charakter er auch in den *Nomoi* ausdrücklich hingewiesen hat (*Leg.* X 903 b
1f., vgl. *Men.* 86 b 6-c 2; *Phd.* 114 d 1-7)[72]. In ihm zu reden, ist eine *kalos
kindynos*, ein "schönes Wagnis" (114 d 6). Demgemäß umspielen die

> große Seelenmythen ... jeweils am Schlusse eines Werkes das unwißbare Jenseits des
> Lebens, nachdem vorher, mit dem Blick freilich auf das ewige Sein, doch im
> Diesseitigen die Ordnung bestimmt oder das von ihr aus begrifflich Erkennbare erkannt
> worden ist[73].

In diesem Sinne hat Platon zunehmend vom Mythos Gebrauch gemacht[74].
Nach einem knappen Hinweis auf die Möglichkeit eines Totengerichts in der

---

in: J. Jeremias, Hg., BZAW 296, 2001, 1-20 und dann auch die Polos im *Gorgias* in
den Mund gelegte Bestreitung der sokratischen These, daß es besser ist, Unrecht zu
erleiden als Unrecht zu tun, weil viele Übeltäter glücklich sind (*Gorg.* 470 c 4-471 d
2). Zu alttestamentlichen Parallelen wie z.B. Hiob 21 vgl. z.B. O. Kaiser, Der Gott
des Alten Testaments. Theologie des Alten Testaments, I, Grundlegung, UTB 1747,
1993, 277-82.

71   Vgl. I. Kant, Über das Mißlingen aller philosophischen Versuche in der Theodicee,
1791, AA VIII, 1923, 253-71, dazu auch O. Lempp, Das Problem der Theodicee in
der Philosophie und Literatur des 18. Jahrhunderts bis auf Kant und Schiller, 1920
und nicht zuletzt das Kapitel "Theodizee als Kontingenzerfahrungsdementi" von H.
Lübbe, Religion nach der Aufklärung, 1986, 195-206.

72   Vgl. auch *Apol.* 40 e 2-7 und *Phdr.* 246 c 2-5 und dann *Gorg.* 523 a 1-3.

73   P. Friedländer, Platon, I, Seinswahrheit und Lebenswirklichkeit, 3. Aufl., 1964, 200;
vgl. auch das 9. Kapitel, Mythos, 182-222 und nicht zuletzt G. Krüger, Einsicht und
Leidenschaft. Das Wesen des platonischen Denkens, 3. Aufl., 1963, 49-73, bes. 62:
"In der Tat enthält der platonische Mythos trotz seiner Aporie eine erleuchtende
Klarheit. Er zeigt, was der Logos zwar nicht erschwingt, was er aber im Blick haben
muß, um selbst mit Sinn auf die Suche gehen zu können. Hier bewährt es sich, daß
die recht verstandene Vernunft über sich hinausweist. Denn indem sie sich selbst als
forschende Vernunft erkennt, also im Vollzug einer Bewegung, die ins Unbekannte
vordringt, zeigt sie sich einer Führung bedürftig, die sie selbst nicht leisten kann".

74   Vgl. dazu auch P. Friedländer, ebd., 188-222.

Apologie[75] und einem ausführlicheren im *Gorgias*[76] hat der Gedanke der Seelenwanderung seit dem *Meno*[77], dem *Phaidon*[78] und dem *Phaidros*[79] eine zunehmende Bedeutung für die teleologische Abrundung seiner Ethik erhalten, die in der *Politeia* im Er-Mythos ihren Höhepunkt erreichte[80] und dann in den *Nomoi* noch einmal wirkungsvoll eingesetzt wird (*Leg.* 891 e 4-899 d 3)[81]. Die Mythe von der Metempsychose besagt, daß die Seelen der Menschen Inkarnation um Inkarnation durchlaufen und ihnen dabei entsprechend ihres jeweiligen religiös-sittlichen Verhaltens ein besseres oder ein schlechteres Los zuteil wird. Aus diesem Kreislauf scheiden nur die aus, welche die religiös-sittliche Vollkommenheit erreicht und damit das Ziel der Gottähnlichkeit, soweit das einem Menschen möglich ist, erreicht haben[82]. Sie werden in die himmmlische Welt entrückt[83]. So vollzieht sich die göttliche Gerechtigkeit durch eine beständig neue, ihrem Charakter gemäße

---

75 *Apol.* 40 e 7-41 a 5.

76 *Gorg.* 523 a 1-524 a 7. Zum orphisch-pythagoreischen Hintergrund vgl. Adkins, Merit and Responsibility, 143-47.

77 *Men.* 80 e 1-81 d 5 als Begründung der These, daß Lernen Wiedererinnerung sei, wobei Platon, Sokrates auf Pind. fr. 127 (Bowra) = 133 (Snell) zurückgreift.

78 *Phd.* 113 d 1-114 c 8.

79 *Phdr.* 246 b 6-d 5.

80 *Rep.* X 613 e 6- 621 d 3 und dazu Wolf, Rechtsdenken IV/1, 403-10.

81 Die eigentlichen Ursprünge der Vorstellung dürften mit W. Burkert (Weisheit und Wissenschaft. Studien zu Pythagoras, Philolaos und Platon, Erlanger Beiträge zur Sprach- und Kunstwissenschaft 10, 1962, 98-142, bes. 133-35) und West (Orphic Poems, 1998, 146-50) in schamanischen Erfahrungen zu suchen sein. In Griechenland erscheint sie seit dem ausgehenden 6. Jh. und wird dabei mit den Namen des Pythagoras und des Orpheus verbunden, Burkert, Antike Mysterien. Funktionen und Gehalt, 1990, 73f. Ihre platonische Rezeption dürfte auf pythagoreische Wurzeln zurückzuführen sein (ders., Weisheit, 343) wobei man sich an ihre Verbreitung im 5. Jh. (ebd., 267-77) und zumal bei Pindar erinnern muß, vgl. F. Graf, Eleusis und die orphische Dichtung Athens in vorhellenistischer Zeit, RGVV 33 (1974) 83-89; dagegen fehlt sie in der eleusinischen Eschatologie, ebd., 184; vgl. auch Burkert, Mysterien, 74. Zur pythagoreisierenden Orphik einschließlich ihrer Bedeutung für die dionysischen Mysterien vgl. West, Orphic Poems, 7-26.

82 Vgl. auch *Phdr.* 253 b 5-c 6; *Tht.* 176 e 3-177 a 2; *Tim.* 90 c 7-d 7; *Rep.* X 613 a 4- b 1. Zur Vorgeschichte vgl. auch Roloff, Gottähnlichkeit, 186-97.

83 Vgl. *Phd.* 114 b 6-c 6; *Phdr.* 247 b 7-c 2; *Tim.* 90 d 1-7; *Rep.* X 621 c 3-d 3; zur himmlischen Heimat der Seele auch *Phdr.* 247 b 5-c 1; zur Vorgeschichte vgl. die Vorstellungen über Entrückungen auf die Inseln der Seligen z.B. bei Hom. *Od.* IV 560ff. und vor allem Pind. *Ol.* 2,55-77, wo sie mit der Seelenwanderung verbunden ist; und dazu E. Rohde, Psyche I, 2. Aufl., 1898, 68-90.140f. bzw. II, 369-78 und zu Pindar bes. F. Graf, Eleusis, 83-88, der S.86f. auf die Verwandtschaft zu Pl. *Phd.*, *Phdr.* und *Gorg.* hinweist. Zum Hintergrund der platonischen Vorstellung von der himmlischen Heimat der Seelen vgl. Burkert, Weisheit, 325-47 und bes. 338-44.

Platzanweisung der Seele. Gegenwärtiges Leiden gewinnt dadurch die Bedeutung der göttlichen Prüfung und schlägt mithin dem Gerechten zum Heil aus (*Rep.* X 613 a 4-b 1)[84]. Dabei lag es offensichtlich in Platons Absicht, göttliche Gerechtigkeit und menschliche Verantwortung so aufeinander abzustimmen, daß letztere den Ausschlag für das göttliche Handeln am Menschen gibt (*Rep.* X 617 e 4f.): *aitia helomenou*; *theos anaitios*[85]. Die Unerforschlichkeit menschlicher Lose mit ihren so unterschiedlichen Startbedingungen und ihrem so weit auseinandergehenden Verlauf findet ihre Lösung in der Gewißheit, daß sich hinter beiden die göttliche Antwort auf die Gerechtigkeit oder Ungerechtigkeit in früheren Inkarnationen verbirgt. Seiner Erkenntnisart nach aber handelt es sich bei der Erhellung des dunkeln Schicksals mittels der Vorstellung von der Metempsychose um eine anthropologische Aussage, die sich auf einstige Erfahrungen beruft und künftige in Aussicht stellt. Sofern man den kantischen Begriff im Sinne der Aufdeckung einer im Vollzug der Existenz beschlossenen Hypothese versteht, mag man sie als ein Postulat der praktischen Vernunft bezeichnen[86], dessen Überzeugungskraft in seinem Deutungspotential liegt[87].

In den *Nomoi* kommt Platon dreimal direkt oder indirekt auf die Seelenwanderung zu sprechen, in IX 854 b 1-c 5; X 896 c 5-d 3 und in 903 a 10-907 d 3. Die erste Anspielung findet sich in der Vorrede über die Behandlung eines Tempelräubers in IX 854 b 1-c 5[88]. Sie wird vermutlich nur von dem als solche erkannt, der über die Behauptung in b 3f. nicht hinwegliest, daß die

---

84   Vgl. auch die Beispiele für derartige Sühneleiden *Rep.* 614 d 1-616 b 1.

85   "Die Schuld liegt bei dem Wählenden; Gott ist unschuldig".

86   Dasselbe gilt in unseren Augen für die Hoffnung auf Unsterblichkeit der Seele. Für Platon verhielt sich das freilich anders. Er hatte dafür im *Phd.* 70 d 7-81 a 2 einen doppelten Beweis aus dem Kreislauf des Lebens, in dem aus Leben Tod und aus Tod Leben entsteht, und der Verwandtschaft der Seele mit dem Unvergänglichen geführt. Im *Phdr.* 245 c 5-246 d 5 hat er ihn als kinetischen erneuert. In *Leg.* X 891 e 4-899 d 3 hat er diesen noch einmal in einem breit angelegten Beweisgang unter dem Gesichtspunkt der Priorität der Seele vor allen Körpern, ihrem göttlichen und ihrem noetischen Charakter wiederholt. Daraus folgerte er, daß die Götter allwissend sind (901 c 8-d 5), das menschliche Schicksal in Gerechtigkeit (903 b -905 d) und dabei Unbestechlichkeit (905 d 8-907 b 4) leiten. Diese Einsichten hat er ausweislich des Gesetzes gegen Gottesfrevel geradezu als ein einklagbares Wissen behandelt (907 d 3-910 e 4).

87   Vgl. Burkert, Mysterien, 73f. und dann auch H. Obst, Der Reinkarnationsgedanke in christlichen Sondergemeinschaften der Neuzeit, in: U. Schnelle, Hg., Reformation und Neuzeit. 300 Jahre Theologie in Halle, 1994, 235-63 und bes. 263 sowie R. Sachau, Weiterleben nach dem Tod? Warum immer mehr Menschen an Reinkarnation glauben, GTB 988, 1998, 129-43.

88   Vgl. dazu auch oben 102 = 92 Anm. 54.

Untat durch einen krankhaften Trieb (*oistron*) verursacht wird, der auf Grund alter und ungesühnter Missetaten in den Menschen entsteht. In vergangenen Inkarnationen vollbrachtes ungesühntes Unheil wirkt sich auf das Verhalten des Menschen in seinen späteren Reinkarnationen aus. Sofern die Aufklärung über diesen Sachverhalt bei dem Betroffenen keinen Wandel einleitet, soll man ihm die Selbstentleibung anraten, weil der Tod für ihn als das bessere (*kalliō thanaton skepsamenos*) zu betrachten sei[89]. Man kann diesen Rat wohl kaum anders erklären, als daß dieser Freitod die versäumten Reinigungen nachholt. Die zweite begegnet im Zusammenhang des in X 891 e 4-899 d 3 geführten kinetischen Beweises für die Unsterblichkeit der Seele, der aus ihrer kreisförmigen Selbstbewegung auf ihren göttlichen und ihren noetischen Charakter zurückschließt (896 c 5-d 3). Da sich daraus für den Athener zugleich die Priorität der Seele gegenüber dem Leibe ergibt, zieht er den in seinem Kontext zunächst befremdlichen Schluß, daß auch die Wesenszüge (*tropoi*), der Charakter (*ēthē*), die Wünsche (*boulēseis*), die Art zu denken (*logismoi*), die wahren Meinungen (*doxai alētheis*), Intentionen (*epimeleiai*) und Erinnerungen (*mnēmai*) ebenso gewiß früher als der Leib sind. Der daraus in 896 d 5-8 gezogene weitere Schluß, daß die Seele die Ursache des Guten und Schlechten, Schönen und Häßlichen, Gerechten und Ungerechten ist, hätte zumal im Rahmen eines Gottesbeweises eigentlich nur den Nachweis verlangt, daß die Seele als solche Sitz der noetischen Fähigkeiten ist. Der Gedanke ihrer Unsterblichkeit zieht hier den ihrer Präexistenz und ihrer Präformation an, die beide auf den Menschen angewandt logisch zu dem Gedanken der Seelenwanderung führen. Mit entsprechenden Mythologemen läßt Platon den Athener seinen in 900 c 8-903 a 9 mittels des Arguments der göttlichen Vollkommenheit geführten Beweis, daß sich die Götter um die Menschen kümmern, in 903 a 10-907 d 3 ergänzen und krönen.

Daß sich Platon dessen bewußt geblieben ist, daß damit die rationale Argumentation überschritten wird, gibt er in 903 b 1f. zu erkennen: Es gilt nun den ungläubigen Jüngling unter Aufgebot einiger Mythen (*mythōn eti tinōn*) zu bezaubern[90], so daß er zu der Überzeugung kommt, daß die Götter

---

89   Zur Preisgabe der sokratischen Maxime, daß niemand unfreiwillig schlecht handelt, in den *Nomoi*, vgl. G. Müller, Studien zu den platonischen Nomoi, 50-54.

90   Zu der auffälligen Tatsache, daß Platon seinen Athener den Atheismus zwar widerlegen läßt, ohne dessen Argumente in 890 e 6 - 891 a 7 vorzuführen, vgl. C. Bobonich, Reading the Laws, in: C. Gill und M. McGabe, Hg., Form and Argument in Late Plato, 1996, 249-82 bes. 271f. und 278f.

das Schicksal der Menschen vollkommen gerecht leiten. Am Anfang dieses Argumentationsganges steht jedoch nicht gleich die Seelenmythe, sondern die These, daß der für das All Sorge tragende und d.h. die schönste Seele und Urvernunft mit Hilfe der über jedes einzelne Teil als Wächter gesetzten Archonten[91] alles so eingerichtet habe, daß jedes das erleide und tue, was ihm zukommt (*to prosēkon*). Dabei gilt das göttliche Interesse dem Glück des Ganzen und demgemäß ist der Einzelne um des Ganzen willen und nicht das Ganze um des Einzelnen willen erschaffen worden (903 b 4-d 1). Also sei auch das, was ihm widerfährt, im Blick auf das Ganze und also auch für ihn das Beste (903 d 1-2). Ohne jede weitere Einleitung läßt Platon dann seinen Athener mit der Reinkarnationsmythe argumentieren. Dabei bedient er sich der Metapher von Gott als einem Brettspieler[92]: Da jede Seele[93] in ihren Inkarnationen jeweils durch sich selbst wie durch andere Seelen Veränderungen erleidet, muß der göttliche Brettspieler ihnen fortgesetzt einen ihrem jeweiligen Charakter (*ēthos*) angemessenen (*kata to prepon*) besseren oder schlechteren Platz (*topon*) zuweisen, damit ihr das ihr zukommende Geschick (*moira*)[94] zuteil wird (vgl. 903 d 3-e 1). Das Tun eines Menschen findet jeweils ihre sei es unmittelbare, sei es künftige Spielung in seinem bzw. seiner Seele Geschick. Demgemäß bestimmt sich auch ihre jeweils nächste Inkarnation: Ganz im Sinne des in IV 709 b 7-c 3 beschriebenen, unter dem Vorzeichen der Allwirksamkeit Gottes und des Kairos stehenden Synergismos[95] wirken auch in der göttlichen Platzanweisung, die der schicksalhaften Ordnung und dem Gesetz (*kata tēn tēs heimarmenēs taxin kai nomon* 904 c 8f.) gemäß erfolgt, Gott und die menschliche Selbstbestimmung insofern zusammen, als der selbst verantwortete Charakter des Menschen das göttliche Handeln bestimmt (904 a 6-c 4). Verändern nun die beseelten Wesen[96] ihre Charaktereigenschaften in ihrer jeweiligen Inkarnation nur unwesentlich, so ändert sich bei der nächsten lediglich ihre irdische Platz-

---

91   Vgl. auch Hes. *Op.* 253 und dazu West, Hesiod. Works and Days, 220.
92   Vgl. dazu auch, was oben 101 = 91 über die Metapher von den Menschen als den Marionetten der Götter gesagt worden ist.
93   Sie ist wie der Leib bzw. die Materie und die Götter unsterblich, aber als erschaffene nicht ewig (904 a 8f.).
94   Zu den Ursprüngen der Vorstellung von der Moira als Göttin und als Bezeichnung für das Geschick vgl. B.C. Dietrich, Death, Fate and the Gods. The Development of a Religious Idea in Greek Popular Belief and in Homer, 2. Aufl., 1967, 59-90.194-231.
95   Vgl. dazu oben 102 = 92.
96   Die Menschen sind also nur ein, wenn auch durch ihre Teilhabe an der Vernunft ausgezeichneter Spezialfall.

anweisung. Wird eine Seele dagegen wesentlich schlechter, kommt sie in die Tiefe, den gefürchteten Hades. Hat sie sich dagegen durch ihr eigenes Wollen wie durch die machtvolle Wirkung ihres Umgangs eng mit der göttlichen Tugend verbunden und damit die angestrebte Gottähnlichkeit erreicht[97], wird sie "auf heiligem Wege an einen anderen, besseren Ort versetzt" (904 c 6-e 3)[98]. Und so lautet die abschließende Lehre für die sich von den Göttern vernachlässigt fühlenden Knaben und Jünglinge:

> Wer schlechter geworden, der muß zu den schlechteren Seelen wandern, wer aber besser, zu den besseren, und im Leben und in jedem Sterben muß er das erleiden, was Gleichgesinnte Gleichgesinnten geziemendermaßen einander antun oder voneinander erleiden (904 e 5-905 a 1).

Oder auf eine knappe Formel gebracht: Der göttlichen Gerechtigkeit entgehen die Menschen weder im Leben noch im Sterben. Dabei vollzieht sich die Gerechtigkeit Gottes am Einzelnen abgesehen von der schicksalhaften Platzanweisung und Loszuteilung auch weiterhin im Wechselspiel zwischen seinem Umgang und seinem Handeln[99].

7. Rückblick und Ausblick

Nach dem soeben Ausgeführten bedarf es kaum noch einer ausführlicheren Zusammenfassung. Es dürfte deutlich geworden sein, daß Platon den traditionellen Glauben an die Gerechtigkeit des Zeus und seiner die Strafe vollziehenden Dikē in seine theologische Philosophie und Anthropologie eingeordnet hat. Es ist die göttliche, jenseits des Seins zu suchende und damit transzendente Urvernunft, die als die schönste Seele und Herrscherin des Alls die traditionellen Götter zu Wächtern über den von ihm geschaffenen Kosmos eingesetzt und den Menschen Anteil an der Vernunft gegeben hat. Indem die

---

97 Vgl. dazu oben, 103 - 105 = 93 - 95

98 Vgl. *Phdr.* 246 b 6-247 e 6; *Rep.* X 614 d 3-615 a 3; und weiterhin *Tim.* 40 a 2-b 6; 41 d 4-e 3; *Leg.* X 899 b 3-96 e und XI 966 d 9 - 967 d 2 sowie schließlich *Epin.* 981 d 5-983 c 5 und zur Herkunft der Vorstellung Burkert, Weisheit, 338-44.

99 Vgl. dazu auch, was Wolf (Rechtsdenken IV/1, 410) abschließend zum Sinn des Er-Mythos ausführt: "In der Wahl möchte sich jeder ganz ins Recht setzen; aber der menschliche Wille – frei nur in der Notwendigkeit – ist nie mehr als 'Entwurf' der Entscheidung, die öfter mißlingt als gelingt. Keiner ist dessen gewiß, ob das von ihm gewählte das ihm wahrhaft Zukommende ist. Erst der neue Lebenslauf zeigt, ob er 'das Rechte' getroffen, durch seine Wahl als 'ein Rechter' erwiesen hat".

Staaten wie die Menschen der vernünftigen Erwägung Raum geben, sind sie glücklich. Der hybride Mensch, der sich über die vernünftige Leitung hinwegsetzt, ruiniert sich, seine Gefährten und seine Polis. Dabei bedient sich die göttliche Gerechtigkeit *de facto* seiner und seiner Anhänger Unvernunft.

Aber angesichts des rätselhaften Dunkels, das über dem Schicksal der Menschen liegt und seinem Verlangen nach Gerechtigkeit widerspricht, ist eine Horizonterweiterung erforderlich. Die Brücke dazu bildet die Überzeugung, daß die Seele unsterblich, aber als Geschöpf zusammen mit den ebenfalls erschaffenen Götter nicht ewig ist. Wenn Gerechtigkeit und Glückseligkeit grundsätzlich einander entsprechen und der unschuldig leidende Gerechte grundsätzlich glücklicher als der Täter ist, reicht es nicht aus, den Glauben an die Gerechtigkeit Gottes an ihre Nachweisbarkeit in den Grenzen zwischen einer einmaligen Geburt und einem einmaligen Ende zu binden. Wenn die Seele aber unsterblich ist, liegt die mythische Auskunft als ein (modern ausgedrückt) Postulat der praktischen Vernunft nahe, daß sich die göttliche Gerechtigkeit in der Platzanweisung im Ablauf der Reinkarnationen vollzieht. Dabei bewirkt eine Verschlechterung des Charakters eine Verschlechterung des nachfolgenden Lebens, eine Verbesserung aber auch seine Verbesserung. Doch auch dieser jeweils den Charakter der Notwendigkeit besitzende und von Inkarnation zu Inkarnation wechselnde Rahmen ändert nichts daran, daß die Menschen dank ihres reziproken Verhältnisses während ihrer ganzen Seelenreise aneinander die Gerechtigkeit der göttlichen Urvernunft vollstrecken. Die praktische Konsequenz, daß nicht die Leidenschaften, sondern eine das Maß haltende sittliche Vernunft unser Handeln regieren sollte und könnte, bleibt in einer im Großen wie im Kleinen auch heute friedlosen Welt bedenkenswert. Die Annahme der Bedingungen und Fügungen seiner Endlichkeit ist die Bedingung für die Freiheit des Menschen von seiner Selbstentfremdung. Sie läßt ihn die gegenwärtige Existenz als ein notwendiges Stadium auf dem Wege zur ewigen Seligkeit verstehen, deren Erreichung in der unendlichen Akkomodation an die alles Maß stiftende Vollkommenheit Gottes gebunden und doch bereits in der Gewißheit gegenwärtig ist, daß die, die ihm maßhaltend ähnlich auch ihm lieb sind. In dieser Gesinnung aber vermag er der sokratischen Maxime beizupflichten, daß Unrecht leiden besser als Unrecht tun ist und damit zum Frieden in dieser Welt beizutragen, indem er die ihre Unfriedfertigkeit bestimmende Kette der Vergeltens von Bösem mit Bösem unterbricht. Sollte man mich fragen, wie ein christlicher Theologe solche Rede verantworten kann, würde ich mich lächelnd auf ein Fresko in einem kleinen Kirchlein auf der peloponnesischen Halbinsel Mani berufen, in der der Heilige Sokrates und der Heilige Platon zusammen mit den Propheten des Alten und den Aposteln des Neuen Bundes den Altar umringen, und im Blick auf manche im Laufe der Kirchengeschichte gefällte dogmatische Entscheidung I Joh. 3,20 abwandelnd sagen: "Gott ist nicht nur größer als unser Herz, sondern auch als unser Verstand, und er weiß alle Dinge"[100].

100   Zu danken habe ich an erster Stelle Prof. Dr. Anne Lill vom Department for Classical Studies der Universität Tartu, Estland, für die Einladung zu einem Gastseminar über die *Nomoi* im Herbstsemester 1997 und denen, die in ihm wie in dem vorausgehenden Marburger *privatissimum* engagiert mitgearbeitet haben. Nicht weniger verbunden bin ich meinen Freunden, den Herren Prof. Dr. Christian Wildberg, vom Department of Classics der Universität Princeton und Repetenten Martin Neher vom Ev. Seminar in Maulbronn für ihre die Klarheit fördernden Rückfragen und sorgfältigen Korrekturhilfen.

Xenophons Frömmigkeit:
Ideal und idealisierte Wirklichkeit

1. Xenophons Ideal der Frömmigkeit

Wohl jeder, der einst als Tertianer Xenophons *Anabasis* gelesen hat, verbindet mit dieser Musterschrift klassischer Gräzität kaum mehr als die Erinnerung an die stereotypen Überleitungsformeln mit ihrem ἐνθεῦτεν ἐπορεύθησαν σταθμοὺς X παρασάγγας Y und dem Freudenruf θάλαττα, θάλαττα (an. IV.7.24), der in der Regel das Ende der Klassenlektüre markierte. Nimmt man die *Anabasis* nach Jahrzehnten wieder zur Hand, ist man erstaunt, welche Fülle von geschichtlichen, kulturgeschichtlichen, ethnologischen und geographischen Informationen sie enthält.[1] Daß Xenophons Bericht auch für den Religionsgeschichtler und Theologen von Interesse ist, suchen die folgenden Seiten zu belegen. Der Altorientalist weiß aus den einschlägigen Omnia-Handbüchern, Opferanfragen und Opferbescheiden, welche Rolle die Mantik im Leben der Völker des alten Westasiens spielte.[2] Der Alttestamentler bleibt, von wenigen Hinweisen in seinen Texten abgesehen, weithin auf Vermutungen und Rekonstruktionen angewiesen, wenn er sich die mantischen Praktiken des

---

1 Vgl. dazu Werner Jaeger, Paideia. Die Formung des griechischen Menschen III, 3. Aufl., Berlin 1959, 226.
2 Vgl. dazu z.B. A. Leo Oppenheim, The Interpretation of Dreams in the Ancient Near East. With a Translation of an Assyrien Dreambook, TAPHS NS 46/3, Philadelphia 1956; Ivan Starr, The Ritual of the Diviner, Bibliotheca Mesopotamica 12, Malibu 1983, und ders., Queries to the Sungod. Divination and Politics in Sargonic Assyria, SAA IV, Helsinki 1990, bes. 9-31; W.G. Lambert, Questions addressed to the Babylonian Oracle: the *tamitu* Texts, in: Jean-Georges Heintz, éd., Oracles et prophéties dans l'Antiquité. Actes du colloque de Strasbourg 15-17 juin 1995, Travaux du Centre de Recherche sur le Proche Orient et la Grèce Antiques 15, Paris 1997, 85-98; Thamsyn Barton, Ancient Astrology, London und New York 1994 (Nachdr. 1998) und dazu z.B. Otto Kaiser, Hg., Deutungen der Zukunft in Briefen, Orakeln und Omina, TUAT II/1, Gütersloh 1986 und die Briefe assyrischer Astrologen und Leberschauer an den assyrischen König bei Simo Parpola, Letters from Assyrian and Babylonian Scholars, SAA X, Helsinki 1993.

vorexilischer Israel zu vergegenwärtigen sucht.[3] Aber keiner von beiden verfügt über vergleichbare Texte, in denen ein Feldherr sie selbst in seinen Kriegsbericht einordnet.

Gewiß wird auch diese Skizze nichts an dem allgemeinen Urteil ändern, daß Xenophons pragmatische Religiosität mit ihrem Glauben an die sich in den Omina offenbarende Existenz der Götter und seiner darauf beruhenden Achtung vor den Vorzeichen und der Einhaltung der Gelübde konventionell gewesen ist.[4] Man muß sich freilich bei einem solchen Urteil vergegenwärtigen, daß eine Religion von ihren Anhängern grundsätzlich ein konservatives Verhalten gegenüber ihren Grundvoraussetzungen verlangt. Trotzdem ist Xenophons Frömmigkeit für uns von Belang, weil uns das, was einst alltäglich war, fremd geworden ist und dadurch zum Vergleich mit der eigenen säkularisierten Welt einzuladen vermag. Vor allem aber erweckt die Frage unser Interesse, wie ein so gebildeter und zugleich praktisch denkender Mann die überkommenen religiösen Vorstellungen und Gebräuche in seine außergewöhnliche Vita einbezogen hat.

Die Aufgabe besitzt dadurch ihren besonderen Reiz, daß Xenophon nicht nur der Autor der *Anabasis*, sondern auch der *Erinnerungen an Sokrates*, eines sokratischen *Symposions* und einer Idealbiographie in Gestalt der *Cyropaedia* ist. Denn daher bietet sich von selbst der Vergleich zwischen dem von der Frömmigkeit des Lehrers, des idealen Königs und der eigenen Religiosität gezeichneten Bilde an. Daß alle vier Werke in dieser Beziehung miteinander übereinstimmen,[5] ist angesichts ihrer idealisierenden, pädagogischen und bei den sokratischen Schriften obendrein apologetischen Tendenzen zu erwarten.[6] Trotzdem hinterläßt der Vergleich am

---

3   Vgl. dazu Frederick H. Cryer, Divination in Ancient Israel and its Near Eastern Environment. A Socio-Historical Investigation, JOST.S 142, Sheffield 1994; Ann Jeffers, Magic and Divination in Ancient Palestine and Syria, SHCANE 8, Leiden 1996, zur Totenbeschwörung Josef Tropper, Nekromantie. Totenbefragung im Alten Orient und im Alten Testament, AOAT 223, Kevelaer und Neukirchen-Vluyn 1989; zum Traum auch Jean-Marie Husser, Le songe et la parole. Étude sur le rêve et sa fonction dans l'Ancien Testament, BZAW 210, Berlin und New York 1994 und zur Leberschau in Israel auch Oswald Loretz, Leberschau, Sündenbock, Asasel in Ugarit und Israel, UBL 3, Altenberge 1985.

4   Vgl. z.B. Christopher J. Tuplin, Art. Xenophon (1), OCD 3. Aufl., Oxford 1996, 1628b-1631, bes. 1628, und zur attischen Konvention Victor Ehrenberg, Aristophanes und das Volk von Athen. Eine Soziologie der altattischen Komödie, BAT.FD, Zürich und Stuttgart 1968, 259-265, und Jaques Jouanna, Oracles et devins chez Sophocle, in: Heintz, Oracles et prophéties, 1997, 283-320, bes. 297-310.

5   Vgl. dazu Bodil Due, The Cyropaedia. Xenophon's Aims and Methods, Aarhus 1989, 198-206.

6   Zur pädagogischen Absicht der *Anabasis* vgl. Jaeger, 230: „Der Leser soll lernen, wie man in gewissen Lagen des Lebens reden und handeln soll. Wie die von drohenden Barbarenstämmen und feindlichen Heeren umringten Griechen in höchster Not, so soll

Ende den Eindruck, daß sich in ihnen insgesamt vor allem Xenophons eigenes religiöses Temperament und Verständnis spiegelt. Dieses entsprach der in seinem Charakter liegenden Nüchternheit,[7] in der er sich überdies durch seinen einstigen Verkehr mit Sokrates bestärkt wußte.[8] Die Geschlossenheit der in seinen Schriften gespiegelten religiösen Vorstellungswelt und Praxis dürfte darüber hinaus ihren technischen Grund in seiner Arbeitsweise als Schriftsteller besitzen, wie sie *Olaf Gigon* nachgewiesen hat: So wie Xenophon Sokrates in mem. I.6.14 erklären ließ, daß er mit seinen Freunden die Schriften der alten Weisen durchgehe und sich Auszüge herstelle (ἐκλέγεσθαι), wenn sich etwas Gutes in ihnen finde, scheint auch Xenophon mit Exzerpten gearbeitet zu haben, die er in unterschiedlichen Zusammenhängen verwendete und jeweils dem Kontext adaptierte.[9] Die Verbindung zwischen den *Memorabilien* und der *Anabasis* stellt Xenophon zudem für die Leser erkennbar am Anfang ihres 3. Buches her, indem er seine (auf den Bericht vom Tod des Kyros in der Schlacht bei Kunaxa und der Hinrichtung der griechischen Feldherren durch Tissaphernes[10] in III.1.5 folgende) Selbsteinführung mit der Erzählung von seiner auf den Rat des Sokrates vor Antritt seines Aufbruchs zu Kyros vorgenommenen Befragung des delphischen Orakels verknüpft. Weiterhin gibt es auch eine offensichtliche und eine unterschwellige Verbindung

---

er die Arete in sich selbst entdecken und entwickeln lernen." Zur speziellen Absicht der Cyropaedia vgl. ebd., 237-238. Daß nicht nur der Sokrates der Memorabilien und der des Symposions einander entsprechen, sondern auch die pädagogischen Dialoge zwischen Vater und Sohn in der Cyropaedia eine sokratische Färbung besitzen, zeigt Deborah L. Gera, Xenophon's Cyropaedia. Style, Genre and Literary Technique, OCM, Oxford 1993, 29-49 und 50-131; vgl. bes. die Zusammenfassung 130-131.

7 Gegen den Vorwurf, Xenophons Frömmigkeit sei geheuchelt, wendet sich mit Recht John K. Anderson, Xenophon, London 1974, 35.

8 Vgl. dazu Anderson, 20-33; sein Urteil auf Seite 20, daß Xenophon mit seinen ein Vierteljahrhundert nach der Hinrichtung des Sokrates verfaßten Memorabilien dessen postumen Gegnern zu zeigen suchte, daß *„Socrates was not at all like that, but like this"* läßt sich vermutlich auch auf sein Symposion übertragen. Xenophon zeigt uns einen Sokrates, wie er seinem eigenen nüchternen und unspekulativen Wesen entsprach und als welchen er ihn auch in der Apologie seines Lehrers gezeichnet hat.

9 Vgl. Olaf Gigon, Kommentar zum ersten Buch von Xenophons Memorabilien, SBA 5, Basel 1953, 163; ders., Sokrates. Sein Bild in Dichtung und Geschichte, SD 41, 2. Aufl., Bern und München 1979, 50, und seine auf 42-48 geführten Nachweise, daß Xenophon den Gedankengang seiner in mem. I geführten Apologie des Sokrates durch Versatzstücke unterbricht. Am deutlichsten ist das in I.4 der Fall, in dem er in 4,2 Aristodemos als einen Freund des Sokrates einführt, der weder opferte noch sich der Mantik bediente, dann aber in 4,10 erklärt, daß er die Götter für zu erhaben halte, als daß sie seiner Verehrung bedürften. Statt nun die in 4,2 eingeführte Meinung des Aristodemos auf der Linie von I.2,1ff. zu widerlegen, läßt Xenophon Sokrates eine teleologische Rechtfertigung der Götter vortragen, die in I.4,9-10 wie ein Auszug aus IV.3,13-19 anmutet.

10 Vgl. an. II.5,1-6,30.

zwischen dem Bericht von der Abschiedsrede des Perserkönigs in der *Cyropaedia* und seiner Darstellung des Sokrates. Die offensichtliche führt zu den xenophontischen *Memorabilien*, die unterschwellige zu *Platons* und vor allem seiner eigenen *Apologie des Sokrates*.[11]

2. Xenophon und der Spruch des delphischen Orakels

Wir beginnen unsere konkrete Untersuchung, indem wir uns seinem Bericht über die Befragung des delphischen Orakels an. III.1.4-8 zuwenden.[12] Dieser zeigt, daß Xenophon seine Anfragen gegebenenfalls so zu stellen wußte daß die Antwort des Gottes seinen bereits gefaßten Entschlüssen nicht in die Quere kommen konnte. Andererseits hat er sich in allen Fällen, in denen ihm die Entscheidung zwischen den sich abzeichnenden Möglichkeiten schwer fiel, bedingungslos dem Spruch der Götter unterworfen hat.[13] Mit seiner Befragung des delphischen Orakels verhielt es sich nach seiner Erzählung so: Als er von seinem langjährigen Gastfreund Proxenos[14] im Winter 402/01 die ihm nicht unwillkommene Einladung zur Teilnahme an dem Feldzug des persischen Prinzen Kyros gegen seinen älteren Bruder und König Artaxerxes erhalten hatte, beriet er sich in dieser Sache mit Sokrates. Xenophons Stellung in Athen war einigermaßen heikel, hatte er doch nicht nur in den letzten Jahres des Peloponnesischen Krieges, sondern auch in der Zeit der Gewaltherrschaft der „Dreißig" in der Reiterei gedient, so daß er nach der 403 erfolgten Wiederherstellung der Demokratie nicht gerade zu den beliebtesten Rittern der Stadt gehört haben dürfte. Daher kam ihm die Aufforderung, als Gastfreund des Thebaners Proxenos ohne eine konkrete Aufgabe an dem Feldzug teilzunehmen[15] und so für einige Zeit aus Athen zu verschwinden, offensichtlich gelegen. Andererseits hatte Kyros als Satrap über Lydien, Großphrygien und Kappadokien den spartanischen König Lysander im Jahre 405 mit Geldmitteln in seinem erfolgreichen Kampf gegen die von

---

11 Vgl. dazu Bodil Due, Cyropaedia, 144-145, und Deborah L. Gera, Xenophon's Cyropaedia, 125-126.

12 Zum delphischen Orakel vgl. umfassend Georges Roux, Delphi. Orakel und Kultstätten, aus dem Franz. übers. v. Barbara Handike und Helga Heimberger, München 1971, und zu den generellen Aspekten Veit Rosenberger, Griechische Orakel. Eine Kulturgeschichte, Darmstadt 2001.

13 Vgl. z.B. an. VI.1.20-31 und dazu unten, S. 127.

14 Vgl. zu ihm knapp Gerhard Dobesch, Art. Proxenos 3., KP IV, München 1972, 1202.

15 An III.1,4-5.

Alkibiades kommandierte athenische Flotte unterstützt und auch weiterhin durch seine den Spartanern geleisteten Subsidien wesentlich zur Niederlage Athens beigetragen (Xen. hell. I.5.1-7).[16]

Wenn Xenophon jetzt ausgerechnet die Freundschaft dieses Prinzen suchte, mußte er sich in der Stadt erneut verdächtig machen.[17] Daher riet ihm Sokrates, das delphische Orakel zu konsultieren. Xenophon aber, in seiner Freude an Krieg und Abenteuern bereits entschlossen, sich Kyros anzuschließen,[18] stellte Apollon nicht die Frage, ob er an dem Feldzug teilnehmen, sondern welchem Gott er opfern und zu welchem er beten sollte, um die beabsichtigte Reise glücklich und wohlbehalten zu vollenden.[19] Daraufhin tadelte ihn Sokrates, weil er dem Gott nicht die grundsätzliche Frage vorgelegt habe, ob es für ihn besser sei zu reisen oder zu bleiben (vgl. auch Diog. Laert. II.49-50).[20] Doch da er nun einmal das Orakel des Apollon so und nicht anders befragt habe, müsse er sich jetzt an dessen Spruch halten. Daraufhin habe Xenophon den ihm von Apollon benannten Göttern geopfert,[21] um anschließend abzusegeln. Der knappe Bericht läßt keinen Zweifel daran, daß Xenophon fest entschlossen war, zu Kyros nach Sardes zu reisen und sich keinesfalls durch einen möglicherweise abmahnenden Spruch des Gottes daran hindern zu lassen. Sein Verhalten war in diesem Fall mithin pragmatisch und, wie der Tadel des Sokrates zeigt, nicht über alle Zweifel erhaben. So werden wir weiterhin darauf zu achten haben, ob es sich hierbei um ein einmaliges oder ein für Xenophon typisches Verhalten handelt.

3. Recht und Grenze der Orakelbefragung

Sokrates beriet Xenophon mithin ganz in der Weise, die er nach seiner Schuldung in den *Memorabilien* auch sonst den Göttern gegenüber für angemessen hielt. So habe Sokrates seinen Freunden geraten, das Not-

---

16 Vgl. dazu auch Karl-Wilhelm Welwei, Das klassische Athen. Demokratie und Machtpolitik im 5. und 4. Jahrhundert, Darmstadt 1999, 240-244.
17 Vgl. dazu auch Otto Lendle, Kommentar zu Xenophons Anabasis (Bücher 1-7), Darmstadt 1996, 148-149.
18 Jaeger, 227.
19 Die Abhaltung des entsprechenden Opfers wird in an. III.1.8 berichtet.
20 Zu der alternativen Orakelbefragung vgl. Rosenberger, 40-48, und speziell zu Delphi 48-58.
21 Daß es sich bei ihnen um Apollon und Artemis handelt, zeigen die beiden nach der Heimkehr dargebrachten Opfer; vgl. dazu unten, S. 128-129.

wendige so zu tun, wie es nach ihrer Meinung am besten sei. Vorzeichen sollten sie dagegen bei Unternehmungen mit unbekanntem Ausgang beachten (mem. I.16-7). Zu den Vorhaben, die jedermann ohne Befragung der Götter beginnen dürfe, gehörten alle, die eine bestimmte Sachkenntnis voraussetzen. So könnten ein Zimmermann, ein Schmied, ein Landwirt, einer, der sich auf die Führung von Menschen und Tieren verstehe, ein Mathematiker, ein Ökonom und ein Feldherr ihre spezifischen Aufgaben aufgrund ihres Fachwissens lösen. Denn zur Erledigung solcher Vorhaben reichten μαθήματα und γνώμη, Wissen und Entschlußkraft, aus (mem. I.1.7). Doch das Wichtigste in Gestalt der Kenntnis des künftigen Nutzens und Ausgangs einer Handlung hätten sich die Götter vorbehalten. So wisse, wer ein Feld gut bestellt, nicht, wer ernten wird, noch wer sich ein schönes Haus erbaut, wer es tatsächlich bewohnen werde. Ein Feldherr wisse nicht, welchen Nutzen seine Feldherrenkunst bringe; ein Staatsmann nicht, ob seine Führung der Polis erfolgreich sein werde. Wer eine schöne Frau heirate, um sich an ihrem Anblick zu erfreuen, dem sei unbekannt, ob sie ihm Ärger bringen werde. Dem, der sich mit einem Mächtigen in der Polis verschwägert, bleibe verborgen, ob er deswegen in die Verbannung gehen müsse (mem. I.1.8). So falle grundsätzlich alles, was sich durch Zählen, Messen oder Wägen entscheiden lasse, aus dem Bereich dessen heraus, wegen dem man die Götter befragen dürfe: Wer es trotzdem täte, würde gottlos handeln (ἀθέμιτα ποιεῖν). Was man nach dem Willen der Götter erlernen könne, müsse man auch erlernen, Allein das, was den Menschen verborgen sei,[22] das sollten sie von den Göttern durch Mantik in Erfahrung zu bringen suchen: τοὺς θεοὺς γὰρ οἷς ἂν ὦσιν ἵλεῳ σημαίνειν („denn die Götter gäben denen Zeichen, denen sie gnädig sind", mem. I.1.9).

So steht es also den Menschen nach der Sokrates in den Mund gelegten und von Xenophon geteilten Ansicht nur in solchen Fällen zu, die Götter zu befragen, in denen der Ausgang des Handelns ungewiß und aufgrund von Lernen und Wissen nicht vorhersehbar sei. Daher handle frevelhaft, wer von den Göttern erfrage, was er selbst wissen könne. Nur das was ihnen verborgen ist, dürften die Menschen mittels göttlicher Vorzeichen und Orakel zu erkunden suchen. Die Voraussetzung dafür bestünde allerdings darin, daß ihnen die Götter gnädig seien; denn sie erwiesen ihre Gottheit gerade darin, daß sie sich von den Menschen nicht dazu zwingen

---

22 Vgl. dazu Gigon, Kommentar, 10-11, der für die Begrenztheit der menschlichen Einsicht in den Erfolg seines Tuns auf Solon frg. 1 (Diehl) = 13 (Edmonds), 57-76, und Theognis 135-136 und zur Unterscheidung zwischen den Dingen, um die man beten und die man selbst tun darf, auf Plat. Lach. 195e-f und Charm. 173cff. hinweist.

ließen, ihnen Zeichen zu geben: Wollten sie aber nicht allen raten, so sei auch das nicht erstaunlich, denn die Götter unterlägen keinem Zwang, sich um die Menschen zu kümmern (Kyr. I.6.46).[23]

Mithin stellt sich die Frage, wie man die Huld der Götter zu gewinnen vermag. Einigermaßen zurückhaltend und doch deutlich genug läßt Xenophon in den *Memorabilien* Sokrates Aristodemos den Kleinen, der an der Existenz der Götter und ihrer Fürsorge für die Menschen zweifelt, auf das *do ut des* („*Ich gebe wie du gibst*") als die auch für den Umgang mit den Göttern geltende Regel verweisen (mem. I.4.18).[24] So wie man bei den Menschen erkenne, ob sie einen ihn erwiesenen Dienst durch einen Gegendienst zu entgelten bereit seien, müsse Aristodemos auch bei den Göttern erkunden, ober er sie sich durch die ihnen erwiesene Verehrung geneigt und willens machen könne, ihm einen Rat im Bereich des den Menschen Verborgenen zu geben.[25] In ähnlicher und zugleich diese Mahnung erläuternder Weise läßt Xenophon sich den jungen Kyros (II.) auf den Rat seines Vaters Kambyses berufen, der Götter wie Freunde in den Tagen des Glücks zu gedenken, damit sie einem in den Tagen der Not beistünden (Kyr. I.6.3-4). Bei den den Göttern zu erweisenden Aufmerksamkeiten komme es nach der von Sokrates unter Berufung auf die von Hesiod erg. 336[26] vertretene Überzeugung nicht auf die Größe der Gaben, sondern darauf an, daß sie dem Vermögen des Opfernden entsprächen (mem. I.3.3-4). Die zusätzliche Erklärung war, daß eine grundsätzliche Bevorzugung der großen Opfer durch die Götter bedeutete, daß ihnen die Gaben der Schlechten lieber als die der Guten seien.[27] Doch wäre das der Fall und wären auch die Götter bestechlich, so wäre das Leben für die Menschen nicht lebenswert. Diese Beurteilung der Wirksamkeit der Opfer besitzt ebenso einen sozialkritischen wie einen die Ehre der Götter verteidigenden Unterton und bezeugt damit ebenso den Realismus wie die Frömmigkeit Xenophons. Wie Sokrates war auch Xenophon nicht bereit, den Göttern andere ethische Grundsätze als den Menschen zuzubilligen.[28]

---

23 Vgl. auch Kyr. VIII.7,3.
24 Vgl. aber Platon, rep. III.390e und dazu W. Burkert, Kulte des Altertums, München 1998, 174-175.
25 Vgl. auch Gigon, Kommentar, 143: „Hier wird der Gottesdienst die Voraussetzung der Gegenleistung der Götter, die in der Mantik besteht, ein Gedanke, der hier anhand der gesellschaftlichen Regel mit beinahe brutaler Deutlichkeit hervortritt".
26 Vgl. auch Hesiod, Works and Days, ed. with Prolegomena and Commentary by Martin L. West, Oxford 1993, 240 z.St.
27 Vgl. auch Plat. leg. IV.716c-717a 3 und dazu Glenn R. Morrow, Plato's Cretan City, Princeton, N.J., 1960 (1993), 399-400.
28 Vgl. dazu auch Gregory Vlastos, Socrates. Ironist and Moral Philosopher, Cambridge 1991, 164-165.

Der Glaube an die Gerechtigkeit der Götter war für ihn eine Grundbedingung für ein sittlich sinnvolles Leben. Für Sokrates, so läßt er uns wissen, habe es jedenfalls festgestanden, daß sich die Götter am meisten über die Opfer der besonders Gottesfürchtigen (εὐσεβεστάτων) freuten (mem. I.3.3).[29]

4. Die Gültigkeit und Herkunft der göttlichen Zeichen

Wenn Sokrates überzeugt war, die Götter hätten ihm ein Zeichen gegeben, so hätte er sich nicht davon abhalten lassen, ihm gemäß zu handeln; denn man vertraue sich auch als Wegweisern keinen Blinden, sondern nur Sehenden an. Daher wäre es eine Torheit, den von den Göttern gesandten Zeichen nicht zu folgen, selbst wenn man sich dadurch in den Augen der Zeugen lächerlich mache (mem.I.3.4). Die Vorzeichen in Gestalt von Vogelflug, Stimmen, Zeichen und Opferbefunden beruhten nicht darauf, daß die Vögel oder die Mantiker wüßten, was den die Orakel einholenden Menschen zuträglich sei, sondern darauf, daß sich die Götter ihrer als Mittel bedienten (mem.I.1.3-4).[30] Die Voraussetzung dafür bildet für den xenophontischen Sokrates wie den xenophontischen Kyros die Überzeugung, daß die Götter allwissend und allgegenwärtig[31] sind und den Menschen über alle menschlichen Angelegenheiten Zeichen geben (vgl. mem. I.1.19 mit Kyr. I.6.46).[32] Daher läßt Xenophon dem jungen Kyros durch seinen Vater Kambyses nachdrücklich die durch die Geschichte bewährte Lehre einprägen, sich selbst oder sein Heer niemals in Gefahr zu bringen, wenn die Omina oder die Auspizien ungünstig ausfallen sollten; denn der Mensch handle aufgrund von Vermutungen, wisse aber nicht, welche von

---

29 Zum Gedanken, daß die Götter das geringere Opfer des Armen dem großen des Reiches vorziehen und ihnen Frömmigkeit wichtiger als Opfer ist, vgl. die von Fritz Wehrli, Lathe biosas. Studien zur ältesten Ethik bei den Griechen, (Leipzig und Berlin) Darmstadt 1976, 46-60, beigebrachten Nachweise.

30 Vgl. Cic. div. I.25.20: „etenim dirae, sicut cetera auspicia, ut omina, ut signa, non causas adferunt, sed quid eveniat, sed nuntiant eventura, nisi provideris". Bekanntlich legt Cicero die Verteidigung der stoischen Bejahung der Mantik seinem Bruder Quintus in den Mund. Zu seiner eigenen, eigentümlich gebrochenen Haltung gegenüber der römischen mantischen Praxis vgl. Christoph Schäublin, in: ders., Hg., Marcus Tullius Cicero. Über die Wahrsagung. De divinatione, Lateinisch-deutsch, TuscB, München und Zürich 1991, 399-418.

31 Nach Gigon, Kommentar, 24-25, liegt hier eines der ältesten griechischen Zeugnisse für die Lehre von der Allwissenheit und Allgegenwart der Götter vor, wobei der erste Gedanke durch die Vorstellung vom alles sehenden Helios und der zweite durch die von der Schnelligkeit der Götter vorbereitet war.

32 Vgl. auch Cic. nat.deor. II.7; div. I.117.

ihnen zum Erfolg führe (Kyr. I.6.44). Denn er gleiche in der Begrenztheit seines Wissens einem Manne, der das Los wirft und danach handelt (Kyr. I.6.45). Anders verhalte es sich mit den Göttern; denn die *„ewigen Götter, mein Sohn, kennen alles, was geschehen ist und was existiert und was in jedem einzelnen Fall daraus hervorgeht. Den ratsuchenden Menschen, denen sie geneigt sind, zeigen sie vorher an, was sie tun und was sie nicht tun dürfen"* (Kyr. I.6.46).

Den Hintergrund für den Glauben, daß sich die Götter in dieser Weise der Menschen annehmen, bildet ein teleologisches und zugleich anthropozentrisches Weltverständnis, wie es Xenophons Sokrates Aristodemos dem Kleinen gegenüber in mem. I.4-7 vertritt: Der menschliche Leib sei von den Göttern aufs Beste für seine sensitiven und vegetativen Funktionen eingerichtet, den Eltern die Neigung zum Kinderzeugen, den Müttern der Trieb zur Aufzucht ihrer Kinder und den Erwachsenen als stärkster der Lebenswille und zu seiner Sicherung die Todesfurcht gegeben. Die Vernunft sei aber nicht nur den Menschen verliehen, sondern ordnete auch die ihrer Menge nach unbegrenzte Zahl der Bestandteile des Kosmos und verwiese mit dem allen auf den unsichtbaren Werkmeister, den Demiurgen.[33]

Das große Paradigma für die Untrüglichkeit der göttlichen Vorzeichen ist für Xenophon selbstverständlich das *Daimonion* seines Lehrers Sokrates.[34] Wohl um die Parallele zwischen der üblichen Mantik mit ihren positiven wie negativen Auskünften zu unterstreichen und damit die gegen Sokrates erhobene Anklage der Einführung neuer Götter zu widerlegen,[35] berichtet Xenophon, daß Sokrates vielen seiner Freunde aufgrund der Weisung seines *Daimonions* zugeredet habe, dieses zu tun oder jenes zu lassen, wobei sich seine Ratschläge stets als richtig erwiesen hätten (mem. I.1.4; apol. 13).[36] Bekanntlich setzt Xenophon sich damit in einen Wider-

---

33 Vgl. auch Xen. symp. V.5-7 und Kyr. VIII.7,22; zum Nachweis, daß hier eine Nachwirkung der Teleologie des Diogenes von Apollonia vorliegt, vgl. Willy Theiler, Zur Geschichte der telologischen Naturbetrachtung bis auf Aristoteles, 2. Aufl., Berlin 1965, 13-36.

34 Daß der Vorwurf, Sokrates habe die von der Polis verehrten Götter nicht anerkannt, sondern ein anderes neuartiges göttliches Wesen eingeführt (mem. I.1,1), durch diese Argumentation nicht widerlegt wird, ist vielfach notiert worden.

35 Mem. I.1,1; Plat. apol. 19b 4-c1. Zum religions- und allgemeinpolitischen Hintergrund der Anklage vgl. Robert Parker, Athenian Religion. A History, Oxford 1996, 199-217, bes. 202-207.

36 Vgl. dazu auch William K.C. Guthrie, A History of Greek Philosophy III: The Fifth-Century Enlightment, Cambridge 1969, 403-404, und O. Kaiser, Der Tod des Sokrates, in: Kurt Giel und Renate Breuninger, Hg., Die Rede von Gott und der Welt. Religionsphilosophie und Fundamentalrhetorik. Mit Beiträgen von Otto Kaiser und Peter Oesterreich, Bausteine zur Philosophie 10, Interdisziplinäre Schriftenreihe des Hum-

spruch zu Platon, nach dessen ausdrücklichem Zeugnis die Stimme des *Daimonions* Sokrates seit seiner Jugend (und darin dem Gewissen gleich)[37] nur von einem Vorhaben abgeraten, sich aber niemals zustimmend gemeldet habe (Plat. apol. 31c 8-d 4).[38]

Für Xenophon bilden die strikte Beachtung der göttlichen Zeichen durch Sokrates und seine aufgrund ihrer den Freunden erteilten Ratschläge den besten Beweis für sein Gottvertrauen; denn (mem.I.1.5f.) es „*ist doch offenbar, daß er nichts vorhergesagt hätte, wenn er nicht darauf vertraut hätte, es werde sich bewahrheiten. Wer aber sollte in dieser Hinsicht jemand anderem vertrauen als Gott?*" Aus seinem Ende könne man nicht erschließen, daß Sokrates sich in seinem auf das *Daimonion* gesetzten Vertrauen getäuscht habe und durch es als Lügner überführt sei; denn sein Tod sei rechtzeitig für ihn gekommen, weil er ihn vor den Beschwerden des Alters bewahrt habe. Daher habe er das Todesurteil gelassen und mannhaft entgegengenommen und die dreißig Tage,[39] während denen die Vollstreckung des Urteils bis zur Rückkehr der Festgesandtschaft aus Delos ausgesetzt worden war, in gewohnter Weise mit seinen Freunden verbracht, um dann auf würdigste und schönste, glücklichste und ruhmreichste Weise zu sterben (mem. IV.8.1-39).[40]

Der Leser wird sich daran erinnern, daß Sokrates bei Platon in den an die ihm wohlgesinnten Richter adressierten Schlußworten ganz anders argumentiert; denn er berichtet dort, daß das *Daimonion,* das ihm früher überaus häufig zu widerstehen pflegte, sich weder bei seinem Aufbruch zu der mit seiner Verurteilung zum Tode endenden Gerichtsverhandlung noch während seiner Verteidigungsrede gemeldet hätte.[41] Daraus könne er nur erschließen, daß ihm etwas Gutes widerfahren und der Tod kein Übel sei (Plat. apol. 40a 3-c2). Der Tod sei nämlich entweder ein traumloser Schlaf und also ein wunderbarer Gewinn oder aber eine Auswanderung an einen anderen Ort (40c 4-9). Nachdem Sokrates die mit beiden Möglichkeiten verbundenen positiven Aspekte vorgestellt hatte, unterstrich er sei-

---

boldt-Studienzentrums der Universität Ulm, Ulm 1996, 33-57, bes. 51-53 = ders., Gottes und der Menschen Weisheit, BZAW 261, Berlin und New York 1998, 233-257, bes. 251-253.

37 Vgl. zu ihm Wilhelm Weischedel, Skeptische Ethik, Frankfurt a.M. 1976, 157-178, bes. 158-166.

38 Vgl. Plat. Euthyd. 272e 1-4; Tht. 151a2-5; Phaidr. 242b 8-c1, ferner Alk. I,103a 4-b 1; Thg. 128d 2-5; 129 e 1-9 sowie Xen. apol. 3-4; mem. IV.8.5 und weiterhin Diog. Laert. II.32 und zur Sache Guthrie, 402-405.

39 Vgl. Plat. Phaid. 58a1-c 5, wo die genaue Zeitspanne nicht genannt wird.

40 Vgl. auch Xen. apol. 6-7 und 32-33.

41 Vgl. dazu auch Thomas C. Brickhouse und Nicholas D. Smith, Socrates on Trial, Oxford 1989, 257-267.

ne These, daß der Tod für einen guten Mann kein Übel sein könne, weil die Götter seine Sache niemals vernachlässigen würden, mit einem erneuten Hinweis auf das Ausbleiben des *Daimonions* (41d 5-7). Die beiden letzten an die ihm freundlich gesinnten Richter adressierten Sätze unterstreichen die schicksalhafte Endgültigkeit des Augenblicks und warnen zugleich den Leser vor dem Wahn, Genaues über den Tod wissen zu können: *„Wer von uns beiden zu dem besseren Geschäft aufbricht, das ist allen verborgen, außer dem Gott"* (42a 1-5).

Diese eigentümlich gebrochene Haltung gegenüber der Deutung des Todes läßt Xenophon auch Kyros auf seinem Sterbebett vertreten:[42] Nach seiner an seine Söhne gerichteten Mahnung, ihn durch Einigkeit zu erfreuen und nicht zu denken, sie wüßten genau, daß sein Leben mit seinem irdischen Leben erlösche,[43] führt er zunächst drei Gründe für die Unsterblichkeit der Seele an: 1.) würden die Seelen der Ermordeten ihre Mörder erschrecken und die Rachegeister auf sie hetzen; 2.) habe er sich nie davon überzeugen lassen, daß die den Toten erwiesenen Ehren von ihnen nicht mehr wahrgenommen werden könnten, und 3.) belebe die Seele den Leib[44] und entwickle erst vom Leibe getrennt ihre ganze Intelligenz.[45] Während nach dem Tode jeder Teil des Leibes zu seiner verwandten Materie zurückkehre, bliebe die Seele ebenso unsichtbar während des Lebens, wie wenn sie den Leib verließe;[46] 4.) aber offenbare die Seele ihren göttlichen Charakter am deutlichsten in dem mit dem Tod eng verwandten Schlaf; denn in ihm vermöge sie in die Zukunft zu blicken (Kyr. VIII.7.17-21).[47] Zur Überraschung des Lesers läßt Xenophon Kyros jedoch abschlie-

---

42 Mit seiner Schilderung von dem friedlichen Tod des Perserkönigs setzt sich Xenophon über die von Hesiod bezeugte und als glaubwürdig beurteilte Version hinweg, daß Kyros in einer Schlacht gegen die Massageten am Fluß Araxes, dem Unterlauf des heutigen Oxus, gefallen sei, vgl. Hdt I.214 und dazu Richard N. Frye, The History of Iran, HAW III/7, München 1984, 95; zu der von Xenophon gestalteten Szene vgl. D.L. Gera, 115-120.

43 Zu der hier von Xenophon verfolgten apologetischen Tendenz, die in diametralem Gegensatz zur achämenidischen Wirklichkeit stand, vgl. Gera, 122-124, zur Annahme, daß die Toten um das Schicksal ihrer Nachkommen wissen, vgl. Aristot. eth.Nic. I.11.1100a 27-30.

44 Vgl. Plat. Phaid. 105c 9-c 3.

45 Vgl. Pind. frg. 131b (Snell) = 127 (Bowra); Plat. Phaid. 65a 9-d 2; rep. IX. 571d 6-572b 1; aber auch Plat. Tim. 71c 3-72b 5; dazu Hans Günter Zekl in: Platon. Timaios. Griechisch-Deutsch, hg., übers., mit einer Einleitung und Anmerkungen versehen von dems., PhB 444, Hamburg 1992, 222 Anm. 210, und bes. Aristot. de phil. frg. 10 (Rose) = 12a (Ross); Cic. div. I.60-61 und Poseidonios frg. 108 (Kidd) = Cic. div. I.113-115 und 127-128; vgl. I.82.

46 Vgl. mem. I.4.9, wo daraus gefolgert wird, daß sie den Göttern gliche; vgl. auch mem. IV.3.13-14.

47 Vgl. Plat.apol. 39c1-3 und Xen. apol. 30.

ßend seine Söhne vor die Alternative stellen, falls seine Seele den Leib verlasse, ihr die nötige Ehre zu erweisen, falls sie aber mit dem Leibe zugrunde ginge, die ewigen, allsehenden, allmächtigen, die Ordnung aller Dinge bewahrenden,[48] alterslosen, irrtumsfreien und unbeschreiblich schönen und gewaltigen Götter zu fürchten und sich niemals zu gestatten, etwas Unehrenhaftes zu tun (Kyr. VIII.7.22). Diese umfassende Prädikation der Götter enthält gleichsam die Summe der xenophontischen Theologie und ist als solche der Beachtung des Religionsgeschichtlers wert. Totzdem wirkt dieser Schluß der Mahnrede nach dem Vorausgehenden überraschend. Daher liegt die Annahme nahe, daß Xenophon diesen sokratischen Gedanken entweder aus Platons Apologie oder einer beiden gemeinsamen Quelle entnommen hat. Er entspricht jedenfalls dem nichtwissenden Wissen, dessen Verbreitung Sokrates nach Platons Zeugnis als die ihm vom delphischen Orakel zugewiesene Aufgabe betrachtet hat (Plat. apol.33a 5-b 3).[49]

5. Das wahre und das legitime Gebet

Opfer und Gebet hängen für die Alten ganz selbstverständlich zusammen. Fromme Gottesfurcht (εὐσέβεια) erwies sich für sie nicht nur im Opfern und der Befragung der Götter, sondern selbstverständlich auch im Gebet. Zudem waren Opfer und Gebet rituell zusammengeschlossen:[50] Der Gott wird vor der Darbringung des Opfers angerufen, es gnädig anzunehmen,[51] und vor der Opferschau gebetet, ein positives Zeichen zu geben.[52] Sokrates, so läßt uns Xenophon wissen, habe die Götter lediglich gebeten, das Gute

---

48 Vgl. dazu oben, S. 112 Anm. 31.
49 Vgl. dazu auch W.K.C. Guthrie, History III, 476-484, bes. 480 und Kaiser, Tod des Sokrates, Bausteine zur Philosophie 10, 1996, 48-50 = BZAW 261, 1998, 248-250.
50 Vgl. Walter Burkert, Griechische Religion der archaischen und klassischen Epoche, RM 15, Stuttgart u.a. 1977, 126: „*Es gibt kein Ritual ohne Gebet, aber auch kein wichtiges Gebet ohne Ritual:* litaí-thusiai, ‚*Bitten*‛ *und* ‚*Opfer*‛, *dies ist eine feste Verbindung.*"
51 Vgl. dazu Friedrich Heiler, Das Gebet. Eine religionsgeschichtliche und religionspsychologische Untersuchung, 5. Aufl., München und Basel 1969, 71-78.
52 Vgl. z.B. Ivan Starr, Queries to the Sungod. Divination and Politics in Sargonid Assyria, SAA IV, Helsinki 1990, xvi.

zu gewähren; weil sie am besten wüßten, was das Gute sei.[53] Wer um Gold und Silber oder um Herrschaft oder dergleichen bitte, gliche einem, der die Götter um Erfolg im Würfelspiel, in der Schlacht oder sonst einer Sache mit unbestimmtem Ausgang anginge (mem. I.3.2).[54] Wie im Fall der Orakeleinholung war Xenophon auch in dem des Gebets der Überzeugung, daß der Mensch die Götter nur um das bitten dürfe, was er grundsätzlich nicht selbst bewirken könne. Entsprechend läßt er den jungen Kyros seinem Vater erklären, er habe von ihm gelernt, daß Leute, die nichts vom Reiten verstehen, die Götter nicht um den Sieg in einer Reiterschlacht, des Bogenschießens Unkundige nicht um den über geübte Bogenschützen, mit der Lenkung eines Schiffs nicht Vertraute nicht um das Steuern eines solchen und Leute, die nicht gesät hätten, nicht um gutes Wachstum der Saat bitten dürften (Kyr. I.6.6). Wer es versäumt hat, sich die nötigen Kenntnisse anzueignen, besitzt nach Xenophons Überzeugung kein Recht, die Götter um den Erfolg seines Tuns zu bitten. Umgekehrt, so sollen wir folgern, darf jeder, der das Seine getan hat und zu tun bereit ist, angesichts der Ungewißheit des Ausgangs den Beistand der Götter erflehen.

6. Hermogenes Ansicht über den rechten Verkehr mit den Göttern als Zusammenfassung von Xenophons Ideal der Frömmigkeit

Suchen wir nach einer Zusammenfassung dessen, was Xenophon in seinen Schriften über Vorzeichen, Opfer und Gebet gesagt hat, so müssen wir uns an die einigermaßen überraschend in den Kontext das Gespräch seines sokratischen *Symposions* eingefügte Erklärung des Hermogenes, Sohn des Hipponikos, halten, den Xenophon bekanntlich in seiner *Apologie des Sokrates vor dem Gerichtshof* als seinen Gewährsmann einführt (Xen. apol.1.2). Von Sokrates zu der Auskunft aufgefordert, wer seine Freunde seien, welche Macht sie besäßen und wie sie sich seiner annähmen, so daß er sich ihrer rühmen könne (Xen.symp.IV.46), antwortet er eigenartiger Weise mit der folgenden Erklärung (symp. IV.47-48):

---

53 Vgl. dazu die von Gigon, Kommentar, 97-98, angeführten Parallelen Diod. X.9.7-8; PsPlat. Alk. II.141 a-142e; Diog.Laert. IV.42, vgl. VI.63; VIII.9 und Aristot. eth.Nic. 1129b 4-5.

54 Vgl. dazu auch Leo Strauss, Xenophon's Socrates, Nachdr. Agora Paperback Editions, Ithaca, N.Y. und London 1972, 19.

„Nun gut, es sind doch Griechen und Barbaren des Glaubens, daß die Götter über alles genau Bescheid wissen, sowohl über das Gegenwärtige wie das Zukünftige. Jedenfalls befragen alle Städte und alle Völkerschaften die Götter durch Seherkunst, was zu tun und was nicht zu tun ist. Und gewöhnlich glauben wir offenbar daran, daß sie dazu in der Lage sind, Gutes und Schlechtes zu tun. Jedenfalls bitten alle die Götter, Schaden abzuwenden und Glück zu verleihen. Nun sind die alles wissenden und alles vermögenden Götter mir so freundlich gesinnt, daß sie mich umsorgen, der ich ihnen weder des Nachts noch am Tage bei dem, wonach ich strebe oder was ich zu tun vorhabe, verborgen bin. Weil sie vorauswissen, was aus all dem folgt, zeigen sie, indem sie mir als Boten Stimmen und Träume und Vorzeichen senden, an, was zu tun und was zu vermeiden ist. Wenn ich ihnen nun gehorche, reut es mich niemals. Andererseits aber wurde ich bestraft, wenn ich ihnen, wie es bisweilen geschehen ist, nicht vertraut habe."

Da aber die Götter offensichtlich nicht allen Menschen in gleicher Weise gewogen sind, läßt Xenophon seinen Sokrates Hermogenes auffordern, ihm zu erklären, mit welchen Diensten er sich ihre Freundschaft erhalte, was dieser denn, um das Thema abzurunden, auch bereitwillig tut: Seine Gegendienste bestünden in ihn nichts kostenden Lobgesängen, der teilweisen Rückerstattung dessen, was sie ihm gäben, und das heißt: durch Opfer. Weiterhin gehörte dazu, daß er sündhafte Reden vermeide und das unter ihrer Anrufung gegebene Wort unverbrüchlich halte (symp. IV.49). Damit haben wir Xenophons religiöses Credo in wenigen Sätzen zusammengefaßt: Es lautet eben, daß die allwissenden und allmächtigen Götter denen, die sie anbeten, ihnen Bitt- und Dankopfer darbringen, gottlose Reden vermeiden und ihr bei ihnen gegebenes Wort halten, in allen Lebenslagen Zeichen geben und sie damit ebenso vor unheilvoll ausgehenden Unternehmungen bewahren wie sie ihnen Gelingen verleihen.[55]

7. Religiöses Ideal und religiöse Wirklichkeit in Xenophons Anabasis

Wenden wir uns Xenophons *Anabasis* mit der Absicht zu, das zwischen diesem Credo und seinem religiösen Verhalten bestehende Verhältnis zu bestimmen, so bekommen wir es zwar mit einer Schrift zu tun, in der er eine seinen Idealen von einem guten Feldherrn entsprechende Selbststili-

---

55 Vgl. auch sein Lob der Frömmigkeit des spartanischen Königs Agesilaos Ag. XI.1-2: Er sei im eigenen wie in fremden Ländern stets darauf bedacht gewesen, sich die Götter zu Freunden und nicht zu Feinden zu machen und habe daher auch die Heiligtümer der Feinde geehrt; er habe Schutzflehende nicht als Feinde behandelt, sei beständig der Überzeugung gewesen, daß die Götter gleichen Gefallen an rechtschaffenen Taten (ὁσίοις ἔργοις) wie an Heiligtümern hätten. Darüber hinaus sei er in Stunden des Erfolgs nicht überheblich gewesen, sondern hätte den Göttern gedankt und ihnen mehr Opfer als Gebete dargebracht.

sierung vornimmt, ohne zureichende Gründe dafür zu besitzen, die ein grundsätzliches Mißtrauen in seine Darstellung rechtfertigten. Als Ausgangspunkt bietet sich wie von selbst seine erst in an. III.1.11-3.2 erfolgende Selbsteinführung an, die auf den Bericht von der zwar von den Griechen gewonnenen, aber von dem jungen Kyros verlorenen Schlacht bei Kunaxa[56] und der heimtückischen Festnahme (und wie sich später herausstellen sollte: Ermordung)[57] der griechischen Strategen folgt. In ihm erzählt er, wie es dazu gekommen ist, daß er von den verbliebenen Strategen und Lochagen in den griechischen Offiziersrat[58] aufgenommen (III.1.26)[59] und schließlich als Nachfolger des Proxenos zum Strategen gewählt wurde (III.1.47),[60] was es ihm ermöglichte, den entscheidenden Einfluß auf den weiteren, zu ihrer Rettung führenden Zug der Zehntausend zu nehmen.[61]

Den Anstoß zu dem allen bot ein Glück verheißender Traum, den Xenophon in der Nacht nach der Verhaftung der griechischen Strategen durch den Großkönig hatte und der während der Heeresversammlung am nächsten Tage durch ein spontanes Zeichen und eine Opferschau bestätigt wurde.[62] Der Traum habe ihn veranlaßt, erst vor die Hauptleute und dann vor die Heeresversammlung zu treten, um sie zu entschlossenem Kampf um ihr Leben aufzurufen, woraufhin ihn beide zu ihrem Führer erwählt bzw. als solchen anerkannt hätten. Des Näheren berichtet Xenophon in III.1.11-13, daß er aus Betrübnis über das Geschehene lange Zeit wach gelegen habe. Als er schließlich doch eingeschlafen sei, habe er geträumt, daß ein Blitz unter Donner in sein väterliches Haus eingeschlagen und es

---

56 Zum Verlauf der von Xenophon an. I.8-29 geschilderten und vermutlich beim heutigen Tell Kuneise erfolgten Schlacht vgl. Ländle, Kommentar, 62-75, mit den Skizzen 11 und 12 auf 63 und 65.

57 Vgl. an. II.5.27-6.1; ferner 6.29 mit dem Bericht des als Leibarztes des Großkönigs wirkenden Griechen Ktesias bei Plut. Artox. 18 und dazu Lendle, 127-128.

58 Lendle berechnet ihn 153 auf etwa 20 Offiziere.

59 Vgl. dazu Lendle, 155, der Xenophons eigentümliche Rolle zunächst als die eines Sprechers des Offiziersrates bestimmt.

60 *De facto* bestimmte er weiterhin zusammen mit dem spartanischen Strategen Cheirisophos den weiteren Marsch der Zehntausend. Zu Xenophons Ideal des Strategen vgl. Xen. oik. XX,4-8; ferner Xen. hipp. VI,4-6 und dazu Everett K. Wheeler, The General as Hoplite, in: Victor D. Hanson, Hoplites: The Classical Greek Battle Experience, London und New York 1991, 121-170, bes. 123-124.

61 Zu den Motiven, welche die griechischen Söldner zur Teilnahme an dem Feldzug des Kyros gegen seinen königlichen Bruder veranlaßt hatten, vgl. an. VI.4,8.

62 Zum Traum als divinatorischem Mittel bei den Griechen vgl. Th. Hopfner, Art. Mantike, PRE 27, 1928, 1258-1288, bes. 1268-1271, zum Wandel seines Verständnisses Eric R. Dodds, The Greeks and the Irrational, Berkeley und Los Angeles 1966, 103-121 = ders., Die Griechen und das Irrationale, übers. v. Hermann-Josef Dirksen, 1. = 2. Aufl., Darmstadt 1970 = 1991, 55-71.

vollständig in Brand gesetzt habe. Darauf sei er erschrocken aufgewacht und habe erkannt, daß der wegen des Blitzes und Feuers offenbar von Zeus dem König[63] gesandte Traum eine ambivalente Bedeutung besitze: Zum einen sei er ein günstiges Vorzeichen gewesen, weil er ihm in einer gefährliche Lage ein großes Licht gezeigt hätte, zum anderen aber ein ungünstiges, weil das ringsum leuchtende Feuer ihn einzuschließen drohte. Bedeutete das eine seine Rettung, so das andere, daß die Gefahr bestünde, daß er durch allerlei Hindernisse im Lande des Großkönigs festgehalten würde.[64] Dieser Traum erwies sich in der Folge als entscheidend für seine eigene Rettung und die des ganzen Heeres. Denn er beeindruckte Xenophon so nachhaltig und machte ihm das Gefährliche der Lage so eindrucksvoll bewußt, daß er sich gleich nach dem Erwachen entschloß, etwas zu seiner und des Heeres Rettung zu unternehmen. Daher habe er zunächst die Lochagen oder Hauptleute zusammengerufen, um ihnen die Unerträglichkeit des noch bestehenden Vertragsverhältnisses mit den Persern darzulegen.[65] Weiterhin habe er sie daran erinnert, daß die Götter auf ihrer und nicht auf der Seite der Perser stünden, weil diese den griechischen Feldherren bei Zeus einen Meineid geschworen[66] und sie heimtückisch ermordet hätten (vgl. II.5.31-6,6), während sie sich selbst an den Vertrag, nicht mit Gewalt zu fouragieren, gehalten hätten (III.1.21-22). So gelang es Xenophon, die Siegesgewißheit der Hauptleute zu wecken, die wegen der Ermordung ihrer Feldherren und der Übermacht des persischen Heeres verzagt waren, indem er ihnen versicherte, daß weder die Größe noch die Stärke eines Heeres ausschlaggebend für den Sieg sei, sondern der Feind vor denen zu fliehen pflege, die ihn dank des Beistandes der Götter mit größerer Kraft der Seele angriffen (III.1.1).

Nachdem ihn die Lochagen zum Anführer gewählt und sich das Heer versammelt hatte, hätte zunächst der Stratege Kleanor die Soldaten an die Treulosigkeit und Eidbrüchigkeit des Tissaphernes erinnert, die ihn nicht

---

63 Vgl. an. III.1,12 mit VI.1.22 und dazu unten, S. 127.
64 Vgl. auch Cic. div. I.52: *Xenophon Socraticus (qui vir et quantus!) in ea militia, qua cum Cyro minore perfunctus est, sua scribit somnia quorum eventus mirabiles exstiterunt. Mentiri Xeniophonem an delirare dicimus?*
65 Die Griechen hatten sich nach an. II.3.25-29 den Persern gegenüber vertraglich verpflichtet, nicht zu plündern oder zu fouragieren, sondern ihren Bedarf an Lebensmitteln und anderen Dingen ordnungsgemäß gegen Bezahlung zu beziehen.
66 Vgl. die Erklärung des Strategen Klearchos in II.5.7-8, in der er die Unverbrüchlichkeit des von beiden Seiten geschworenen Eides damit begründet, daß keiner, der einen Meineid geleistet hätte, dem Krieg mit den Göttern entrinnen könne und es keinen finsteren Ort gäbe, der ihn vor ihnen sichere (vgl. Ps 139,7-12), weil die Herrschaft der Götter alle Orte in gleicher Weise umfasse; vgl. auch Hom. Il. III.276-280 und IV.155-168.

einmal gegenüber Zeus Xenios, dem Beschützer der Gastfreundschaft, habe Scham empfinden lassen (III.2,4).[67] Anschließend sei auch Xenophon in der Rüstung, die er sich verschaffen konnte,[68] vor das Heer getreten. Er hätte das Argument Kleanors aufgenommen und mit ihm begründet, daß sie ihre Rettung nur von ihrem tapferen Kampf mit den Persern und durch ihr Vertrauen auf den Beistand der Götter erwarten könnten (III.2.8) In diesem Augenblick hätte jemand geniest. Daraufhin hätten alle dem Gott gehuldigt, Xenophon sie aber zu dem Gelübde aufgerufen, Zeus dem Retter als dem Sender dieses glückhaften Zeichens[69] ein Dankopfer für ihre Rettung darzubringen,[70] sobald sie in ein befreundetes Land gekommen seien: *„Darauf legten sie das Gelübde ab und sangen den Päan"* (III.2.9).[71]

Nachdem das Opfer bestätigt hatte, daß das Verhältnis zu den Göttern in Ordnung war (τὰ τῶν θεῶν καλῶς εἶχεν) (III.2.9), versicherte Xenophon den Soldaten erneut, daß sie aufgrund ihrer Eidestreue darauf vertrauen dürften, daß die Götter, *„die fähig sind, die Großen schnell zu Geringen zu machen und die sich in Gefahr befindlichen Kleinen leicht zu retten,"* nicht auf der Seite ihrer Feinde, sondern auf ihrer eigenen stünden (III.2.10), vgl. VI.3.16).[72] Das hätte sich einst erwiesen, als Xerxes zu Wasser und zu Lande gegen Hellas zog und allein die Athener es wagten, gegen ihn anzutreten, woran noch heute alljährlich die damals der Artemis gelobten Ziegenopfer erinnerten (III.2.11-12).[73] Seither bestünde die Freiheit der Griechen darin, daß sie ihre Knie (anders als die Barbaren) vor

---

67   Vgl. auch Hom. Il. XIII.622-627 und das Lob der Eidestreue des spartanischen Königs Agesilaos Xen. Ag. III.2-5.
68   Die dafür in III.2.7 gegebene Begründung ist offensichtlich paradigmatisch gemeint; denn Xenophon erklärt hier, wenn die Götter den Sieg verliehen, gebühre dem Siege der schönste Schmuck; wenn er aber sterben müßte, sei es angemessen, es in dem Schmuck zu tun, der durch seine Schönheit seiner würdig wäre. Zur Bedeutung einer schimmernden und prunkvollen Rüstung bei den Griechen vgl. E.L. Wheeler, General, in: Hanson, Hoplites, 141, und z.B. Hom. Il. XXII.131-135.
69   Zum Niesen als glückbringendem Zeichen vgl. auch Hom. Od. XVII.541-550.
70   Zu den Gelübden von Dankopfern vor der Schlacht vgl. Alister H. Jackson, Hoplites and the Gods: The Dedication of Captured Arms and Armour, in: Hanson, Hoplites, 228-252, bes. 237-240.
71   Lendle, Kommentar, 160: *„Einen besseren Einstand in sein neues Amt hätte er* (sc. Xenophon) *sich nicht wünschen können."*
72   Zum Motiv vgl. z.B. Hom. Il. XX.242-243; ferner I Sam 2,7; Ps75,8; Sir 11,5-6.14; Pap. Ins. 7,13-19 und dazu Miriam Lichtheim, Late Egyptian Wisdom Literature in the International Context. A Study of Demotic Instructions, OBO 52, Freiburg, Schweiz, und Göttingen 1983, 138-150.
73   Vgl. mit Lendle, Kommentar, 160, auch Plut. de Herodoti mal. 862 b-c.

keinem Menschen, sondern nur von den Göttern beugten (III.2.13).[74] Nachdem Xenophon die Soldaten so an die große Vergangenheit ihres Volkes erinnert, ihren eigenen Sieg über die Perser in eine Linie mit den Taten der Vorfahren gestellt und dabei an ihre einzigartige Würde als Griechen appelliert hatte, erklärte er ihnen, daß die auf sie zukommenden Gefahren nicht unüberwindlich seien, wenn sie sich ihnen tapfer und wagemutig stellten (III.2.39):

> „Wer von euch seine Hausgenossen wiederzusehen wünscht, sei dessen eingedenk, daß er ein tapferer Mann (ἀνὴρ ἀγαθός) sein muß; denn anders kann es nicht gelingen. Wer aber leben will, suche zu siegen! Denn es ist die Sache der Sieger zu töten, aber die der Besiegten zu sterben. Und wenn einer Schätze begehrt, muß er versuchen, das Feld zu behaupten. Denn es liegt bei den Siegern, das Eigene zu retten und sich den Besitz der Besiegten anzueignen."

Blicken wir zurück, so erkennen wir, wie in diesem Bericht alle wesentlichen Elemente der Frömmigkeit Xenophons vereinigt sind: Da ist 1.) der Glaube an die von den Göttern als Vorzeichen gesandten Träume, 2.) an weitere von ihnen spontan gegebene und 3.) an die von ihnen in der Opferschau gewährten Zeichen. Da treffen wir 4.) auf das Gelübde, als Mittel sich die Götter geneigt zu machen. Da findet sich 5.) die Überzeugung, daß die Götter nur denen beistehen, welche die von ihnen beschworenen Eide halten, und 6.) schließlich auch die, daß der Beistand der Götter das situations- und sachgemäße Handeln der Menschen voraussetzt. Sehen wir zu, was Xenophon zu diesen sechs Themen in seinem nachfolgenden Bericht über den Rückmarsch der Zehntausend zu sagen hat.

Ad 1: Der Traum als gottgesandtes inneres Zeichen. Xenophon berichtet außer über den seine Stellung im Offiziersrat und im Heer begründenden Traum noch ein zweites Mal von einem solchen: Als das griechische Heer auf seinem Marsch an den armenischen Grenzfluß Kenchrites gelangt war, wurde es von Ratlosigkeit ergriffen, weil die Karduchen ihnen den Übergang über den Fluß verwehrten. Da träumte Xenophon, er liege in Fußfesseln, die plötzlich von ihm genommen wurden, so daß er sich wieder ungehindert bewegen konnte. Daraufhin hätte ihn die Hoffnung erfaßt, daß den Seinen der Übergang über den Fluß gelänge. In der Tat gewann auch dieser Traum für das griechische Heer eine schicksalhafte Bedeutung, weil er Xenophon zuversichtlich stimmte und es ihm gelang, seinen wiedergewonnenen Optimismus auf die anderen Feldherren zu

---

74 Vgl. auch Aischyl. Pers. 403-405 und dazu auch Max Pohlenz, Griechische Freiheit. Wesen und Werden eines Lebensideals, Heidelberg 1955, 14-19 und 169, sowie Wel-

übertragen. Das beim ersten Morgenrot veranstaltete Opfer fiel denn auch sogleich günstig aus. Schon beim anschließenden Frühstück meldeten zwei Jünglinge Xenophon, daß sie eine Furt durch den Fluß entdeckt hätten.[75] Da brachte er sogleich zusammen mit den Glücksboten ein Trankopfer dar und hieß sie, zu den Göttern zu beten, die ihm den Traum gesandt und ihnen die Furt gezeigt hätten. Dann befahl er den Aufbruch zu der Furt. Bei ihr angekommen opferten die Seher in den Fluß hinein, woran sie die Karduchen vergeblich zu hindern versuchten. Als sich die Opfer als günstig erwiesen hatten, stimmten die Soldaten den Päan und den Schlachtruf an, zogen durch den Kenchrites und schlugen die Feinde in die Flucht, so daß das Heer in Armenien einrücken konnte (IV.2.8-23). Ein Blick in Herodots Bericht über den Feldzug des spartanischen Königs Kleomenes gegen Argos erklärt, welche Bedeutung dem Opfer in den Fluß hinein zukam: Es diente der Erkundung, ob der Fluß(gott) mit seiner Durchquerung einverstanden sei. Das Opfer des Kleomneos am Erasinos[76] fiel negativ aus, so daß er es unterließ, das Heer über den Fluß zu führen, sondern es nach einem Stieropfer (an Poseidon) an der nahen Küste einschiffte, um dann zwischen Tiryns und Nauplia zu landen (Hdt. I.76).[77]

Ad 2: Spontane äußere gottgesandte Zeichen. Ehe wir uns den Opferbescheiden als dem zentralen mantischen Mittel des Altertums zuwenden, halten wir nach anderen Erscheinungen Ausschau, die wie in der von uns als Ausgangspunkt gewählten Szene III.1.11-3.2 das Niesen (III.2,9) als glückverheißende Zeichen gedeutet werden konnten. Als solche sind an erster Stelle Blitz und Donner zu nennen, die nach griechischem Glauben kein anderer als Zeus selbst sandte (vgl. Kyr. I.6.1).[78] So berichtet Xenophon, daß Zeus durch sein Donnern die Einwohner des am mittleren Tigris gelegenen Mespila[79] erschreckt und dadurch die Eroberung der Stadt durch die Griechen ermöglicht hätte (an. III.4.10-12).[80] Zu den göttlichen Zeichen gehörte auch das Erscheinen eines Adlers, des Vogels des Zeus.

---

wei, Athen, 1999, 75.

75 Zur Lage der Furt und dem Übergang der Griechen vgl. Lendle, Kommentar, 207-220.

76 Vgl. zu ihm Fritz Gschnitzer, NEP IV, 1998, 41.

77 Weitere Beispiele bei Theodor H. Gaster, Myth, Legend, and Custom in the Old Testament. A Comparative Study with Chapters from Sir James H. Frazer's *Folklore in the Old Testament*, New York und Evanston 1969, 207.210; zur Gefährlichkeit der Nichtbeachtung eines erhaltenen negativen Orakel vgl. Thomas Harrison, Divinity and History. The Religion of Herodotus, OCM, Oxford 2000, 153-155 mit Anm. 116.

78 Vgl. dazu Th. Hopfner, PRE 27, 1928, 1277-1279.

79 Zur Lage vgl. Lendle, Kommentar, 174-177 mit der Planskizze 25 auf 175.

80 Vgl. Hom.Il. II.350-353.

Zweimal berichtet Xenophon von einem solchen. Zum ersten Mal habe bei seinem Aufbruch von Ephesos zu seinem Vorstellungsbesuch bei Kyros in Sardes ein rechts sitzender Adler geschrien.[81] Der Seher habe ihm deshalb ebenso Ruhm wie Mühsale vorausgesagt, weil ein sitzender Adler von gewöhnlich von anderen Vögeln belästigt würde (VI.1.23). Das zweite Mal sichtete der Seher Arexion vor dem Abmarsch des Heeres aus der Bucht von Kalpes Limen[82] im Anschluß an ein günstig ausgefallenes Opfer einen glückverheißenden Adler (αἰετὸν αἴσιον) und forderte Xenophon auf, die Führung bei der folgenden Expedition zu übernehmen, wozu er sich schließlich auf die Bitten der Lochagen hin entschloß (VI.5.22). Die Expedition selbst galt sowohl der als religiöse Pflicht geltenden Bergung der auf einem vorausgehenden Zug Gefallenen als auch der Truppenversorgung (VI.5.2). Doch nicht nur Blitz, Donner und Vogelflug, sondern auch alles, was unvorhergesehen dazu beitragen konnte, eine schwierige Situation zu meistern, konnte als Zeichen des göttlichen Beistandes gedeutet werden. Als das Herr den durch den Mangel an Lebensmitteln diktieren Versuch unternommen hatte, eine auf einem Berge liegende Stadt der Drillen zu erobern, und dabei in eine gefährliche Lage geraten war, wandte sich die Lage dadurch, daß plötzlich ein Haus des Ortes in Flammen aufging und die Bewohner der Nachbarhäuser zu fliehen begannen. Xenophon deutete das als ein von einem Gott gesandtes Rettungsmittel.[83] Daher erteilte er den Befehl, weitere Holzhäuser anzuzünden und dadurch einen Feuerwall zwischen die Angreifer und die Verteidiger zu legen, so daß sich die Griechen retten konnten, während die ganze Stadt mit Ausnahme der Akra in Schutt und Asche sank (V.2.24-27). Die vor dem Anrücken gegen die Stadt unternommene Opferschau hatte zwar auf Kämpfe hingewiesen, war aber sonst positiv ausgefallen (V.2.9-10). So bewirkte der göttliche Wink bzw. die beherzigte Auslegung eines zufälligen Ereignisses durch Xenophon die Bestätigung des günstigen Opferbescheides.

Da die Geschichte von dem Feldzug des Agesipolis, des Sohnes des Spartanerkönigs Pausanias,[84] gegen Argos im Jahr 388/87 aus Xenophons *Hellenica* sich gut in den vorliegenden Zusammenhang einfügt, weil sie uns auf das Erdbeben als ein weiteres, von den Alten als göttliches Zei-

---

81 Vgl. Hom. Ol. XIII.821-823; VIII.245-252; Aischyl. Prom. 487-492 und Soph. Ant. 999-1004.
82 Zu ihrer Lage an der bithynischen Küste vgl. Lendle, Kommentar, 385-389 mit den Abb. 65 und 66.
83 Lendle, 307-308, weist darauf hin, daß sich in dem als ἔμαθεν ὁ Ξενοφῶν τοῦτο παρὰ τῆς τύχης „*ganz zaghaft hellenistisches Gedankengut*" andeutet.
84 Vgl. zu ihm Karl-Wilhelm Welwei, DNP I, 1996, 255-256.

chen betrachtetes Phänomen aufmerksam macht,[85] sei sie hier eingefügt: Da es den Spartanern als zu unsicher erschien, bei ihrem geplanten Feldzug gegen die Athener und die Böoter einen so mächtigen Feind wie die Argiver in ihrem Rücken zu lassen, rüsteten sie vorerst zu einem solchen gegen diese. Nachdem der mit seiner Durchführung beauftragte Agesipolis an der Grenze einen günstigen Opferbescheid erhalten hatte, befragte er sowohl das olympische[86] wie das delphische Orakel, ob er das unredliche Waffenstillstandsangebot der Argiver ablehnen dürfe. Nachdem es ihm von Zeus und Apollon gestattet war, machte er sich auf den Weg, um über Nemea nach Argos vorzustoßen. Nach dem ersten, auf argivischem Boden genossenen Abendessen *„ließ der Gott die Erde erbeben"*. Darauf stimmten die königlichen Zeltgenossen den Päan auf Poseidon an, der schon bei Homer den Beinamen des Erderschütterers trägt.[87] Doch statt das Ereignis als ein negatives Vorzeichen zu deuten, wie es die Soldaten aufgrund eines früheren Bebens erwarteten, erklärte Agesipolis, daß es sich um ein ermutigendes handele, weil es der Gott nicht vor, sondern erst nach der Überschreitung der argivischen Grenze gesandt habe. Also brachte er Poseidon am nächsten Tag ein Opfer dar, um dann mit seinem Heer weiter in das Land zu ziehen (Xen. hell. IV.7.2-5). So zeigt uns auch dieses Beispiel, daß die Zeichen der Auslegung und gleichzeitig eines Feldherren bedurften, der seine Offiziere und Soldaten von der Richtigkeit seiner Deutung zu überzeugen vermochte. Derartige Zeichen wurden aber nur dann als gültig anerkannt, wenn sie durch einen vorausgehenden oder einen nachfolgenden Opferbescheid bestätigt wurden.

Ad 3: Die Respektierung der Opferbescheide. Wenden wir uns der Frage zu, wie es Xenophon nach Ausweis der *Anabasis* selbst mit den Opferbescheiden gehalten hat, so können wir ihm bescheinigen, daß er die Lehren befolgt hat, die er Kambyses seinem Sohn und Sokrates seinen Schülern erteilen ließ. Danach dürfe man niemals gegen die Auskunft der Omina handeln, weil man sonst sich oder andere in Gefahr brächte.[88] Demgemäß konnte sich Xenophon in einer kritischen Situation vor seine Soldaten stellen und sie daran erinnern, daß er, wann immer es möglich und nötig war, für sie und für sich geopfert habe (V.6.28). Sein Bericht

---

85 Zur entsprechenden Deutung von Erdbeben in mesopotamischen Omina vgl. Stefan Maul, NEP IV, 1998, Sp. 53-54.
86 Zum Zeus-Orakel in Olympia vgl. H.W. Parke, The Oracles of Zeus. Dodona. Olympia. Ammon, Oxford 1967, 164-193.
87 Vgl. z.B. Hom. Il. XIII.31; XX.318; Od. I.74 und Hom. h. 22.2-4.
88 Vgl. dazu oben, S. 112-113.

von seinen Opfern am Strand der Buch von Kalpes Limen in VI.4.12-23 mutet wie eine einschlägige Lehrerzählung an: Die Lebensmittelvorräte waren aufgebraucht, so daß Xenophon das Heer aufforderte, unverzüglich aufzubrechen und weiterzuziehen. Das erforderte freilich die Zustimmung der Götter. Als aber die Opferanfragen an zwei aufeinander folgenden Tagen negativ ausgefallen waren, weigerte sich Xenophon, den Marschbefehl zu erteilen. Als der Stratege Neon trotzdem mit 2000 Mann in die umliegenden Dörfer zog, um sie zu plündern, führte das zu einer Katastrophe: Seine Abteilung wurde von den Reitern des Satrapen Pharnabazos angegriffen. Dabei wurden 500 Mann getötet, während der Rest in die Berge floh.

Sachlich ist zwischen den vor dem Aufbruch vollzogenen und mit einer Eingeweideschau[89] verbundenen ἱερά und den unmittelbar vor der Schlacht in Sichtweite der Feinde dargebrachten σφαγία zu unterscheiden, bei denen schon aufgrund der Situation keine Autopsie vorgenommen werden konnte, sondern sich der Seher mit der Beobachtung des Falls des Opfertiers, des Blutflusses oder der Gestalt der Flamme[90] als Antwort auf die gestellte Frage begnügen mußte.[91] Im günstigsten Fall wie vor der Durchbruchsschlacht auf dem Marsch von Kalpes Limen nach Chrysopolis am Bosporos stimmten die morgendlichen Opfer (τὰ ἱερά), die Vorzeichen der Vögel (οἱ οἰνοι) und die Schlachtopfer vor dem Kampf (τὰ σφαγία) sämtlich miteinander überein, so daß Xenophon seinen Soldaten ein entschlossenes unserem „*Auf zum Gefecht!*" entsprechendes „*Gehen wir los auf die Männer!*" (ἴωμεν ἐπὶ τοὺς ἄνδρας) zurufen konnte (VI.5.21).[92]

Wir verzichten darauf, sämtliche Opferbescheide aufzulisten, die auf Xenophons Veranlassung oder in seinem Beisein ausgeführt worden sind

---

89 Vgl. Aischyl. Prom. 493-499 und Soph. Ant. 1005-1013.

90 Vgl. Eurip. Phoen. 1255-1258.

91 Zur Technik vgl. Jan N. Bremmer, DNP III, 1997, 709-710; Jaques Jouanna, Oracles et devins chez Sophocle, in: Heintz, Oracles, 283-320, bes. 307-308, und vor allem Michael H. Jameson, Sacrifice before Battle, in: Hanson, Hoplites, 197-227, bes. 204-209, vgl. 204: „*In effect, the sphagia narrow down to a single action and an observation – the killing of the victim with a stab into the neck and the observing of the flow of the blood that results*".

92 Idealiter folgte auf eine gewonnene Schlacht ein Mahl, in dessen Verlauf den Göttern ein Trankopfer dargebracht und als Siegeslied ein an sie gerichteter Päan gesungen wurde. Da die Götter sich im Fall eines Sieges den Kämpfern als geneigt erwiesen hatten, läßt Xenophon Kyros seine Soldaten nach der gewonnenen Schlacht gegen die Assyrer als θεοφιλεῖς, als „Gottesfreunde" anreden, Kyr. IV.1.6.

und über die er sich in keinem einzigen Fall hinweggesetzt hat.[93] Als besonders gewichtiger Fall sei hervorgehoben, daß er die Frage, ob er den ihm von den Lochagen in Paphlagonien aus praktischen Gründen angetragenen Alleinbefehl über das ganze Heer als αὐτοκράτωρ ἄρχων annehmen sollte, Zeus dem König zur Entscheidung vorlegte, weil er selbst schwankend war. Einerseits lockte ihn der Gedanke, ihm könne diese Stellung in Athen zum Ruhm und zur Ehre und den Soldaten zum Vorteil gereichen. Andererseits zauderte er, weil angesichts des ungewissen Ausgangs auch die Möglichkeit bestand, daß er seinen bereits gewonnenen Ruhm zerstörte. Daher wandte er sich an Zeus den König als den Gott, auf den ihn das delphische Orakel vor seiner Abreise verwiesen hatte (VI.1.22).[94] Aber der Gott gab ihm den klaren Bescheid, daß er weder nach dem Amt streben noch eine entsprechende Wahl annehmen solle. Daher verhielt sich Xenophon entsprechend und lehnte die Wahl unter Berufung auf das ungünstige Opferzeichen ab (VI.1.7-2.32).[95]

Auch ein weiterer Fall verdient seine ausdrückliche Erwähnung, weil es sich wiederum um eine für Xenophons weiteres Schicksal grundsätzliche Entscheidung handelte: Als er sich angesichts des im Gang befindlichen Zerfalls des Heeres in einzelne Verbände mit dem Gedanken trug, es zu verlassen und sich einzuschiffen, opferte und befragte er Herakles, den Führer (ἡγεμών),[96] ob es besser sei, mit den verbliebenen Soldaten weiterzuziehen oder sich zu entfernen. Da gab ihm der Gott durch die Opfer die Weisung, bei dem Heer zu bleiben, woran sich Xenophon hielt (VI.2.2-15). Als er nach Lampsakos gekommen war, machte ihn der Seher Eukleides darauf aufmerksam, daß er sich selbst immer neue Schwierigkeiten bereite, weil er dem Zeus Meilichios seit seiner Abreise aus der Heimat nicht mehr geopfert habe. Schon am folgenden Tag brachte Xenophon dem Gott in Ophyrion ein Ferkel als Ganzopfer dar, wie es nur für

---

93 Offen läßt er, wie das VI.4.23 erwähnte, von ihm vor seinem Auszug zur Rettung der vor den Feinden geflohenen Abteilung Neons ausgeführte Opfer ausgefallen ist; doch darf man einen positiven Bescheid unterstellen, sofern Xenophon hier den Bruch seines Prinzips nicht verschleiern will. Zu Opfern mit vermutlich positivem Bescheid, aber ohne entsprechende Angaben vgl. auch III.5.17 und VII.8.20, zu solchen mit einem ausdrücklich erwähnten positiven V.2.9-10; V.6.25-26; VI.4.9; VII.2.14-15.17 und zu solchen mit negativem Ergebnis II.2.3; V.5.2-3; VI.6.36 und VII.2.40-41.
94 Vgl. an. III.1.12, dazu oben, S. 119-120, und VII.7.44.
95 Daß diese Wahl bezeugt, daß Xenophon in der Tat das Vertrauen des Heeres besaß und seine entsprechenden Angaben nicht lediglich der Selbstidealisierung entsprungen sind, betont J.K. Anderson, Xenophon, 129, mit Recht.
96 Vgl. auch IV.8.25, zur Benutzung seines Namens als Gottes als Parole vgl. unten, S. 129 mit Anm. 103; zur Form der Alternativanfrage „ob es vorteilhafter und besser sei" (εἰ λῷον καὶ ἄμεινον εἴη) VII.7.44 und Xen. Lak. pol. 5 und dazu Lendle, Kommentar, 376 zu VI.3.15.

chthonische Gottheiten üblich war.[97] Das Opfer wurde von dem Gott angenommen. Ohne den Zusammenhang mit ihm ausdrücklich herzustellen, berichtet Xenophon unmittelbar danach von der Ankunft von zwei Männern, die Geld für das Heer und ihm selbst sein zuvor in der Not verkauftes Lieblingspferd als Geschenk zurückbrachten: So bestätigte sich die Auskunft des Sehers, daß ihm das Opfer zum Guten gereichen würde (VII.8.1-6).

Um das Bild seiner Frömmigkeit abzurunden, sei anhangsweise mitgeteilt, daß Xenophon selbstverständlich darauf bedacht war, daß die Gefallenen ordnungsgemäß bestattet und für die Vermißten ein Kenotaph errichtet wurde (vgl. VI.4.9 mit 5.4-6).[98] Denn nach verbreitetem Glauben fanden die Seelen derer, die nicht zumindest symbolisch *rite* begraben waren, keinen Zutritt zur Unterwelt.[99] Daher gehörte die Beisetzung der Gefallenen wie der Toten überhaupt zu den ἄγραπτα κάσφαλῆ θεῶν νόμιμα, zu den „*ungeschriebenen, beständigen Satzungen der Götter*" (Soph. Ant. 454-455).[100] Weiterhin entsprach Xenophons Achtung vor den Göttern, daß das Tempelasyl auch in Kriegszeiten respektiert wurde. Entsprechend berichtet er im *Agesilaos* mit deutlicher Zustimmung, daß der Spartaner achtzig Feinden, die sich mit samt ihren Waffen in einen Tempel geflüchtet hatten, freien Abzug gewährte (Ag. II.13).

Ad 4: Das Halten der Gelübde. Wir haben oben bereits berichtet, daß Xenophon auf der für sein und des ganzen Heeres Schicksal entscheidenden Versammlung nach dem glückhaften Zeichen zu dem Gelübde aufgerufen hat, sowie sie dazu in der Lage seien, Zeus dem Retter ein angemessenes Dankopfer darzubringen (III.2.9). In seinen Augen hätte der die Gunst der Götter verspielt, der die ihnen geleisteten Gelübde wie die unter

---

97 Zum Zeus Meilichios als einem freundlichen und von Blutschuld reinigendem Gott vgl. Robert Parker, DNP VII, 1999, 1159-1160.
98 Zur Bestattung der Gefallenen vgl. PanelaVaughn, The Identifcation and Retrieval of the Hoplite Battle-Dead, in: Hanson, Hoplites, 38-62, und zu Sammelgräbern und Kenotaphen auch Donne C. Kurtz und John Boardman, Greek Burial Customs, AGRL, London 1971, 247-259.
99 Vgl. z.B. Hom. Il. XXIII.70-76; Od. XI.51-78; Verg. Aen. VI.325-332 und dazu Erwin Rohde, Psyche. Seelenkult und Unsterblichkeitsglaube der Griechen I-II, 2. Aufl., Freiburg i.Br. u.a. 1898 (Nachdr. Darmstadt 1980) I, 217-218, und O. Kaiser, Tod, Auferstehung und Unsterblichkeit im Alten Testament, in: ders. und Eduard Lohse, Tod und Leben, BiKon 1001, Stuttgart 1977, 40-48.
100 Vgl. dazu Erik Wolf, Griechisches Rechtsdenken II: Rechtsphilosophie und Rechtsdeutung im Zeitalter der Sophistik, Frankfurt a.M. 1952, 263.

Anrufung ihres Namens beschworenen Eide gebrochen hätte.[101] Daher hat Xenophon, nachdem sie das Schwarze Meer erreicht hatten, sich an das damals abgelegte Gelübde erinnert und zu Ehren des Zeus Soter und des Herakles Dankopfer dargebracht und Spiele abgehalten (IV.8.25-28).[102] Dabei galt der Dank für den Beistand in so vielen Gefahren Zeus dem Retter und Herakles dem Führer (ἡγεμών) als dem Weggeleiter und Beschützer der Krieger.[103] Um die Huld der Götter nicht aufs Spiel zu setzen, hat Xenophon bei anderer Gelegenheit ein erbeutetes und angeblich dem Helios geheiligtes kleines Pferd geopfert, weil er fürchtete, es könnte die Strapazen des Heimzuges nicht überdauern und so der Besitz des Gottes angetastet werden (IV.6.35).[104] Vor allem ist des Zehnten zu gedenken, der bei dem zweiten Aufenthalt in Kerasus aus dem Erlös der Kriegsgefangenen für Apollon und die ephesinische Artemis ausgesondert und zu gleichen Teilen den Strategen übergeben wurde, ein Vorgehen, das sich aus der buntscheckigen Zusammensetzung des Heeres erklärte, denn als solches war es nicht befugt, wie sonst üblich im Namen eines einzigen Staates den Göttern Weihgaben darzubringen.[105] Xenophon berichtet in V.3.5-13 ausführlich von der Verwendung seines Anteils: Für Apollon ließ er auch im Namen seines ermordeten Freundes Proxenos eine nicht näher bezeichnete Weihgabe im Schatzhaus der Athener in Delphi aufstellen. Den für die Gabe an Artemis bestimmten Anteil deponierte er zunächst bei dem Wärter ihres Tempels in Ephesos, um ihn nach seiner Niederlassung im elischen Sikillos in einem recht ausgedehnten, idyllischen Grundstück anzulegen, das aus Wiesen, wildreichen Wäldern und Äckern bestand. Auf ihm errichtete er Artemis in einem Hain von Obstbäumen einen Altar und einen Tempel, in dem er eine verkleinerte Kopie des ephesinischen Bildnisses der Göttin aufstellte. Den Zehnten der Erträge des Anwesens bestimmte er für die Göttin, der er alljährlich ein Opferfest veranstaltete. Zu ihm wurden die Ortsansässigen und die Nachbarn im Namen

---

101 Vgl. dazu oben, S. 122, und zur Sache auch Robert Parker, Miasma. Pollution and Purification in Early Greek Religion, Oxford (1988) Nachdr. 1996, 186.
102 Daß das Gelübde nicht bereits beim ersten Anblick des Meeres erfüllt worden ist, dürfte sich weniger aus der Aufregung (so Christopher J. Tuplin, OCD 3. Aufl, 1629) als aus dem Mangel an Opfertieren erklären.
103 Vgl. z.B. die Parolen „Zeus der Retter und Sieg!" (an. I.8.16-17) oder „Zeus der Retter, Herakles der Retter und Führer!" (an. VI.5.25), ähnlich Kyr. III.3.58: „Zeus der Mitstreiter und Führer!" bzw. VII.1.10: „Zeus, der Retter und Führer!" Vgl. dazu auch B. Due, Cyropedia, 39-40, und zur Vorstellung von den göttlichen Verbündeten und ihrer Anrufung im Päan A.H. Jackson, Hoplites and the Gods, in: Hanson, Hoplites, 238-239.
104 Vgl. auch Parker, Miasma, 176.
105 Vgl. Lendle, Kommentar, 312-313.

der Göttin zu einem Festmahl eingeladen, für das seine Söhne (und wer sich von den Einwohnern ihnen anschließen wollte) das nötige Wildbret erjagten.[106] Eine neben dem Tempel stehende Steleninschrift aber forderte die künftigen Besitzer und Nutznießer des Anwesens zu der Stiftung des Zehnten und dem Unterhalt des Tempels auf (V.4.13).

Ad 5: Xenophons Achtung vor Treu und Glauben. Xenophons sittlich-religiösen Grundsätze für die erfolgreiche Führung eines Heeres lassen sich in wenigen Sätzen zusammenfassen: 1.) bildeten für ihn die Gerechtigkeit zusammen mit der ἀρετή, der „Bestform", und der edlen Gesinnung, der γενναιότης, das höchste Gut. Ihrer sollte sich daher jedermann befleißigen (VII.7.41-42). 2.) war in seinen Augen die εὐταξία, die Ordnung im Heere, die Bedingung für die Rettung aus Gefahr (III.1.38). 3.) und keineswegs letztens stellte die Treue zu den bei den Göttern beschworenen Eiden und Verträgen die Voraussetzung für den Sieg dar, während jeder Meineid und Treuebruch die Siegesaussichten verminderte (III.1.1-22; 2.5-10; vgl. III.2.7-8). 4.) bedarf es nach seiner Einsicht für die erfolgreiche Führung eines Heere eines talentierten (θεῖος), tüchtigen (ἀγαθός) und sachkundigen (ἐπιστήμων) Offiziers, der schon durch sein Vorbild die Soldaten daran hindert, schmählich zu handeln, und sie im Stolz auf ihn gern seine Befehle befolgen und danach streben läßt, sich unter seinen Augen auszuzeichnen (oik. XXI.5-6). Zu den von einem Strategen verlangten Fähigkeiten gehörte in seinen Augen zweifellos auch die Gabe, im richtigen Augenblick das richtige Wort zu finden und dadurch die Offiziere und die Mannschaft von der Richtigkeit seiner Vorschläge und Befehle zu überzeugen. Dafür gibt Xenophon in der *Anabasis* in allen schwierigen Situationen das beste Beispiel. Obwohl Sieg und Glück eines Heeres mithin von der Tüchtigkeit seines Anführers, seiner Offiziere und Soldaten abhängen, betrachtete Xenophon sie trotzdem als Gabe der Götter und Zeichen ihrer Huld (VII.3.31): Hatten die Menschen das Ihre getan, so bedurfte es trotzdem des göttlichen Beistandes, um ihrem Tun zum Erfolg zu verhelfen.

---

106 Man ist versucht, dieses Artemisfest mit einem heutigen sommerlichen Grill- und Gartenfest zu vergleichen, nur das diesem jeglicher religiöser Bezug abhanden gekommen ist. Vgl. auch Petra Heß, Der *locus amoenus* in der antiken Literatur. Zu Theorie und Geschichte eines literarischen Motivs, Bamberg 1998, die 52-67 die Nachfolger des heiligen Hains der Athene und 81-97 die des hesiodischen Bauernpicknicks vorführt.

Vergegenwärtigen wir uns Xenophons Achtung vor Treu und Glauben an drei signifikanten Beispielen:

1.) Wir haben oben bereits unterstrichen, welche Bedeutung Xenophon in seiner Antrittsrede der Eidestreue als Unterpfand des göttlichen Beistands zugemessen hat. Aber schon vor diesem Ereignis läßt er sich den spartanischen Strategen Klearchos gegenüber Tissaphernes wegen der Kyros geleisteten Gefolgschaftstreue der Griechen damit verteidigen, daß sie von diesem zwar unter vielen Vorwänden gegen den Großkönig geführt worden seien, ihn aber in seiner bedrohten Lage aus Scheu vor den Göttern und Menschen nicht hätten verraten können, nachdem sie zuvor viele Wohltaten von ihm empfangen hätten (II.3.2-22). Eidbrüchigkeit war nach Xenophons Überzeugung das sicherste Mittel, sich den Zorn der Götter zuzuziehen. Umgekehrt aber sicherten dankbares Halten der Gelübde und Eidestreue ihre Hilfe. Daher sah er im Halten der den Feinden geschworenen Eide das entscheidende Kennzeichen der Frömmigkeit eines Mannes (Ag. III.2).

Wie hoch Xenophon von seiner eigenen Redlichkeit dachte, zeigt nichts deutlicher als seine Verteidigung gegenüber den Soldaten, die sich von ihm betrogen wähnten, als ihnen der Fürst der Odryden ihren Sold vorenthielt. Er erklärte ihnen, daß es ihm unter Freunden als schimpflicher erscheine, zu betrügen als betrogen zu werden (VII.6.21).[107]

2.) Dem Verbrechen des Eidbruches kam in seinen Augen wie nach allgemeiner Ansicht die Ermordung von den Feinden entsandter Herolde gleich.[108] Als sich eine Abteilung des griechischen Heeres in der Nähe des zwischen Trapezunt und Kotyora gelegenen Krerasunt dessen schuldig gemacht hatte,[109] hielt Xenophon den Soldaten die negativen Folgen ihrer Zuchtlosigkeit vor, zu denen er nicht zuletzt die Störung des Verhältnisses zu den Göttern rechnete (V.7.33):

„Wenn euch jedoch derartige Taten solche von Tieren und nicht von Menschen zu sein scheinen, so seht zu, daß sie ein Ende nehmen. Denn bei Zeus, wie können wir sonst freudig den Göttern opfern, wenn wir solche gottlosen Taten vollbringen, oder wie mit den Feinden kämpfen, wenn wir einander erschlagen? Welche Stadt wird uns freundlich aufnehmen, wenn sie eine solche Verachtung der Gesetze bei uns sieht? Oder welche wird es wagen, uns Lebensmittel zuzuführen, wenn wir uns in dergleichen höchsten Dingen versündigen? Wo aber schließlich wähnen wir allgemeine Anerkennung zu erlangen, wer wohl würde uns für ein derartiges Verhalten loben? Denn auch wir würden, wie ich überzeugt bin, solche, die derartiges tun, nur als nichtswürdig bezeichnen."

---

107 Zu Xenophons Verständnis der Freundschaft vgl. B. Due, Cyropaedia, 221-223.
108 Der Herold stand unter dem Schutz des Hermes und des Zeus, Plat. leg. XII.941a 1-b 1.
109 Zum Zusammenhang vgl. V.7.13-26.

3.) In voller Übereinstimmung mit der Lehre, die er Kambyses dem jungen Kyros erteilen läßt, daß man die Götter nur um das bitten dürfe, was nicht in der eigenen Macht steht,[110] hat Xenophon in der Stunde der Gefahr an die Seinen appelliert, ihr Leben durch ihre Tapferkeit zu retten. In diesem Sinne wandte er sich schon in seiner Antrittsrede an die Offiziersversammlung (III.2.42):

> „Ich bin überzeugt, ihr Männer, daß alle, die in Kriegssituationen mit allen Mitteln ihr Leben zu erhalten suchen, meist einen jämmerlichen und schimpflichen Tod erleiden; wer aber erkannt hat, daß der Tod allen Menschen gemeinsam und unentrinnbar ist, und wer um einen ruhmvollen Tod kämpft, der hat nach meiner Erfahrung wohl größere Aussicht ins hohe Alter zu kommen und zeit seines Lebens glücklich zu sein."

Im gleichen Sinn sprach er (wie wir bereits festgestellt haben) nach dem Gelübde auch zu den Soldaten (III.2.39).[111] Männliche Tapferkeit (ἀνδρεία) und die Götter ernst nehmende Frömmigkeit (εὐσέβεια) gehörten für Xenophon mithin zusammen. Was er rühmend dem spartanischen König Agesilaos nachrief, daß er nach den Wettkämpfen im Gymnasion mit den bekränzten Soldaten zu Artemis gezogen sei, um ihr dort die Siegeskränze zu weihen, kennzeichnete zugleich sein eigenes Selbstverständnis und fand in seinen oben erwähnten Weihungen seinen sichtbaren Ausdruck (Xen. Ag. I.27):[112]

> „Denn wo Männer die Götter ehren, sich im Kämpfen ausbilden und Gehorsam üben ... wie sollte dort in der Folge nicht alles voll guter Hoffnung sein?"

Diogenes Laertius hat Xenophon bescheinigt, daß er ein ἀνὴρ ἀγαθός, ein vortrefflicher Mann und, wie es seine Schriften bezeugen, ein Pferde- und Jagdfreund und ein Taktiker gewesen sei. Darüber hinaus aber sei er gottesfürchtig (εὐσεβής), gewissenhaft im Opferdienst (φιλοθύτης), kundig in der Auslegung der Opferzeichen (ἱερεία διαγνῶναι ἱκανῶς) und ein streng ergebener Nacheiferer des Sokrates (Σωκράτην ζηλώσας ἀκριβῶς) gewesen (Diog. Laert. II.56). Gewiß war er im Vergleich zu seinem genialen Schulgenossen Platon nur ein vorzüglicher Offizier, umsichtiger Ökonom und klarer Schriftsteller. Er gehörte nicht zu den großen Denkern, deren ruheloser Geist die Menschen vor die Tiefen ihrer Seele und die Rätsel der Gottheit stellt. Statt dessen war er ein praktisch denkender, tapferer und zuverlässiger Mann, der versucht hat, die Menschen, mit denen er umging, und die Menschen, an die er seine Schriften richtete,

---

110 Vgl. dazu oben, S. 117.
111 Vgl. dazu oben, S. 122.
112 Vgl. dazu oben, S. 128-130.

nach seinem Vorbild zu einem tätigen Leben in ἀρετή und εὐσέβεια, in charaktervoller Tüchtigkeit und ungeheuchelter Frömmigkeit zu erziehen. Damit ist auch Xenophon aller Achtung wert; denn von solchen Männern gibt es zu keiner Zeiten gerade einen Überfluß.[113]

---

113 Zu den unterschiedlichen Beurteilungen Xenophons, die von Cicero bis in das 20. Jh. reichen, vgl. Rainer Nickel, in: Xenophon, Kyropädie. Die Erziehung des Kyros. Griechisch-deutsch, hg. und übers. v. dems., STusc, München 1992, 768-786.

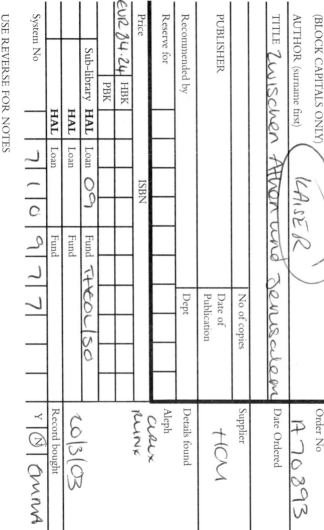

LIBRARY BOOK SUGGESTION

Date of request

TITLE Zwischen Athen und Jerusalem		Order No
AUTHOR (surname first) (KAISER)		1A 70893
(BLOCK CAPITALS ONLY)		Date Ordered

PUBLISHER	No of copies	Supplier
	Date of Publication	ttcm
Recommended by	Dept	Details found
Reserve for		Aleph

Price	ISBN	Chux rink

eur 84.24		

	HBK										
	PBK										
Sub-library	**HAL**	Loan 09	Fund Tteolso								
	HAL	Loan	Fund								
	HAL	Loan	Fund								

Aleph

System No											Record bought
	7	1	0	9	7	7				20/3/03	Y Ⓝ anna

USE REVERSE FOR NOTES

LIBRARY USE

Der eine Gott und die Götter der Welt[1]

*1. Zwei Leittexte als Repräsentanten von zwei Glaubensweisen,
der biblischen und der philosophischen*

Zwei Sätze markieren im allgemeinen Bewusstsein des Abendlandes die Wende vom Polytheismus zum Monotheismus, der eine stammt aus dem Alten Testament, der andere aus der griechischen Philosophie. Der eine eröffnet das *Schema^c Jisrael*, das *Höre Israel* in Dtn 6,4-9. Er lautet in der Übersetzung der Lutherbibel:

> Höre, Israel, der Herr ist unser Gott, der Herr allein.

Der andere steht bei dem Vorsokratiker Xenophanes von Kolophon und heißt (DK 11 B 23):[2]

> Ein einziger Gott unter Göttern und Menschen der größte,
> nicht an Gestalt den Sterblichen gleich, nicht an Einsicht.

Beiden kommt eine überragende Bedeutung in der Geschichte des abendländischen Geistes zu. Denn der erste umschließt das Programm der Jahwe-allein-Bewegung, die sich im 7. Jh. v. Chr. in Abgrenzung gegen die assyrische Fremdherrschaft und den sich unter ihrem Einfluss ausbreitenden Synkretismus in Juda formiert hat. Ihr verdanken wir das Deuteronomische Reformgesetz, ihr den Dekalog als die Zusammenfassung des Gotteswillens und ihr die verbindliche Auslegung der Geschichtsüberlieferung. Der zweite gilt als die erste Bezeugung des philosophischen Monotheismus und als Kopfsatz aller weiteren griechischen Metaphysik und Religionsphilosophie. Darum verdienen beide um ihrer selbst und um ihrer Wirkung willen unsere besondere Beachtung.

---

1 Vortrag, gehalten am 3. Juli 1999 auf dem Sommerfest des Freundeskreises Marburger Theologie in der Aula der Philipps-Universität Marburg.
2 Die Übersetzungen seiner Fragmente erfolgt hier und weiterhin nach E. Heitsch (Hg.), Xenophanes. Die Fragmente, STusc, 1983.

Unserem Auftrag als biblische Theologen gemäß setzten wir mit einer Würdigung des Bekenntnisses zu dem einen Jahwe ein, um dann seine Wirkungsgeschichte an drei Texten zu beobachten. Sie werden uns über die dramatische Erzählung vom Gottesurteil am Karmel in 1. Kön 18 und die Neuformulierung des Bilderverbots in Dtn 4 zur Wiederaufnahme der Formel von dem *einen* Jahwe in Sach 14,9 führen. Anschließend wenden wir uns dem Wort des Griechen zu, um dann den Ansatz des biblischen und des philosophischen Monotheismus zu vergleichen. Auf diesem Wege dürften sich uns Einsichten erschließen, die sich für die gegenwärtige Aufgabe der Theologie und der Kirche als bedeutsam erweisen.

2. Das Bekenntnis zu Jahwe als dem einzigen Gott Israels in seinem historischen Kontext

Setzen wir mit der Würdigung des Lehr- und Bekenntnissatzes von Jahwe als dem einzigen Gott Israels ein, so müssen wir uns trotz seiner Bekanntheit über seine Übersetzung und damit seinen Sinn einigen. Er besteht aus dem Aufmerksamkeitsruf *(Höre, Israel)* und zwei parallelen Nominalsätzen. Dabei legt der Sinn des ersten den des zweiten Satzes fest: »Jahwe ist unser Gott, Jahwe ist (für uns) der einzige.«[3] Die Übersetzung der Lutherbibel ist daher nicht zu beanstanden. Inhaltlich ist dieses Bekenntnis mit dem Vordersatz des Ersten Gebotes deckungsgleich: »Ich bin Jahwe, dein Gott, der dich aus dem Lande Ägypten geführt hat.« Die Frontstellung und Negation ist in beiden Fällen dieselbe, auch wenn das »Du sollst keine anderen Götter haben neben mir« im *Schema*[c] nicht ausdrücklich wiederholt wird. Das Erste oder Hauptgebot bildet ursprünglich mit dem Bilderverbot eine Einheit: Fremdgötterkult und Bilderdienst waren nach dem sachgerechten Urteil der Deuteronomisten in der damaligen Welt nicht voneinander zu trennen. Daher folgt auf das »Ich bin der Herr, dein Gott, der dich aus dem Land Ägypten aus dem Sklavenhaus geführt hat. Du sollst keine anderen Götter haben neben mir« sogleich das Bilderverbot »Du sollst dir kein Bildnis machen, irgendein Abbild von dem, was es unter dem Himmel und unten auf der Erde oder im Meer gibt. Huldige ihnen nicht und diene ihnen nicht ...« (Dtn 5,6-9a).[4]

Der offizielle Jahwekult der Königszeit war grundsätzlich anikonisch, und zwar entweder in der Form des *material aniconism*, in dem eine Massebe, eine Stele die Gegenwart der Gottheit repräsentierte, oder in dem des *empty space*

---

3 Vgl. dazu T. Veijola, Höre Israel! Der Sinn und Hintergrund von Deuteronomium VI 4-9, VT 42 (1992), 528-541.

4 Zum Unterschied zwischen der Fassung des Gebotes in Ex 20,4 und Dtn 5,8 vgl. Chr. Dohmen, Das Bilderverbot. Seine Entstehung und Entwicklung im Alten Testament, BBB 62, [2]1987, 213-216 bzw. knapp O. Kaiser, Der Gott des Alten Testaments. Bd. 2, 1998, 173.

aniconism, in dem der Gottheit ein leerer Platz über einem Symbol seiner Macht vorbehalten war (Trygve N.D. Mettinger).[5] Die Deuteronomisten haben den prinzipiellen *empty space aniconism* des Jerusalemer Tempels verabsolutiert und gleichzeitig den *material aniconism* in Gestalt der Masseben verworfen, weil solche Kultstelen zusammen mit plastischen Bildern in den Hainen der kanaanäischen Gottheiten begegneten (Dtn 7,5; 12,2f.).[6] Das war kein Ausdruck mangelnden Kunstsinns, sondern diente allein der Absicht, den Dienst Jahwes eindeutig von dem der anderen Götter abzugrenzen.

Sowohl das *Schema*[c] wie das Hauptgebot sind Zeugnisse der sog. Jahwe-allein-Bewegung, die sich im fortgeschrittenen 7. Jh. v. Chr. angesichts der neuassyrischen Fremdherrschaft in Juda gebildet hatte. Nach ihrer Ansicht hing die Zukunft Israels nicht von seiner Loyalität gegenüber dem assyrischen Großkönig oder einer anderen weltlichen Macht, sondern allein von der gegenüber Jahwe ab, weil es ihm seine Existenz verdankt.[7] Die Vertreter dieser Bewegung haben wir in dem Hof nahe stehenden Kreisen zu suchen. Sie sind uns als die Deuteronomiker der ersten und die Deuteronomisten der zweiten und dritten Generation bekannt.[8] Ihnen verdanken wir das Überleben des Judentums nach der Zerstörung des davidischen Reiches, ihnen die Sammlung und Sichtung der geschichtlichen Überlieferungen Israels und des Erbes der Propheten.

Sie haben weder das Deuteronomium noch die Geschichte ihres Volkes schlechthin erfunden. Ihr Rechtsbuch deutete das ihnen vorliegende Bundesbuch im Lichte der Notwendigkeit neu, Israels Überleben als Volk Jahwes zu si-

---

5 T.N.D. Mettinger, No Graven Image? Israelite Aniconism in Its Ancient Near Eastern Context, CB.OT 42, 1995, 191-197.

6 Vgl. zum Folgenden auch O. Kaiser, a.a.O. 169-180.

7 Veijola, a.a.O. 540, der in Anm. 51 darauf hinweist, dass dieser Ausdruck auf B. Lang, Die Jahwe-Allein-Bewegung, in: ders., Der einzige Gott. Die Geburt des biblischen Monotheismus, 1981, 47-83, zurückgeht und weiterhin in mehreren Aufsätzen präzisiert wurde (ders., Jahwe allein! Ursprung und Gestalt des biblischen Monotheismus, Conc 21 [1985], 30-35; ders., Zur Entstehung des biblischen Monotheismus, ThQ 166 [1986], 135-142). Zur Abweisung der von M. Weippert, Synkretismus und Monotheismus: Religionsinterne Konfliktbewältigung im alten Israel, in: J. Assmann/D. Harth (Hg.), Kultur und Konflikt, 1990, 143-179, vgl. 162 = ders., Jahwe und die anderen Götter, FAT 18, 1997, 1-24, vgl. 21, vertretenen Ansicht, diese Bewegung habe mit Hosea eingesetzt, vgl. M. Dietrich/O. Loretz, »Jahwe und seine Aschera«, UBL 9 (1992), 88-90, unter Berufung auf M. Nissinen, Prophetie, Redaktion und Fortschreibung im Hoseabuch, AOAT 231, 1991, passim, und weiterhin zumal E. Otto, Treueid und Gesetz, ZAR 2 (1996), 1-52, bzw. ders., Das Deuteronomium. Politische Theologie und Rechtsreform in Juda und Assyrien, BZAW 284, 1999, 15-90. Zum konvergenten archäologischen Befund vgl. O. Keel/Chr. Uehlinger, Göttinnen, Götter und Gottessymbole, QD 134, [4]1998, 406-422.542.

8 Vgl. dazu auch O. Kaiser, Grundriß der Einleitung in die kanonischen und deuterokanonischen Schriften den Alten Testaments. Bd. 1, 1992, 85-131 und ders., Pentateuch und Deuteronomistisches Geschichtswerk, in: ders., Studien zur Literaturgeschichte des Alten Testaments, FzB 90, 2000, 70-133.

chern.[9] Seine geistige Mitte, das Zentralisationsgesetz in Dtn 12,13-18*[10] stellt sich als eine restriktive Umformulierung des Altargesetzes von Ex 20,24-26 dar: War in diesem von jedem Ort, an dem Jahwe sich anrufen lässt, die Rede, so wurde hier daraus der *eine* Ort, den sich Jahwe erwählt hat, der Zion.[11] Die Forderung nach der entsprechenden Kultzentralisation am Jerusalemer Heiligtum fiel nicht vom Himmel, sondern trug der zentralen Bedeutung des salomonischen Tempels als dem Reichsheiligtum der Davididen Rechnung.[12]

Auch auf dem Gebiet der Geschichtsschreibung haben sich die Deuteronomisten ähnlich verhalten, indem sie die ihnen vorliegende Geschichtsüberlieferungen Israels sammelten und im Lichte der von ihnen erkannten Alternative deuteten, entweder Jahwe als dem Gott Israels die Treue zu halten und zu überleben oder sich den Göttern Kanaans anzuvertrauen und unterzugehen. Damit machten sie von dem Recht der Deutung der Vergangenheit im Licht der eigenen Gegenwart Gebrauch, ohne das alle Historie blind wäre. Denn die Geschichte ist nicht identisch mit dem unübersehbaren zeitlichen Ereignisverlauf der Völker, sondern das Ergebnis einer selektierenden und adaptierenden Deutung einstigen Geschehens in seiner Relevanz für die je eigene Gegenwart. Nur dass die Distanz zu den Urkunden und die Fähigkeit, sie vor der erneuten

---

9 E. Otto, BZAW 284, 217.

10 Zur literarischen Schichtung des Kapitels vgl. E. Reuter, Kultzentralisation. Entstehung und Theologie von Dtn 12, BBB 87, 1993, 97-112.

11 E. Otto, BZAW 284, 341-351.

12 Ob man nun einzelne Belege für die Jahwereligion höher hinauf oder tiefer datiert, sollte doch kein Zweifel daran bestehen, dass die basalen Vorstellungen, deren sich die Späteren bedienten, in vordtn Zeit hinaufreichen. Auch Jahwe lenkte nicht anders als der moabitische Kamosch der Meschastele die Geschicke seines Volkes, verlieh ihnen Sieg oder Niederlage, war Eideswächter und Beschützer der Rechtlosen. Und wenn auch nur eine einzige Strophe der Völkergedichte des Amos außer der Israelstanze auf den Propheten zurückginge, zeigte sie, dass man Jahwe nicht nur als Lenker der Geschicke Israels, sondern auch als den seiner Nachbarvölker wusste; vgl. dazu J. Jeremias, Die Entstehung der Völkersprüche im Amosbuch, in: ders., Hosea und Amos, FAT 13, 1996, 172-182. Die große Auslegung der auf die Erwählung Israels, seine Befreiung aus Ägypten, Verpflichtung am Sinai/Horeb und seinen Einzug in das gelobte Land zentrierten Weltgeschichte in den Werken des 7. bis 5. Jh.s stellt einen Geschichtsmythos dar, welcher Israel seiner Identität als Volk Jahwes versichert. Ist man sich in diesen beiden Voraussetzungen einig, bleibt die Suche nach den Geschichtserzählern, Auslegern und Fortschreibern des Erbes der Väter vorgegebenen Texte und Traditionen zwar auch weiterhin dem Exegeten und Historiker aufgegeben, wie es H.-P. Müller, »Tod« des alttestamentlichen Geschichtsgottes?, NZSTh 41 (1999), 1-21, vgl. 9-15 versucht hat; aber unbeschadet dessen bleibt der Geschichtsglaube ein auf der Erfahrung von Rettungen und Bewahrungen, Niederlagen und Überleben beruhender Mythos, der als solcher in der Geschichte nicht einklagbar ist und seine konkrete Deutungskraft (wie es schon F. Schleiermacher in der fünften seiner Reden über die Religion an die Gebildeten unter ihren Verächtern, hg. von R. Otto, 1899, 156-158 angemerkt hat) im Fortgang der Erweiterung des weltgeschichtlichen Horizonts verliert. Statt dessen wird er symbolischer Ausdruck des Glaubens, dass auch die Geschichte jenseits aller Vernunft unmittelbar zu Gott ist.

Deutung ihre eigene Sache ausreden zu lassen, in der modernen Geschichtsschreibung zumindest idealiter gewachsen ist. Dem gemäß handelt es sich bei
der leidenschaftlich parteiischen Historiographie der Deuteronomisten im Sinne Nietzsches nicht um eine antiquarische, sondern eine monumentale Geschichtsschreibung,[13] die ihre Zeitgenossen zum Ziehen der richtigen Konsequenzen aus den Lehren der Vergangenheit aufrief.

Ohne das Wirken dieser namenlosen Deuteronomiker und Deuteronomisten hätte sich die israelitische Religion wie die ihrer Nachbarn im syrisch-kana-
anäischen Synkretismus aufgelöst, ohne nennenswerte Spuren in der Geschichte zu hinterlassen. Das größere Recht gegenüber den verblassenden Göttern der
zeitlosen polytheistisch gedeuteten Welt lag bei diesen Eiferern für Jahwe; denn
sie entdeckten und verkündigten die geschichtliche Verantwortung Israels und
damit des Menschen für sein Geschick. Die damit postulierte ausschließliche
Zuständigkeit Jahwes für das Ergehen Israels hatte die Entgötterung der Welt
zur Folge: Die draußen in der Natur und drinnen im Menschen waltenden
Mächte der Welt wurden entweder zu Werkzeugen Jahwes oder zu Regungen
der menschlichen Seele. Der Mensch wurde zur Person, seine bloß instrumen-
tale Verwendung zur Sünde.[14] Daher haben die Deuteronomisten der Personal-
ität der Beziehung zu Gott und dem Nächsten in den Zehn Geboten, im Dekalog überzeitlichen Ausdruck gegeben: Sie sichern in paradigmatischer Weise
den Primat Gottes gegenüber Israel bzw. den Menschen, den der Eltern gegenüber den Kindern und den Anspruch des Einzelnen auf die Unantastbarkeit
seines Lebens, seiner Ehe, seiner Freiheit, seines Rechts und seines Besitzes.[15]

3. Der Erweis der wahren Gottheit Gottes im Wunder: Die Erzählung vom Gottesurteil auf dem Karmel

Das exilierte Israel hat sich seines Glaubens, dass Jahwe allein der wahre Gott
ist, nicht nur in seinem theonomen Recht und in seiner Geschichtstheologie
der Verantwortung, sondern auch in überaus dramatischen Erzählungen versi-

---

13 F. Nietzsche, Unzeitgemäße Betrachtungen. Zweites Stück: Vom Nutzen und Nachtheil der
    Historie für das Leben (1874), KGA III.1, 1972, 254. Unsere eigene Darstellung würde dage-
    gen sowohl in die Kategorie der antiquarischen wie der kritischen Historie fallen. Denn sie
    ist antiquarisch, insofern sie sich verstehend in die Vergangenheit versenkt und kritisch, in-
    dem sie sich ihr nicht einfach ausliefert.

14 Ehe man sich in postmodernem Ästhetizismus für den Polytheismus begeistert, sollte man
    sich zum Beispiel fragen, ob die zu ihm gehörende kultische Prostitution als das Spiel der
    Heiligen Hochzeit die der Personalität des Menschen angemessene Form des Vollzugs der
    Sexualität darstellt und ihre Ausübung in der wechselseitigen Hingabe an den Anderen in
    den Schatten stellt. Wenn die Zeit der Götter zu Ende ist, lassen sie sich höchstens noch
    ästhetisch, aber nicht mehr praktisch revitalisieren.

15 Vgl. dazu auch unten, Abschnitt 7.

chert. Wohl die eindrücklichste unter ihnen stellt die von dem Gottesurteil auf dem Karmel in 1. Kön 18,20-39 dar. Zumindest in ihrer vorliegenden Gestalt geht diese Geschichte auf späte Deuteronomisten zurück.[16] Man merkt es ihrem beißenden Spott über die vom frühen Morgen bis zur Mittagszeit vergeblich den Altar Baals im Hinkeschritt umkreisenden Baalspropheten in V. 27 an, dass der geistige Kampf zwischen Jahwe und Baal in den Augen ihrer Erzähler und Bearbeiter längst entschieden war:[17] Aus dem Wissen um die Überlegenheit Jahwes über die Götter Kanaans heraus verherrlicht sie ihn als den einzigen Gott und Elia als seinen wahren Propheten. Denn während die Baalspropheten ihren Gott vom Morgen bis zum Abend vergeblich anrufen, erhört der Herr die Bitte seines Knechtes sogleich (1.Kön 18,36f.):[18]

> 36 HErr, Gott Abrahams, Isaaks und Israels, laß heute kund werden, daß du Gott in Israel bist und ich dein Knecht, und daß ich solches alles nach deinem Wort getan habe! 37 Erhöre mich, HErr, erhöre mich, daß dies Volk wisse, daß du, HErr, der Gott bist, daß du ihr Herz darnach bekehrest.

Die doppelte Bitte (ob sie nun aus einem Guss oder ihr der erste Satz nachträglich vorangestellt ist, mag hier auf sich beruhen) entspricht den beiden unauflösbar miteinander verknüpften Zielen der Erzählung: Vordergründig geht es in ihr um die Entscheidung der Frage, ob Baal oder Jahwe der Gott Israels ist. Aber der Sache nach geht es zugleich und zumal darum, wer *der* Gott und das heißt: wer überhaupt Gott ist. So wendet sich Elia schon in V. 21 mit den Worten an das Volk:

> Was hinket ihr auf beiden Seiten? Ist Jahwe der Gott, so geht hinter ihm her, aber wenn es Baal ist, so geht hinter ihm her.

In dem folgenden Gottesurteil, in dem es um die Bekehrung Israels geht, steht zugleich mit der Gottheit Baals (der hier die fremden Götter überhaupt ver-

---

16 Vgl. dazu M. Beck, Elia und die Monolatrie Jahwes, BZAW 281, 1999, 74-79.80-87, der die Perikope bis auf geringe, kultischer Spezifikation dienende Zusätze in Gestalt von V. 31f.35b.36b und 38* einem späten Deuteronomisten zwischen dem ausgehenden 6. und dem frühen 5. Jh. v. Chr. zuweist; anders z.B. E. Würthwein, Die Bücher der Könige. 1.Kön. 17-2.Kön. 25, ATD 11.2, 1984, 208-211, und Chr. Fevel, Aschera und der Ausschließlichkeitsanspruch JHWHs, BBB 94.1-2, 1995, 91-108, die mit einer nachträglich erweiterten Grunderzählung rechnen. Dabei schreibt Frevel, 100, die Einführung der Baalspropheten ebenfalls erst einem spätdtr Bearbeiter zu.

17 Dass der Kampf zwischen Baal und Jahwe damals in der Tat längst geschlagen war, belegen ebenso die siebzig, vermutlich frühnachexilischen Bullae oder Siegelabdrucke, die keinerlei Göttersymbole, sondern nur noch die Namen ihrer Besitzer tragen, wie das Fehlen von Götterfigurinen; vgl. Keel/Uehlinger, Göttinnen (s. Anm. 7), 449-450.

18 Wir geben den Text abgesehen von der Einfügung des Artikels vor dem Wort Gott in V. 37b in der Lutherübersetzung wieder, damit die Freunde seiner Vertonung durch Felix Mendelssohn Bartholdy sie innerlich mithören können.

tritt) die Jahwes auf dem Spiel. Die explizite Frage lautet daher von Anfang an nicht: Ist Jahwe *euer* Gott, sondern ist Jahwe *der* Gott. Dabei versteht es sich von selbst, dass kein anderer Gott als der, der seine Gottheit erweist, der Gott Israels sein kann. Demgemäß setzt Elia in V. 24 den Modus der Entscheidung in seiner an die Baalspropheten gerichteten Aufforderung zum Gottesgericht fest: Der Gott, der mit Feuer auf seine Anrufung antworten wird, soll *der* Gott sein. Dem entspricht es, wenn der Prophet sein an Jahwe gerichtetes Gebet in V. 37 mit der Aufforderung beschließt, ihn zu erhören, damit *dieses Volk* erkenne, dass Jahwe *der* Gott ist. Und so geschieht es: Als das Feuer vom Himmel fällt und das Brandopfer mitsamt dem Holz verzehrt, sinkt das Volk anbetend nieder, um einmütig zu bekennen (V. 39): יהוה הוא האלהים יהוה הוא האלהים oder auf Deutsch: »Jahwe, er ist *der* Gott! Jahwe, er ist *der* Gott!« Angesichts der vorausgehenden sarkastischen Verspottung der Baalspropheten und ihres Gottes in V. 27 in Gestalt der an sie gerichteten Aufforderung, lauter zu rufen, weil ihr Gott vielleicht gerade anderswie beschäftigt, unterwegs sei oder schlafe, kann man dieses Bekenntnis nicht anders als monotheistisch verstehen: In Baal sind die »anderen Götter« der Deuteronomisten mitbetroffen. Der die Szene in V. 40 beschließende Bericht von der Abschlachtung der Baalspropheten am nördlich des Karmel fließenden Kischon stößt den modernen, zu religiöser Toleranz erzogenen Leser ab. Den zeitgenössischen Adressaten zeigte er dagegen, dass der Prophet Elia ganz nach den Worten des deuteronomischen Prophetengesetzes gehandelt hat; denn es gebietet, keinen zu verschonen, der Israel dazu auffordert, anderen Göttern zu folgen (Dtn 13).[19] Blicken wir auf die Erzählung zurück, so gibt sie zu erkennen, dass für die späten Deuteronomisten der *eine* Jahwe zu dem *einen* Gott geworden war. Israel diente einem einzigen Gott. Der aber war nach ihrer Überzeugung zugleich der einzige Gott überhaupt.[20]

4. Jahwe, der ganz Andere und Herr des Alls

Aufschlussreich für das weitere Nachdenken über die Bedeutung des Bilderverbotes ist seine spätdtr Auslegung in Dtn 4,9-19.[21] Es wird jetzt auf die Verwendung jeglicher bildlicher Darstellung im Jahwekult bezogen, weil sie die Betrachter zu der dem Wesen Gottes unangemessenen Vorstellung führen könnte, Jahwe gliche irgendeiner irdischen Gestalt. Begründet wird diese Neuinterpreta-

---

19 Zur Diskussion über Alter und literarische Schichtung des Kapitels vgl. zuletzt Otto, BZAW 284, 32-57.
20 Zum Monotheismus in der deuterojesajanischen Sammlung vgl. F. Stolz, Einführung in den biblischen Monotheismus, 1996, 172-175.
21 Zu den literarischen Verhältnissen vgl. D. Knapp, Deuteronomium 4, GTA 35, 1987, 43-57 bzw. 112 und knapp O. Kaiser, Der Gott des Alten Testaments 2, 176f.

tion des Bilderverbots damit, dass Israel am Horeb keinerlei Gestalt gesehen, sondern nur Jahwes Stimme gehört habe, als er dem Volk den Dekalog verkündete (V. 10-12). Daher lässt der Deuteronomist Mose fortfahren und zu den Israeliten sagen:

> So hütet euch denn wohl um eures Lebens willen, – denn ihr habt keinerlei Gestalt an jenem Tage gesehen, als Jahwe zu euch am Horeb mitten aus dem Feuer geredet hat - daß ihr nicht frevelt und euch ein Beistellbild[22] macht in der Gestalt irgendeiner Figur, eines Abbildes irgendeines männlichen oder weiblichen Wesens ...[23]

Dann folgt ganz in der Weise des Bilderverbots die Aufzählung der drei Lebensbereiche von Luft, Erde und Meer (V. 17-18).

Dass Jahwe selbst bildlos zu verehren ist, ist dem sich hier zu Wort meldenden Theologen selbstverständlich.[24] Aber er will auch einer etwaigen Neuherstellung von Kerubim oder Stieren für das Allerheiligste wehren, wie sie im Ersten Tempel reichlich vorhanden waren (vgl. 1. Kön 6,23-36; 7,27-36). Denn auch sie könnten den Betrachter zu der unangemessenen Vorstellung veranlassen, sich Gott nun doch bildhaft vorzustellen und damit sein Wesen zu verfehlen. Denn Jahwe ist der ganz Andere, den man sich weder als Mann noch als Frau und auch nicht als von menschen- und tierähnlichen Wesen umgeben vorstellen darf. Ihm begegnet man nicht, indem man sich ihn so wunderbar wie nur möglich vorstellt, sondern indem man seinen Geboten gehorcht.

Neu ist die Erweiterung des Bilderverbotes um das Verbot des Astraldienstes in V. 19: Israel darf sich Gott nicht nur nicht bildhaft vorstellen, sondern darf auch keinesfalls Sonne, Mond und Sterne, das ganze Heer des Himmels,[25] verehren. Dass die Sterne beseelt und göttlich waren, war in der Alten Welt selbstverständlich. Wir finden diese Vorstellung nicht zuletzt auch bei Plato. Für ihn war der geregelte Umlauf des Himmels ein Beweis ihrer Leitung durch eine Vernunft besitzende Seele.[26] Offenbar hätte der späte Deuteronomist gegen eine derartige Schlussfolgerung nichts einzuwenden gehabt; denn er bestritt nicht ihre Göttlichkeit, sondern ihre Zuständigkeit für Israel: Dieses ganze himmlische Heer, so bescheidet er in V. 19 weiter, »hat Jahwe doch den Völkern unter dem ganzen Himmel zugeteilt.« Dass es sich hier um einen Rückfall eines späten Deuteronomisten in eine überwundene Vorstellungswelt han-

---

22 Zu dieser Bedeutung des סמל vgl. Dohmen, Das Bilderverbot (s. Anm. 4), 209.

23 Übersetzung: G. von Rad, Das fünfte Buch Mose. Deuteronomium, ATD 8, ³1978, 34.

24 Damit kongruent ist der ikonographische Befund, vgl. Keel/Uehlinger, Göttinnen (s. Anm. 7), 449f.

25 Vgl. zu dieser Trias H. Spieckermann, Juda unter Assur in der Sargonidenzeit, FRLANT 129, 1982, 221-225.

26 Plat. Tim. 33a 8-34a 7; 39e 10-b 2; leg. X. 896e 9-898c 8; vgl. dazu auch W.K.C. Guthrie, A History of Greek Philosophy V. The Later Plato and the Academy, 1978, 292-299; G.R. Morrow, Plato's Cretan City. A Historical Interpretation of the *Laws*, 1960 (ND 1993), 445-448.

delt, brauchen wir nicht zu befürchten. Ebenso wie in der viel diskutierten und
viel verkannten Parallele in Dtn 32,8f. handelt es sich auch hier vielmehr um
eine Anleihe bei der astralen Geographie, einem Seitentrieb der Astrologie,
nach der jedes Land seinen Stern oder sein Sternbild als Regenten besitzt.[27]
Wir kennen diese Vorstellung aus Dan 8,2-22, wo die Tierkreiszeichen des
Widders und des Steinbocks als Schutzsterne des Perser- bzw. des Makedoni-
schen Reiches gelten.[28] Aus dieser Vorstellung hat sich alsbald die von den
Völkerengeln entwickelt, wie sie uns biblisch in Dan 10,20; 12,1 und Sir 17,17
(als Neuinterpretation von Dtn 32,8f.) begegnet.[29] Vorausgesetzt ist hier die in
der Perserzeit vollzogene Gleichsetzung Jahwes mit dem Höchsten, dem Him-
melsgott.[30] Als solcher gebietet er den Sternen und damit zugleich den Völkern. Der bildlos verehrte, sich allem menschlichen Vorstellen entziehende
Gott ist als der Herr des Alls erkannt.

5. Die eschatologische Erwartung, dass der einzige Gott Israels zum einzigen Gott der Völker werde

Wenden wir uns nun dem letzten Kapitel der tritosacharjanischen Sammlung
(Sach 12-14) zu, kommen wir in die Diadochenzeit, die letzten Jahrzehnte des
4. und die ersten des 3. Jh.s. v. Chr. Das 14. Kapitel stellt ganz offensichtlich
eine Fortschreibungskette dar, die sich (nicht bruchlos) an die einleitende
Weissagung von der erfolgreichen Eroberung Jerusalems durch die Völker in
den V. 1f. anschließt.[31] Dabei bildet der uns beschäftigende V. 9 gleichsam
über die V. 6-8 hinweg die Brücke zurück zu den V. 3-5, in denen von der Befreiung Jerusalems durch Jahwe und sein himmlisches Heer und der Vernich-
tung der Völker die Rede ist. Andererseits gibt er den sehr vielschichtigen und
thematisch uneinheitlichen V. 10-21 das Leitthema. So verkündet der Vers, was

---

27 Vgl. dazu F. Boll/C. Bezold/W. Gundel, Sternglaube und Sterndeutung. Die Geschichte
und das Wesen der Astrologie, 1974, 9f.
28 Vgl. dazu M. Hengel, Judentum und Hellenismus, WUNT 10, (1969) [3]1988, 356f.
29 Vgl. auch Dan 7,13f. 22; 1QM IX. 15f.; XVII, 6f. und dazu M. Mach, Entwicklungsstadien
des jüdischen Engelglaubens in vorrabbinischer Zeit, TStAJ 34, 1992, 257-262.
30 Vgl. dazu H. Niehr, Der höchste Gott, BZAW 190, 1990, 61-68, bzw. ders., JHWH in der
Rolle des Baalschamem, in: W. Dietrich/M.A. Klopfenstein (Hg.), Ein Gott allein?, OBO
139, 1993, 307-326.
31 Zu den hier verarbeiteten Motiven vom Kampf der Völker gegen Jerusalem (14,1-2) und
von Jahwes Kampf gegen die Völker (14,3-5-13.14b) vgl. H.-M. Lutz, Jahwe, Jerusalem und
die Völker, WMANT 27, 1968; zur Analyse des Kapitels K. Elliger, Das Buch der zwölf
kleinen Propheten II, ATD 25, 1949 (1982), 178-179; H. Graf Reventlow, Die Propheten
Haggai, Sacharja und Maleachi, ATD 25.2, 1993, 123-129. Zur Zeitstellung vgl. O.H. Steck,
Der Abschluß der Prophetie, BThSt 17, 1991, 57f.; die Datierung von Graf Reventlow, 129,
in die 1. Hälfte des 5. Jh.s erscheint mir zu hoch.

sich als Folge der Befreiung Jerusalems durch Jahwe vor allem ereignen wird, nämlich sein Antritt der Königsherrschaft über die ganze Erde:[32]

> Dann wird Jahwe zum König über die ganze Erde.
> An jenem Tage wird Jahwe einzig sein und einzig sein Name.

Es ist unübersehbar, dass hier die deuteronomische Bekenntnisformel »JHWH ist unser Gott, Jahwe ist einzig« noch einmal aufgenommen und auf die eschatologische Stunde hin umgeprägt wird: Der einzige Gott Israels soll in ihr als der König der Erde zum einzigen Gott aller Völker werden.[33] Der unbekannte Schriftgelehrte, der diesen Vers in das letzte Kapitel des Sacharjabuches eingefügt hat, zog die Konsequenz, die in der Einzigkeitsformel des *Schema^c* und der Gottesformel der Karmelerzählung enthalten war. Vermutlich hatte er dabei zugleich die deuterojesajanische Weissagung im Gedächtnis, dass sich einst Jahwe jedes Knie beugen und jede Zunge ihm zuschwören solle (Jes 45,23).[34] Denn wenn der wahre Gott Israels der einzige wahre Gott ist, dann muss er eines Tages auch der Gott aller Völker werden.

6. *Xenophanes' Satz vom einzigen Gott und der Anfang der philosophischen Theologie*

Kehren wir nach diesem Streifzug durch die Bibel zu dem ionischen Philosophen und Rhapsoden *Xenophanes* zurück, wird uns sehr schnell das Wesen des philosophischen Monotheismus deutlich. Er beanwortet die Frage nach dem Ursprung einer Welt, die in sich vernünftige kosmische und soziale Strukturen besitzt, indem er sie auf eine nicht mit ihr identische Urvernunft zurückführt. Doch ehe wir uns das am Beispiel der Sprüche des Griechen vergegenwärtigen, sind einige Sätze über seine Zeitstellung und sein Schicksal angebracht. Xenophanes wurde um 570 v. Chr. geboren und ist nach seinen eigenen Worten jedenfalls 92 Jahre alt geworden und daher erst nach 478 v. Chr. gestorben (DK 11. B 8). Aus seiner kleinasiatisch-ionischen Heimatstadt Kolophon aus politi-

---

32 Vgl. auch Jes 45,20a. 21-23; Ps 22,28f.; ferner Ps 47,8; 96,10; 98,4.

33 Vgl. auch Jes 45,18. 22-23; dagegen behandelt H.J. Hermisson, Deuterojesaja, BK XI.7, 1987, 55-60, 45,18-20a.21-23 als deuterojesajanische Einheit, während J. van Oorschot, Von Babel zum Zion, BZAW 206, 1993, 38-50, sie auf 45,20a.21-23 begrenzt und ebenfalls dem Exilspropheten zuschreibt.

34 Zur Abgrenzung der Einheit vgl. einerseits R.G. Kratz, Kyros im Deuterojesajabuch, FAT 1, 1991, 60-63, der 45,18.21b-22-23 zusammenfasst und der Kyros-Ergänzungsschicht zuweist (a.a.O. 175), und andererseits H.-J. Hermisson, BK XI.7, 55-59, der 45,18-19.20a.21-23 zu ihr rechnet, und van Oorschot, BZAW 206, 38-50, der 45,20a.21-23 als selbständige Einheit beurteilt, wobei beide die jeweilige Einheit zur deuterojesajanischen Grundschicht rechnen.

schen Gründen vertrieben, führte er ein Wanderleben in der Sizilien und Unteritalien umfassenden Magna Graecia. Sein Wirken sprengt jede enge Kategorisierung. Daher wird er als Philosoph, politischer Denker, Theologe, Dichter und selbst als Rhapsode, als fahrender Sänger bezeichnet, weil er seine Gesänge in seinem unruhigen Wanderleben von Ort zu Ort ziehend vortrug.[35] Seine Werke sind uns nur aus Zitaten bei antiken Autoren bekannt. Trotzdem erlauben sie eine Rekonstruktion seines monotheistischen Grundkonzepts, wenn wir die vier einschlägigen Fragmente sachgemäß anordnen. Das berühmteste (DK 11.B 23) ist dabei auch aus inhaltlichen Gründen vor allen anderen zu nennen. In ihm begegnet zum ersten Male in der Weltliteratur der Begriff des εἷς θεός, des einen und einzigartigen Gottes. Wir wiederholen es noch einmal, um es dann sogleich in seinen Kontext einzuordnen:

> Ein einziger Gott unter Göttern und Menschen der größte,
> nicht an Gestalt den Sterblichen gleich, nicht an Einsicht.

Dieser einzige Gott ist mithin ganz anders als die Menschen, wir würden sagen: gestaltlos. Aber da man sich ein körperloses Wesen nicht vorstellen kann, müssen wir vorsichtig sagen: Seine Gestalt (δέμας) hatte nichts mit endlichen Körpern gemeinsam. Sein Wesen wird durch überlegene Einsicht (νόημα) bestimmt. Demgemäß gilt von ihm (wie es B 24 festhält): »Ganz sieht er, ganz erkennt er, ganz hört er.« Mithin ist er die universale und absolute Intelligenz. Als solcher (B 26) gilt von ihm:

> Immer bleibt er am selben Ort ohne jede Bewegung,
> und nicht geziemt es ihm, bald hierhin, bald dorthin zu gehen.

An diese Beschreibung seines Wesens schließt sich B 25 wie selbstverständlich an:

> Sondern ohne Mühe durch Regung der Einsicht erschüttert er alles.

Er ist also die an einem Ort versammelte und zugleich der ganzen Welt gegenüberstehende Weltvernunft, die, selbst unbewegt, als solche alle welthaften Prozesse leitet.[36] Daher hat, wer der Vernunft in hybrider Selbstüberschätzung die Gefolgschaft versagt, die Folgen zu tragen (vgl. B 1.17).

---

35 Vgl. dazu z.B. H. Fränkel, Dichtung und Philosophie des frühen Griechentums, ³1969, 371-374; W.K.C. Guthrie, A History of Greek Philosophy I. The Earlier Presocratics and the Pythagoreans, 1971, 362-370; G.S. Kirk/J.E. Raven/M. Schofield, Die Vorsokratischen Philosophen (übers. von K. Hülser), 1994, 179f.

36 Aristoteles wird diesen, von ihm in der Nachfolge Platons als transzendent verstandenen Gott den unbewegten Beweger nennen, Metaph. XI.1072a 19-30. Zum Kontext dieser Vorstellung vgl. G.E.R. Lloyd, Aristotle. The Growth and Structure of His Thought, 1968, 144-153 bzw. W.K.C. Guthrie, History VI. Aristotle. An Encounter, 1981, 252-259.

Ganz auf der Linie der ionischen Naturphilosophen ist die absolute Intelligenz ihrer Sache nach als ἀρχή, als Ursprung und waltender Grund allen Seins bestimmt. Dieser Gott, der alles bewegt und doch selbst nicht bewegt ist, ist nicht mit dem Kosmos identisch, sondern befindet sich an einem nicht vorstellbaren und daher von Xenophanes nicht genauer beschriebenen Ort. Erst Platon wird dafür die Formel finden,[37] dass er »jenseits des Seins« ist.[38]

Fragen wir nach den Voraussetzungen, die Xenophanes zu dieser Einsicht führte, so haben wir an erster Stelle an sein Wanderleben zu denken, das ihn von Ionien bis nach Sizilien führte und auf diese Weise mit unterschiedlichen Gottesvorstellungen konfrontierte. Es ließ ihn erkennen, dass jede anthropomorphe Gottesvorstellung einschließlich der homerischen einem begrenzten Erfahrungshorizont entspricht und daher dem Wesen der Götter unangemessen ist (B 11-16).[39] Entsprechend ihrer Eigenart und ihrer Selbsteinschätzung stellten sich daher (B 16) »die Äthiopier ihre Götter plattnasig und schwarz, die Thraker blauäugig und rötlich vor«. B 15 gibt dieser Relativität der menschlichen Gottesvorstellungen mittels einer Tiertravestie ihren drastischsten Ausdruck:

> Doch wenn Ochsen oder Löwen Hände hätten oder vielmehr malen könnten mit ihren Händen und Kunstwerke herstellen wie die Menschen, dann würden die Pferde pferdeähnlich, Ochsen ochsenähnlich der Götter Gestalten malen und solche Körper bilden, wie jeder selbst gestaltet ist.

Doch trotz seiner Kritik an den allzu menschlichen Gottesvorstellungen Homers und Hesiods war Xenophanes in seiner positiven Formulierung von der Tradition abhängig.[40] Wenn er den einen Gott als den größten unter Göttern und Menschen preist, so findet sich dafür im homerischen Zeushymnos eine Entsprechung (Hom. hym. XXIII. 1f.):[41]

37　Vgl. dazu auch L.P. Gerson, God and Greek Philosophy, 1990, 17-20, der sich kritisch mit der Ansicht von W.K.C. Guthrie, History I, 376-387 auseinandersetzt, dass der eine Gott im Anschluss an die antiken Zeugen als sphärisch gedacht und mit der Welt identisch sei; bzw. knapp Kirk/Raven/Schofield, Die Vorsokratischen Philosophen, 187f.

38　Plat. rep. IV. 509b 9.

39　Vgl. dazu auch H.-P. Müller, Anfänge der Religionskritik bei den Vorsokratikern, in: A.Th. Khoury/G. Vanoni (Hg.), »Geglaubt habe ich, deshalb habe ich geredet«. FS A. Bsteh, Religionswissenschaftliche Studien 47, 1998, 281-295, bes. 284-286.

40　Vgl. dazu E. Heitsch, Xenophanes und die Anfänge kritischen Denkens, AAWLM.G 1994.7, 1994, 14-18 und bes. 16f. Für den freundschaftlichen Hinweis danke ich Wolfgang Drechsler, Marburg bzw. Universität Tartu. Zu dem hinter frg. 23 stehenden, via negationis gewonnenen Schluss vgl. E. Ricken, Philosophie der Antike. Grundkurs der Philosophie 6, 1988, 26.

41　Ζῆνα θεῶν τὸν ἄριστον ἀείσομαι ἠδὲ Μέγιστον εὐρύοπα κρείοντα τελεσφόρον ..., zit. nach: A. Weiher (Hg.), Homerische Hymnen, TuscBü, ³1970, 123.

Zeus, der Götter besten will ich besingen, den größten,
Weithin blickt er, er hat die Gewalt und bringt alles zu Ende.

Im Eröffnungshymnos von Hesiods »Werken und Tagen« lernen wir Zeus als
den Fernen kennen, der auf dem Olymp thront und doch alles leitet, was auf
Erden den Menschen widerfährt (Hes. erg. 1–8):[42]

O prierische Musen, die Ruhm durch Lieder verleihen,
Nahet nun, Zeus, euern Vater, mit Festgesängen zu preisen;
Ruhmlos oder berühmt macht er ja sterbliche Männer,
Preislos oder gepriesen, nach Zeus' erhabenem Willen.
Leicht verleiht er Stärke, und den Gestärkten verdirbt er;
Leicht den Ragenden stürzt er und führt den Verborgenen aufwärts;
Leicht erhebt er Gebeugte, und Hochgemute vernichtet
Der weitdonnernde Zeus, der hoch über alles behauste.

In der Tradition war es denn auch Zeus, der alles sieht und hört.[43] Xenophanes hat diese dem Vater der Götter und Menschen zugeschriebenen Eigenschaften aus ihren anthropomorphen Kontexten herausgehoben und abstrahiert. So
ist ihm der höchste Gott zu dem ganz Anderen und Unbewegten geworden,
der trotzdem alles bewegt und leitet.

Dabei war sich Xenophanes dessen bewusst, dass er selbst mit seinen Ab-
straktionen letztlich die Wirklichkeit Gottes nicht zu erreichen vermochte. Das
hängt bei ihm mit der anderen Einsicht zusammen, dass es für den Menschen
weder im Blick auf die Götter noch auf sonst etwas eine sichere Erkenntnis,
sondern nur Meinungen gibt (B 34):

Und das Genaue (σαφὲς) hat nun freilich kein Mensch gesehen,
   und es wird auch niemanden geben,
der es weiß über die Götter und alles, was ich sage.
Denn wenn es ihm auch im höchsten Grade gelingen sollte, Wirkliches auszusprechen,
selbst weiß er es gleichwohl nicht. Für alles gibt es aber Vermutung (δόκος).

In dieser Einsicht, dass Gott der ganz Andere ist und daher seine anthropo-
und theriomorphen Vergegenständlichungen samt und sonders unangemessen
sind, besitzt er in dem späten, in Dtn 4,11ff. seine Stimme erhebenden Deuteronomisten seine Entsprechung. Aber daraus folgt bei Xenophanes ebenso wenig wie später bei Platon, dass es keine anderen Götter gibt: »Der eine Gott ist
unter Göttern und Menschen der Größte!« Als der schlechthin Andersartige

---

42 Zit. nach Hesiod. Sämtliche Werke. Deutsch v. Th. von Scheffer. Mit einer Übersetzung der
    Frauenkataloge hg. von E.G. Schmidt, 51; vgl. mit E. Heitsch, 1994, 16 auch Hom. Il.
    XV.242; XVI.103.176-178; Od. V.103f. und Hes. theog. 1002.
43 Hes. erg. 267; zum religionsgeschichtlichen Hintergrund und weiteren Parallelen vgl. M.L.
    West, Hesiod. Works and Days, 1978 (ND 1996), 223f.

steht er allen Göttern und Menschen als der gegenüber, der alles bewegt und lenkt. Platon wird sagen, dass die Götter zwischen dem mit der Urvernunft identischen Gott, der ἐπέκεινα τῆς οὐσίας ist, und der gestalteten Welt vermitteln.[44] Obwohl Xenophanes wie Platon die Existenz der vielen Götter nicht leugneten, ist man bei beiden doch berechtigt, von einem philosophischen Monotheismus zu sprechen, weil der unweltliche Gott die Welt einschließlich der Götter regiert. Verzichtete der späte, in Dtn 4 das Wort nehmende Deuteronomist auf derartige Vorstellungen, so waren sie trotzdem auch dem perserzeitlichen und zumal dem hellenistischen Judentum nicht fremd. Denn es konnte sich Jahwe von den zu seinem Hofstaat depravierten Göttern oder von den Engeln umgeben vorstellen, die zwischen ihm und der Welt vermitteln.[45]

7. Biblischer und philosophischer Monotheismus

Vergleichen wir diese beiden Wege zur Erkenntnis Gottes als des ganz Anderen, der trotzdem der Herr des Alls ist, so werden uns Gemeinsamkeiten und Unterschiede bewusst.

Der israelitische Weg führt von der konkreten Verteidigung und Abgrenzung des eigenen Gottes gegen die »anderen Götter« über die Erkenntnis, dass die anderen Götter nichtig sind, zu der Einsicht, dass er als der einzige Gott der Herr von Himmel und Erde ist. Aus dieser Gewissheit entsprang die Verheißung, dass er am Ende der Tage der Gott aller Völker sein werde. Außerdem führte die Meditation des Bilderverbots schließlich zu der Einsicht, dass er gegenüber allen Kreaturen der ganz Andere ist. Neben ihm dürfen keinerlei Abbilder stehen, die an irgendeine Kreatur erinnern; denn sie könnten den Betrachter zu dem Fehlschluss verleiten, dass Gott ihnen ähnlich sei. Wer fragt, wo und wie ihm Gott begegnet, der wird auf seine Gebote verwiesen. Der Gott, der sich allem Vorstellen entzieht, ist in seinen Zehn Worten gegenwärtig. Ihnen gemäß zu leben, stellt für den Menschen eine hinreichende Aufgabe dar (Sir 3,21f.). Dieser Gott will ausschließlich verehrt sein (Ex 20,2), nichts in der Welt kann ihm seinen Rang streitig machen (1. Kön 18,39); denn nichts ist ihm gleich (Dtn 4,15-19). Der Mensch soll ihm dienen, aber darf sich seiner nicht bedienen, indem er zum Beispiel seinen Namen zu magischen Manipulationen missbraucht (Ex 20,7).[46] Im Halten des Sabbats soll Israel seines Schöpfers gedenken und samt seinen Knechten und seinem Vieh von seiner Arbeit

---

44 Plat. Tim. 40d 6-d 3; leg. IV.715e 7-d 4; vgl. dazu auch O. Kaiser, Gott und Mensch als Gesetzgeber in Platons Nomoi, in: B. Kollmann u.a. (Hg.), Antikes Judentum und Frühes Christentum. FS H. Stegemann, BZNW 97, 1999, 291-293 = oben, 76-78.

45 Vgl. H.-D. Neef, Gottes himmlischer Thronrat. Hintergrund und Bedeutung von *sôd YHWH* im Alten Testament, AzT 79, 1994 und Mach, Entwicklungsstadien (s. Anm. 29) bzw. knapp Kaiser, Der Gott des Alten Testaments 2, 152-160.

46 A. Philipps, Ancient Israel's Criminal Law. A Fresh Approach to the Decalogue, 1970, 53-60.

ausruhen (Ex 20,8-11). Gleich hinter den Geboten, diesem Gott allein und angemessen zu dienen, steht die Forderung, die Eltern und die Alten zu ehren (Ex 20,12; Lev 19,32). An dritter Stelle stehen die Verbote, welche die Achtung vor dem Leben, der Ehe, der Freiheit, dem Recht und dem Besitz des Anderen einprägen (Ex 20,13-17). Es lässt sich zeigen, dass alle diese Forderungen die abstrahierende Summe aus älteren, dem Privilegrecht Jahwes und dem Gemeinschaftsrecht angehörenden Regeln ziehen.[47] Mithin will die Erzählung von der Offenbarung des Dekalogs durch Gottes aus den über dem Sinai/Horeb lastenden Wolken dringenden Stimme als ein symbolischer Hinweis darauf verstanden werden, dass in seinen Sätzen die Grundregeln für den Umgang mit Gott und das Gelingen menschlicher Gemeinschaft enthalten sind.

Die Religion Israels ist nicht spekulativ, sondern praktisch. Auch der biblische Mythos entführt den Leser nicht in Überwelten, sondern deutet bildhaft das Rätsel der menschlichen Existenz, deren Grenzen eine endliche Vernunft nicht zu übersteigen vermag. Die mythische Geschichte vom Anfang der Welt gibt dem Jetzt und Hier einen heilvollen Horizont.[48] Die mythische Erzählung vom Ende und vom Jüngsten Gericht behaftet den Menschen bei der bleibenden Verantwortung für sein Tun und verspricht ihm gleichzeitig die Auflösung seines rätselhaften Geschicks. An beidem aber partizipiert er nur, sofern er Gott ernst nimmt und vertraut. Das Alte Testament sagt: »Ihn fürchtet und liebt.« Als der Mythos von einer neuen Welt, in der Gerechtigkeit wohnt, bleibt er das utopische, in dieser Welt ortlose und zugleich heuristische Ziel, dem es nachzustreben gilt, obwohl wir es unter den Bedingungen der Endlichkeit nie erreichen. Ebenso aber birgt es die Verheißung, dass uns als die ewigen Anfänger in der Zeit in der Ewigkeit die Vollendung erwartet. Wird das Mythologem von der Erwählung[49] anders als Ausdruck geschenkter Gotteserkenntnis und der Erfahrung wie Verheißung von Bewahrung verstanden, entfremdet es die Menschen der Realität und führt sie statt in das Reich der Freiheit in die Katastrophe. So endeten die Erwartungen der jüdischen Frommen, sie könnten mit Gottes Hilfe den römischen Kaiser und seine Legionen mit Hilfe des Engelheers schlagen (1QM XV.1f.), in der Zerstörung des Zweiten Tempels und dem Fall von Masada.

Was war bei dem Griechen anders? Sein Fragen setzte nicht bei dem Schicksal seines Volkes ein, das es in diesem Sinne gar nicht gab. Die Hellenen waren eine Kulturnation, aber staatlich ein bunter Teppich kleinräumiger Reiche und Städte, *Poleis*.[50] Statt dessen fragten ihre Philosophen nach der ἀρχή, dem Ur-

---

47 Vgl. dazu Philipps, a.a.O. passim; W.H. Schmidt/H. Delkurt/A. Graupner, Die Zehn Gebote im Rahmen alttestamentlicher Ethik, EdF 281, 1993 passim und E. Otto, Theologische Ethik des Alten Testaments, ThW 3.2, 1994, passim.

48 Vgl. dazu auch Kaiser, Der Gott des Alten Testaments 2, 214.

49 Vgl. zu ihm Kaiser, ebd. 45-53.

50 Vgl. zu ihrer Eigenart K.-W. Welwei, Die griechische Polis. Verfassung und Gesellschaft in archaischer und klassischer Zeit, ²1998.

sprung und tragenden Urgrund aller Dinge. Xenophanes hat diese Frage von
seinen Vorgängern und zumal von Anaximander übernommen. Andererseits
knüpfte er (wie oben gezeigt wurde) bei seinen positiven Aussagen über das
Wesen des ganz anderen Gottes trotz seiner Kritik an Homer und Hesiod
(frg. 11) an von ihnen vertretene Gottesvorstellungen an.[51] So erklärte sich
ihm das Vernünftige in der Welt mittels eines Rückschlusses auf ihren vernünftigen Grund. Als solcher kann der mit ihm identifizierte Gott nur einer
sein, der über alles Verstehen des Menschen hinaus alles Irdische lenkt und leitet. Er lässt sich daher nur an einem dritten Ort denken, der keinem innerwelt-
lichen gleicht. Als solcher kann er aber auch mit keinem kosmischen oder irdischen Wesen identisch sein. Trotzdem bedarf es in Xenophanes' Augen keiner
Leugnung der Götter als der waltenden Mächte der Welt, wohl aber der Reini-
gung der Gottesvostellungen von ihrem anthropomorphen Gehalt. Denn die
Wahrheit des Polytheismus, dass die Welt ein im Widerstreit geordnetes Gefü-
ge miteinander streitender Mächte ist, war für ihn, der an der Schwelle vom
Mythos zum Logos stand, offenbar noch kein Problem. Das Walten der Götter
erwies sich den Alten einerseits in der die Leiblichkeit des Menschen einschließenden Natur und andererseits im Inneren des Menschen als Entschlusskraft
im Augenblick (Athene), distanzierte Besonnenheit (Apoll), wildes Berserker-
tum (Ares), erotische Leidenschaft (Aphrodite), rauschhafte Selbstvergessenheit
(Dionysos) und als schicksalhafte Verblendung (Ate).[52]

Trotzdem war auch Xenophanes kein weltabgewandter Gottesträumer. Wäre
es anders, hätte man ihn nicht verbannt. Der Dienst für die Polis, für das Gelingen gemeinsamen Lebens, galt ihm mehr als prunkender Wohlstand (frg. 3)
und olympische Siege (frg. 2). Von Hybris und Aberglaube freie Ehrfurcht vor
den Göttern (frg. 1.13-24) und die Sorge um die εὐνομία, die dem Wohl aller
Bürger dienende Ordnung der Stadt (frg. 2.19),[53] waren in seinen Augen die
dem Menschen angemessenen Maximen und die δικαιοσύνη, die Gerechtigkeit,
das Ziel seines Handelns.[54]

Als Grieche seiner Zeit hätte zweifellos auch er das ungeschriebene göttliche
Recht respektiert,[55] dessen obersten Grundsatz, die Götter zu ehren, er seinen
Zeitgenossen ins Gedächtnis gerufen hat.[56] Auch er hätte aber kaum gezögert,

---

51 Zu Xenophanes' Vorläufern und Nachfolgern vgl. Müller, Anfänge (s. Anm. 39), 281-295.
52 Vgl. dazu W.F. Otto, Die Götter Griechenlands. Das Bild des Göttlichen im Spiegel des
    griechischen Geistes, [6]1970 (ND).
53 Vgl. dazu auch V. Ehrenberg, Eunomia, in: ders., Polis und Imperium, 1965, 139-158 und
    zur Ablösung der Eunomia durch die Forderung nach der Isonomia, der politischen
    Gleichberechtigung in der Demokratie Welwei, Polis (s. Anm. 50), 12.270f.
54 Vgl. dazu R. Kattel, The Political Philosophy of Xenophanes of Colophon, Trames. A
    Journal of the Humanities and Social Sciences 2.1, 125-142.
55 Vgl. zu ihm V. Ehrenberg, Anfänge des griechischen Naturrechts, AGPh = ders., Polis (s.
    Anm. 50), 359-379; D.M. MacDowell, The Law in Classical Athens, AGRL, 1978, 192-194.
56 Vgl. auch Plat. leg. IV.716b 4-e 2.

den Respekt vor den Vorfahren, Eltern und Älteren,[57] die Unantastbarkeit der Schutzflehenden,[58] den Tod als Ende der Feindschaft und die Respektierung der Pflicht der Blutsverwandten und Gefährten, die Toten zu begraben,[59] als göttlichen Rechts anzuerkennen.

Die Griechen der klassischen Zeit wussten, dass sie für ihre Gesetze selbst verantwortlich waren. Nur in kultischen Angelegenheiten wandten sie sich an den delphischen Gott. Durch die Sophisten hatten sie es gelernt, dass auch die Gesetze der Polis dem Wandel unterworfen sind und daher der Streit um das Wohl der Stadt kein Ende nehmen darf (Soph. Oid. T. 879-882). Davor blieb auch das Judentum trotz der Unveränderlichkeit seiner Tora (Dtn 4,2) nicht bewahrt: Auch es musste sich der Tatsache stellen, dass kein geschriebenes Gesetz der Fülle des sich wandelnden Lebens entspricht. Daher mussten und müssen seine Rabbinen in einem unendlichen Diskurs immer neu die Frage beantworten, was im konkreten Fall rechtens ist. Dadurch hat sich das Judentum bis heute seine Lebendigkeit bewahrt.

Aus dem hier insgesamt Gesagten sei in wenigen Sätzen die Summe gezogen: Das Vermächtnis des Alten Testaments an die Welt ist das Verständnis der Existenz als Gabe und als Aufgabe, getragen von dem Grundvertrauen, dass der ganz andere, sich jedem denkenden und handelnden Zugriff des Menschen entziehende Gott, trotzdem allen Menschen nahe und ihnen in seinem Willen, dass sie mit ihm und untereinander Gemeinschaft halten, bekannte ist.[60] Dabei geben die biblischen Bilder vom Weltanfang und Weltende dem Menschen dort eine Antwort, wo sein Erkenntisvermögen versagt. Sie halten unsere Welt Gottes unendlichem Anspruch und Zuspruch offen. Das Vermächtnis der Griechen an uns ist der Appell, die Welt, wie sie ist, zu erkennen und ohne Hybris miteinander den unendlichen Weg in eine gerechtere Welt zu suchen. Das aber ist das Wesen der Demokratie.

Wer die in der menschlichen Vernunft selbst liegende Nötigung, angesichts der eigenen Endlichkeit nach der darin mitgedachten Unendlichkeit zu fragen, erkannt hat, weiß, dass die biblische und die griechische Botschaft von dem *einen Gott* dem Gebot der Vernunft entspricht: Der transzendente Grund der *einen Welt* kann nur ein *einziger* sein. Daher waren die alten Götter als die Götter dieser Welt wie sie dem Werden und Vergehen unterworfen. In die Tiefe der kollektiven Erinnerung des Unbewussten versunken, leben sie allenfalls in der Traumwelt weiter. Der weltüberlegene Gott wäre nicht, der er ist, ließe er sich demonstrieren. Aber er meldet sich noch in der Frage des Zweifelnden

---

57 Vgl. zur Elternehrung auch Plat. leg. IV.717b 4-c 6; zu der des Alters Chilon bei Diog. Laert. I.70.

58 Soph. Oid. K. 275-291; Eur. Hec. 271-276.342-345.

59 Hom. Il. XXV.34-54; Soph. Ant. 891-928; Eur. Suppl. 301-312; vgl. auch Am 2,1-4.

60 Vgl. dazu auch O. Kaiser, Die Bedeutung des Alten Testaments für Heiden, die manchmal auch Christen sind, ZThK 91 (1994), 1-9 = ders., Gottes und der Menschen Weisheit, BZAW 262, 1998, 282-290.

und gibt ihm seinen Frieden erst dann zurück, wenn er sich mit seiner eigensten Endlichkeit und damit zugleich mit der ihm entzogenen Unendlichkeit
versöhnt hat. Das aber ist das Ziel der christlichen Botschaft.[61]

61 Vgl. dazu auch O. Kaiser, Die Rede von Gott im Zeitalter des Nihilismus, in: J.A. Loa-
   der/H.V. Kieweler (Hg.), Vielseitigkeit des Alten Testaments. FS G. Sauer, 1999, 411-425.

Die Schöpfungsmacht des Wortes Gottes

1. Die drei Weisen, von der Entstehung der Welt zu reden

Die Vorstellung, daß die Götter sich den Menschen nicht nur durch Vorzeichen, sondern auch durch Träume, Gesichte und unmittelbar an sie gerichtete Worte mitteilen, gehört zum Gemeingut der Alten. Trotzdem führte in Israel erst ein entwickeltes theologisches Denken zu der dem Leser der Bibel so selbstverständlichen Vorstellung, daß der Herr Himmel und Erde samt allem, was sie mit Leben erfüllt, durch sein Wort geschaffen hat. Denn gewöhnlich stellte man sich die Entstehung der Dinge in Analogie zu dem in der Natur bzw. Kultur Beobachteten als Gebären oder handwerkliches Herstellen vor.[1]

2. Altorientalisch-monophysitische Schöpfungsvorstellungen

Blicken wir in das babylonische Schöpfungsepos Enuma elisch („Als dro ben ...")[2], so erfahren wir, daß der weiseste unter allen Göttern, der Sonnengott Bel/Marduk, der Sohn Eas, des Gottes des Grundwassers und der Weisheit, und seiner Frau Damkina, Himmel und Erde nach einem Zweikampf mit der Urgöttin Tiamat aus deren Kadaver herstellte, indem er dessen eine Hälfte zum Himmel und dessen andere zur Erde bestimmte (IV,65-138).[3] Anschließend versammelte er die großen Götter, um zu verlangen, daß der Anstifter des von Tiamat angeführten Kampfes bestraft werden sollte. Daraufhin wurde der als solcher ermittelte Gott Kingu gebunden, seine Adern zerschnitten und aus seinem Blut von Ea die Menschheit erschaffen, um den

---

1 Vgl. dazu O. Kaiser, Der Gott des Alten Testaments. Wesen und Wirken. Theologie des Alten Testaments II: Jahwe, der Gott Israels, Schöpfer der Welt und des Menschen (weiterhin als GAT II zitiert), UTB 2024, Göttingen 1998, 240-250.
2 Vgl. zu ihm auch GAT II, 235-239.
3 Vgl. die von W.G. Lambert erstellte und K. Hecker bearbeitete Übersetzung des Epos, in: TUAT III/4, Gütersloh 1994, 565-602 und bes. 583f.585-587, vgl. 588f.592 und dazu T. Jacobsen, The Treasures of Darkness. A History of Mesopotamian Religion, New Haven und London 1976, 165-192.

Göttern die ihrer Versorgung dienende Arbeit abzunehmen. Um Marduk für diesen Kampf zu rüsten, hatten ihm die großen Götter zuvor magische Befehlsgewalt übertragen und er eine entsprechende Machtprobe abgelegt, indem er auf ihre Aufforderung ein Sternbild verschwinden und wiedererscheinen ließ. Daraufhin erkannten | sie ihn als ihren König an und gaben ihm eine unwiderstehliche Waffe (Taf. III,135-IV,34). So begegnet uns in dem Epos zwar die Vorstellung von dem unwiderstehlichen göttlichen Machtwort, ohne daß man den mit seiner Hilfe erbrachten Machterweis im eigentlichen Sinne als einen kosmogonischen Akt bezeichnen kann, weil mit seiner Hilfe nichts Neues hervorgebracht, sondern lediglich Bestehendes wie in einem Zaubertrick vorübergehend zum Verschwinden und dann wieder zum Vorschein gebracht wird. Möglicherweise hat das täglich zu beobachtende, an den Sonnenlauf gebundene Phänomen des Verlöschens und Wiederaufstrahlens der Sterne den Anstoß zu diesem Motiv geliefert.

Was aber die Menschenschöpfung betrifft, so wurde sie z.B. im altbabylonischen Flutepos *Atram-Hasis* einleuchtender der Muttergöttin Mami oder Nintu, der *Herrin Gebärerin* zugewiesen: Nachdem die Götter den Gott Geschtu'e, dem Planungsfähigkeit eignet, zu diesem Zweck geschlachtet hatten, formten sie aus einer Mischung von seinem Fleisch und Blut mit Lehm die Menschen (I, 223-243).[4] Das *Enuma elisch* ist vermutlich im 12. Jh. v. Chr. entstanden.[5] Sein Verfasser hat in ihm Marduk die unterschiedlichsten Urtaten beigelegt, um ihn anstelle des Himmelsgottes Anu und des Sturmgottes Enlil als König der Götter zu verherrlichen und damit den Vormachtanspruch der Könige von Babylon zu legitimieren.[6]

3. Die Götterneunheit als Herz und Zunge des memphitischen Urgottes Ptah

Eine ähnliche Machtkonzentration wie im Enuma elisch haben auch die ägyptischen Priester vorgenommen, denen wir das sog. *Denkmal memphitischer Theologie* verdanken, eine Schrift, die trotz ihrer Vorgabe, die Kopie eines uralten Werkes zu sein, erst aus den letzten Jahren des 8. oder den ersten des 7. Jh. v. Chr. stammt.[7] In ihr erklären die memphitischen Priester, daß ihr hei-

---

4   Vgl. dazu die Übersetzung und Bearbeitung von W. von Soden, in: TUAT III/4, Gütersloh 612-645 und bes. 623f.
5   Vgl. dazu auch O. Kaiser, GAT II, 283f.
6   Vgl. dazu W.G. Lambert, in: TUAT III/4, 565.
7   Vgl. dazu die Neubearbeitung von C. Peust und H. Sternberg-el Hotabi, in: TUAT.E, Gütersloh 2001, 166-175, welche die These von F. Junge, MDAIK 29, München 1973, 195-204, daß es sich bei dieser Komposition um ein Werk des späten 8. Jh. v. Chr. handelt, noch einmal eindrucksvoll bestätigt.

matlicher Gott Ptah Herz und Zunge der Götterneunheit, und d.h. Atums und der weiteren acht Urgötter von On (Heliopolis), sei. Demzufolge wäre alles, was von Göttern, Menschen und Tieren je gedacht, geplant und ausgeführt wird, sein Gedanke, sein Plan und seine Tat. So stehe Ptah *an der Spitze jedes Leibes und jedes Mundes aller Götter, aller Menschen, (aller) Tiere und aller Würmer, die leben, wobei er alles denkt und befiehlt, was er will.* Kaum ein anderer Text ist geeignet, dem heutigen Leser den Unterschied zwischen biblischem und altorientalisch-ägyptischem Götter- und Schöpfungsglauben so deutlich bewußt zu machen wie dieser.[8] Nach ihm ist die kosmogonische Götterneunheit einerseits aus Ptah entstanden und andererseits sein Herz und seine Zunge, das Werkzeug seines Denkens und Befehlens.[9] Das ist eine ganz eigentümliche Bildung, die den Polytheismus einem dynamischen Monotheismus unterstellt, der den ganzen kosmischen Prozeß als eine Selbstdarstellung des Denkens und | Wollens des zum einzigen wahren Urgott erhobenen Gottes Ptah deklariert, ohne die damit verbundenen ethischen Probleme anzusprechen. Diese Konstruktion stellt die Vollendung des der altorientalischen wie der ägyptischen Religionen eigenen Monophysitismus dar, nach dem Götter und Menschen ein und derselben Natur sind.[10]

4. Der qualitative Unterschied zwischen Gott und seinen Kreaturen als Voraussetzung des alttestamentlichen Redens von Gottes Schöpfung

Ein derartiger Monophysitismus aber war für das alttestamentlich-biblische Denken völlig unakzeptabel. Denn für dieses besteht zwischen Gott als dem Schöpfer aller Dinge und seinen Kreaturen nicht nur ein quantitativer, in beider unterschiedlicher Macht begründeter, sondern ein qualitativer Unterschied. Das Alte Testament hat es daher nicht bei einer bloßen Wirkungstranszendenz belassen, gemäß der Gott oder die Götter den Menschen an Größe und Kraft unendlich überlegen sind und in einer in immer unerreichbarere Ferne entrückten Himmelsgegend wohnen, sondern es hat den einen Gott der ganzen Welt als seiner Schöpfung gegenübergestellt. Der Begrenzung des

---

8   Vgl. dazu auch K. Koch, Wort und Einheit des Schöpfergottes in Memphis und Jerusalem, ZThK 62, Tübingen 1965, 251-293 = ders., Studien zur alttestamentlichen und alt orientalischen Religionsgeschichte, Neukirchen-Vluyn 1987, 61-205.
9   Zu den theologischen Implikationen des Textes vgl. auch K. Koch, Geschichte der ägyptischen Religion. Von den Pyramiden bis zu den Mysterien der Isis, Stuttgart 1993, 377-382.
10 Vgl. dazu auch O. Kaiser, GAT II, 249f.

menschlichen Vorstellungsvermögens auf die raumzeitliche Wirklichkeit und seinem geistesgeschichtlich binnenmythischen Ort entsprechend konnten seine Priester, Sänger und weisen Schreiber diesem vernünftigen Glauben nur Ausdruck geben, indem sie sich konkreter raumzeitlicher Vorstellungen bedienten. Dabei haben sie von den drei grundsätzlich zur Verfügung stehenden Konzepten der Schöpfung als göttlicher Zeugung, handwerklicher Herstellung durch einen *deus faber*, einen Handwerker-Gott, und durch das Wort Gottes nur von den beiden letzten Gebrauch machen können,[11] weil das Erste nur in einem polytheistischen und monophysitischen Kontext sinnvoll ist; denn Theogonie und Kosmogonie, die Geburt der Götter und die Entstehung der Welt fallen in ihm in der Regel zusammen. Andererseits erlaubt es erst die Vorstellung von der Schöpfung durch das Wort, Gott und Welt so grundsätzlich voneinander zu trennen, daß in ihr die Transzendenz Gottes aufscheint. Daß sich auch dieses Konzept nicht von der allen kosmogonischen Erzählung innewohnenden Logik lösen kann, von einem Urzustand auszugehen, der durch sein negatives Verhältnis zur bestehenden Weltordnung bestimmt ist, ist durch die Möglichkeiten menschlichen Vorstellens begründet und stellt in seinen Grenzen ein einleuchtendes Verfahren dar.[12]

Liest man unter diesem Gesichtspunkt die beiden klassischen biblischen Schöpfungstexte, den priesterlichen Schöpfungsbericht in Gen 1,1-2,4a mit seiner Rede von Gott und die schon durch ihre Verwendung des Gottesnamens Jahwe als anderer Herkunft ausgewiesene Erzählung von Paradies und Sündenfall in Gen 2,4b-3,24[13], so begegnet uns in ihnen die | beiden für alttestamentliches Denken möglichen Konzepte: Der die Bibel eröffnende Bericht bedient sich der Vorstellung von der Erschaffung der Welt und ihrer Bewohner durch das Wort Gottes. Dagegen vetritt die in ihrer jetzigen Gestalt jüngere Paradieserzählung dank der ihr inkorporierten älteren Geschichte von der Erschaffung des Mannes, der Tiere und der Frau[14] eindeutig das zweite Konzept von der Schöpfung als handwerklicher Herstellung: Nach ihr wer-

---

11 Vgl. dazu O. Kaiser, GAT II, 240-251.
12 Vgl. dazu auch R. Hönigswald, Erkenntnistheoretisches zur Schöpfungsgeschichte der Genesis, SGV 161, Tübingen 1932.
13 Erst der Redaktor, der sie hinter Gen 1,1-2,4a eingeschaltet hat, dürfte für die eigentümliche Doppelbezeichnung Jahwe Elohim (Gott) verantwortlich sein; vgl. dazu M. Witte, Die biblische Urgeschichte. Redaktions- und theologiegeschichtliche Beobachtungen zu Genesis 1,1-11,26, BZAW 265, Berlin und New York 1998, 57-61.
14 Zu den unterschiedlichen redaktionsgeschichtlichen Lösungsversuchen vgl. L. Ruppert, Genesis. Ein kritischer und theologischer Kommentar I: Gen 1,1-11,26, FzB 70, Würzburg 1992, 113-126, sowie weiterhin E. Otto, Die Paradieserzählung Genesis 2-3: Eine nachpriesterschriftliche Lehrerzählung in ihrem religionsgeschichtlichen Kontext, in: A.A. Diesel u.a., Hg., „Jedes Ding hat seine Zeit ..." FS D. Michel, BZAW 241, Berlin und New York 1996, 167-192, und M. Witte, Die biblische Urgeschichte, 1998, 158-166.

den der Mann (אָדָם) und die Tiere von Jahwe Elohim aus der losen, braun-
roten Erdkrume (אֲדָמָה) geformt (2,7a und 19) und durch göttliche Beatmung
belebt (2,7b). Die Frau wird dagegen aus der Rippe des Mannes erschaffen,
um ihre Rolle als der dem Mann unentbehrlichen Gehilfin und Gefährtin zu
unterstreichen (2,20b-24). Scheinbar handelt es sich um eine ganz naive Erzählung, in Wahrheit ist sie nicht minder reflektiert als die von der Beimi-
schung des Gottes Geschtu'e, des Gottes Vernunft, im Atram-Hasis-Epos;
denn der protobiblische Erzähler erklärt auf diese Weise, daß alles irdische
Leben Anteil am göttlichen Leben hat,[15] der biblische fügt dem auf poetisch-
ste Weise den Zug hinzu, daß der Mensch das gottgleiche Urteilsvermögen
an sich gerissen und dadurch den Tod eingehandelt hat.

5. Wort- und Tatschöpfung in Gen 1

Sieht man sich den priesterlichen Schöpfungsbericht genauer an, so erkennt
man, daß der Priester sein gänzlich abstraktes Konzept der Schöpfung der
Welt durch Gottes Wort unter Benutzung einer älteren Vorlage formuliert
hat, nach der Gott seine Werke als der erste Handwerker gemacht hat (עשׂה).
Das läßt sich daran erkennen, daß er acht Werke so in sein Siebentagessche-
ma eingefügt hat, daß er sie in zweimal vier unterteilte und dem 3. und 6. Tag
je zwei zuwies. Doch dieses kunstvolle Schema, das dem 4. Schöpfungstag
aus kalendarischen Gründen die Erschaffung der Gestirne zuschreibt,[16] so
daß das Licht des 1. und die Lichter des 4. Tages einander entsprechen, wirkt
insofern gewalttätig, als es nun dem dritten Tag sowohl das letzte Werk der
Scheidung[17] wie das erste der Ausschmückung zuordnet. Sieht man sich die
Erzählung genauer an, so zeigt sich, daß ihre imposante Monumentalität auf
einem festen Schema beruht, das aus dem einleitenden Bericht von Gottes
Schöpfungsbefehl, dem formelhaften Vollzugsbericht, einem nachfolgenden
Tatbericht, der Inspektions- und Billigungs-, der Benennungs- und der Tagesformel besteht. Das Nacheinander des *Und Gott sprach ... und es geschah
so*[18] *und Gott machte ...* erscheint dabei zunächst ganz unverdächtig als Abfolge von Befehl- und zweigliedrigem Ausführungsbericht. Aber der dadurch

---

15 Vgl. dazu auch Kaiser, GAT II, 286-290.
16 Vgl. dazu Kaiser, GAT II, 252.
17 Vgl. V. 4.6 und 9.
18 Vgl. Gen 1,9ab.11ab.14-l5ab.24ab; 1,7b verlangt mit G die Umstellung hinter V. 14.

verursachte Pleonasmus,[19] der im Bericht des 4. Tages seinen Höhepunkt erreicht, verweist auf den Gebrauch einer Vorlage zurück, die allein von | Gottes Schöpfungstaten berichtete.[20] Der Umgestaltungsprozeß der Vorlage erreichte seinen Höhepunkt, als man Vers 1 von der ursprünglich die V. 1-3 umspannenden Satzfolge abtrennte, so daß die Tora mit den Worten *Im Anfang schuf Gott den Himmel und die Erde* begann. So wurde die Chaosaussage in V. 2 durch die beiden Schöpfungsaussagen in V. 1 und 3 eingeklammert.[21] Dabei handelt V. 1 nicht von einem der eigentlichen Schöpfung vorausgehenden Akt der Erschaffung eines höchsten Himmels und der vom Urmeer bedeckten Erde,[22] sondern er faßt den ganzen folgenden Bericht zusammen. Mithin erfüllt er dieselbe Funktion als Überschrift wie 2,4a als Unterschrift, wobei 2,4a vermutlich bei der Isolation von V. 1 seine einstige Stellung als Überschrift verloren hat.[23]

Ursprünglich bildeten die V. 1-3 eine einzige Satzfolge: *Als Gott anfing*[24], *den Himmel und die Erde zu schaffen, die Erde noch ungeformt und ungestaltet war, Finsternis über der Fläche des Urmeeres lag und ein Gottessturm unruhig über der Wasserfläche hin und her fuhr, da sagte Gott: Es werde Licht! und da ward es Licht.* Diese Satzfolge bereitet das Folgende logisch vor: Sie schildert den Urzustand vor der Schöpfung, dem die Schöpfungswerke der ersten drei Schöpfungstage mit ihrer Erschaffung des Lichts, der Himmelsfeste und der Erde ein Ende bereiten. Den Prozeß der Weltschöpfung vermochte auch der Priester sich nicht anders als ein Werk der Scheidung und Ordnung vorzustellen. Das Werk des 1. Tages fügt sich zwar insofern dem Ordnungsschema ein, als Gott sogleich nach der Erschaffung des Lichts und seiner Billigung zeitlich zwischen Licht und Finsternis scheidet und damit den Wechsel zwischen Tag und Nacht begründet; aber es transzendiert es insofern, als das Licht natürlich nicht durch einen Akt der Scheidung aus der Finsternis gewonnen wird, sondern auf Gottes Schöpfungsbefehl hin entsteht (V. 3): *Und Gott sprach: Es werde Licht! Und es ward Licht.*

---

19 Vgl. Gen 1,7a; (12a und sie brachte hervor [וַתּוֹצֵא]; 16a (V. 17a und es gab [וַיִּתֵּן]); 25a. Dagegen findet das „laßt uns machen" [נַעֲשֶׂה]) aus V. 26a keine Aufnahme, sondern der Vollzug wird wie in V. 21 und V. 27 durch ein „und Gott schuf" mitgeteilt.

20 Vgl. den Rekonstruktionsversuch von Ch. Levin, Tatbericht und Wortbericht in der priesterlichen Schöpfungserzählung, ZThK 91, Tübingen 1994, 115-133.

21 Zum Problem der ursprünglichen Position von 2,4a als Einleitung der Erzählung vgl. O. Kaiser, GAT II, 262.

22 Vgl. z.B. Jub 2,2.

23 Anders zuletzt Ch. Levin, ZThK 91, Tübingen 1994, 125f.

24 Das Verb בָּרָא steht hier im Infinitiv constructus als Genitiv zu dem vorausgehenden בְּרֵאשִׁית.

6. Gottes Schöpfung durch das Wort als wunderbarer
Ausdruck seiner Macht

Angesichts des insgesamt strengen Schematismus mit seiner Entsprechung
von Wortbericht mit Vollzugsformel, Tatbericht mit Billigungsformel und
abschließender Tagesformel erweckt der Bericht über den 3. Tag mit seinem
3. und 4. Schöpfungswerk wegen seiner formalen Defizite die Aufmerksamkeit des Auslegers: Denn auf den an die Wasser gerichteten Befehl, sich an
einem Ort zu sammeln, und die Vollzugsformel in V. 9 folgen in V. 10 sogleich die Benennung und die Billigungsformel. Es fehlt mithin der Tatbericht mitsamt der Billigung. Auf den an die Erde gerichteten Befehl in V. 11
folgt in V. 12 ein Ausführungsbericht, in dem nicht Gott, sondern die Erde als
Befehlsempfängerin Subjekt des Vollzuges ist. Weiterhin fällt auf, daß der er-
ste Befehl des 6. Tages in V. 24 wieder-|um der Erde gilt, aber in dem in V. 25
folgenden Tatbericht trotzdem der Gott als Subjekt des Handelns erscheint.

Diese drei Sonderfälle erklären sich dadurch, daß ihnen ältere Traditionen
zugrundeliegen: Hinter V. 9 steht vermutlich die altkanaanäische Mythe vom
Sieg des Wettergottes über das Meer mittels seiner Blitz- und Donnerkeule,
wie sie aus der ugaritischen Baalmythe KTU 1.2.IV bekannt ist[25] und in der
Bibel ein reiches Echo gefunden hat.[26] Sie klingt noch in Ps 104,6f. als ein
Element poetischer Bildungsmythologisierung nach.[27] Dort heißt es, daß die
Wasser der Urflut (תְּהוֹם) die Berge bedeckten, dann aber vor Jahwes Schel-
ten flohen und von seiner Donnerstimme vertrieben wurden. Auch an dieser
Stelle zeigt sich die rationalistische Tendenz des Priesters: So wie bei ihm
aus der Gewitterwolke, die den unter Blitz und Donner erfolgenden Aufzug
Jahwes ankündigt, der Vorhang für die Herrlichkeit Jahwes[28] und diese selbst
zu einer geheimnisvollen, Bewunderung und Ehrfurcht erweckenden, seine

---

25 Vgl. dazu M.S. Smith, The Ugaritic Baal Cycle I: Introduction with Text, Translation &
    Commentary of KTU 1.1-1.2, VT.S 55, Leiden u.a, 1994, bes. die Darstellung der bishe-
    rigen Deutungsmodelle 58-114. Die letzte deutsche Bearbeitung des Baal-Zyklos KTU
    1.1-6 haben M. Dietrich und O. Loretz, in: TUAT III/6, Gütersloh 1997, 1091-1198,
    vorgelegt.
26 Vgl. dazu J. Day, God's Conflict with the Dragon and the Sea. Echoes of a Canaanite
    Myth in the Old Testament, UCOP 35, Cambridge 1985, sowie H. Niehr, Der höchste
    Gott. Alttestamentlicher JHWH-Glaube im Kontext syrisch-kanaanäischer Religion
    des 1. Jahrtausends v. Chr., BZAW 190, Berlin und New York 1990, 129-140.
27 Vgl. dazu Niehrs Ausführungen über den literarischen Paganismus, in: H. Niehr, Der
    höchste Gott, 210-220.
28 Vgl. M. Weinfeld, Deuteronomy and the Deuteronomistic School, 202.

Gegenwart anzeigenden Illumination geworden ist,[29] so hat auch Gottes Stimme nichts mehr mit dem Donner der alten Berg- und Vegetationsgötter zu tun, sondern ist zu seinem göttlichen und herrscherlichen Wort geworden, das bewirkt, was er befiehlt.

Bei den Anomalien des 4. und des 6. Tagwerks steht dagegen die Vorstellung von der Erde als der Mutter alles Lebendigen im Hintergrund, wie sie Hi 2,21a voraussetzt und Sir 40,2 als poetische Formel aufgreift.[30] Erschien es dem Priester im Fall der Pflanzen in Übereinstimmung mit der Beobachtung als tolerabel, die Erde auf Gottes Anweisung selbst produktiv werden zu lassen, so hat er das Mythologem im Fall der Landtiere durch den Jahwes Schöpfungshandeln betonenden Tatbericht zerstört.[31] So erscheinen dem Leser des 1. Kapitels der Bibel die Erschaffung des Lichts, der Vögel, der Fische samt der Meeresungeheuer und Menschen als gänzlich wunderbarer Ausdruck der Macht Gottes. Denn es wird mit keinem Wort angedeutet, woraus Gott das Licht, die Tiere und schließlich die Menschen erschuf, sondern im Gegensatz zu dem עשה (er machte) der Vorlage das nur noch auf Gottes Schöpfungshandeln bezogene ברא (er schuf) benutzt, so daß sich dem Leser am Ende die Vorstellung von einem einzigen, sechs Tage währenden Schöpfungswunder einprägt, wie sie der Dichter des 33. Psalms in V. 9 auf die Formel gebracht hat:

> „Denn ER sprach, und es geschah,
> er gebot, und es stand da.“

Um die prokreative Kraft der Menschen und Tiere an Gottes Wort zu binden, greift der Priester zu ihrer Erklärung auch nicht auf die Vorstellung von der immer währenden Schöpfungstätigkeit Gottes, der *creatio continua*, zurück, sondern er läßt Gott den Vögeln und Meeresbewohnern und vor allem den Menschen (und dank ihrer Einordnung zwischen bei-|den auch den Landtieren) in V. 22 und 28 seinen Fruchtbarkeits- und Mehrungssegen erteilen, der im Fall der Menschen mit ihrem Auftrag, über die Erde und die Tiere zu herrschen, verbunden ist. So erweist sich nach dem Denken des Priesters in jeder Fortpflanzung Gottes anfänglicher Segen am Werk, der den Menschen zugleich dazu bevollmächtigt, wozu er erschaffen ist: in Gottes Ebenbildlich-

---

29 Ebd., 204f. Nach Gen 1,26f. stellte sich der Priester Gott trotzdem menschengestaltig vor, so daß man zur vollen Vergegenwärtigung der Kabod-Vorstellung auf die Merkaba- oder Thronwagen-Vision in Ez 1 zurückgreifen muß; vgl. M. Weinfeld, Deuteronomy and the Deuteronomistic School, 201; Kaiser, GAT II, 191-196.

30 Hier wird der Tag des Hervorgehens aus dem Mutterschoß in 1c in 1d dem der Rückkehr zur Mutter alles Lebendigen parallel gesetzt; vgl. auch Ps 139, in dem der Rede vom Mutterleib in V. 13 die von der Tiefe der Erde in V. 15 als Ort des Entstehens des Beters entspricht.

31 Zu der für die Alten bestehenden Plausibilität des Mythologems vgl. Ovid, met. I.416-433.

keit und Stellvertretung die Erde und alles Getier zu beherrschen.[32] Daß der Priester Gott in diesem Fall nicht befehlen, sondern segnen läßt, hängt einerseits mit der primären Bedeutung des Segens als der Übertragung heilvoller Lebenskraft mittels einer Berührung[33] und eines die Rite begleitenden machtvollen Wortes zusammen,[34] vor allem aber mit dem Bestreben, alles Leben an Gottes Wort zu binden.[35] Zum Glück blieben die Väter des Alten Testaments dank ihres symbolischen Denkens davor bewahrt, alle ein anderes Schöpfungskonzept vertretenden Texte zu überarbeiten oder auszuscheiden; denn jedes von ihnen erlaubt einen besonderen Aspekt des Gottesverhältnisses auszusagen: So wie der Priester mit seinem Konzept von der Schöpfung durch das Wort den exklusiven Charakter der Kreativität Gottes gegenüber all seinen Werken betont, hält das der *creatio continua*, des fortwährenden Schaffens daran fest, daß alle Lebewesen über die Generationen hinweg seine Werke sind und ihm mithin jeder Einzelne unmittelbar sein Leben und seine schicksalhafte Eigenart verdankt.[36] So läßt der Prophetentheologe Jahwe Jeremia bei seiner Berufung versichern, daß für ihn gilt, wessen sich die Könige rühmten (Jer 1,4):[37]

> „Ehe ich dich bildete, im Mutterleib kannte ich dich,
> und ehe du den Schoß verließest, heiligte ich dich,
> bestimmte ich dich zum Völkerpropheten."

Der durch die Überschrift mit König David identifizierte Beter des 139. Psalms aber bekennt seinem Gott in den V. 13-15:[38]

> „Ja, du hast meine Nieren erschaffen,
> ich in meiner Mutter Leib gewebt.
> Ich preise dich, daß ich wunderbar gemacht bin,
> ‚und meine Seele weiß das wohl.
> Mein Gebein war dir nicht verborgen',
> als ich in den Tiefen der Erde gewirkt ward."

---

32 Vgl. Gen 1,26 und dazu Kaiser, GAT II, 301-312.
33 Vgl. Gen 48,13ff.
34 Vgl. dazu H.-P. Müller, Segen im Alten Testament. Theologische Implikationen eines halb vergessenen Themas, ZThK 87, Tübingen 1990, 1-32, bes. 3-19.
35 Zur Bedeutung des Fluchs als eines die Lebenskraft schädigenden Machtwortes vgl. W. Schottroff, Art. Fluch, NBL I, Zürich 1991, 683f.
36 Vgl. dazu auch O. Kaiser, GAT II, 227f.
37 Ebd., 219 mit Anm. 35.
38 Zur kontextuellen Verknüpfung des Psalms vgl. E. Zenger, Die Nacht wird leuchten wie der Tag. Psalmenauslegungen, Freiburg i.Br. u.a. 1997, 472-475.

7. Gottes ewiges Wort und unser ihn bezeugendes Wort

Treten wir in die systematische Schlußüberlegung ein,[39] so gilt es eingangs, auf die für den heutigen Leser erstaunliche Tatsache hinzuweisen, daß der Priester ohne alle Erläuterungen und Umschweife mit seinem Bericht von | Gottes Schöpfungshandeln einsetzt. Er hält mithin seine Darstellung, daß Gott die Welt geschaffen hat, für keiner Begründung bedürftig: Die Ordnung

---

39 Die Darstellung beschränkt sich bewußt auf das erste Kapitel der Bibel und berührt andere Texte nur zum ergänzenden Vergleich. Denn eine angemessene Behandlung der vermutlich erst zwischen dem späten 6. und der Mitte des 4. Jh. v. Chr. entwickelten prophetentheologischen Vorstellung von der dynamischen Wirksamkeit des prophetischen Gotteswortes würde bei der gegenwärtigen Diskussionslage einen eigenen Aufsatz erfordern. Doch sei wenigstens anmerkungsweise auf die wichtigsten Belege hingewiesen. Dabei ist an erster Stelle das Kehrversgedicht von der ausgestreckten Hand Jahwes in Jes 9,7-20 zu nennen. Bei ihm handelt es sich um eine Fortschreibung, die den Verstockungsauftrag aus Jes 6,9ff. dahingehend abzumildern versucht, daß sie die zum Untergang führende Unheilsgeschichte Israels als Folge seiner ausgebliebenen Umkehr deutet. Sie geht dabei davon aus, daß das den göttlichen Zorn vollziehende Prophetenwort das Unheil nicht nur angekündigt, sondern auch bewirkt hat. Schwieriger ist die Intention der Auseinandersetzung über das Prophetenwort in Jer 23,9-40 zu bestimmen, in der Jahwewort und Prophetenwort einander gegenübergestellt werden und das Jahwewort in V. 29 mit einem Hammer verglichen wird, der Felsen zerschmettert. Es dürfte in diesem Abschnitt eher um die Abwertung einer unzeitigen spätvorexilischen, wenn nicht bereits exilischen Heilsprophetie zugunsten der Gerichtsprophetie als dem wahren Jahweworte (vgl. W. McKane, Jeremiah I, ICC, Edinburgh 1986, 588-597, bes. 596f., bzw. K.-F. Pohlmann, Die Ferne Gottes – Studien zum Jeremiabuch, BZAW 179, Berlin und New York 1989, 93-95) als um eine späte Ablehnung der Prophetie überhaupt gehen (R.P. Carroll, Jeremiah, OTL, London 1986, 469-474). Um ihrer poetischen Schönheit, theologischen Bedeutung und homiletischen wie kirchenmusikalischen Verwendung willen ist hier schließlich auch an die worttheologischen Zusätze in den Rahmentexten der deuterojesajanischen Sammlung Jes 40,6-8 und 55,10f. zu erinnern, die beide die Absicht verfolgen, die Erwartung der Erfüllung der Heilsworte angesichts der Heilsverzögerung lebendig zu halten. In 40,6-8 stellt eine himmlische Stimme der Hinfälligkeit alles Fleisches die Beständigkeit des Wortes Jahwes gegenüber. 55,10f. knüpft dagegen an die in den V. 6-8 vorausgehende Mahnrede an, die angesichts des nahen Heils zur Umkehr aufruft. In diesen Versen läßt der an der Heilsbotschaft für den Zion festhaltende Bearbeiter Jahwe die Ungeduldigen selbst mittels des Vergleichs seines Wortes mit Regen und Schnee trösten: Nicht anders als dieses kehrt auch sein Wort nicht zum Himmel zurück, ohne zu bewirken, wozu es gesandt ist (zur redaktionsgeschichtlichen Einordnung vgl. K. Kiesow, Exodustexte im Jesajabuch, OBO 34, Freiburg, Schweiz, und Göttingen 1979, 35f.125.160, und J. van Oorschot, Von Babel zum Zion, BZAW 206, Berlin und New York 1993, 205-207.273-277; anders z.B. H.J. Hermisson, Studien zur Prophetie und Weisheit, hg. v. J. Barthel u.a., FAT 23, Tübingen 1998, 155). Es läßt sich mithin feststellen, daß im späten 6. oder frühen 5. Jh. eine Ontologisierung des Wortes Gottes eingesetzt hat, die ihm ein eigenes dynamisches Wesen zuschreibt. Im Targum setzt sich diese Entwicklung fort, indem dort statt von Gott häufig von der Mêmrâ, dem Wort, die Rede ist, das nun selbst als Mitter zwischen Gott und die Menschen tritt und so auch den Zugang zu ihm zu verschaffen vermag, vgl. B.D. Chilton, The Glory of Israel. The Theology and Provenience of the Isaiah Targum, JSOT 23, Sheffield 1983, 56-64.

der Welt bezeugt in seinen Augen ihren weltüberlegenen, transzendenten Schöpfer (Ps 19,2-5), ein Argument, das am Ende des letzten vorchristlichen Jahrtausends ein gebildeter alexandrinischer Jude zugunsten des Hauptgebotes und gegen den Götzendienst entfaltet hat (SapSal 13,1-9).[40] Dabei setzen der Priester wie der jüdische Gelehrte den Glauben an den Gott Israels voraus: Für den Priester ist dieser Gott derselbe, der mit Abraham und seinen Nachkommen einen Bund geschlossen (Gen 17,1ff.), Mose seinen Namen offenbart (Ex 6,2ff.) und inmitten Israels in Gestalt seiner Herrlichkeit zu wohnen beschlossen hat (Ex 29,44ff.).[41] Für den alexandrinischen Gelehrten aber ist einerseits das Halten der Tora die Bedingung für die göttliche Zuerkennung der Unsterblichkeit (vgl. SapSal 6,18f. mit 8,17 und 15,3)[42] und die biblische Geschichte das große Paradigma für Gottes Fürsorge für sein Volk Israel (11,1-14; 16,1-19.22).[43] Daß der physikotheologische Gottesbeweis, der von der Ordnung der Welt auf den sie ordnenden Geist, und der kosmologische Gottesbeweis, der von der Existenz der Welt auf ihren notwendigen Urheber schließt, als solche den ontologischen voraussetzen, hat Immanuel Kant mit Recht betont.[44] Das ontologische Argument läßt sich freilich gegen den Weisen aus Königsberg auf die Formel bringen, daß Weltbewußtsein und Gottesbewußtsein nicht voneinander zu trennen sind, sondern gemäß der ontologischen Differenz von Bedingtem und Unbedingtem in einem notwendigen dialektischen Verhältnis zueinander stehen.[45] Damit gilt, was freilich

---

40 Vgl. M. Gilbert, La critique des dieux dans le Livre de la Sagesse (Sg 13-14), AnBib 53, Rom 1973, 1-52, und M. Kepper, Hellenistische Bildung im Buch der Weisheit, BZAW 280, Berlin und New York 1999, 147-195, bzw. knapp J.J. Collins, Jewish Wisdom in the Hellenistic Age, Edinburgh 1998, 205-209.

41 Vgl. dazu auch B. Janowski, Sühne als Heilsgeschehen, WMANT 55, Neukirchen-Vluyn ²2000, 309-313.317-320, bzw. O. Kaiser, GAT II, 39-45, vgl. ders., Der Gott des Alten Testaments. Theologie des Alten Testaments I: Grundlegung, UTB 1747, Göttingen 1993, 158.173-176.

42 Vgl. dazu auch J.M. Reese, Hellenistic Influence on the Book of Wisdom and its Consequences, AnBib 41, Rom 1970, 62-71, und M. Neher, Der Weg zur Unsterblichkeit in der Sapientia Salomonis, in: G. Ahn und M. Dietrich, Hg., Engel und Dämonen. Theologische, Anthropologische und Religionsgeschichtliche Aspekte des Bösen, FARG 29, Münster 1997, 121-136.

43 Vgl. dazu auch S. Cheon, The Exodus Story in the Wisdom of Solomon. A Study in Biblical Interpretation, JSP.S 23, Sheffield 1997, gegen seine zu eindeutige Situierung der Schrift 38 n. Chr. auch J.J. Collins, Jewish Wisdom in the Hellenistic Age, 178f., und M. Kepper, Hellenistische Bildung im Buch der Weisheit, 201f.

44 Kritik der reinen Vemunfr, A 630; B 658, hg. R. Schmidt, PhB 37a, Leipzig ²1930 = Hamburg 1956, 596,11ff.

45 Vgl. dazu W. Cramer, Die absolute Reflexion II: Gottesbeweise und ihre Kritik. Prüfung ihrer Beweiskraft, Frankfurt a.M. 1967, 155-161. Die Literatur mit Analysen der Gottesbeweise und Stellungnahmen zu ihrer praktischen Bedeutung ist Legion. Ich belasse es daher bei exemplarischen Verweisen und nenne so einerseits den umfassenden Artikel von N. Samuelson und J. Clayton, Gottesbeweise, TRE XIII, Berlin und New York 1984, 708-784, als Beispiel für die analytisch-philosphische Behandlung R. Swinburn,

auch Kant gesehen hat, daß, wer um die Grenze weiß, bereits über sie hinaus ist.[46] Wer an ihr aus erkenntnistheoretischen Gründen stehen bleibt, kann dem Glauben das Recht, sie im Gottvertrauen *praktisch* zu transzendieren, nicht bestreiten, weil er über keine Mittel zum Gegenbeweis verfügt.

Inzwischen stellt sich freilich die gegenwärtige Welt mitsamt ihren Bewohnern als Resultat eines sich selbst organisierenden Prozesses dar. Aber wenn in ihm autoepistemische, um sich selbst wissende und zur Welterfassung und Weltbeherrschung fähige Wesen entstehen, so muß Autoepistemie zu den weltlosen Voraussetzungen dieses Prozesses gehören.[47] Übersetzen wir das in die Sprache der biblischen Tradition, so ist Gott Geist und verdankt die Welt ihr Dasein seinem Wort.

Spricht der Glaubende von Gottes Wort, so weiß er, über die Grenzen seiner Vernunft aufgeklärt, daß er sich dabei einer analogen Redeweise bedient. Primär ereignet sich dieses Wort als die Pro-vokation des Ganz-Anderen, die in der Endlichkeit und Relativität des Menschen mit ihrem leeren Verweis auf die Unendlichkeit und Absolutheit liegt und als solche trotzdem seine Einnistung in die Endlichkeit in Frage stellt. Ähnliches gilt für das biblische Wort wie für die christliche Predigt. Beide gewinnen | ihren adäquaten Charakter als Gottes Wort nicht dadurch, daß sie die immanente Begrenzung der menschlichen Erkenntnis mittels phantastischer Aussagen über die jenseitige Welt schwärmerisch übersteigen, sondern dadurch, daß sie den Menschen auf seinen unaufhebbaren Bezug zu dem Ganz-Anderen als dem Grund seiner welthaften Existenz und zugleich auf seinen wesentlichen Bezug zu dem Anderen neben ihm anreden und ihn auffordern, im Vertrauen auf den Einen den Anderen in seine Hut zu nehmen.[48] Wenn Menschenwort dieses Ziel erreicht,

---

The Existence of God, Oxford 1979, und H.G. Hubbeling, Einführung in die Religionsphilosophie, UTB 1152, Göttingen 1981, 77-98, sowie die dogmatischen Behandlungen durch W. Kasper, Der Gott Jesu Christi, Mainz 1982, 131-150, vgl. bes. 148: Die Gottesbeweise bringen die Gottesidee nicht erst herbei, erzeugen sie nicht, sondern explizieren, konkretisieren und bewähren sie auf dem Weg denkender Weltbetrachtung; W. Pannenberg, Systematische Theologie I, Göttingen 1988, 93-132, und zur Bedeutung des der Reflexion bedürftigen Unendlichkeitshorizontes für den endlichen Menschen 127f.

46 Vgl. I. Kant, Prolegomena zu einer jeden künftigen Metaphysik, die als Wissenschaft wird auftreten können (1783), AA.W IV, Berlin 1903, 360 = hg. K. Vorländer, PhB 40, Leipzig 1920 = Hamburg 1951, 128f.

47 Vgl. dazu auch W. Hogrebe, Prädikation und Genesis. Metaphysik als Fundamentalheuristik im Ausgang von Schellings „Die Weltalter", stw 772, Frankfurt a.M. 1989, 106-109.

48 Vgl. E. Lévinas, Wenn Gott ins Denken einfällt. Diskurse über Betroffenheit von Transzendenz (De Dieu qui vient l'idée, AF 51, Rom 1983), übers. T. Wiemer, Nachw. B. Casper, Freiburg i.Br. und München 1985, (185f.) 116f., und weiterhin O. Kaiser, Die Rede von Gott im Zeitalter des Nihilismus, in: J.A. Loader und H.V. Kieweler, Hg., Vielseitigkeit des Alten Testaments. FS G. Sauer, Wiener Theol. Studien 1, Frankfurt a.M. 1999, 411-425 und bes. 415-422.

ist es selbst zu dem lebendigen und wirksamen Wort Gottes geworden, von dem Hebr 4,1f. spricht.[49] Als das Leben rettende, zum wahren und ewigen Leben führende Wort ist es dem schaffenden Urwort gleich, das seither mit wortloser Stimme durch seine Geschöpfe dem seine Herrlichkeit verkündet (Ps 29,2-4), der an der Grenze der Immanenz als der Endliche vor dem Ewigen und als der Relative vor dem Absoluten das Knie beugt und mit dem Psalmisten, der die Schöpfungsmacht Gottes auf die Formel des *Denn ER sprach, und es geschah/ er gebot, und es stand da!* gebracht hat, bekennt und bittet (Ps 33,20-23):

> „Unsre Seele wartet auf den Herrn,
> unsre Hilfe und unser Schutz ist ER.
> Ja, seiner freut sich unser Herz,
> denn wir trauen seinem heilgen Namen.
> Es komme deine treue Huld, Herr, über uns,
> so wie wir auf dich harren."

---

49 Vgl. dazu E.-M. Bauer, „Gottes Wort" und „Unser Wort". Bemerkungen zu Hebr 4,12-13, BZ NF 44, 2000, 254-262.

Von der Schönheit des Menschen als Gabe Gottes

I.

Unter den Büchern des Alten Testaments nehmen sich zwei auf den ersten Blick als einigermaßen befremdlich aus, Kohelet und das Hohelied. Beide werden von der Tradition König Salomo zugeschrieben (vgl. Koh 1,1 mit Cant 1,1). Bei beiden ist es aus sprachlichen wie inhaltlichen Gründen gewiß, daß sie keinesfalls vor der späten Perserzeit und wahrscheinlich erst in hellenistischer Zeit entstanden sind. Beiden ist es gemeinsam, daß sie ihre überlieferte Gestalt redaktionellem Willen verdanken. Beim Kohelet weist schon der doppelte Epilog in 12,9-11 bzw. 12,12-14 darauf hin.[1] Beim Hohenlied läßt sich auf sublimere Weise ebenfalls eine zweifache Redaktion wahrscheinlich machen, eine erste, die für die Komposition von 1,2-8,6, und eine zweite, die für 1,1; 3,7.11 und 8,7-14 verantwortlich ist. In beiden Fällen ist die jeweils ältere Bearbeitung für die Grundkomposition des Buches verantwortlich[2], und in beiden Fällen dient die jeweils jüngere der Domestizierung der primären Botschaft. Im Kohelet unterstreicht sie die Bedeutung einer Gottesfurcht, die sich im Gehorsam gegen die Tora äußert.[3] Im Hohenlied entschärft sie die anarchischen Liebeslieder, indem sie 3,6-10 auf Salomos Hochzeit bezieht und in 8,7-14 die Unverkäuflichkeit der Liebe betont.[4] In beiden Fällen ist es die letzte Hand, welche die Dichtung der Autorität König Salomos unterstellt.[5] So ist Kohelets Aufforderung zum *carpe diem* angesichts der Ver-

---

1 Zur Diskussion vgl. O. Kaiser, Beiträge zur Kohelet-Forschung. Eine Nachlese I, in: ders., Gottes und der Menschen Weisheit, BZAW 261, Berlin und New York 1998, 149-179, bes. 152-156.

2 Vgl. dazu A.A. Fischer, Skepsis oder Furcht Gottes? Studien zur Komposition und Theologie des Buches Kohelet, BZAW 247, Berlin und New York 1997, 21-35 und bes. 33f.

3 Vgl. O. Kaiser, Die Botschaft des Buches Kohelet, in: ders., Gottes und der Menschen Weisheit, 126-148.

4 H.-J. Heinevetter, „Komm nun, mein Liebster, Dein Garten ruft Dich!" Das Hohelied als programmatische Komposition, BBB 69, Bonn 1988, 111-114 und 166-169.

5 Vgl. z.B. O. Kaiser, Beiträge zur Kohelet-Forschung, 154 und A.A. Fischer, Skepsis oder Furcht Gottes?, 35, bzw. H.-J. Heinevetter, „Komm nun, mein Liebster, Dein Garten ruft Dich!", 68-70.|

gänglichkeit und damit Vergeblichkeit alles menschlichen Strebens zur bibeltreuen Mahnung geworden, Gott angesichts des letzten Gerichts | zu fürchten, während die zum Preis der Freuden und der Unerbittlichkeit der Liebe gedichteten Lieder nun die Ehe verherrlichen.[6]

II.

Die sich in dieser Zuweisung der beiden Schriften an König Salomo ergebende Parallelsetzung findet auch in ihren älteren Einordnungen in der Hebräischen und weiterhin in der Griechischen Bibel und ihren Tochterübersetzungen ihren Ausdruck. So ordnet Baba Bathra 14b Kohelet und das Hohelied in den Schriften zwischen den Proverbien und den Klageliedern ein. Erst in nachtalmudischer Zeit wurden die Megillot oder Festrollen den Jahresfesten vom Passa-Massot bis zu Purim zugeordnet.[7] Daraus ergab sich dann die Reihenfolge Hoheslied (Passa), Rut (Schebuʿôt), Klagelieder (9. Ab), Kohelet (Sukkôt) und Ester (Purîm). Der Petersburger Codex B 19A und damit BHK und BHS haben dagegen die Reihenfolge Rut, Cant, Koh, Thr, Est beibehalten. Dabei stellen sie dem Zeugnis von Baba Bathra 14b entsprechend die Psalmen, Hiob und die Proverbien voraus, ordnen Ester aber abweichend nicht hinter, sondern vor Daniel ein. Diese Anordnung ist gewiß durch die den Proverbien, Kohelet und dem Hohenlied gemeinsame Fiktion der salomonischen Verfasserschaft veranlaßt.[8] Dabei wird das Hohelied durch seine Rahmung mittels der Proverbien und des Predigers ausbalanciert. Wird es wie in der Septuaginta dem Prediger nachgeordnet[9], tritt die sachliche Ergänzung noch deutlicher hervor: Die väterlichen und mütterli-

---

6 Zur rabbinischen und sich ihr anschließenden kirchlichen Auslegung, die in der Nachfolge von Hos 2 und 3 und Ez 16 und 23 Jahwe bzw. Jesus Christus im Bräutigam und Israel bzw. die Kirche in der Braut erkannte, vgl. ausführlich C.D. Ginsberg, The Song of Songs and Coheleth. Proleg. S. Blank, LBS, New York 1970, 20-124 und zugleich weiterausgreifend H.H. Rowley, The Interpretation of the Song of Songs in: ders., The Servant of the Lord and Other Essays on the Old Testament, Oxford 1965, 195-246; E. Würthwein, Zum Verständnis des Hohen Liedes, ThR 32, Tübingen 1967, 177-212 und M.H. Pope, Song of Songs, AncB 7 C, New York 1977, 89-229.

7 Zur nachtalmudischen Zuordnung der Megillot zu den Festen vgl. I. Elbogen, Der jüdische Gottesdienst in seiner geschichtlichen Entwicklung (1931), Hildesheim 1967, 184-186, und E. Tov, Der Text der Hebräischen Bibel, Stuttgart 1997, 3.

8 Vgl. zu ihr D.G. Meade, Pseudonymity and Canon. An Investigation into the Relationship of Authorship and Authority in Jewish and Earliest Christian Tradition, WUNT 39, Tübingen 1986, 51-62.

9 Zur Stellung beider Schriften in den Unzialen bzw. den altkirchlichen Verzeichnissen vgl. H.B. Swete, Introduction into The Old Testament in Greek, rev. by R.R. Ottley, Cambridge ²1914, 201-202 bzw. 203-214.|

chen Lehren sowie Sprüche der Weisen des der Autorität König Salomos unterstellten Proverbienbuches finden ihre sachgerechte Ergänzung im Kohelet: Wer weise und gottesfürchtig ist, weiß um seine Endlichkeit und befolgt seine Mahnung zum *carpe diem*. Sie schließt in 9,7-10 die Aufforderung ein, das Leben mit der geliebten Frau zu genießen. Dieses Thema aber entfaltet nun das auf die eheliche Liebe bezogene Hohe-|lied.[10] Die Einbeziehung der Liebeslieder in die Weisheit Israels ist gewiß sekundär[11], aber nicht absichtslos erfolgt. Die Differenz zwischen den spielerischen, dem Geist des Hellenismus gemäßen Travestien, in denen der Liebste bald Hirte, bald König und die Liebste bald Landmädchen, bald Königsbraut ist[12], und den Wunschträumen Ausdruck verleihenden Sehnsuchtsliedern[13] auf der einen und der jüdischen Hochschätzung der Ehe auf der anderen Seite dürfte jedoch von vornherein nicht groß gewesen sein.[14] Denn den Zeitgenossen konnte der Charakter der Lieder und ihr Gegensatz zur alltäglichen Wirklichkeit kaum verborgen bleiben. Mithin rief ihre abschließende redaktionelle Deutung und Positionierung lediglich zur Realität zurück.

Erst im Horizont des neuzeitlichen Subjektivismus mit seiner Geringschätzung des Institutionellen und Hergebrachten gegenüber dem unmittelbar Menschlichen lösen sich die gesellschaftlichen Vorurteile gegenüber der alle

---

10 B.S. Childs, Introduction to the Old Testament as Scripture, London 1979, 575; vgl. auch die Überlegungen zur Aufnahme des Buches unter die Schriften von L. Krinetzki, Das Hohe Lied. Kommentar zu Gestalt und Kerygma eines alttestamentlichen Liebesliedes, Düsseldorf 1964, 35.
11 B.S. Childs, Introduction to the Old Testament as Scripture, 573f.
12 Vgl. z.B. 1,2-4 und 3,6-10 bzw. in 1,5-6; 1,7-8; 2,4-7 und zu dem damit verbundenen Rollenwechsel von unten nach oben und oben nach unten H.-P. Müller, Vergleich und Metapher im Hohenlied, OBO 56, Freiburg, Schweiz 1984, 29f., und H.-J. Heinevetter, „Komm nun, mein Liebster, Dein Garten ruft Dich!", Bonn 1988, 172-178; zur Bukolik Theokrits und seiner Nachfolger vgl. A. Lesky, Geschichte der griechischen Literatur, Bern ³1971, 807-818, bzw. A. Dihle, Griechische Literaturgeschichte von Homer bis zum Hellenismus, München ²1991, 309-314.
13 Vgl. zumal 3,1-5 (vgl. 1,4 und 2,4-7) und dazu H.-P. Müller, Das Hohelied, in: ders. u.a., Das Hohelied. Klagelieder. Das Buch Ester, ATD 16/2, Göttingen 1992, 35f., und 5,2-8 und dazu a.a.O. 54: „Der Traum gestattet wie die spielerische Poesie, die ihn darstellt, sich von selbstverständlich gewordenen Normen zu befreien." Zur kompositionellen Einheit von 5,2-6,2 vgl. H.-J. Heinevetter, „Komm nun, mein Liebster, Dein Garten ruft Dich!", Bonn 1988, 145f.
14 Zum alttestamentlichen und jüdischen Verständnis der Ehe vgl. J. Scharbert und Z.W. Falk, Art. Ehe II/III, TRE 9, Berlin und New York 1982, 311-318, zum alttestamentlichen auch B. Lang, NBL I, Zürich 1991, 475-478; zur doppelten Absicht der dtn Familiengesetze, die Familie zu stabilisieren und die Rechte ihrer abhängigen Glieder zu stärken, vgl. C. Pressler, The View of Women Found in the Deuteronomic Familiy Laws, BZAW 216, Berlin und New York 1993, 111f.

Fesseln der Konvention sprengenden Unbedingtheit der Liebe auf, wie sie 8,6 zum Ausdruck bringt.[15] Aber gerade in ihrer Unbedingtheit ist die Liebe mehr als bloße körperliche Leidenschaft, sondern Zuwendung zur ganzen Person des Anderen. Zudem besitzt sie als solche die Gewißheit ihrer Ewigkeit, der die Institution beispringend eine die Krisen überstehende Dauer verleiht.|

III.

Da sich das Alte Testament als das Buch zur Bewältigung des Exilsgeschikkes fast ausschließlich mit dem Verhältnis Gottes zu seinem Volk Israel und dessen Gliedern befaßt, nimmt es nicht wunder, daß in ihm die Schönheit des Menschen von ganz geringen Ausnahmen abgesehen unerwähnt bleibt. In den Geschichtserzählungen kommt sie nur dann zur Sprache, wenn sie für den Verlauf der Erzählung entscheidend ist. So sagt z.B. Abraham in der Geschichte von der Gefährdung der Ahnfrau in Gen 12,10-20 in V. 11 zu seiner Frau Sara, daß er wisse, sie sehe schön aus (ידעתי כי אשה יפת־מראה את). Diese Feststellung findet in V. 14a durch die Ägypter ihre Bestätigung, die sehen, daß sie sehr schön ist. Damit ist das für das Verständnis des weiteren Gangs der Erzählung Nötige gesagt.[16] Über das, was die Schönheit einer Frau ausmacht, besteht offenbar insoweit Übereinstimmung, daß das Urteil keiner beschreibenden Begründung bedarf. Das ändert sich letztlich nicht einmal im sog. Genesis-Apokryphon (1 QapGen)[17], in dem in kol XX,1-6 die einzelnenden Körperteile Saras vom Gesicht bis zu den Schenkeln als *glänzend und schön, lieb, ansprechend, lieblich, schön* oder *vollkommen* gerühmt werden. Nur von den Haaren, der Haut und den Fingern erfahren wir, daß sie dünn bzw. weiß oder lang und schlank (*qtynn*) seien.[18] In vergleichbarer Knappheit

---

15 Daß man V. 6b nicht zu ändern braucht, zeigt O. Keel, Deine Blicke sind Tauben. Zur Metaphorik des Hohen Liedes, SBS 114/115, Stuttgart 1984, 114-199 mit den Abb. 121-123 bzw. ders., Das Hohelied, ZBK AT 18, Zürich 1986, 245f. mit Abb. 142 und 142a.|

16 In der elohistischen Parallele in Gen 20 verliert der Erzähler kein Wort über Saras Schönheit, in der spätjahwistischen in Gen 26 wird zur Begründung für Isaaks Befürchtung, er könnte um Rebekkas willen getötet werden, in V. 7b wiederum lediglich festgestellt, daß sie schön anzusehen war.

17 Vgl. zu ihm G. Vermes, in: E. Schürer, The History of the Jewish People in the Age of Jesus Christ, (Hg. von G. Vermes), III/1, Edinburgh 1986, 318-325, zu Text und Übersetzung K. Beyer, Die aramäischen Texte vom Toten Meer, Göttingen 1984, 165-187, bzw. die deutsche Übersetzung von J. Maier, Die Texte vom Toten Meer I, UTB 1862, München 1995, 211-225.

18 K. Beyer, Die aramäischen Texte vom Toten Meer, 173f.; J. Maier, Die Texte vom Toten Meer I, 219.|

wird Josefs Schönheit in Gen 39,6b erwähnt: Er war schön an Gestalt (תאר)
und schön an Aussehen, auf deutsch: er war ein gut gewachsener und schöner
Mann. Das erklärt hinreichend, wie es zu der mißglückten Verführung durch
Potifars Weib kam. Wenn es andererseits in I Sam 10,23b heißt, daß Saul alle
Männer um Haupteslänge überragte, dient diese Hervorhebung zur Begründung des im folgenden Vers durch Samuel gefällten Hinweises darauf,
welch' einen unvergleichlichen Mann Jahwe dem Volk als König bestimmt
habe. In derselben Absicht wird auch in I Sam 16,12 berichtet, daß der als der
jüngste unter den sieben Söhnen Isais von Jahwe zum König ersehene David
rotbraun war, schöne Augen besaß und gut anzusehen (ראי תוב), und das
heißt: gut gewachsen war. Das sonnenverbrannte Rotbraun (אדמוני) der Haut
galt im Altertum als die gesunde, für die sich den größten Teil des Tages außerhalb des Hauses aufhaltenden Männer charakteristische Hautfarbe, für die
sich vornehmlich im Schatten des Hauses bewegenden Frauen aber ein Hell-
gelb oder | Weiß.[19] Selbst in dem königlichen Hochzeitspsalm 45 wird der
König in V. 3 lediglich als der Schönste von allen Menschen (יפי יפית מבני
אדם)[20] prädiziert, von dessen Lippen sich huldvolle Worte ergießen
(הוצק חן בשפתותיך). Seine weitere Schilderung dient ganz der Spiegelung
seines königlichen Amtes. Die Schönheit der fremden Königstochter und
Braut kommt in V. 12f. nur funktional zur Sprache: Sie wird hier aufgefordert, ihr Volk und Vaterhaus zu vergessen, damit dem König nach ihrer
Schönheit verlangt und er mit ihr die Fortdauer seiner Dynastie garantierende
Söhne zeugt (V. 17f.)[21]. Selbst über Ester, die im Diasporaroman zur persischen Königin aufsteigt, und über die Witwe Judit, die das Schicksal ihrer
Stadt und ihres Volkes durch klugen und mutigen Einsatz ihrer Reize wendet,
erfahren wir am Ende nicht mehr, als daß beide schön an Gestalt und Aussehen waren, wobei Judits schöne Erscheinung noch durch ein σφόδρα (sehr)
unterstrichen wird (Est 2,7bα; Jdt 8,7).[22] Das reicht aus, um es dem Leser
weiterhin verständlich erscheinen zu lassen, daß König Ahasveros/Xerxes

---

19 Dem entspricht die standardisierte Farbgebung der männlichen und weiblichen Haut in
   der Kunst des Altertums. Vgl. z.B. die Sitzstatuen des Prinzen Rahotep und der Prinzes-
   sin Nofret aus Medûm in Kairo, W. Wolf, Die Kunst Ägyptens. Gestalt und Geschichte,
   Stuttgart 1957, 137 mit Farbtafel I neben 144 bzw. W. Kraiker, Die Malerei der Griechen, Stuttgart 1958, Farbtafeln IV vor 65, V neben 96 und VI neben 112.
20 Cj. BHS. Damit trägt er die Züge des Urmenschen; vgl. Ez 28,12, wo der in V. 13f. als
   solcher beschriebene König von Tyros als (כליל יפי) apostrophiert wird. Zur Sonderstellung von Ps 45 als dem einzigen primären Beleg für einen israelitischen Hymnus auf
   den König vgl. S. Mowinckel, The Psalms in Israel's Worship, Oxford 1962, 73f.
21 Vgl. dagegen die Beschreibung der Schönheit und des Brautschmucks der Asenath
   JosAs 18,5-10; C. Burchard, Joseph und Asenath, JSHRZ II/4, Gütersloh 1983, 687-689.
22 Lutherbibel 8,6 folgt der Kontraktion des hebräischen Ausdrucks der Vulgata in ein *erat
   autem eleganti aspectu nimis.*

Ester zu seiner Hauptgemahlin erwählte und der General Holofernes mit Judit zu schlafen begehrte. Für die Propheten aber war es dagegen in der Regel gleichgültig, ob seine Adressaten jung oder alt, schön oder häßlich waren, wenn sie nur dem Gotteswillen gehorchten. Die weisheitlichen Maximen, daß der Mensch sieht, was vor Augen liegt, Gott aber das Herz (I Sam 16,7), und daß er weder an der Stärke der Rosse noch an (kräftigen) Männerschenkeln, sondern an denen Gefallen hat, die ihn fürchten und auf seine Treue hoffen (Ps 147,10), entsprechen ganz dieser ästhetischen Zurückhaltung und stellen den guten Charakter oder (platonisch ausgedrückt) die schöne Seele[23] über den schönen Leib: Dieser ist eine schicksalhafte und grundsätzlich gute Gabe Got-|tes, jene aber Folge redlichen Bemühens und damit im biblischen Sinne der Furcht Gottes. Demgemäß geben die oben aufgeführten Beispiele zu erkennen, daß auch das Interesse der biblischen Erzähler kein primär ästhetisches war, sondern ihre einschlägigen Prädizierungen ihrer *dramatis personae* dem Handlungsablauf untergeordnet sind. Stellen sie die Schönheit der Könige Israels heraus, unterstreichen sie erzählerisch die darin ihren Audruck findende Güte Gottes gegenüber seinem Volk. Wird sie im Königshymnus überschwänglich besungen, gilt das der Hervorhebung seiner gottgleichen Sonderstellung (vgl. Ps 45,7).[24] Totzdem belegen die Beispiele indirekt die natürliche Wertschätzung der menschlichen Schönheit in Israel, denn nur unter dieser Voraussetzung erreichen die Erzähler und Dichter ihre Absicht.

IV.

Wenden wir uns nun dem Preis der Schönheit des Menschen im Hohenlied zu, so bekommen wir es mit einer Dichtung zu tun, die durch ihre Identifikationen als unexpliziten und ihre Metaphern als expliziten Vergleichen eine sinnliche Atmosphäre aufbaut. Da die Schönheit der Liebenden in ihrem Licht in einer typisierenden Allgemeinheit erscheint, boten sich die Lieder den Zeitgenossen unschwer zur Identifikation an. Wir Späteren bedürfen als die Kinder einer anders gewordenen Welt teilweise, aber durchaus nicht immer erst der Deutung ihrer Zeichensprache.

---

23 Vgl. Plat. symp. 210b6-c6; vgl. Plot. 1,21-23, zum platonischen Kontext G. Krüger, Einsicht und Leidenschaft. Das Wesen des platonischen Denkens, Frankfurt ³1963, 178-186, und zum rechten Umgang mit der Seele als dem göttlichsten vgl. Platon, leg V.726a 1-728c 8. |

24 Vgl. auch die von weisheitlicher Metaphorik geprägte Schilderung der strahlenden Erscheinung des beim Opfer von seinen Söhnen umrahmten Hohenpriesters Simeon II. in Ben Siras Lob der Väter Sir 50,5-15.

Da wir uns in diesem Zusammenhang auf ein einziges Beispiel beschränken müssen, wählen wir die Kleinkomposition Cant 5,2-6,3 aus, die vom Traum eines jungen Mädchens zur Erfüllung ihrer Sehnsucht führt; denn sie enthält in 5,10-l6 ein Bewunderungslied, in dem die Schönheit des Geliebten geschildert wird. In der Komposition waltet für abendländische Logik ein Widerspruch. Er besteht darin, daß das Mädchen einerseits nicht weiß, wo sich ihr Liebster befindet, so daß sie die Töchter Jerusalems danach fragen muß (5,8), sie aber andererseits nach der Wiederholung der Frage in 6,1 von der Erfüllung ihrer Sehnsucht berichtet.[25] In der Traumwelt der Dichtung löst er sich auf. In ihrer Konsequenz führt eine gerade Linie vom zerrinnenden Traumbild des vor der Tür stehenden Liebsten und seiner imaginären Verfolgungsjagd durch die Gassen der Stadt zur Erfüllung.[26] Dabei | führt die an die Jungfrauen gerichtete Frage, ob sie den Liebsten gesehen haben, von selbst zum Preis seiner Schönheit in 5,10-16:

> 10 „Mein Liebster ist blank und rot,
> auffallend unter Zehntausend!
> 11 Sein Haupt ist reines Gold,
> seine Locken Dattelrispen,
> schwarz wie ein Rabe.
> 12 Seine Blicke[27] sind wie Tauben
> an Wasserbächen,
> badend in Milch,
> über voller (Schale) sitzend.

---

25 Vgl. z.B. W. Rudolph, Das Hohe Lied, in: ders., Das Buch Ruth. Das Hohe Lied. Die Klagelieder, KAT XVII/1-3, Leipzig 1962, 160.

26 Vgl. dazu trefflich O. Keel, Das Hohelied, ZBK.AT l8, 195. „So künstlich die literarische Komposition 5,2-6,8 ist, von der 6,1-3 den dritten und letzten Abschnitt bildet, so wirklich und häufig ist die darin beschriebene Erfahrung. Und so kann man wohl sagen, daß die ‚liebliche Verwirrung‘, die nach dem Urteil Goethes im ‚West-östlichen Divan‘ [Hebräer, Gedenkausgabe, hg. von E. Beutler, Bd. 3, Zürich ²1959, 416] das Hhld charakterisiert und die als ‚Rätselhaft-Unauflösliches den wenigen Blättern Anmut und Eigentümlichkeit‘ gibt, wohl nicht ganz ohne Absicht | und Kunstverstand entstanden ist.“ Daß die Kleinkomposition mindestens zwei primär selbständige Lieder, eine Türszene und ein Beschreibungslied verarbeitet hat, macht H.-J. Heinevetter, „Komm nun, mein Liebster, Dein Garten ruft Dich!“, 135-144 durchaus wahrscheinlich, auch wenn zumal bei der Analyse des Beschreibungsliedes in 5,10-16 eine Reihe von Unsicherheiten bestehen. Eine kolometrische und poetologische Nachprüfung seiner Ergebnisse ist daher wünschenswert, kann aber im vorliegenden Zusammenhang nicht erbracht werden. Auf die in Heinevetters Analysen berücksichtigten Wiederaufnahmen aus den vorausgehenden Liedern (vgl. dazu auch 133) hatte bereits O. Keel (a.a.O., 171-197) aufmerksam gemacht. E. Würthwein, Das Hohelied, in: ders. u.a., Die fünf Megilloth. HAT I/18, Tübingen ²1969, 57, und ähnlich H.-P. Müller, in: ders. u.a., Das Hohelied. Klagelieder. Das Buch Ester, 62 rechnen damit, daß es sich auch in 6,2f. um ein primär selbständiges Liedchen handelt. Aber es liegt wohl näher, diese Verse mit Keel (a.a.O., 195) als „eine stark konstruierte und etwas gekünstelte Fortsetzung von 5,2-8 bzw. 5,9-16“ zu beurteilen, worin ihm Heinevetter folgt.

27 Wörtlich: Augen; zur übertragenen Bedeutung vgl. mit Keel, Deine Blicke sind Tauben, SBS 114/115, 55f., außer der vorliegenden Stelle auch Jes 3,16; Cant 4,9 und 6,5.

13 Seine Wangen sind wie ein Balsambeet,
    Türme von Salbe,
    seine Lippen Lotusblüten,[28]
    triefend von fließender Myrrhe.
14 Seine Hände sind goldene Zapfen,
    mit Tarschisch[29] besetzt,
    sein Leib eine Platte Elfenbein,
    mit Saphirsteinen bedeckt.
15 Seine Schenkel sind Alabastersäulen,
    auf Sockeln aus Feingold gegründet.
    seine Gestalt ist wie der Libanon,
    auserlesen wie Zeder.
16 Sein Kuß ist voller Süße,
    und alles an ihm ist Wonne.
    Das ist mein Liebster und das mein Freund,
    ihr Töchter Jerusalems." |

Das Lied verdankt seinen Reiz in der überlieferten Gestalt seinem eigentümlichen Wechsel zwischen metaphorischen Identifikationen und ausdrücklichen Vergleichen. Dabei weist die Verdoppelung der Aussage von V. 13cd in
V. 16a sowie die Überleitung in V. 16cd am sichersten darauf hin, daß das
primär mit Identifikationen arbeitende Lied nachträglich durch die Verglei-
che angereichert und ausgestaltet worden ist. Halten wir uns an die Identifikationen, so stellen sie uns eine Figur mit goldenem Haupt, schwarzem Lok-
kenhaar, schwellend geöffneten Lippen, zapfengleichen Goldhänden, elfen-
beinernem Leib und aus Alabaster gefertigten säulengleichen Beinen vor, die
auf einer goldenen Basis stehen. Daß dieser typisierenden Beschreibung die
Erinnerung an Statuen zugrundeliegt, bedarf selbst für den mit den Konven-
tionen altorientalisch-ägyptischer Plastik nicht Vertrauten kaum einer Begründung.[30] Eine mit Edelsteinen besetzte Goldelfenbeinstatue? O, du von
deiner Liebsten vergöttlichter Jüngling! Welch' eine Travestie von unten
nach oben; denn mag er aus einem noch so wohlhabenden Jerusalemer Hause
kommen, eine Statue wäre ihm schwerlich gegönnt, geschweige denn erlaubt
gewesen. Wie dem auch sei: Der von seiner Liebsten vergötterte Jüngling
wird uns in dem Lied als ein kräftiger und gesunder Bursche von gedrunge-
ner Gestalt, mit schwarzem Lockenhaar, kräftig gebräunter Haut und einem
schwellenden Mund vorgestellt, dessen Lippen ein das Mädchen betörender,

---

28 Zur Übersetzung von (שׁוֹשַׁן) statt mit Lilien mit Lotus vgl. U. Winter, Frau und Göttin.
    Exegetische und ikonographische Studien zum weiblichen Gottesbild im Alten Israel
    und in dessen Umwelt, OBO 53, Freiburg, Schweiz 1983, 662f., und zumal O. Keel,
    Deine Blicke sind Tauben, SBS 114/115, 63-69.
29 Vermutlich: Topas.|
30 Wer sie sucht, findet sie bei S. Schroer, In Israel gab es Bilder. Nachrichten von darstel-
    lender Kunst im Alten Testament, OBO 74, Freiburg, Schweiz 1987, 222-227 und 228-
    236 (literarische Parallelen); vgl. schon G. Gerleman, Ruth. Das Hohelied, BK XVIII,
    Neukirchen-Vluyn 1965, 172-178.

belebender und beseligender Atem entströmt. Denn die Identifikation der Lippen mit dem Lotus ist erst recht verstanden, wenn man um seine ägyptische Symbolkraft als Lebensspender weiß.[31]

Die dem Lied durch den Verfasser der Komposition in V. l6ab gegebene Zusammenfassung wirkt demgegenüber fast banal: Die Küsse des Liebsten sind für das Mädchen süß, er selbst ist ganz und gar seines Mädchens Wonne. Obwohl das Motiv der über einer Schale sitzenden Tauben älter ist, erfreute es sich seit hellenistischer Zeit besonderer Beliebtheit. Es signalisiert Gesundheit, Glück und Wohlbefinden.[32] Was am Wasser sitzt oder wächst, gedeiht; denn am Wasser hängt das Leben (Ps 1,3; 42,2). Wer in Milch baden kann, besitzt Überfluß und lebt im Glück, wie sie die Heilszeit verleihen soll (Joel 4,18; vgl. Ex | 3,8; Jes 7,15[33]). Hier wird das Motiv in V. 12d auf die Augen des Burschen angewandt, den wir uns also als von Gesundheit strotzend, glücklich, munter und froh um sich blickend zu denken haben. Und damit es uns gewiß ist, daß nicht nur sein Atem wohlriechend ist, sondern auch seine Wangen angenehm duften, vergleicht sie der Herausgeber in V. 13a mit Gärten des Balsamstrauches und in V. 13b mit wohlriechenden Salbkegeln. Der angenehm duftende Saft des Balsamstrauches bildete noch in römischer Zeit das wertvollste Ausfuhrgut Judäas (Jos. Bell.Jud. IV,469).[34] Die Anlage bewässerter Gärten zu seinem gewinnbringenderen Anbau geht wahrscheinlich schon auf die Ptolemäer zurück.[35] Parfümierte Salbkegel pflegten dagegen die alten Ägypter bei ihren Gelagen zu tragen.[36] So charakterisiert der Bearbeiter den stämmigen Burschen als gesund, glücklich, wohlriechend und munter. Kein Wunder, daß ihm das Herz seines Mädchens gehört und all ihre Träume der seligen Vereinigung mit ihm gelten, deren Erfüllung sie der Dichter unter Aufnahme und Abwandlung der Vergleiche aus V. 11 und V. 13 kundtun läßt (6,2f.):

---

31 Vgl. dazu O. Keel, „Deine Blicke sind Tauben", SBS 114/115, 72-74.
32 Vgl. dazu O. Keel, „Deine Blicke sind Tauben", SBS 114/115, 57f. nebst den Abb. 37 und 38 auf 143, und zur Neuinterpretation des Motivs in der altkirchlichen Kunst z.B. im Mausoleum der Kaiserin Galla Placidia in Ravenna F.W. Deichmann, Ravenna. Hauptstadt des spätantiken Abendlandes I: Ravenna. Geschichte und Monumente, Wiesbaden 1969, 163f.|
33 Zur kontextuellen Bedeutung vgl. O. Kaiser, Das Buch des Propheten Jesaja. Kapitel 1-12: ATD 17, Göttingen 51981, 166f.
34 Vgl. z.B. Jos. Ant.Jud. VIII,174; Plin. nat. XII,111-123 und Hor. epist. II,184.
35 Vgl. dazu M. Hengel, Judentum und Hellenismus, WUNT 10, Tübingen ³1988, 86-88.
36 Vgl. A. Erman und H. Ranke, Ägypten und ägyptisches Leben im Altertum, Tübingen ²1923, 259 und z.B. Abb. 103 auf 263 bzw. E. Brunner-Traut, Die alten Ägypter. Verborgenes Leben unter den Pharaonen, Stuttgart 1974, Farbtafel II neben 49 bzw. O. Keel, Das Hohelied, ZBK.AT 18, Zürich 1986, 50-52 mit Abb. 6 zu 1,3, 154f. zu 4,10c und 188 z. St.

„Mein Liebster stieg herab in seinen Garten,
zu den Balsambeeten,
um sich in den Gärten zu erquicken[37]
und Lotusblüten zu pflücken.
Ich bin meines Liebsten
und mein Liebster ist mein,
der sich unter Lotusblumen erquickt.“

V.

Wir erinnern uns an das eingangs Gesagte: Nach dem Willen der für die Anordnung der biblischen Bücher verantwortlichen Väter sollen wir das Lied
der Lieder im Schatten des *carpe diem* Kohelets lesen und also erkennen, daß
Jugendschönheit und Liebesglück trotz ihrer Vergänglichkeit und angesichts
aller Vergänglichkeit zu den guten Gaben Gottes gehören[38], die uns Men-
schen unter der Sonne vergönnt sind (Koh 9,7-10): |

7 „Geh, iß dein Brot mit Freuden
   und trink mit frohem Herzen deinen Wein;
   denn längst hat Gott dein Tun gebilligt.
8 Deine Gewänder seien allzeit weiß,
   und Öl soll auf deinem Haupt nicht fehlen.
9 Genieße das Leben mit der Frau, die du liebst
   alle Tage deines flüchtigen Lebens,
   die er dir unter der Sonne gegeben.[39]
   Denn das ist dein Gewinn[40] im Leben
   und bei deiner Mühe,
   mit der du dich unter der Sonne abmühst.
10 Alles, was dir vor die Hand kommt
   und was du vermagst, das tue.
   Denn es gibt weder Handeln noch Planen,
   und weder Wissen noch Weisheit in der Unterwelt,
   zu der du schon auf dem Weg bist.“

Daß sich diese Mahnung zumal an die Jugend richtet, erhellt die abschließende, an den Jüngling gerichtete Aufforderung, sich seiner Jugendtage zu erfreuen, ehe die bösen Tage und die Jahre des Alters kommen, die ihm nicht
gefallen und unabwendbar mit seinem Tode enden (Koh 11,9-12,7). Diese
Freuden der Jugend entfalten die Lieder vom Träumen, Suchen, Sehnen und
Finden der Liebenden im Buche des Liedes der Lieder, des allerköstlichsten

---

37 Würde hier die Hirtentravestie festgehalten, müßte man das Verb hier wie üblich mit
    „weiden" übersetzen. Aber ein Gartenbesitzer ist kein Hirte; er ergeht sich in seinem
    Garten, um sich zu erquicken; vgl. auch Prov 10,21; Hos 9,2.
38 Koh 3,12f., 5,17f. und 8,15.|
39 Siehe BHS.
40 Wörtlich: Anteil.

Liedes. In diesem Zusammenhang erklingt nicht nur das Lob der Schönheit des Liebsten, sondern mehr noch das der Liebsten (Cant 4,1-7 und 6,4-7). Die Schönheit des Menschen offenbart sich in ihnen beiden.

VI.

Sie ist freilich nicht auf den Leib begrenzt und allein mit dem Eros verbunden, dieser weder guten noch bösen Naturgewalt[41], die ihre ethische Qualifikation erst durch die von ihr ausgelöste Ich-Du-Beziehung erhält. Sondern es gibt, um es mit Platon zu sagen, auch eine Schönheit der Seele.[42] Sie spiegelt sich im Gesichtsausdruck. Adolf Köberle prägte seinen Tübinger Hörern ein, daß unsere Leibesgestalt schicksalhaft ist, wir aber für unsere Gesichtszüge verantwortlich sind; denn sie spiegeln unsere Seele. Für unsere Integrität sind wir verantwortlich. Daher stellten die Weisen Israels (wie wir oben bemerkt haben), die sie verleihende Gottesfurcht über alle Kraft und Schönheit des Leibes.[43] Die eigene Jugend kann man versäumen oder nutzen, das Alter bleibt keinem erspart. Man kann mit ihm hadern, indem man sich der Notwendigkeit versagt, oder es in Würde bestehen, indem man | sich der *uralten Satzung* der Endlichkeit (Sir 14,17b) beugt und in Gott als dem alles Umgreifenden geborgen weiß. In dieser Haltung reift die Schönheit der Seele, die sich als Güte mitteilt.

Schönheit als solche ist jedoch kein auf den Menschen begrenztes Phänomen, sondern so vielfältig wie die physische und geistige Welt. Schon das oben gewählte Beispiel mag zeigen, daß auch das Verständnis des Schönen geschichtlichem Wandel unterworfen ist.[44] Betrachten wir es mit Johann Wolfgang von Goethe als „ein Urphänomen, das zwar nie selbst zur Erscheinung kommt, dessen Abglanz aber in tausend verschiedenen Äußerungen des schaffenden Geistes sichtbar wird und so mannigfältig und so verschiedenartig ist als die Natur selber"[45], so steht es dem Glauben frei, sein Aufleuchten am Vergänglichen als eine Spiegelung einer höheren Ordnung zu deuten, die

---

41 Vgl. auch Plat. symp. 201d8-202b5.
42 Plat. symp. 210b6-c6; vgl. 183d8-e6; Plot. 1,19-23.
43 Bei Platon entsprach dem das Streben nach Gottähnlichkeit, die der Mensch erreicht, wenn er sich Gott, der das Maß aller Dinge ist, zur Richtschnur nimmt und daher in seinem Leben das rechte Maß hält; leg. IV 716c 1-d 4; vgl. DK 10,2.3α1 und β1. |
44 Vgl. dazu B. Scheer, Einführung in die philosophische Ästhetik, Darmstadt 1997, 4f.
45 J.P Eckermann, Gespräche mit Goethe in den letzten Jahren seines Lebens. Gedenkausgabe, hg. von E. Beutler, Bd. 24, Zürich 1948, 617 (18. April 1827).

sich zwar dem Verstande entzieht, aber trotzdem alle und alles umfängt.[46] So konnte auch Paul Gerhard in der neunten Strophe seines Maienliedes „Geh aus, mein Herz, und suche Freud" in der vergänglichen Schönheit dieser Welt Gott selbst erkennen und auf den Ewig-Schönen und das Ewig-Schöne hoffen:

> „Ach, denk ich, bist du hier so schön
> und läßt du's uns so lieblich gehn
> auf dieser armen Erden:
> Was will doch wohl nach dieser Welt
> dort in dem reichen Himmelszelt
> und güldnen Schlosse werden!"[47]

---

46 Die Faustdichtungen. Faust. Der Tragödie zweiter Teil, 5. Akt, Bergschluchten Z. 12.104-12.111, Gedenkausgabe, hg. von E. Beutler, Bd. 5, Zürich 1950, 526.

47 Der aufmerksame Leser meines GAT II wird in § 11 die fehlenden Ausführungen zu dem Lehrsatz 2 Satz 3 auf 278 bemerkt haben. Gern habe ich die Gelegenheit benutzt, die Lücke durch diesen, dem langjährigen Marburger Kollegen gewidmeten Geburtstagsgruß zu schließen.

Freiheit im Alten Testament[1]

1. Der Ursprung des politischen Freiheitsverständnisses bei den Griechen

Das Verständnis der Freiheit als der Autonomie des Einzelnen oder eines Staates besitzt seinen Ursprung in der griechischen Polis. Sie verstand sich gegenüber anderen Städten und Mächten als selbständig, ihre Bürger aber wußten sich keinem anderen Herrn als dem Gesetz und dem Walten der Götter untertan. Natürlich besitzen die griechischen, diese Selbstbestimmung bezeichnenden Worte ἐλευθερία und ἐλεύθερος ihre Vorgeschichte: Zunächst bezeichneten sie die Zugehörigkeit zur heimischen Bevölkerung und weiterhin die Angehörigen des Adels. Durch die Verallgemeinerung des Moments der Unabhängigkeit im Gegensatz zur Gebundenheit der Abhängigen, der δοῦλοι, haben beide schließlich die uns geläufige Bedeutung „Freiheit" und „frei" gewonnen.[2]

Der entscheidende Beitrag, den Athen im ersten Drittel des 5. Jh. v. Chr. mit der Abwehr der Perser zur Freiheit Griechenlands geleistet hatte, führte zu dem stolzen Selbstbewußtsein, mit seiner eigenen demokratischen Verfassung (πολιτεία) ein Vorbild für die anderen hellenischen Staaten zu sein. Seit den Tagen des Kleisthenes hatten sich in der Stadt schrittweise die drei demokratischen Freiheiten der ἰσονομία oder Gleichheit aller vor dem Gesetz, der ἰσομορία oder Gleichberechtigung in der Leitung der Polis und der ἰσηγορία oder Redefreiheit durchgesetzt.[3]

---

1 Erneut überarbeitete Fassung des Vortrags, den ich am 17. Mai 2000 auf Einladung des Instituts für Alttestamentliche Theologie der Ev. Theol. Fakultät der Ludwig Maximilian Universität München gehalten habe. Ich danke den Kollegen Prof. Dr. Christoph Levin und Prof. Dr. Eckart Otto und ihren Mitarbeitern für die anregende Diskussion.

2 Vgl. dazu Dieter Nestle, Eleutheria. Studien zum Wesen der Freiheit bei den Griechen und im Neuen Testament I: Die Griechen, HUTh 6, Tübingen 1967, 5-30, bzw. Max Pohlenz, Griechische Freiheit. Wesen und Werden eines Lebensideals, Heidelberg 1955, 7-13.

3 Zu den Problemen vgl. knapp Victor Ehrenberg, Freedom – Ideal and Reality, in: ders, Man, State and Deity. Essays in Ancient History, London 1974, 19-34 bes. 24-31; zur geschichtlichen Entwicklung Jochen Bleicken, Die athenische Demokratie, 4. Aufl., UTB 1330, Paderborn u.a. 1995, 338-370, und Karl-Wilhelm Welwei, Die griechische

So konnte Thukydides Perikles in seiner Rede auf die im ersten Jahr des Archidamischen Krieges gefallenen Athener erklären lassen,[4] daß die athenische πολιτεία eher ein Vorbild für die Nachbarn als deren Nachahmerin sei, weil in ihr die persönliche der politischen Freiheit entspräche. So verargten sie es niemandem, das zu tun, was ihm gefalle, während sie gleichzeitig die geschriebenen und die ungeschriebenen Gesetze ehrfürchtig hielten (Thuk. II.37.2-3).[5] Diese Freiheiten schienen es wert zu sein, für sie zu kämpfen. In diesem Sinne ließ Thukydides Perikles den Lebenden zurufen, den Gefallenen nachzueifern, das Glück für die Freiheit (τὸ ἐλεύθερον) und die Freiheit für Mannhaftigkeit (τὸ εὔψυχον) zu halten und daher die Gefahren des Krieges zu verachten (Thuk. II.43.4). Mit dieser Freiheit aber war es zu Ende, als die Athener 338 v. Chr. dem Heer des Königs der Makedonier Philipp II. in der Schlacht bei Chaironeia unterlegen waren. Das Epithaphion des Demosthenes auf die damals gefallenen Athener war gleichzeitig der Abgesang auf die griechische Freiheit (Demosth. or. LX.29-30): In dem Augenblick, in dem die Seelen der Gefallenen ihre Leiber verlassen hatten, hatte nach seiner Überzeugung ganz Griechenland seine Ehre und Würde verloren.[6]

Mochten die zum Spielball der hellenistischen Mächte gewordenen Poleis auch den Schein ihrer Freiheit aufrecht erhalten, so hatten sie doch ihre eigentliche αὐτονομία oder Selbstbestimmung und ihre αὐτάρκεια oder Selbständigkeit verloren. Der griechische Geist suchte die Freiheit hinfort in einem glücklichen Leben im Kreise gleichgesinnter Freunde oder in der inneren ἀταραξία oder Unerschütterlichkeit dessen, der sich über den Zwang des Schicksals erhebt, in dem er der äußeren Notwendigkeit seine innere Freiheit gegenüberstellt. Die Stoiker, die wir als die Entdecker des den Verlauf alles Geschehens bestimmenden Kausalprinzips betrachten können,[7] haben die sich daraus ergebenden Konsequenzen am radikalsten gezogen und

---

Polis. Verfassung und Gesellschaft in klassischer Zeit, 2. Aufl., Stuttgart 1998, 157-225, bzw. ders., Das Klassische Athen. Demokratie und Machtpolitik im 5. und 4. Jahrhundert, Darmstadt 1999, 1-21 (Kleisthenes), 91-95 (Ephialtes), 107-119 (Mitte des 5. Jh.) und 136-139 (politisches Denken auf dem Höhepunkt der Macht).

4   Zum geschichtlichen Hintergrund vgl. Welwei, Athen, 159-160.

5   Zu den apologetischen Untertönen der Rede angesichts einsetzender Auflösungserscheinungen vgl. Pohlenz, Freiheit, 35-37.

6   Zur Echtheit des Epitaphions vgl. bejahend Albin Lesky, Geschichte der Griechischen Literatur, 3. Aufl., Bern und München 1971, 678 mit Anm. 1, und Johannes Engels, DNP III, 1997, 469; zur Bedeutung der Schlacht bei Chaironeia für Demosthenes und seiner weiteren, auf die Bewahrung der Autonomie Athens gerichteten Politik und ihrem Scheitern vgl. Hermann Bengston, Griechische Staatsmänner des 5. und 4. Jahrhunderts v. Chr., München 1983, 295-304.

7   Vgl. dazu auch Otto Kaiser, Determination und Freiheit beim Kohelet/Prediger Salomo und in der Frühen Stoa, NZSTh 31, 1989, 251-270, bes. 264 = ders., Gottes und der Menschen Weisheit, BZAW 261, Berlin und New York 1998, 106-125, bes. 119-120.

die Freiheit allein dem Weisen zuerkannt.[8] Denn nur er vermag es, denkend
dem λόγος als der alles leitenden göttlichen Weltvernunft zu entsprechen, die
diesen universalen Zusammenhang konstituiert und lenkt und an welcher der
Mensch dank seiner Vernunft teilhat.[9] Daher stimmt der Weise dem notwendigen Gang der Welt zu,[10] von dem er selbst ein Teil ist und an dem er als
Ganzem nichts zu ändern vermag.[11] Nur in seiner συγκατάθεσις, seiner inneren Zustimmung zum äußeren Gang alles Geschehens, und seinem von der
Vernunft geleiteten sittlichen Handeln erhebt er sich über die Notwendigkeit
und besitzt darin seine Freiheit.[12]

2. Das Staatsverständnis der vorexilischen judäischen Monarchie

Wenden wir uns mit diesem Vorverständnis dem Alten Testament mit der
Frage zu, welche Rolle die Freiheit in ihm spielt, so werden wir nicht nur im
ersten Augenblick enttäuscht. Es ist verständlich, daß sich in der Zeit der
vorexilischen Monarchien in Israel so wenig ein Freiheitspathos entwickeln
konnte wie in den gleichzeitigen griechischen Königtümern und Adelsherr-
schaften. Seiner Regierungsform nach war das von uns als Beispiel gewählte
Reich der Davididen eine partizipatorische Monarchie.[13] Das bedeutet, daß
die Könige in der Regel zwar das letzte Wort in allen Angelegenheiten des
Reiches besaßen, sich aber bei seiner Verwaltung und bei der Kriegsführung
außer auf ihre dafür zuständigen Beamten und Offiziere nebst den Angehörigen und Verwandten des Königshauses auch auf die Nobilität des Landes
stützten, die „das Volk des Landes" in Gestalt der freien, Land besitzenden,
zum Kriegsdienst verpflichteten und daher rechtsfähigen Grundbesitzer re-

---

8 SVF I, 222.
9 SVF II, 1038.
10 SVF III, 549; vgl. II, 975.
11 Vgl. dazu Margaret E. Reesor, Necessity and Fate in Stoic Philosophy, in: John M. Rist,
    ed., The Stoics, Berkeley, Los Angeles, London 1978, 187-202.
12 SVF I, 527; vgl. dazu auch die kommentierte Übersetzung des Zeus-Hymnus des Kle-
    anthes von Peter Steinmetz, Die Stoa, in: Hellmut Flashar, Hg., Die Hellenistische Philo-
    sophie, GGPh 3. Aufl., Die Philosophie der Antike, IV/2, Basel 1994, 576-578; zum
    Problem der sittlichen Freiheit und Verantwortlichkeit des Menschen bei den Stoikern
    Maximilian Forschner, Die stoische Ethik. Über den Zusammenhang von Natur-,
    Sprach- und Moralphilosophie im altstoischen System, Stuttgart 1981, 104-113, und Ur-
    sel Wicke-Reuter, Göttliche Providenz und menschliche Verantwortung bei Ben Sira
    und in der Frühen Stoa, BZAW 298, Berlin und New York 2000, 33-54, bes. 42-50.
13 Vgl. dazu Rainer Kessler, Staat und Gesellschaft im vorexilischen Juda. Vom 8. Jahr-
    hundert bis zum Exil, VT.S 47, Leiden 1992, 202-206.

präsentierte.[14] Das Leben unterhalb der staatlichen Verwaltung dürfte dagegen (wie teilweise noch heute im Vorderen Orient) durch die Sippenältesten und die von ihnen gewählten Ortsvorsteher bestimmt worden sein.

Das Ethos des als בֵּית דָּוִיד, als Haus Davids, bezeichneten Staates beruhte auf der Königsideologie, nach welcher der Monarch als der irdische Stellvertreter oder Sohn Gottes (Ps 2,7)[15] in seinem Reich für Recht und Gerechtigkeit sorgte (Ps 72,1-2).[16] Gleichzeitig verteidigte er es mit der Hilfe seines Gottes gegen äußere Feinde (Ps 110,1).[17] Der höchste Rechtswahrer und als solcher der Wächter über die Eide und Beschützer der Schwachen und Rechtlosen war Jahwe,[18] die höchste Berufungsinstanz aber der König.[19] Bei ihm lag auch die konkrete Rechtsprechung über die Angehörigen seines Hofes und die Beamten. Für die alltägliche Rechtsfindung waren dagegen die Ortsgerichte der Sippenältesten im Tor zuständig. Ob und in welchem Umfang es in der späten Königszeit zu einer flächendeckenden königlichen Gerichtsbarkeit gekommen ist, ist bis heute umstritten.[20] Doch unabhängig da-

---

14 Kessler, 199-201.
15 Vgl. dazu z.B. Geo Widengren, Religionsphänomenologie, GLB, Berlin 1969, 361-363 und Oswald Loretz, Ugarit und Israel. Kanaanäische Götter und Religion im Alten Testament, Darmstadt 1990, 203-209.
16 Zur besonderen Bedeutung des Königs als Rechtswahrer vgl. Aubrey R. Johnson, Sacral Kingship in Ancient Israel, 2nd ed., Cardiff 1955, 4-12; Widengren, 365-369; zur jüdischen Umdeutung der altorientalisch-kanaanäischen Königsideologie O. Loretz, Die Königspsalmen. Die altorientalisch-kanaanäische Königstradition in jüdischer Sicht. Teil 1: Ps 20; 21, 72, 101 und 144; mit einem Beitrag von Ingo Kottsieper zum Papyrus Amherst, UBL 6, Münster 1988, 209-222, und zum realen Umfang der königlichen Gerichtsbarkeit Herbert Niehr, Rechtsprechung in Israel. Untersuchungen zur Geschichte der Gerichtsorganisation im Alten Testament, SBS 130, Stuttgart 1987, passim.
17 Vgl. auch Ps 18,30; 21,9-10; 89,20-25; Jes 9,1-6; 11,1-5.
18 Vgl. z.B. Ex 22,21-26 und Prov 22,22-23.
17 Vgl. II Sam 15,2; I Reg 3,16-28 und Prov 16,10.
20 Vgl. dazu H. Niehr, Rechtsprechung, 58-101; Hermann M. Niemann, Herrschaft, Königtum und Staat. Skizzen zur soziokulturellen Entwicklung im monarchischen Israel, FAT 6, Tübingen 1991, 174-184, die beide mit der Einsetzung einer allgemeinen königlichen Gerichtsbarkeit in Folge der Josianischen Reform rechnen. Ihnen stimmt auch Jan C. Gertz, Die Gerichtsorganisation Israels im deuteronomischen Gesetz, FRLANT 165, Göttingen 1994, 226-233 zu, indem er die in Dtn 16,18 geforderte landesweite Einführung einer professionellen Gerichtsbarkeit in die josianische Zeit datiert, während er die Bestimmungen über die Gerichtsbarkeit der Ältesten in Dtn 21,18-21; 22,13-21 und 25,5-10 erst in exilischer Zeit ansetzt. Es ist jedoch problematisch, ob Josia eine Kultzentralisation durchgeführt und das Richtergesetz in Dtn 16,18 sich auf eine ihr entsprechende Maßnahme bezieht; zur Diskussion über den Gehalt der Josianischen Reform vgl. das Referat bei O. Kaiser, Studien zur Literaturgeschichte des Alten Testaments, FzB 90, Würzburg 2000, 116-119. Daß die Beurteilungen von Alter und Entstehung des Deuteronomiums noch immer auseinandergehen, zeigt der Vergleich von Reinhard G. Kratz, Die Komposition der erzählenden Bücher des Alten Testaments, UTB 2157, Göttingen 2000, 136-138, der das Urdeuteronomium im wesentlichen auf die Kultzentralisations- und Rechtspflegegesetze in Dtn 12-21* begrenzt und bereits exilisch datiert, mit dem Vorschlag von Eckart Otto, Die Tora des Mose, Berichte aus den Sitzungen der

von können wir feststellen, daß die Huld Jahwes nach dem Zeugnis des Alten Testaments über dem gerechten König und seinem gerechten Volk leuchtete. Sie erwies sich in Fruchtbarkeit der Felder und friedlichen Zeiten. Dagegen entflammte sein Zorn, wenn seine Privilegien als Gott seines Volkes Israel angetastet oder das Recht im Lande gebrochen wurde. Diese Vorstellung bildete auch die selbstverständliche Denkvoraussetzung der vorexilischen Propheten und wurde dank der deuteronomistischen Geschichtstheologie zum beherrschenden hermeneutischen Prinzip der biblischen Darstellungen der Geschichte Israels.[21]

In dieser Geisteswelt gab es für ein auf dem Grundsatz der Gleichheit aller Bürger beruhendes Freiheitsverständnis keinen Raum. Ein solches konnte sich unter den genannten Umständen auch in der Zeit der Vorherrschaft der Assyrer und Babylonier vom zweiten Drittel des 8. bis zum ersten des 6. Jh. nicht entwickeln. Dagegen war es durchaus möglich, im 7. Jh. dem Anspruch Assurs auf die Weltherrschaft ein trotziges „Jahwe allein!" entgegenzusetzen[22] und auf seine Hilfe im Kampf um die Rückgewinnung der staatlichen Autonomie zu vertrauen,[23] für die man ebensowenig ein Wort wie für die innere Freiheit besaß. Ohne die Hoffnung auf Jahwes Beistand dürften weder

Joachim Jungius-Gesellschaft, 19, 2001, 3, Hamburg 2001, 8-9. Er rechnet mit einem josianischen Kern in Dtn 13,1-10*; 28,15,*20-44, der spätvorexilisch um eine revidierte Fassung des Bundesbuches erweitert und exilisch einer Hauptredaktion unterzogen worden sei. Für die Authentizität des Reformberichts in II Reg 23,4-15 hat zuletzt Martin Arneth, Die antiassyrische Reform Josias von Juda. Überlegungen zur Komposition und Intention von 2 Reg 23,4-15, ZAR 7, 2001, 189-216 plädiert.

21 Vgl. dazu auch O. Kaiser, Der Gott des Alten Testaments. Theologie des Alten Testaments I: Grundlegung, UTB 1747, Göttingen 1993, 126-138.

22 Vgl. dazu die archäologischen Belege bei Othmar Kehl und Christoph Uehlinger, Göttinnen, Götter und Gottessymbole. Neue Erkenntnisse zur Religionsgeschichte Kanaans und Israels aufgrund bislang unerschlossener ikonographischer Quellen, QD 134, 4. Aufl. Freiburg i.Br. u. a. 1998, 410-422 und 542-543, und zur Sache z.B. E. Otto, Das Deuteronomium, BZAW 284, Berlin und New York 1999, 364-365; Timo Veijola, Das Bekenntnis Israels. Beobachtungen zu Geschichte und Auslegung von Dtn 6,4-9, in: ders., Moses Erben. Studien zum Dekalog, zum Deuteronomismus und zum Schriftgelehrtentum, BWANT 149, Stuttgart u.a. 2000, 76-93, bes. 91; O. Loretz, Gottes Einzigkeit. Ein altorientalisches Argumentationsmodell zum „Schma Jisrael", Darmstadt 1997, 61-84, bes. 82-83, und Walter Dietrich, Der eine Gott als Symbol des politischen Widerstands. Religion und Politik im Juda des 7. Jahrhunderts, in: ders. und Martin A. Klopfenstein, Hg., Ein Gott allein?, OBO 139, Freiburg, Schweiz, und Göttingen 1994, 462-489, wobei das Problem der unterstellten prophetischen Opposition ein solches der Literarkritik ist.

23 Vgl. dazu den legendarisch ausgestalteten Bericht über die Verhandlung der assyrischen Delegation über die Kapitulation Jerusalems im Jahre 701 in I Reg 18-17-37* und 19,8.9a.36-37 und zu seiner Datierung im Jahr 588 Christof Hardmeier, Prophetie im Streit vor dem Untergang Judas, BZAW 187, Berlin und New York 1989, 303-307 und 423-464 und andererseits O. Kaiser, ATD 18, Göttingen 1973 (3. Aufl. 1983), 292-315, und Ernst Würthwein, ATD 11/2, Göttingen 1984, 413-424, die für eine Datierung nach 587 eintreten.

die Könige von Israel im 8. noch die von Juda im 8. bis 6. Jh. v. Chr. erst den assyrischen und dann den babylonischen Königen das Vasallenverhältnis aufgekündigt und den Kampf um die Selbständigkeit ihrer Reiche aufgenommen haben. Daß diese Versuche beiden Reichen trotzdem die Existenz gekostet hat,[24] bedurfte der theologischen Erklärung, um die sich zumal die Deuteronomisten verdient gemacht haben. Immerhin verdankt das Judentum dem Verlust seiner staatlichen Selbständigkeit die Neuorganisation als das Volk der Tora, der Weisung seines Gottes. Hinfort sollte ihr ganz Israel an allen Orten und zu allen Zeiten gehorchen; denn das galt fortan als die Bedingung für seine Befreiung von der Fremdherrschaft und die Heimkehr aller Verbannten und Zerstreuten in das Land der Väter (vgl. Dtn 29,9-14 mit 30,1-6). Seit das Deuteronomium bzw. die ganze, die fünf Bücher Mose umfassende Tora zur Rechts- und Lebensordnung des Judentums geworden war, gab es in Israel insofern eine *Isonomie,* als alle in gleicher Weise zum Gehorsam auf die Tora verpflichtet waren.[25]

3. Die Verfassung Judas in persischer und hellenistischer Zeit

Juda wurde nach dem katastrophalen Ende des davidischen Reiches 587 erst zu einer babylonischen und nach dem Sieg des Perserkönigs Kyros II. über den letzten angestammten König von Babylon Nabonid im Jahre 539 zu einer persischen Provinz. Dank des Sendungsbewußtsein der persischen Könige als Wahrer der göttlichen Ordnung in der Völkerwelt beruhenden Respektierung der Götter der von ihnen unterworfenen Völker[26] änderte sich die religiöse, aber nur bedingt die politische Lage des Judentums. Zunächst erhielt es mit dem nach Esr 6,14-15 im sechsten Regierungsjahr Dareios I. oder dem Jahr 515 abgeschlossenen Wiederaufbau des Jerusalemer Tempels seinen kultischen Mittelpunkt zurück. Im Schatten des persischen Statthalters wurde der Hohepriester dank seiner rituellen und spätestens seit dem 7. Jahr Artaxerxes II. (398)[27] auch juridischen Vollmachten zur Schlüsselfigur der jüdischen

---

24 722 v. Chr. dem Nordreich Israel und 587 dem Südreich Juda.
25 Ich danke Eckart Otto für den Hinweis.
26 Vgl. dazu Klaus Koch, Weltordnung und Reichsidee im alten Iran und ihre Auswirkungen auf die Provinz Jehud, in: Peter Frei und ders., Reichsidee und Reichsorganisation im Perserreich, OBO 55, 2. Aufl., Freiburg, Schweiz, und Göttingen 1996, 137-205.
27 Vgl. Esr 7,8 und dazu H.H. Rowley, The Chronological Order of Ezra and Nehemiah, in: ders., The Servant of the Lord, 2nd ed., Oxford 1965, 137-168, aber auch Frank M. Cross, A Reconstruction of the Judaean Restoration, in: ders., From Epic to Canon. History and

Theokratie. Denn spätestens unter diesem König wurde das jüdische Gesetz mit persischer Zustimmung zur offiziellen Grundlage der jüdischen Rechtssprechung.[28] Der Hohepriester dürfte in der Perserzeit in einer mehr oder weniger informellen Weise mit den als חֹרִים („Edle/Freie") und סְגָנִים („Vorsteher") bezeichneten Notablen, den Vertretern des Landadels und der Ortsvorsteher, verkehrt haben. Denn deren eigentlicher Ansprechpartner ist verständlicherweise der persische Statthalter der Provinz Jehud als Vertreter der Reichsregierung mit der besonderen Zuständigkeit für die Zivil- und Militärverwaltung gewesen (vgl. z.B. Neh 2,16 und 4,8).[29]

Das dürfte sich grundlegend erst in der hellenistischen Epoche geändert haben, als der Hohepriester an die Spitze des jüdischen Tempelstaates trat, der als ἔθνος oder Völkerschaft eine begrenzte innere Autonomie besaß.[30] Neben den Hohenpriester scheint bereits in der Ptolemäerzeit ein von den Oberherren eingesetzter jüdischer Tempelbeamter als προστάτης τοῦ ἱεροῦ, als Vorstand des Heiligtums, getreten zu sein, der für die Finanzverwaltung des Tempels und des Landes verantwortlich war und durchaus zu einem Rivalen des Hohenpriesters werden konnte (II Makk 3,4-7).[31] Der Einzug der den Ptolemäern geschuldeten Steuern lag dagegen in den Händen eines Steuerpächters. Unter diesen nahm der Tobiade Joseph nach der romanhaften Darstellung bei Josephus zur Zeit des Hohenpriesters Onias II. und des Königs Ptolemaios III. Euergetes als Generalsteuerpächter von Syrien und Phönikien eine herausragende Stellung ein, zumal er gleichzeitig mit der προστασία, der Vertretung des jüdischen *Ethnos* gegenüber der königlichen Verwaltung betraut wurde, einer Aufgabe, die eigentlich zu den Rechten und

---

Literature in Ancient Israel, Baltimore 1998, 151-172, bes. 169-172; zu seiner 161-164 vorgenommenen Unterscheidung zwischen den Hohenpriestern Eljaschib I (ca. 545) und Eljaschib II (ca. 495) und ihrer Bedeutung für die traditionelle Datierung Esras im 7. Jahr Artaxerxes I. vgl. kritisch Ulrike Dahm, Opferkult und Priestertum in Alt-Israel, BZAW 327, Berlin und New York, 2003.

28 Vgl. dazu Peter Frei, Zentralgewalt und Lokalautonomie im Achämenidenreich, in: ders. und Klaus Koch, Reichsidee, OBO 55, 1996, 8-36 und 102-113, und dazu kritisch z.B. E. Otto, Das Deuteronomium im Pentateuch und Hexateuch, FAT 30, Tübingen 2000, 262-263 und Christiane Karrer, Ringen um die Verfassung Judas. Eine Studie zu den theologisch-politischen Vorstellungen im Esra-Nehemia-Buch, BZAW 308, Berlin und New York 2001, 26-33.

29 Vgl. die Rekonstruktion der Liste der Statthalter bei Nahman Avigad, Bullae and Seals from a Post-Exilic Judean Archive, Qedem 4, Jerusalem 1976, 35, und zur Diskussion J. Alberto Soggin, Einführung in die Geschichte Israels und Judas. Von den Ursprüngen bis zum Aufstand Bar Kochbas, Darmstadt 1991, 197-203.

30 Vgl. dazu Martin Hengel, Judentum und Hellenismus, WUNT 10, Tübingen 1969 (3. Aufl. 1988*), 32-55.

31 Vgl. dazu Victor Tcherikover, Hellenistic Civilisation and the Jews, New York 1959 (Nachdr. 1977), 126-134, und Hengel, Judentum, 47-48.

Pflichten des Hohenpriesters gehörte.[32] Stellt man weiterhin in Rechnung, daß die Oberaufsicht über Judaia wie über die anderen Provinzen des Reiches teils in den Händen eines als ὕπαρχος, als „Unterherrscher" bezeichneten Strategen und teils eines οἰκόνομος, eines Ökonomen oder Aufsehers über die Finanzen lag, zeichnet sich ab, welch enge Grenzen der Autonomie des Hohenpriesters gesetzt waren. Eine weitere Einschränkung erfuhr seine Macht dadurch, daß nun offiziell eine γηρουσία, ein Ältestenrat, neben ihn gestellt wurde, der sich vermutlich aus Vertretern des Priester- und des Landadels wie der Sippenhäupter zusammensetzte. Ihre erste urkundliche Bezeugung liegt in dem von Josephus Ant. XII.138-144 zitierten Brief Antiochos' III. an den Gouverneur der Provinz Koele-Syrien und Phönizien Prolemaios, in dem der König als Reaktion auf den freundlichen, ihm von den Juden und der *Gerousia* bereiteten Empfang eröffnete, daß er sich entschlossen habe, ihr, den Priestern, Tempelschreibern und Tempelsängern grundsätzliche und allen Bewohnern von Jerusalem zur Wiedergutmachung der ihnen bei der Besetzung der Stadt zugefügten Schäden eine dreijährige Steuerfreiheit und weiterhin eine Reduktion des Tributs um ein Drittel zu gewähren. Außerdem sollten alle Juden auch weiterhin nach ihren Landesgesetzen und d.h. nach dem Gesetz des Mose regiert werden.[33]

Mithin stellte auch der jüdische Tempelstaat der hellenistischen Zeit wieder eine freilich in ihren Befugnissen eingeschränkte partizipatorische Monarchie da, wie sie für das Juda der späten Königszeit charakteristisch gewesen war.[34] In den engen Grenzen, welche die Vorherrschaft der hellenistischen Könige den politischen Befugnissen der Hohenpriester setzte, konnten die Juden jedoch bis zu dem berüchtigten, alsbald zu bedenkenden Religionsverbot durch Antiochos IV. im Jahre 168 v. Chr. grundsätzlich ein ungestörtes Leben als das den Weisungen seines Gottes getreue Bundesvolk führen. Flavius Josephus hat c.Ap. II.272-273 im Blick auf das Verhalten

---

32 Vgl. Jos. Ant. XII.161 und dazu Tchericover, 27-134, und Hengel, 51-53.

33 Zur Diskussion über die Echtheit vgl. ausführlich R. Marcus, Josephus VII, LCL, Cambridge, Mass., und London 1943 (Nachdr.), 743-764, und zur Sache Tchericover, 76-77, und Hengel, Judentum und Hellenismus, 48-51; ders., The Political and Social History of Palestine from Alexander to Antiochus III (333-187 B.C.E.), in: W.D. Davies und L. Finkelstein, eds., CAJ II. The Hellenistic Age, Cambridge 1989, 72-74 bzw. Ernst Schürer, History of the Jewish People in the Age of Jesus Christ (175 B.C.-A.D. 135), ed. Geza Vermes, II, Edinburgh 1986, 200-203. Nach Jos. Ant.Jud. XII.145-146 erließ Antiochos III. außerdem eine Proklamation, die allen Nichtjuden und nicht gemäß den Vorschriften der Tora gereinigten Juden das Betreten des Tempelbezirks und darüber die Einfuhr unreiner Tiere nach Jerusalem verbot.

34 Ich korrigiere damit meine entsprechende Darstellung in der Erstveröffentlichung dieses Aufsatzes und in dem in Kürze erscheinenden Aufsatz „Freiheit und Bindung in der attischen Demokratie und der jüdischen Theokratie".

seines Volkes in diesen Jahrhunderten mit Recht festgestellt, daß die Juden zum Nachgeben bereit sind, solange man sie nicht in der Ausübung ihres väterlichen Gesetz stört, aber bis zum letzten Widerstand leisten, wenn man ihnen dieses nehmen will.

4. Die prophetischen Verheißungen der heilvollen Zukunft Israels

Betrachten wir die zumal durch die Verheißungen der Prophetenbücher erweckten Erwartungen des exilischen und nachexilischen Judentums auf die Wiederherstellung seiner verlorenen Autonomie und Herrlichkeit, so müssen wir zwischen zwei Etappen unterscheiden. In der ersten, sich bis zur Eroberung Babylons durch Kyros erstreckenden galt die Erwartung der Rückkehr der als *Gola* bezeichneten Deportierten und dem Wiederaufbau des Tempels und der zerstörten Städte Judas.[35] Die Aufgabe der Befreiung konnte der Situation des kleinen jüdischen Volkes gemäß nur durch einen von seinem Gott dazu beauftragten fremden König erfolgen, der das babylonische Reich erobern und annektieren würde, wofür damals nur der Achämenide Kyros II. in Frage kam (vgl. Jes 45,1-7* mit 44,24-28).[36] Man kann die sich schrittweise ausdehnenden Erwartungen besonders gut an den Bearbeitungsschichten der Deuterojesajanischen Sammlung (Jes 40-55) ablesen: In ihren ältesten Texten geht es um die Rückkehr der Verbannten, den Wiederaufbau des Tempels und der Städte Judas, in den jüngeren um die Heimkehr der Diaspora und die herrliche Zukunft des Zion.[37] Dabei versicherte sich Israel seiner Eigenart und Zukunft mittels des Gründungsmythos von seiner Erwählung durch Jahwe, die mit Abraham begonnen und sich in seiner Herausführung aus

---

35 Vgl. dazu künftig O. Kaiser, Der Gott des Alten Testaments. Theologie des Alten Testaments III: Gottes Gerechtigkeit (weiterhin als GAT III zitiert), UTB, Göttingen 2003, § 7.1.

36 Vgl. dazu Jes 41,1-4; 44,24-28; 45,1-6; 45,12-15 und 49,9-13 und zur Diskussion des literarischen Problems Hans-Jürgen Hermisson, Einheit und Komplexität Deuterojesajas. Probleme der Redaktionsgeschichte von Jes 40-55, in: Jaques Vermeylen, ed., The Book of Isaiah/Le livre d'Isaïe, BEThL 81, Leuven 1989, 287-312 = ders., Studien zu Prophetie und Weisheit, hg. v. Jörg Barthel u.a., Tübingen 1998, 132-157; Reinhard G. Kratz, Kyros im Deutero-Jesajabuch. Redaktionsgeschichtliche Untersuchungen zu Entstehung und Theologie von Jes 40-55, FAT 1, Tübingen 1991; Jürgen van Oorschot, Von Babel zum Zion, BZAW 206, Berlin und New York 1993, aber auch die Interpretation der ganzen Sammlung als eines liturgischen Dramas durch Klaus Baltzer, KAT X/2, Gütersloh 1999.

37 Darauf hat als erster Kurt Kiesow, Exodustexte im Jesajabuch. Literarkritische und motivgeschichtliche Analysen, OBO 24, Freiburg, Schweiz, und Göttingen 1979, vgl. bes. 190-203, aufmerksam gemacht.

Ägypten und seiner Führung in das verheißene Land erfüllt hatte.[38] Demgemäß stellte der Exilsprophet auch Israels Befreiung aus der Gefangenschaft als einen neuen, die Wunder des ersten überbietenden Auszugs aus Babel und eine Wanderung durch die Wüste dar, die sich in einen von Wassern getränkten Baumgarten verwandeln sollte (vgl. Jes 43,16-19 mit 41,17-20). Die partielle Erfüllung dieser Verheißungen nach der Eroberung Babylons durch Kyros (539), der offensichtlich den Verbannten die Heimkehr nach Juda freistellte[39] und unter dessen zweiten Nachfolger Dareios I. es tatsächlich zum Wiederaufbau des Tempels kam, wurde von den Juden verständlicherweise als ein Zeichen dafür interpretiert, daß ihr Gott sie nicht im Stiche ließ und sie auch auf die von ihm bewirkte Wiederherstellung ihres Reiches hoffen durften. Das aber sollte mittels einer Offenbarung seiner Macht vor der Völkerwelt geschehen (Jes 40,5), nach der er an der Spitze der gewaltigen Scharen der Zerstreuten zum Antritt seiner Königsherrschaft auf den Zion zurückkehren würde (Jes 40,9-11; 52,7-12). So setzte weder das Judentum der Exils- noch das der Perserzeit seine Hoffnung auf einen von ihm selbst geführten Befreiungskrieg,[40] sondern auf den Gott, der Abraham und seinem Samen seine unauflösliche Treue und den ewigen Besitz des Landes be-

---

38 Vgl. Ex 20,2 par. Dtn 5,6; 7,6-8 und weiterhin Ex 3,8.17; Hos 11,1; Jes 41,8-10 und Ps 105,37.

39 Diese Tatsache spiegelt sich in dem „chronistischen" Heimkehrerlaß Esr 1,2-4; vgl. zur Diskussion über seine Echtheit Kurt Galling, Die Proklamation des Kyros in Esra 1, in: ders., Studien zur Geschichte Israels im persischen Zeitalter, Tübingen 1964, 61-77; A.H.J. Gunneweg, KAT XIX/1, Gütersloh 1985, 41-44, welche das Edikt beide mit guten Gründen als eine geschichtstheologische Konstruktion beurteilen; vgl. auch F.M. Cross, From Epic to Canon, 1998, 169 und 179, aber auch H.G.M. Williamson, WBC 16, Waco, Tex. 1985, 6-15 und Joachim Schaper, Priester und Leviten im achämenidischen Juda. Studien zur Kult- und Sozialgeschichte Israels in persischer Zeit, FAT 31, Tübingen 2000, 67-75, die wieder für die Echtheit plädieren.

40 Über judäische Aufstände während der Perserzeit besitzen wir keine Nachrichten. Daß man in syrischen Kreisen den Mauerbau Nehemias als ein Zeichen des אֶשְׁתַּדּוּר, des Aufruhrs betrachtete, erklärt der Brief der Notablen an Artaxerxes I. in Esr 4,11-17, vgl. V. 15, einen Vorwurf, den der König in seinem anschließenden Brief in V. 17-22, vgl. 19, aufnahm. Die Echtheit des Briefes ist in ähnlicher Weise wie die Kyrosedikts umstritten; während z.B. H.G.M. Williamson, WBC 16, 59-60 für sie plädiert, ist sie von A.H.J. Gunneweg, KAT XIX/1, 85-93 bestritten worden, was zuletzt J. Schaper, Priester, FAT 31, 49-67 zu widerlegen suchte. Die Untersuchung der Elemente der Briefe durch Dirk Schwiderski, Handbuch des nordwestsemitischen Briefformulars. Ein Beitrag zur Echtheit der aramäischen Briefe des Esrabuches, BZAW 295, Berlin und New York 2000, führt 375-380 zu dem Ergebnis, daß die beiden zuvor genannten Schreiben vermutlich für ihren jetzigen Kontext verfaßt worden sind. Zum historischen Problem der gegen Nehemia erhobenen Vorwürfe vgl. Ulrich Kellermann, Nehemia. Quellen, Überlieferung und Geschichte, BZAW 102, Berlin 1967, 179-182. Zum Begriff der אֶשְׁתַּדּוּר vgl. Thomas Willi, Die Freiheit Israels. Philologische Notizen zu den Wurzeln ḥpš, ʿzb und drr, in: Herbert Donner u.a., Hg., Beiträge zur Alttestamentlichen Theologie. FS Walther Zimmerli, Göttingen 1977, 533-546, bes. 546.

schworen hatte (Gen 17,1-10; vgl. Jes 41,8-13). Zudem hatte Mose nach dem Deuteronomium Israel verheißen,[41] daß Jahwe es zum Lohn für seine Treue gegen die Tora aus allen Völkern sammeln würde, selbst wenn es bis zu den Enden des Himmels verstoßen wäre (Dtn 30,1-5). Dann würden die Erlösten des Herrn, die Ausgelösten und Losgekauften, die גְּוּלִים und die פְּדוּיִים des Herrn mit Jauchzen zum Zion zurückkehren (Jes 35,10 par. 51,11).

Gewiß erwartete man aufgrund der Weissagung der Ewigkeit der Dynastie Davids in II Sam 7[42] bis in neutestamentliche Zeit hinein das Kommen des Gesalbten aus seinem Geschlecht und damit die Neubegründung des Reiches Davids. Er sollte die Heiden aus Jerusalem vertreiben, die gesetzlosen Völkerschaften vernichten, das heilige Volk sammeln und anschließend die Völker richten.[43] Seine Stärke sollte in der Hoffnung aus Gott als seinen König und in dem machtvollen Geist liegen, der ihm in Jes 11,1-5 verheißen war (PsSal 17,26-43, vgl. bes. V. 34).[44]

Solange man solche Erwartungen im Horizont mythischen Denkens hegte, waren sie Ausdruck des Gottvertrauens und der Hoffnung auf das kraftvolle Wiedererstehen des eigenen Volkes dank Gottes Hilfe. Sowie man sie jedoch in eine Feldzugsordnung umsetzte, wie das im 2. und 1. Jh. v. Chr. in der Kriegsrolle aus der 1. Qumranhöhle der Fall war, zeichnete sich ein Realitätsverlust ab, der in eine neue Katastrophe führen mußte. Schon die Umsetzung des Mythos von der Unverletzlichkeit des Zion in eine Weissagung wie Sach 9,11-17, nach der Jahwe die Söhne Zions als Heldenschwert gegen die Griechen gebrauchen, über ihnen erscheinen und ihnen den Sieg geben würde,[45] blieb ein gefährliches Legat. Als schließlich die Zeit für die Erhebung

---

41 Vgl. zu ihm jetzt auch E. Otto, Die Tora des Mose. Die Geschichte der literarischen Vermittlung von Recht, Religion und Politik durch die Mosegestalt, Berichte aus den Sitzungen der Joachim Jungius-Gesellschaft der Wissenschaften e.V. Hamburg, 19, 2001, Göttingen 2001.

42 Vgl. zu ihr T. Veijola, Die ewige Dynastie. David und die Entstehung seiner Dynastie nach der deuteronomistischen Darstellung, AASF.B 193, Helsinki 1975, 68-79 und 127-142 und dann Ernst-Joachim Waschke, Wurzeln und Ausprägung messianischer Vorstellungen, in: ders., Der Gesalbte. Studien zur alttestamentlichen Theologie, BZAW 306, Berlin und New York 2001, 3-104, bes. 52-74 und die zurückliegende Diskussion zusammenfassend Walter Dietrich und Thomas Naumann, Die Samuelbücher, EdF 287, Darmstadt 1995, 143-156.

43 Vgl. dazu Martin Karrer, Der Gesalbte. Die Grundlagen des Christustitels, FRLANT 151, Göttingen 1991, 243-267 und GAT III, § 8.

44 Vgl. dazu E.-J. Waschke, „Richte ihnen auf ihren König, den Sohn Davids" – Psalmen Salomos 17 und die Frage nach den messianischen Traditionen, in: Ulrich Schnelle, Hg., Reformation und Neuzeit. 300 Jahre Theologie in Halle, Berlin und New York 1994, 31-48 = ders., Der Gesalbte, BZAW 306, 127-140 und Kaiser, GAT III, § 8.7.

45 Die Erkenntnis, daß die Erwähnung der Griechen in V. 13b eine Glosse darstellt, ändert mit Karl Elliger, ATD 25, Göttingen 1949 (8. Aufl. 1982), 152-153, nichts an der frühhellenistischen Datierung des Textes. Bezieht man die in V. 12 erwähnten Gefangenen

zugunsten der freien Ausübung des väterlichen Gesetzes angesichts der Religionsverfolgung durch Antiochos IV. unausweichlich geworden war, erwiesen sich die Makkabäer zu ihrem Glück als Realpolitiker.

5. Die Wandlungen des biblischen Sklavenrechts als Ausdruck des wachsenden Verständnisses für die persönliche Freiheit

Bietet uns die Geschichte des exilisch-nachexilischen Zeitalters keine Anhaltspunkte für eine Theologie der Befreiung, sondern bezeugen die gleichzeitigen biblischen Schriften die Erwartung der Erlösung Israels durch seinen Gott, so gewährt uns das alttestamentliche Sklavenrecht einen beschränkten Einblick in den langsamen Fortschritt des Verständnisses der Wertschätzung der individuellen Freiheit und des Zusammengehörigkeitsgefühls aller Juden. Greifen wir zum Hatch-Redpath,[46] so geben dreizehn bzw. vierzehn der insgesamt neunzehn Einträge des Wortes ἐλεύθερος („frei") in der Septuaginta hebräisches חָפְשִׁי[47] bzw. חֹפֶשׁ[48] und der einzige Eintrag für ἐλευθερία („Freiheit") ein חֻפְשָׁה[49] wieder. Mithin beziehen sich sämtliche Belege in der Hebräischen Bibel und im hebräischen Sirach real oder metaphorisch auf die „Entlassung" eines Schuldsklaven bzw. die Schuldenfreiheit.[50]

Das hebräische Lexem besitzt im akkadischen ḫupšu und im ugaritischen ḫpt seine Entsprechungen. Das akkadische Wort bezeichnet Angehörige einer niederen Klasse, häufig Soldaten,[51] das ugaritische in ähnlicher Weise Söld-

---

auf die nach Jos. Ant. XII.4 (vgl. Arist. 12-14) von Ptolemaios I. nach seiner Besetzung des Landes und der Einnahme Jerusalems 301 v. Chr. nach Ägypten umgesiedelten Juden, so gehört die Prophezeiung in die ersten Jahre nach diesem Ereignis. Odil Hannes Steck, Der Abschluß der Prophetie im Alten Testament, BThSt 17, Neukirchen 1991, 73-74, votiert dafür, das Orakel noch zu Lebzeiten Alexanders des Großen anzusetzen. Anders Henning Graf Reventlow, ATD 25/2, Göttingen 1993, 88, der die tritosacharjanischen Prophetien aus traditionsgeschichtlichen Gründen insgesamt bereits in die ersten Jahrzehnte des 5. Jh. v. Chr. ansetzen möchte. Doch wiegen m.E. die von Steck geltend gemachten redaktionsgeschichtlichen Argumente grundsätzlich schwerer, wenn man auch über seine einzelnen Datierungen diskutieren kann.

46 Edwin Hatch und Henry A. Redpath, A Concordance to the Septuagint and the Other Greek Versions of the Old Testament (Including the Apocryphal Books) I, Oxford 1897 (Nachdr. Graz 1954), 425b-c.
47 Ex 21,2.5.26.27; Dtn 15,12.13.18; I Reg = I Sam 17,25; Hi 39,5; Ps 87 = 88,6; Jer 41 = 34,9.14.16.
48 Sir HA 7,21.
49 Lev 19,20.
50 Vgl. dazu T. Willi, Freiheit Israels, in: FS Zimmerli, 1977, 533-538.
51 Wolfram von Soden, AHw 357a.

ner oder freigelassene Sklaven.[52] Dieser Befund spricht nicht dafür, daß mit dem Lexem ein besonderes Freiheitspathos verbunden war, wie es den griechischen ἐλεύθερος („frei") eignet. Wenn im ugaritischen Baal-Epos die Unterwelt als bêt ḫupṯit bezeichnet wird,[53] besitzt auch diese Wendung eine hebräische Entsprechung, nur daß das בֵּית הַחָפְשִׁית die Quarantäne für den erkrankten König Asarja/Ussia bezeichnet (II Reg 15,5 par. II Chr 20,21).[54] Möglicherweise handelt es sich in beiden Fällen um einen Euphemismus: An den Toten und den Unreinen kann man keine Ansprüche stellen. Daher kann der jugendliche Kranke in Ps 88,6-7 seinen Gott in der Leidklage daran erinnern, daß er schon jetzt wie ein חָפְשִׁי, ein aus allen religiösen und sozialen Verpflichtungen „Entlassener" und wie ein „Durchbohrter" sei, der in die tiefste Tiefe der Unterwelt verbannt und aus dem Gedenken Gottes und der Menschen getilgt ist.[55] Dem entspricht es, daß der Hiobdichter den Dulder in seiner Eingangsklage seinen Wunsch, durch den Tod von seinen Leiden erlöst zu werden, unter anderem damit begründen läßt, daß er dann Ruhe hätte, weil in der Unterwelt Groß und Klein gleich seien und der Sklave ein חָפְשִׁי, ein „Entlassener" seines Herrn sei (Hi 3,19).[56] Erst in Sir 10,25 werden dem עֶבֶד מַשְׂכִּיל, dem gebildete Sklaven, die חֹרִים, die Freigeborenen oder Edlen gegenübergestellt. Und damit haben wir abgesehen von dem Sonderfall in Jer 36 G par. 20,2 M, wo ἐλεύθερος ein שַׂר, „Beamter", „Fürst", wiedergibt, bereits das Äquivalent für die weiteren Einträge für das Wort im Hatch-Redpath gefunden, die sich nicht auf die Sklavenfreilassung beziehen: Sie geben samt und sonders die vorexilisch nur in der Naboth-Legende I Reg 21,8.11 belegten חֹרִים wieder, die hier nach den Ältesten der Stadt genannt werden.[57] In Neh 2,16 erscheinen sie hinter den Priestern und vor den Ortsvorstehern. Wir haben oben bereits festgestellt, daß es sich bei ihnen vermutlich um die Ver-

---

52 M. Dietrich, O. Loretz und J. Sanmartin, Zur ugaritischen Lexikographie (XI), Nr.44, UF 6, 1974, 26-27.

53 KTU 1.4.VIII.7; 1.15.I.6, vgl. dazu O. Loretz, UF 8, 1976, 129-131.

54 Vgl. Num 5,2 und Lev 13,45-46.

55 Vgl. Ps 88,11-13 mit Ps 6,6; 115,17 und Sir 17,27-28 und zu den „Durchbohrten" Otto Eißfeldt, Schwerterschlagene bei Hesekiel, in: Studies in Old Testament Prophecy. FS Theodore H. Robinson, Edinburgh 1950, 73-81 = ders., Kl. Schriften III, hg. v. R. Sellheim und F. Maass, Tübingen 1966, 1-8.

56 Nur Aquila und Symmachus haben חָפְשִׁי hier mit eleútheros wiedergegeben. In Hi 39,5 betont das Wort die Bindungslosigkeit des Zebras. Erst 11QtgJob gibt es mit בַּר חָרִין wieder und betont damit die Freiheit.

57 Die Novelle ist jedenfalls älter als die prophetentheologische Ergänzung in den V. 17-24*, die sie mit Elia in Verbindung bringt; vgl. dazu E. Würthwein, Naboth-Novelle und Elia-Wort, ZThK 75, 1978, 375-397 = ders., Studien zum deuteronomistischen Geschichtswerk, BZAW 227, Berlin und New York 1994, 155-177. Die beiden weiteren Belege in Jer 27,20 und 39,6 besitzen im griechischen Kurztext keine Entsprechung; vgl. William McKane, Jeremiah II, ICC, Edinburgh 1996, 708-709 und 985.

treter des grundbesitzenden Landadels handelt, die vorexilisch als „Volk des Landes" bezeichnet wurden.[58]

Die drei Hauptbelege für den חָפְשִׁי, den „*Entlassenen*", stellen die Rechtsbestimmungen über die Freilassung eines hebräischen und d.h. eines jüdischen Schuldsklaven im Bundesbuch (Ex 21,2-6), Deuteronomium (Dtn 15,12-18) und Heiligkeitsgesetz (Lev 25,39-43) dar. Liest man sie nacheinander, so zeichnet sich in ihnen die durch die deuteronomische Bruderethik eingeleitete und durch die Theologisierung im Heiligkeitsgesetz verstärkte Humanisierung des Schuldsklavenrechts ab.[59] Im Bundesbuch wie im Deuteronomium wird die Dienstbarkeit des עֶבֶד עִבְרִי, des hebräischen Sklaven, lediglich auf sieben Jahre beschränkt. Man scheint diese Frist als ein ausreichendes Äquivalent für die Abtragung der Schuld durch Arbeit betrachtet zu haben. Nach dieser Zeitspanne sollte er ohne zusätzliche Leistungen als schuldenfrei (לְחָפְשִׁי) entlassen werden (Ex 21,2), sofern er es nicht vorzog, sich zum Verbleib bei seinem Herrn zu entscheiden und dadurch zum dauernden Sklaven zu werden (V. 5-6).

Doch im Unterschied zum Bundesbuch nimmt die deuteronomische Bestimmung auf die schwierige, die Entscheidung erschwerende Lage des Entlassenen Rücksicht: Er soll nicht leer davongehen, sondern von seinem bisherigen Herrn mit dem für den Unterhalt nötigen Kleinvieh und Proviant bzw. Saatgut für den Neubeginn ausgestattet werden. Zur Unterstützung dieser Forderung appelliert der Deuteronomiker an die Solidarität des Herrn mit seinem bisherigen Sklaven, die sich daraus ergibt, daß beide Israeliten sind und Israel einst durch Jahwe aus der ägyptischen Knechtschaft erlöst worden ist (Dtn 15,13-15).

Nach dem Heiligkeitsgesetz widerspricht es dagegen grundsätzlich dem Rechtsanspruch Jahwes, einen Israeliten überhaupt in die Sklaverei zu verkaufen bzw. einen jüdischen Schuldsklaven als einen solchen zu behandeln. Denn weil Jahwe Israel aus Ägypten herausgeführt hat, sind alle Israeliten seine Knechte. Daher soll ein überschuldeter Bruder bis zur Restitution seiner Unabhängigkeit im Jobel-Jahr nicht als ein עֶבֶד, ein Sklave, sondern als ein

---

58 Vgl. dazu oben, S. 185.
59 Vgl. dazu Gregory C. Chirichigno, Debt-slavery in Israel and the Ancient Near East, JSOT.S 141, Sheffield 1993, 345-357 und E. Otto, Soziale Restitution und Vertragsrecht, RA 92, 1998 (2000), 125-160, bes. 126-129 und 151-160; zum Verhältnis zwischen Deuteronomium und Heiligkeitsgesetz vgl. A. Cholewinski, Heiligkeitsgesetz und Deuteronomium, AnBib 66, Rom 1976, 339-344; E. Otto, Das Heiligkeitsgesetz Leviticus 17-26 in der Pentateuchredaktion, in: Peter Mommer und Winfried Thiel, Hg., Altes Testament. Forschung und Wirkung. FS Henning Graf Reventlow, Frankfurt a.M. u.a. 1994, 65-80. Zu weiteren traditionsgeschichtlichen Beziehungen vgl. Klaus Grünwaldt, Das Heiligkeitsgesetz Leviticus 17-26. Ursprüngliche Gestalt, Tradition und Theologie, BZAW 271, Berlin und New York 1999, 375-379.

גֵּר, ein Fremdling,[60] bzw. als ein תּוֹשָׁב, ein Beisasse oder Tagelöhner, behandelt werden (Lev 25,35).[61] Es ist jedoch nicht zu übersehen, daß durch die Ersetzung der siebenjährigen Frist durch das alle fünfzig Jahre stattfindende Jobel-Jahr diese Novellierung nicht unbedingt zum Vorteil der Betroffenen ausschlagen mußte. – Aus dem Besitzanspruch Jahwes auf alle Israeliten als seine Knechte, die daher jedes weitere Knechtschaftsverhältnis ausschließt, hat das Judentum wohl schon in hellenistischer Zeit die Pflicht abgeleitet, in heidnischen Besitz geratene jüdische Sklaven auszulösen. Wie man sich das auf höchster Ebene vorstellen sollte, zeigt der paradigmatische Einsatz zugunsten der von Ptolemaios I. verschleppten und teilweise versklavten Juden bei seinem Sohn und Nachfolger Ptolemaios II. Philadelphos den Pseudaristeas für sich in Anspruch nimmt (Arist. 12-27).[62]

6. Der gebildete Sklave in der Weisheit des Jesus Sirach

Wenden wir uns Jesus Sirachs Worten über den gebildeten Sklaven, seine Freilassung und seine Würde zu, so weht uns wohl ein leichter, aus der griechischen Welt kommender philanthropischer Hauch entgegen. In 7,21 erteilt er seinen Schülern den Rat:

> Einen gebildeten Sklaven liebe wie dich selbst,
> du sollst ihm die חֻפְשָׁה nicht vorenthalten.

Der hier gebrauchte *terminus technicus* für die Freilassung bzw. genauer Entlassung entspricht biblischem חֻפְשָׁה. Allein durch die Anwendung auf einen normalen, nicht notwendig durch Überschuldung in seinen Status gelangten Sklaven gewinnt er die positive Bedeutung der Freilassung. Der Enkel hat das Wort denn auch mit ἐλευθερία ("Freiheit") übersetzt: *„Du sollst ihn nicht der Freiheit berauben"*. Neu ist ebenfalls, daß Ben Sira das Gebot der Nächstenliebe aus Lev 19,18 vermutlich auf einen nichtjüdischen gebil-

---

60 Vgl. zu ihm auch O. Kaiser, Die Ausländer und die Fremden im Alten Testament, in: Peter Biehl u.a., Hg., Heimat – Fremde, JRP 14, 1997, Neukirchen-Vluyn 1998, 65-83 und vor allem E. José E. Ramírez-Kidd, Alterity and Identity in Israel. The גֵּר in the Old Testament, BZAW 283, Berlin und New York 1999, 68-71.

61 Vgl. dazu auch K. Grünwaldt, Heiligkeitsgesetz, 394-396, und weiterhin Ps 39,13 und 119,19.

62 Vgl. dazu O. Kaiser, Politische und persönliche Freiheit im jüdisch-hellenistischen Schrifttum des 2. Jh.s v. Chr., in: Hermann Lichtenberger und Gerbern S. Oegema, Jüdische Schriften in ihrem antik-jüdischen und urchristlichen Kontext, JSHRZ.St 1, Gütersloh 2002, 43-58, bes. 49-51.

deten Sklaven[63] anwendet und ihn damit wie einen im Land ansässigen freien
Fremdling behandelt, den Lev 19,34 wie Dtn 10,19 in das Liebesgebot einbe-
ziehen.[64] Auf den עֶבֶד מַשְׂכִּיל, den „*gebildeten Sklaven*", kommt Ben Sira
noch einmal in 10,25 zu sprechen. Der Wahrspruch lautet:

> „Wenn Edle einem gebildeten Sklaven dienen,
> beschwert sich ein Weiser nicht."

Sowie Ben Sira in 7,21 die nationale Barriere zugunsten der Menschenliebe
überschreitet,[65] überspringt er in 10,25 auch die Klassenschranke zugunsten
der Achtung, die ein kenntnisreicher Sklave in den Augen eines Gebildeten,
eines Weisen verdient. Darüber hinaus ist es beachtenswert, daß hier im jüdischen Schrifttum erstmals die Gegenüberstellung der חֹרִים, der Edlen/Freien,
mit dem אֶבֶד, dem Sklaven, erfolgt. Dadurch gewinnt auch der Begriff der
חֹפֶשׁ, der Entlassung, die Bedeutung der Freilassung.[66] Daher haben der Enkel
Ben Siras und der Syrer es sachlich richtig mit ἐλευθερία bzw. ḥîrûtâ, „Freiheit", übersetzt.[67]

---

63 Vgl. Lev 25,44-46.
64 Vgl. dazu Hans-Peter Mathys, Liebe deinen Nächsten wie dich selbst. Untersuchungen
   zum alttestamentlichen Gebot der Nächstenliebe (Lev 19,18), OBO 71, Freiburg,
   Schweiz, und Göttingen 1986, 40-45, der 46 für die Identifikation des Fremdlings (גֵּר)
   mit dem Proselyten votiert, mit J.E. Ramírez-Kidd, Alterity, BZAW 283, 118, der unter
   ihm einen ortsansässigen Nichtjuden versteht. Zur kontextuellen Bedeutung des Liebesgebots in Lev 19,18 als Gebot für den Umgang mit dem schuldigen Bruder und also der
   Feindesliebe vgl. E. Otto, Theologische Ethik des Alten Testaments, ThW 3/2, Stuttgart
   u.a. 1994, 246-248, und zur Sache last not least Andreas Schüle, „Denn er ist wie Du".
   Zu Übersetzung und Verständnis des alttestamentlichen Liebesgebots Lev 19,18, ZAW
   113, 2001, 515-534.
65 Das Wort φιλανθρωπία, Philanthropie oder Menschenliebe, bezeichnet in III Esr 8,10 in
   dem Beglaubigungsschreiben des Artaxerxes an Esra und in II Makk 14,9 in dem Bericht
   des Hohenpriesters Alkimos vor König Demetrios I. die großzügige herrscherliche Gesinnung, in II Makk 6,22 dagegen ganz allgemein die freundliche Meinung, deren sich
   der Schriftgelehrte Eleasar bei den mit der Durchführung der Zwangsopfer Betrauten er-
   freute. Daß ein Gerechter φιλάνθρωπος zu sein habe, wird Weish 12,19 als Lernziel bezeichnet, das Gott mit seinen Gerechtigkeitserweisen verfolge, Helmut Engel, NSK.AT
   16, Stuttgart 1998, 208. Dort auch ein knapper, aber aufschlußreicher Hinweis auf die
   Bedeutung der Philanthropie in der griechischen Ethik als Achtung vor der Menschen-
   würde auch des Unterlegenen, Schwächeren oder sogar Straffälligen. Charakteristische
   Belege bei Liddell, Scott, Jones 1932a s.v.1.
66 Daß die Gegenüberstellung des Sklaven im hellenistischen Judentum weiterhin selbstverständlich war, belegen z.B. TestJos 1,5 und TestAbr 1.19,2.
67 Auf den wesentlichen Beitrag, den Ben Sira zur Verteidigung der sittlichen Entscheidungsfreiheit geleistet hat, kann hier nur hingewiesen werden; vgl. dazu Ursel Wicke-
   Reuter, Determination und Freiheit bei Ben Sira und in der Frühen Stoa, BZAW 298,
   2000, 106-122 und 131-142, sowie künftig auch O. Kaiser, Sittliche Freiheit und göttliche Weisheit bei Ben Sira.

7. Der „Freiheitskampf" der Makkabäer

Nach diesem Blick durch das schmale sozialgeschichtliche Fenster, das uns eine gewichtige Einsicht in die Durchdringung des Judentums mit dem Geist der Bruder- und Nächstenliebe gewährt hat, stellen wir uns abschließend der Frage, ob und inwieweit der Kampf der Makkabäer um die Wiederherstellung der religiösen und später auch der politischen Selbstbestimmung nach dem Vorbild der griechischen Freiheitskämpfe verstanden worden ist.[68]

Für den von den Makkabäern zurückgelegten Weg von den Anführern eines Guerillakrieges zu Priesterfürsten über Juda bildet das erste Makkabäerbuch unsere Hauptquelle. Das zweite steuert dazu manches Detail und vor allem die maßgeblichen Urkunden über die Aufhebung des Religionsverbotes bei, ist aber in seiner Anordnung der Ereignisse unzuverlässiger als das erste. Als Grundlage scheint dem ersten Makkabäerbuch eine Judasvita gedient zu haben, die später durch Auszüge aus annalistischen Aufzeichnungen über seine Brüder und Nachfolger Jonathan und Simon zum vorliegenden Buch erweitert worden ist.[69]

Dieser Genese des Buches entsprechen die beiden programmatischen Texte in Gestalt der Klage des Mattathias in I Makk 2,7-13 und die an seine Söhne gerichtete Abschiedsrede in 2,50-68.[70] Dabei gibt seine Klage in 2,11b, daß Jerusalem aus einer Freien zu einer Sklavin geworden sei (ἀντὶ ἐλευθέρα ἐγένετο εἰς δούλην), dem ganzen Buch sein Thema vor. Sie weist auf c. 14 und 15 und damit den Zielpunkt der ganzen Darstellung voraus. In 14,26 bestätigt das Volk, daß Simon und seine Brüder die Feinde Israels aus dem Lande vertrieben und ihm die Freiheit verschafft haben. In dem in 15,2-9 mitgeteilten Brief bestätigt Antiochos VII. Sidetes dem zum Hohenpriester

---

68 Zu den politischen Zusammenhängen vgl. knapp Christian Habicht, The Seleucids and their Rivals, in: CAH 2nd ed.VIII, 1989 (Nachdr.),S. 346-350 bzw. zur Chronologie des Verlaufs grundlegend Klaus Bringmann, Hellenistische Reform und Religionsverfolgung in Juda. Eine Untersuchung zur jüdisch-hellenistischen Geschichte (175-163 v. Chr.), AAWG.PH III/132, Göttingen 1983, bes. 97-99, zum Aufstieg und der Herrschaft der Makkabäer Emil Schürer, History of the Jewish People in the Age of Jesus Christ. A New English Verson ed. Geza Vermes, Fergius Millar and Matthew Black I, Edinburgh 1973 (Nachdr.), 125-199, und zu den politischen und wirtschaftlichen Intentionen der jüdischen Reformer Hans G. Kippenberg. Religion und Klassenbildung im antiken Juda, StUNT 14, Göttingen 1978 (1982), 82-88.

69 Zur Entstehung des 1. und 2. Makkabäerbuches vgl. knapp Klaus-Dietrich Schunck, TRE XXI, 1991, 736-745, bzw. ausführlich Ulrike Mittmann-Richert, Einführung zu den historischen und legendarischen Erzählungen, JSHRZVI/1, Gütersloh 2000, 20-62.

70 Vgl. zum Folgenden ausführlich O. Kaiser, Politische und persönliche Freiheit im jüdisch-hellenistischen Schrifttum des 2. Jh.s v. Chr., in: Hermann Lichtenberger und Gerbern S. Oegema, Jüdische Schriften in ihrem antik-jüdischen und urchristlichen Kontext, JSHRZ.St 1, Gütersloh 2002, 43-58, bes. 53-56.

und Fürsten aufgestiegenen Simon die Juda von seinem Vater Demetrios II. gewährten Freiheiten, die das Joch der Heiden von Israel genommen hatten (vgl. I Makk 13,36-41). In diesem Zusammenhang erklärt Antiochos in V. 7 ausdrücklich, daß Jerusalem und das Heiligtum frei sein sollten (Ιερουσαλημ δὲ καὶ ἁγία εἶναι ἐλεύθερα). Auf diese drei Aussagen bleibt das Freiheitspathos des ersten Makkabäerbuches beschränkt.

Wo sein Herz schlägt, gibt die Abschiedsrede des Mattathias an seine Söhne zu erkennen. Ihr heroischer Kampf soll gemäß 2,50-68 dem Eifer für das Gesetz und der Bereitschaft gelten, das eigene Leben für den Bund der Väter hinzugeben und damit unsterblichen Ruhm zu gewinnen. Wir können in diesem Zusammenhang nicht auf die Einzelheiten der Darstellung des Freiheitskampfes des Judas Makkabaios eingehen. Sie ist trotz der dem Erzähler vermutlich zur Verfügung stehenden Nachrichten insgesamt als ein hagiographisches Kunstwerk zu betrachten, das die Fragen des Historikers oft genug unbeantwortet läßt.[71] In dieser Eigenart dient sie der Verherrlichung des Judas als eines Mannes, der im Vertrauen auf die den treu erfundenen Vätern widerfahrene Gotteshilfe[72] mit seinen unterlegenen Streitkräften der Übermacht der Feinde getrotzt[73] und auf diese Weise den Tempel aus den Händen der Hellenisten befreit und die Rücknahme des Religionserlasses bewirkt hat. Schließlich aber hat auch er sich in der Erkenntnis, daß seine Zeit gekommen war, mit seinem Ende abgefunden und in tapferem Kampf den Tod gesucht (I Makk 9,7-10).

Auch das zweite Makkabäerbuch bleibt trotz seines Anschlusses an die hochhellenistische Geschichtsschreibung gegenüber dem griechischen Freiheitsgedanken eigentümlich abstinent.[74] Lediglich in dem Gebet, das dem todgeweihten König Antiochos IV. in 9,13-17 in den Mund gelegt wird,[75] läßt es diesen in V. 14 versprechen, die Stadt Jerusalem für frei zu erklären (ἐλευθέραν ἀναδεῖξαι); gegen die er ausgezogen war, um sie dem Erdboden gleich und zu einem Massengrab zu machen. Abgesehen davon begegnet das Befreiungsmotiv nur noch in dem Gebet, das Nehemia in dem viel diskutier-

---

71 Vgl. dazu auch Doron Mendels, Jewish Historical Writings between Judaism and Hellenism, in: H. Lichtenberger und G.S. Oegema, Hg., Jüdische Schriften, JSHRZ.St 1, 2002, 35-42.

72 Vgl, I Makk 4,8-11 (Exodus); 4,30-33 (David und Goliath, Jonathan und die Philister); 7,41-42 (Sanherib und der Engel des Herrn).

73 Vgl. I Makk 3,18-22; 3,50-53; 7,37-38.

74 Vgl. zum Folgenden Kaiser, Freiheit, in: JSHRZ.St 1, 56-57.

75 Zum fiktiven Charakter des in 9,19-27 folgenden Briefes des Königs an die Juden vgl. C. Habicht, 2. Makkabäerbuch, JSHRZ I/3, Gütersloh 1979, 246-247 mit den Anm. 18a-25a.

ten Einleitungsbrief[76] anläßlich der Altarweihe des Zweiten Tempels in II Makk 1,24-29 in den Mund gelegt wird. In ihm heißt es in V. 27: *„Führe unsere Brüder in der Zerstreuung wieder zusammen, befreie* (ἐλευθέρωσον) *die unter den Heiden Versklavten, sieh auf die für nichts Geachteten und Verabscheuten: so sollen die Heiden erfahren, daß du unser Gott bist".* Hier wird zum ersten Mal die Sammlung und Heimführung der Diaspora mittels des griechischen Verbs ἐλευθερόω (*„befreien"*) als göttliche Befreiungstat bezeichnet. Doch der Sache nach ändert auch der griechische Sprachgebrauch nichts an der traditionellen Erwartung, daß der Herr der Erlöser seines Volkes sein werde.

Suchen wir eine Darstellung, in der Judas Makkabaios wie ein antiker Freiheitsheld gezeichnet wird, so müssen wir uns Flavius Josephus zuwenden.[77] Die von ihm Judas in Ant. XIII.302-304 vor der Schlacht bei Emmaus in den Mund gelegte Rede an seine Mitkämpfer erfüllt endlich unsere Erwartungen.[78] Als Beispiel dafür seien ihre Einleitungs- und Schlußsätze zitiert:

„Es gibt für euch keine Zeit, in der es notwendiger ist als in der gegenwärtigen, meine Gefährten, beherzt zu sein und die Gefahren zu verachten. Denn wenn ihr jetzt tapfer kämpft, werdet ihr die Freiheit gewinnen, die ein bei allen Menschen um ihrer selbst willen geliebtes Gut ist, für euch aber am wünschenswertesten, weil sie euch das Recht gibt, die Gottheit zu verehren. ... So kämpft denn, wohl wissend, daß auch die, die nicht kämpfen, sterben müssen, und seid überzeugt, daß die, die für solche Güter wie die Freiheit, das Vaterland und die heilige Scheu verdienenden Gesetze eintreten, ewigen Ruhm erwerben. So seid denn bereit und im Geiste gefaßt, daß ihr morgen bei Tagesanbruch zum Kampf mit den Feinden antretet."

Müssen wir mit der Feststellung schließen, daß Josephus der Vater der jüdischen Befreiungstheologie gewesen ist? Doch die Erinnerung an das Motiv seines literarischen Wirkens, seinem besiegten Volk die Achtung der Sieger einzutragen, läßt uns zögern. Seine Charakterisierung des Makkabäers als einen der griechischen und römischen gleichwertigen Freiheitskämpfer dient dem apologetischen Nachweis, daß sich nicht allein die Römer ihres *Moribus antiquis res stat Romanae virisque* (Cic. rep. V.1.1)[79] rühmen können. Auch die Juden haben bis zum letzten für ihre väterlichen Gesetze gekämpft (c.Ap.

---

76 Zur Diskussion vgl. E. Schürer, ed. G. Vermes, III/1, 533-534 und Mittmann-Richert, 46-47.

77 Vgl. zum Folgenden auch Kaiser, in: JSHRZ.St 1, 57-58.

78 Vgl. dazu auch Louis H. Feldman, Josephus Portayal of the Hasemoneans Compared with I Maccabees, in: ders., Studies in Hellenistic Judaism, AGAJU 30, Leiden 1996, 137-163.

79 *„Auf Sitten und Männern von alter Art beruht der römische Staat."* Nach Clinton W. Reyes, Cicero XVI: De re publica. De legibus, LCB, Cambridge, Mass. und London 1928 (Nachdr. 1977), 244 Anm. 1 ein Vers aus Ennius, Annales.

272-273),[80] die auf Mose als den Begründer einer Theokratie zurückgehen, die alle Herrschaft und Autorität in die Hände Gottes legt (c.Ap. II.165)[81] und dadurch das ganze Volk in Eintracht der Gesinnung und der Lebensweise zusammenschließt. So war auch für ihn das Judentum, was es bis heute bleiben sollte: Das im Gehorsam gegenüber der Weisung seines Gottes lebende und die eigene Zukunft in seine Hände legende Eigentumsvolk des Herrn.

---

80 Vgl. dazu Bernd Schröder, Die väterlichen Gesetze. Flavius Josephus als Vermittler von Halacha an Griechen und Römer, TSAJ 53, Tübingen 1996, 159-171.
81 Vgl. dazu Schröder, 137-151, bes. 150-151.

Die Bindung Isaaks
Untersuchungen zur Eigenart und Bedeutung von Genesis 22

1. Übersetzung

In Gen 22,1-19 heißt es:

1 Und es geschah nach diesen Begebenheiten, da versuchte Gott Abraham und sagte zu ihm: „Abraham!" Da sagte er: „Hier bin ich!" 2 Da sagte er: „Nimm doch deinen Sohn, deinen einzigen,[1] den du lieb hast, den Isaak, und mache dich auf in das Land Morija und bringe ihn dort auf einem der Berge zum Brandopfer dar, den ich Dir zeigen werde!" 3 Da stand Abraham früh am Morgen auf und sattelte seinen Esel und nahm seine beiden Burschen mit sich und seinen Sohn Isaak, und er spaltete das Holz für das Brandopfer und machte sich auf und ging zu der Stätte, die ihm Gott gesagt hatte.

4 Am dritten Tage, da hob Abraham seine Augen auf und sah die Stätte von ferne. 5 Da sagte Abraham zu seinen Burschen: „Bleibt hier bei dem Esel! Aber ich und der Junge, wir wollen ein wenig gehen, um anzubeten, dann wollen wir zu euch zurückkehren."

6 Dann nahm Abraham das Holz für das Brandopfer und legte es seinem Sohn auf, aber in seine Hand nahm er das Feuer[2] und das Messer. Und sie gingen beide miteinander. 7 Da sagte Isaak zu Abraham, seinem Vater, und er sagte: „Mein Vater!" Und er sagte: „Hier bin ich, mein Sohn!" Da sagte er: „Da ist das Feuer und das Holz. Aber wo ist das Schaf für das Brandopfer?" 8 Da sagte Abraham: „Gott wird sich ein Schaf zum Brandopfer ersehen, mein Sohn."

9 Und als sie zu der Stätte gekommen waren, die ihm Gott gesagt hatte, da baute Abraham dort einen Altar und richtete das Holz zu und band Isaak, sei-

---

1   Zum Problem der Übersetzung vgl. auch Lukas Kundert, Die Opferung/Bindung Isaaks I: Gen 22,1-19 im Alten Testament, im Frühjudentum und im Neuen Testament, WMANT 78, Neukirchen-Vluyn 1998, 34-25, der für die Wiedergabe mit „speziell" votiert; doch vgl. zur üblichen Übersetzung des Wortes יְחִיד GesMD 18. Aufl, 2. Lief., 1995, 459 a s.v.

2   Gemeint ist nach E.A. Speiser, Genesis, AncB 1, Garden City, N.Y. 1964, 163 z. St., der Feuerstein, wozu er auf den entsprechenden akkadischen Gebrauch von (*aban*) *išāti* verweist.

nen Sohn, und legte ihn auf den Altar oben auf das Holz. 10 Dann streckte Abraham seine Hand aus und nahm das Messer, um seinen Sohn zu schlachten. 11 Da rief ihn der Engel Jahwes[3] vom Himmel her an und sagte: „Abraham! Abraham!" Und er sagte: „Hier bin ich!" 12 Da sagte er: „Vergreife dich nicht an dem Jungen[4] und tue ihm ja nichts an! Denn nun weiß ich, daß du gottesfürchtig bist; denn du hast mir deinen Sohn, deinen einzigen, nicht vorenthalten." 13 Da hob Abraham seine Augen auf und sah, und da war ein[5] Widder, mit seinen Hörnern im Strauchwerk verfangen. Da ging Abraham und nahm den Widder und brachte ihn als Brandopfer statt seines Sohnes dar.

[14 Da benannte Abraham diese Stätte: „Jahwe (er)sieht!", von der man heute (noch) sagt: „Auf dem Berge[6] erscheint Jahwe."]

[15 Da rief der Engel Jahwes Abraham zum zweiten Mal vom Himmel her an 16 und sagte: „Bei mir selbst habe ich geschworen," lautet der Spruch Jahwes, „weil du das getan und deinen Sohn, deinen einzigen, nicht aufgespart hast, 17 „will ich dich überaus segnen und überaus mehren deinen Samen wie die Sterne des Himmels und wie den Sand am Gestade des Meeres, und dein Same soll die Tore der Feinde erobern. 18 Segnen sollen sich mit deinem Samen alle Völker der Erde, weil du auf meine Stimme gehört hast."]

19 Dann kehrte Abraham zu seinen Burschen zurück, und sie machten sich auf und gingen miteinander nach Beerscheba.[7]

2. Aufbau und Inhalt

Schlichter kann man kaum erzählen, aber auch kaum eindrücklicher:[8] Die Geschichte gliedert sich in ihrer überlieferten Gestalt in die fünf Episoden V. 1-3; 4-8; 9-13.[14.][15-18]+19: Die erste wird in V. 1a durch eine allgemeine Einleitungsformel lose an das Vorausgehende angeschlossen.[9] Dann

---

3   Ursprünglich: „Gottes", vgl. Gen 21,17 und unten, S. 209-210.

4   Vgl. GesB 821 s.v. שׁלל 1. und Kundert, Opferung, 29.

5   Lies mit den meisten Textzeugen statt אחר ein אחד, vgl. mit Georg Steins, Die „Bindung Isaaks" im Kanon (Gen 22), HBS 20, Freiburg i.Br. u.a. 1999, 192-193, Dan 8,3a.

6   Die Übersetzung von V. 14bβ folgt G.

7   V. 19 setzt 21,32 voraus. Rechnet man mit einem literarischen Zusammenhang der elohistischen Texte in Gen 20-22*, gehört der Vers genau wie die lose an das Vorangehende geknüpfte Einleitung in V. 1aα zum Grundtext.

8   Vgl. auch das Aufbauschema bei Frank Zimmer, Der Elohist als weisheitlich-prophetische Redaktionsschicht. Eine literarische und theologiegeschichtliche Untersuchung der sogenannten elohistischen Texte des Pentateuchs, EHS XXIII/ 656, Frankfurt a.M. u.a. 1999, 122.

9   Vgl. Gen 39,7; 40,1; I Reg 17,17 und 21,1, ferner Gen 15,1.

benennt 1aβγ das Thema der Versuchung oder Erprobung Abrahams durch Gott, der sie in V. 1b-2 sogleich mit der an jenen gerichteten Forderung ins Werk setzt, sich aufzumachen und ihm seinen einzigen und geliebten Sohn Isaaks auf einem ihm noch näher zu bezeichnenden Berge im Lande Morija zu opfern. V. 3, der ebenso die 1. Episode beschließt wie die kommenden vorbereitet, demonstriert den fraglosen Gehorsam Abrahams, der sich am nächsten Morgen mit einem Esel, seinen beiden Burschen, seinem Sohn und dem Opferholz aufmachte (V. 3abα) und zu der von Gott bezeichneten Stätte ging (V. 3bβ).

Die zweite, die V. 4-8 umfassende Episode mit dem Bericht von der Wanderung bis kurz vor das Ziel schiebt sich retardierend und die Spannung steigernd zwischen V. 3bβ und V. 9 ein: Denn auf die Mitteilung, daß Abraham zu der ihm von Gott bezeichneten Stätte ging, könnte sogleich der Bericht von der Bindung Isaaks folgen. Die Episode gliedert sich in die zwei Szenen V. 4-5 und 6-8: Die erste isoliert Abraham und Isaak von den Begleitern, so daß sie die letzte Wegstrecke allein zurücklegen und die Bindung Isaaks und das Ersatzopfer des Widders ohne irdische Zeugen stattfindet: Als Abraham am dritten Tag aufblickte und den ihm von Gott bezeichneten Berg in der Ferne ausmachte, befahl er seinen beiden Burschen zusammen mit dem Esel an dem erreichten Ort („hier") zurückzubleiben, während er und sein Sohn Isaak eine nicht genauer bezeichnete Strecke weiterziehen wollten, um anzubeten und dann zu ihnen zurückzukehren. Der Leser weiß zunächst nicht recht, wie er diese Auskunft bewerten soll: Ist sie ein Zeugnis der prophetischen Fähigkeiten des Erzvaters (vgl. Gen 20,7aα), seines Gottvertrauens oder soll sie lediglich die Tatsachen verschleiern, damit der Erzvater ungestört den grauenvollen Befehl Gottes ausführen kann? Vor dieselbe Frage stellt den Leser auch die zweite, aus den V. 6-8 bestehende, besonders sorgfältig komponierte Szene: Nachdem Abraham Isaak das Holz für das Brandopfer aufgeladen und selbst den Feuerstein[10] und das Messer an sich genommen hat, machen sich beide auf den Weg. Auf die erstaunte Feststellung Isaaks, daß sie zwar das Feuer und das Holz bei sich hätten, aber kein Schaf für das Opfer (V. 7), antwortet Abraham für den Leser zunächst wiederum mehrdeutig, daß sich Gott ein solches ersehen werde (V. 8a). Dann schließt die bereits am Anfang des Berichts über die letzten Wegstrecke in V. 6b stehende Wegformel *„da gingen sie beide miteinander"* die Szene ab. Sie dient vordergründig lediglich der Überbrückung der Distanzen bis zum Ziel, provoziert aber bei dem Leser bzw. Hörer durch ihre Betonung der stummen Gemeinsamkeit zwischen dem wissenden Vater und dem ratlosen Sohn eine

---

10 Vgl. oben, Anm. 2.

Spannung, die durch die mehrdeutigen Auskünften des Patriarchen gesteigert wird, ob die Geschichte gemäß dem in V. 2 erteilten Befehl oder gemäß Abrahams Voraussagen in V. 5 und V. 8 enden wird.

Die dritte, aus den V. 9-13 bestehende Episode führt die Handlung zu ihrem Höhe- und überraschenden Wendepunkt: Als der tragische Ausgang bereits unvermeidlich erscheint, weil Abraham einen Altar gebaut, das Holz auf ihn geschichtet, den Sohn darauf fest gebunden und bereits das Messer ergriffen hat, um ihn zu schlachten (V. 9-10), ruft ihn der Engel Jahwes, dieses zweideutige Sprachrohr Gottes,[11] vom Himmel her an (V. 11) und befiehlt ihm, dem Burschen keine Gewalt und keinerlei Leid anzutun, kenne er doch nun seine Gottesfurcht, weil er ihm seinen einzigen Sohn nicht vorenthalten habe. Die Bindung und unmittelbar bevorstehende Schlachtung Isaaks wird von Gott als vollgültiges Opfer betrachtet. Da es um die Erprobung der sich im Gehorsam gegen den göttlichen Befehl erweisenden Gottesfurcht ging, hat Abraham sie bestanden. Und so erkennt der Leser rückblickend, daß seine Voraussage in V. 8aβ, daß Gott sich ein Schaf als Brandopfer ersehen werde, nicht der Täuschung des Sohnes diente, sondern seinem auf Gott gesetzten Vertrauen entsprach, daß die Sache trotz allem ein gutes Ende nehmen werde. Denn in der Tat hat Gott auf wunderbare Weise vorgesorgt, indem er Abraham statt eines Schafes einen Widder entdecken ließ, der sich mit seinen Hörnern im Strauchwerk verfangen hatte. Und so kann er seinem Gott nicht etwas ein Alltags- (Ex 29,38-46), sondern ein Festopfer darbringen, wie es nach den priesterlichen Opferanweisungen auch für die Priesterweihe (Lev 8,18) und den Großen Versöhnungstag (Lev 16,5) vorgeschrieben war.[12] So waltet der Erzvater gleichsam wie ein Priester, der mit seinem Opfer seinen Sohn und damit das künftige Volk Israel vor Gott entsühnt.

Erst V. 19 schließt die Versuchungserzählung organisch ab, um sie gleichzeitig nach hinten in den Kontext einzubinden: Gemäß der seinen Burschen in V. 5b gemachten Voraussage kehrt Abraham nun zu ihnen zurück (V. 19aα), worauf sie gemeinsam nach Beerscheba ziehen (V. 19aβ), wo sich Abraham niederließ (V. 19b). Stammt die dem Zusammenhang entsprechend abgewandelte Wegformel aus V. 6b und 8b, so knüpft die mit ihr verbundene Ortsan-

---

11 Vgl. zu ihm Otto Kaiser, Der Gott des Alten Testaments II, UTB 2024, Göttingen 1998, 155-156.

12 Vgl. dazu S.D. Walters, Wood, Sand and Stars. Structure and Theology in Gen 22,1-19, TJT 3, 1987, 301-330, bes. 306, zitiert bei Steins, Bindung, 102, ders., 191-197, und weiterhin auch das Opfergesetz Num 28-29, das ein Widderopfer für alle besonderen Tage des Jahres anordnet.

gabe über Gen 21,34 hinweg an 21,33 bzw. 21,14 an:[13] Die „elohistische"
Textfolge 20+21,8-21+22,1-19* ist damit abgeschlossen.

Doch zwischen V. 13 und V. 19 stehen jetzt in V. 14 und V. 15-18 zwei
weitere Episoden, die sich beide in unterschiedlicher Weise an die Haupthandlung anschließen: Die vierte, allein aus V. 14 bestehende, läßt Abraham
die Stätte vermutlich als Antwort auf die göttliche Bereitstellung („Ersehung"
des Opfers, V. 8b) den Namen „*Jahwe* (er)*sieht*" verleihen, während ihn
V. 14b paronomastisch mit dem Ortsnamen Morija verbindet, um sie mit dem
Zion zu identifizieren.[14] In der fünften, aus den V. 15-18 bestehenden Episode greift der Engel Jahwes ein zweites Mal vom Himmel her ein, um Abraham ein Orakel Jahwes (vgl. die Jahwe-Spruch-Formel יהוה נאם in V. 16a$_2$)
zu übermitteln, in dem ihm Jahwe versichert, daß er bei sich selbst geschworen habe, ihn und seine Nachkommen als Lohn für seinen Gehorsam zu segnen und diese so zahlreich wie die Sterne des Himmels und der Sand am Gestade des Meeres zu machen: Sie sollen die Städte ihrer Feinde in Besitz
nehmen und schließlich zum Segen für alle Völker werden: Der Gehorsam
Abrahams wird so zum Grund der von den Propheten verheißenen Vorherrschaft Israels über die Völkerwelt erklärt (vgl. 26,5). Beide Episoden versuchen so auf unterschiedliche Weise der Erzählung von der Gottesprobe zu
einer Fortsetzung zu verhelfen, die zweifellos in den Augen ihrer Adressaten
den Höhepunkt der Erzählung darstellte. Ob sie jedoch als organische Bestandteile der Versuchungsgeschichte oder als sekundäre Erweiterungen zu
beurteilen sind, ist eine Frage für sich, deren Beantwortung wir uns gesondert
zuwenden werden.[15]

3. Stil und Wortschatz

Doch vorher müssen wir *Stil, Wortschatz und innere Kohärenz* des Kapitels
untersuchen, um den unmittelbaren Eindruck zu verifizieren, daß es sich bei
der Erzählung um eine überaus kunstvolle Prosa handelt. Dabei wird sich
zeigen, daß der Erzähler sparsam mit seinen Mitteln umgeht und ihr dadurch
eine Ausdruckskraft verleiht, die nicht nur seine zeitgenössischen Leser und
Hörer, sondern auch noch die heutigen in ihren Bann zu ziehen vermag, wenn

13 Zur Auflösung der geographischen Spannung zwischen V. 33 und V. 34 vgl. Erhard
    Blum, Die Komposition der Vätergeschichte, WMANT 57, Neukirchen-Vluyn 1984,
    335, der dort auch auf die Parallele zu 26,25 hinweist, und zur literarischen Schichtung
    in 21,22-34 S. 411-413.
14 Vgl. dazu unten, S. 213-217.

sie sich auf den in ihr verhandelten Gegensatz zwischen dem abgründigen
Willen des Deus absconditus und dem freundlichen des Deus revelatus einzulassen bereit ist. Der Moralist wird mit ihr allerdings wegen Abrahams
Gehorsam gegenüber einem so archaischen Befehl seine Schwierigkeiten
bekommen.[16] Der Exeget ist seinem Metier nach nicht der Richter, sondern
der Anwalt seiner Texte. Seine primäre Aufgabe ist es, auch in diesem Fall
die vorliegende Erzählung aus ihren eigenen Denkvoraussetzungen zu deuten.[17]

Zu dieser Geduld im Umgang mit den Texten gehört es, sich über ihre literarische Eigenart Rechenschaft abzulegen. Und so gehen wir dazu über, die
syntaktischen und rhetorischen Stilmittel aufzulisten, denen sich der Erzähler
in Gen 22 bedient. Dabei ist an erster Stelle festzustellen, daß das heute als
Narrativ bezeichnete *imperfectum consecutivum* die dominante Verbform
darstellt[18] und insgesamt 44mal (davon einmal in V. 14 und zweimal in einer
Wiederaufnahme in den V. 15-16) begegnet.[19] Das auffälligste syntaktische
und zugleich rhetorische Stilmittel ist die *Inversion* in Gestalt der Voror-
nung des Subjekts oder einer adverbialen Bestimmung vor dem Verb, die der
Hervorhebung der handelnden Person oder der Umstände einer Handlung
dient. Sie begegnet in dem Text insgesamt 8mal (davon zweimal in V. 14 und
kein einziges Mal in den V. 15-18).[20] Zu den syntaktisch-stilistischen und
zugleich rhetorischen Eigenarten gehören auch die die Handlung in Gang

---

15 Vgl. dazu unten, S. 213-217.

16 Als Beispiel sei Immanuel Kants von unserem aufgeklärten Selbstverständnis her durch-
    aus berechtigter Einspruch gegen Gen 22 im „Streit der Fakultäten" angeführt, den er
    anmerkungsweise anläßlich seiner These einlegt, daß der Mensch positiv überhaupt nicht
    sicher sein könne, es mit Gottes Stimme zu tun zu haben, sondern nur negativ im Fall
    des Widerspruchs zum moralischen Gesetz (AA VII, 103; PhB 252, 1959, 62, und Wei-
    schedel, VI, 333): „Zum Beispiel kann die Mythe von dem Opfer dienen, das Abraham
    auf göttlichen Befehl durch *Abschlachtung und Verbrennung seines einzigen Sohnes –
    (das arme Kind trug unwissend noch das Holz hinzu) – bringen wollte. Abraham hätte
    auf diese vermeinte göttliche Stimme antworten müssen: ‚Daß ich meinen guten Sohn
    nicht töten soll, ist ganz gewiß; daß aber du, der du mir erscheinst, Gott sei, davon bin
    ich nicht gewiß und kann es auch nicht werden', wenn sie auch vom (sichtbaren) Him-
    mel herabschallte."* Vgl. auch das zutreffende Urteil von Dieter Hoof, Opfer – Engel –
    Menschenkind. Studien zum Kindheitsverständnis in Altertum und früher Neuzeit, Bo-
    chum 1999, 19, daß der religiöse Brauch des *Kinderopfers „eine der massivsten Gefähr-
    dungen des Kindes in der Geschichte war,"* gleichgültig, ob es *„als regelmäßiger Ritus
    in einer Kultgemeinschaft oder als exzeptionelle Opferhandlung"* praktiziert wurde.

17 Vgl. dazu O. Kaiser, Zwischen Interpretation und Überinterpretation. Vom Ethos des
    Auslegers, Variations herméneutiques 6, 1997, 53-70 = ders., Studien zur Literaturge-
    schichte des Alten Testaments, FzB 90, Würzburg 2000, 230-244.

18 Vgl. dazu Heinz-Dieter Neef, Die Prüfung Abrahams. Eine exegetisch-theologische
    Studie zu Gen 22,1-19, ATh 90, Stuttgart 1998, 39-40.

19 Davon 13x וַיֹּאמֶר: V. 1b(bis).2aα.5aα.7(4×).8aα.11aβb(bis); 12aα und 16aα.

20 Vgl. V. 1aβ.4a.5aβ.8aβ.12aβ und 13a und dazu den diskutierten Katalog bei Neef, 40-42.

setzenden, retardierenden oder beendenden *Imperative, Jussive* und *Vetitive,* die Gott als den Herrn über Abraham und Abraham als den über seine Burschen ausweisen.[21]

Als stilistische Stilfiguren seien vorab die *Enumeration* oder Aufzählung[22] und die *Gemination* oder *Verdoppelung* genannt: Zweimal begegnet die Wahrnehmungsformel „*da erhob Abraham seine Augen und sah*" (vgl. V. 4$_1$ mit V. 13aα$_1$), zweimal die Wegformel „*da gingen sie beide miteinander.*" Zweimal ruft der Engel in V. 11 Abraham an.[23] Dazu kommt die Umkehrung von V. 6α in V. 10bβ: Erst legt der Vater das Opferholz auf Isaak, dann Isaak auf das Opferholz.[24] Unübersehbar ist auch die mit Wiederaufnahmen arbeitende Rückkoppelung der Verheißung in den V. 15-18 an das Vorausgehende. So wird in V. 15 die um ein „*zum zweiten Mal*" erweiterte Einleitung der ersten Rede des Engels aus V. 11a und in V. 16a die Begründung für Gottes Urteil über Abraham aus 12bβ wiederaufgenommen. Der Bedeutung der Zweizahl entspricht die auffallende Rolle der *Dreizahl*:[25] So vollzieht sich die Haupthandlung in drei Abschnitten. In ihr wird Abraham insgesamt dreimal, zweimal von Gott bzw. seinem Engel (V. 1-2 und V. 11-12) und einmal von seinem Sohn (V. 7) angesprochen. Dreimal antwortet er mit der Bereitschaftsformel „*Hier bin ich!*" (V. 1aβ; 8aα und 11b)[26] und mit drei Begleitern macht er sich auf den Weg, dem Esel, den Burschen und dem Sohn (V. 3a).[27] Und am dritten Tag kommt das Ziel der Wanderung in Sichtweise (V. 4).[28] Auf die *Amphibolie* oder Mehrdeutigkeit der Worte Abrahams in seiner Auskunft an die Burschen in V. 5b und seiner Antwort an Isaak in V. 8a und ihre die Spannung der Erzählung verstärkende Funktion haben wir bereits hingewiesen.[29]

Als bewußte Umstellung im Interesse der Nachdrücklichkeit einer Aussage ist m.E. auch der seit *Heinrich Holzinger* immer neu diskutierte Fall der nachklappenden Erwähnung der Spaltung des Opferholzes in V. 3bα zu beurteilen. Daß sie sachlich nach der Aufbruchsnotiz und der Aufzählung der

---

21 Vgl. in Gottes bzw. seines Engels Mund die drei Imperative in V. 2: *Nimm ... geh ... bringe als Brandopfer dar,* und die beiden Vetitive in V. 12a *erhebe nicht ... tue nicht ...* bzw. in Abrahams Mund in V. 5a *Bleibt hier ...* und dazu auch Neef, 44-45.
22 Vgl. V. 3.7.9.13.
23 Vgl. dazu mit Frank Zimmer, Elohist, EHS XXIII/ 656, 1999, 43 auch Gen 46,2 und Ex 3,4.
24 Vgl. Steins, Bindung, 107.
25 Vgl. dazu auch den Katalog bei Neef, 43, und den Hinweis von Steins, Bindung, 107, auf die Dreier-, Fünfer- und Siebenerstrukturen.
26 Vgl. dazu mit Zimmer, ebd., auch Gen 27,1.18; 31,11; 37,13; 46,2 und Ex 3,1.
27 Zum zwei- und dreimaligen Vorkommen einzelner Worte vgl. auch unten, S. 207.
28 Vgl. z.B. Gen 30,36; 31,22; 34,25; 40,12-13.18-19.20-23; Ex 3,18; 5,3; 8,23; 19,11; Lev 7,19, I Sam 20,12 und Hos 6,3 und Kundert, Opferung, 36.
29 Vgl. oben, S. 201.

Mitglieder der kleinen Karawane in V. 3abα zu spät kommt, ist offensichtlich. Holzinger sah darin zusammen mit der mangelhaften Entsprechung zwischen der Ortsbezeichnung in V. 2 und V. 3bβ lediglich einen weiteren Beleg für die von ihm beobachtete „gegenüber J brüchige Art von E".[30] In der Tat wird die nähere Bezeichnung des Berges, auf dem Abraham das Opfer darbringen soll, von Gott in V. 2bγ zwar angekündigt, aber weiterhin nicht berichtet, sondern entweder stillschweigend (V. 4) oder ausdrücklich (V3bβ und 9aα) vorausgesetzt. Erst *Hermann Gunkel* zog aus dem Nachklappen der Notiz über das Spalten des Opferholzes den Schluß, daß es sich bei V. 3bβ wahrscheinlich um einen Nachtrag handele.[31] *Otto Procksch* hat den Satz dann unter Berufung auf *Sievers* hinter 3aα₁ gestellt, um so den vermeintlichen Schaden zu beheben.[32] *Gerhard von Rad* notiert ganz allgemein, daß die Erzählung in den V. 3-8 schleppend und umständlich ist, deutet das aber als Stilmittel, um den Leser auf das Quälende dieses Weges aufmerksam zu machen.[33] *Claus Westermann* löste das Problem elegant, indem er den Satz als eine Parenthese übersetzte, die auf eine vorausgehende Handlung zurückweist.[34] Dagegen hat *Christoph Levin* V. 3bβ wieder als einen an falscher Stelle eingeordneten Zusatz beurteilt.[35] Mit Sicherheit läßt sich diese Folgerung nicht ausschließen.[36] Doch bleibt die Möglichkeit zu erwägen, daß die nachklappende Stellung von V. 3bβ rhetorische Gründe hat.[37] Denn es fällt auf, daß auch Isaak in 3aγ entgegen der Rangordnung erst nach den Knechten und unmittelbar vor der Notiz über die Spaltung des Opferholzes erwähnt wird. Daher könnten beide Notizen nicht aus Nachlässigkeit, sondern bedacht an das Ende der Enumeration gestellt worden sein, um den düsteren Zweck der Wanderung zu unterstreichen.

Unter den Stilmitteln ist weiterhin die *Paronomasie* zu erwähnen, die in unserem Text gleich zweimal begegnet: So besteht eine paronomastische Beziehung zwischen dem Namen des Landes Morija („*Fürchtung Jah*[wes]") in V. 2aγ, in dem nach V. 2b die Opferstätte zu suchen ist, und der Feststellung in V. 12bα, daß Abraham *Gott fürchtend* ist. In V. 14b wird der Landes-

---

30 Genesis, KHC I, Freiburg i.Br. u.a. 1896, 164.
31 Genesis, HK I/1, 3. Aufl., Göttingen 1910, 237.
32 Die Genesis, KAT I, 2. und 3. Aufl., Leipzig und Erlangen 1924, 316.
33 Das erste Buch Mose. Genesis, ATD 2-4, 10. Aufl. = 12. Aufl., Göttingen 1976 = 1987, 191.
34 Genesis II: Gen 12-36. BK.AT I/2, Neukirchen-Vluyn 1981, 430; so auch O. Kaiser, Isaaks Opferung. Eine biblische Besinnung über einen schwierigen Text, HoLiKo. NF 10, 1992/93, Nr. 40, 428-441, hier 428.
35 Der Jahwist, FRLANT 157, Göttingen 1993, 176.
36 Neef, 56.
37 So auch Zimmer, Elohist, 116: „*ein Stilmittel der Redundanz zur Steigerung der Spannung*".

name paronomastisch und volksetymologisch mittels des lautlich überaus ähnlichen Verbs „*sehen*" als „*Jahwe erscheint*" gedeutet (vgl. יָרֵא, „*sich fürchten*" mit רָאָה, „*sehen*"). Darüber hinaus liegt in 14a und 14b ein Wortspiel mit dem Verb „*sehen*" vor.[38]

Weiterhin sei auch auf die *Anaphora* oder Wiederaufnahme für den Gang der Erzählung entscheidender Worte aufmerksam gemacht, wobei die Zwei- und die Dreizahl eine besondere Rolle spielt: zweimal ist vom Opferholz (V. 3bα und 6aα₁) und von Isaak als dem Burschen (V. 5aβ und 12aα) die Rede. Dreimal wird hervorgehoben, daß er der einzige Sohn Abrahams ist (V. 2aα; 13bβ und 16bβ), ebenso oft ist von „*seinen* (d.h.: Abrahams) *Burschen*" (V. 3a; 5aα₁ und 19aα) die Rede. Zweimal wird das Opferholz erwähnt (V. 3bα und 6aα), aber dreimal ist nur von den Hölzern die Rede (7bα; 9bβ und 9b). An der Spitze stehen der Häufigkeit ihrer Erwähnung nach gemäß ihrer sachlichen Bedeutung für die Handlung Abraham als die Zentralgestalt mit achtzehn,[39] die Rede von „*meinem/ deinem/ seinem Sohn*" mit zehn[40] und die von Isaak mit fünf Belegen,[41] so daß das zentrale Objekt 15mal erwähnt wird. Dann folgt bereits der zentrale Mittel der Handlung in Gestalt des *Brandopfers* mit sechs Belegen.[42]

Nicht übersehen werden darf die auffallende Rolle, welche die Verben אמר, „*sagen*" (15 + zweimal in V. 14 und 16),[43] לקח „*nehmen*" (6mal), הלך, „*gehen*" (7mal) und ראה, „*sehen*" (dreimal + zweimal V. 14) in unserem Text als Leitworte spielen: Schon diese Statistik zeigt, daß die Gespräche in dem Text eine dominierende Bedeutung besitzen und es weiterhin um Wege geht, die sich auf ein Nehmen und Sehen bzw. Ersehen beziehen. Das in den V. 1-13+19 nur einmal in V. 11aα begegnende ויקרא („*und er rief*") wird in V. 14a in der Bedeutung „und er nannte" und in V. 15a wieder in derselben wie in V. 11 aufgenommen.

Insgesamt erweist es sich, daß der freilich knappe V. 14 der in den V. 1-13+19 enthaltenen Grunderzählung sprachlich und stilistisch am nächsten steht, während sich die Entsprechungen in den V. 15-18 auf die Wiederaufnahmen von V. 11aα nebst dem β eröffnenden ויאמר in V. 15 + V. 16 erstes Wort und von 12bβ in V. 16bβ beschränken. Auffallend ist, daß in den V. 15-

---

38 Vgl. dazu auch Steins, Bindung, 107.
39 V. 1(bis).3aα.4a.5aα.6aα₁.7aα₁.8aα₁.10aα.11aββ(bis).13aα₁.14a.15a.19(bis); vgl. auch die Liste bei Neef, 47.
40 V. 2aα.3aγ.6aα.7aβ.8aβ.9bα.10b.12bβ.13bβ und 16bβ.
41 V. 2bα.3baα.6aα₁.9bβ.
42 V. 2bα.3bα.6aα₁.7bβ.8aβ.13bβ.
43 Daß es sich um ein für die elohistischen Texte typisches Leitwort handelt, merkt Zimmer, 134, an.

18 keine einzige Inversion, Enumeration oder Gemination begegnet.[44] Wir können daher feststellen, daß die zweite Rede des Engels sprachlich und stilistisch eine Sonderstellung gegenüber den V. 1-13+19 einnimmt.

Zur Abrundung des Bildes sei unter Wiederaufnahme teilweise bereits mitgeteilter Beobachtungen auf die Motivverknüpfungen hingewiesen, die den Text als ganzen zusammenhalten: Den Rahmen bieten die zwischen V. 1-2 und V. 12 bestehenden Beziehungen:[45] Der die Handlung einleitenden Notiz in V. 1aβ, daß Gott Abraham auf die Probe stellte, entspricht die Feststellung in V. 12bα, daß er ihn als gottesfürchtig erkannt hat, dem Befehl, seinen Sohn zu opfern, in V. 2bα, die andere in V. 12bβ, daß er ihn Gott nicht vorenthalten hat. Dem Opferbefehl in V. 2bα entspricht weiterhin ihre phraseologische Wiederaufnahme in V. 13b, die zu erkennen gibt, daß damit das Ziel der Erprobungsgeschichte erreicht ist. Die von Abraham in amphibolischer Weise geäußerten Voraussagen in V. 5b und 8b, daß er zusammen mit Isaak zu den Knechten zurückkehren und sich Gott ein Opfer ersehen werde, erfüllen sich in V. 13 und in V. 19 und gewinnen so nachträglich ihre Eindeutigkeit: In einem logisch nicht aufzulösenden Gegensatz zu seinem Gehorsam hofft Abraham wider alle Hoffnung und behält damit Recht. Wie wir oben bereits bemerkten, wird die ätiologische Notiz über die Benennung der Stätte durch Abraham in V. 14a mit einem Wortspiel mit V. 8a und in V. 14b mit einer volksetymologischen Paronomasie mit dem nun als Ortsnamen gedeuteten Landesnamen aus V. 2aγ verbunden.[46] Die Verheißung in den V. 15-18 aber wird in V. 15a durch die Wiederaufnahme der in b entsprechend erweiterten Einleitung der ersten Rede des Engels in V. 11a und der Begründung für die göttliche Beurteilung Abrahams aus V. 12bβ in V. 16bβ mit der Haupterzählung rückgekoppelt.[47]

Blicken wir zurück, so erkennen wir, daß sich der erste Eindruck, daß es sich bei der Erzählung von der Erprobung Abrahams und der Bindung Isaaks in Gen 22,1-13+19 um ein Meisterstück hebräischer Kunstprosa handelt, angesichts ihrer syntaktischen, stilistischen, semantischen und kompositionellen Eigenarten als begründet erwiesen hat. Ganz auf die Schürzung des Knotens und die Steigerung der Spannung im Handlungsverlauf bis zu seiner überraschenden Auflösung konzentriert, nimmt die Erzählung auf die Vollständigkeit und gegebenenfalls auch die sachliche Folgerichtigkeit ihrer Aufzählungen ebenso wenig Rücksicht wie auf die Örtlichkeiten. Wo und wann der Ruf

---

44 Die Wiederaufnahme von V. 16bβ in V. 18b erfolgt mit anderen Worten und besitzt in 26,5a ihre sich nur in der Verbform (3. statt 2. sing. masc. mit Abraham als Subjekt) unterscheidende Parallele.

45 Vgl. dazu auch Walter Brueggemann, Genesis, Interpr. Bib. Comm., Atlanta 1982, 187.

46 Vgl. oben, S. 203, und unten, S. 216.

Abraham Gottes traf, bleibt ebenso unberücksichtigt wie die Landschaft, durch welche die kleine Karawane und schließlich nur noch Vater und Sohn ziehen. Daß die letzte Wegstrecke auf den Berg führt, ergibt sich aus den Angaben in V. 2 und V. 4. Gottes Befehl, Abrahams unerschütterliche Gewißheit, daß Gott es nicht zum Letzten kommen lassen wird, obwohl er grundsätzlich und faktisch dazu bereit ist, den ihm erteilten Befehl auszuführen, stehen zusammen mit der ausdrücklichen Rücknahme des Befehls und der Bestätigung seiner Gottesfurcht in ihrem Mittelpunkt. Auch wenn die Erzählung dem für die Sage typischen Gesetz folgt, daß in jeder Szene nur zwei Personen im Mittelpunkt stehen, besitzt sie doch nicht die Eigenart einer Sage, sondern einer *theologisch konstruierten Erzählung in der Form eines Berichts.* Wir werden sehen, daß diese Gattungsbestimmung durch die Untersuchung der kontextuellen Beziehungen der Erzählung und der Erweiterungen bestätigt wird. Sie liefert zugleich zureichende Gründe für eine relative Datierung und als ganze ein triftiges Argument gegen die zählebige Hypothese, daß die überlieferte Geschichte eine überarbeitete Fassung einer alten Kultlegende darstellt. Sie hat (wie die nachfolgende Überprüfung des Befundes zeigt) in der Ätiologie für den Namen der Opferstätte eine angepaßte und in der Mitteilung der Verheißung in den V. 15-18 eine lose angepaßte Erweiterung erfahren.

4. Kontextuellen Beziehungen und Alter der Erzählung von der Erprobung Abrahams

Wir beginnen mit den offensichtlichen Beziehungen der Grunderzählung zu der mit ihr schon durch den Gebrauch des Gottesnamens, aber – wie sich zeigen wird – auch motivisch verbundenen und sachlich vorausgesetzten „elohistischen" Erzählung von der Austreibung Ismaels in Gen 21,8-21. Auf die *Erhard Blum* 1984, *Irmtraud Fischer* 1994 und *Georg Steins* 1999 und beschränkt auf die sachliche Seite *Otto Kaiser* 1993 aufmerksam gemacht haben: Schon ein oberflächlicher Vergleich zeigt,[48] daß die Einführung und Rede des Engels aus 21,17aα₂ in 22,11a aufgenommen ist: Dem „*Da rief der Engel Gottes zu Hagar vom Himmel*" in 21,aα₂ entspricht in 22,11a der Satz „*Da rief ihn der Engel Jahwes vom Himmel an.*"[49] Unterstellt man, daß die Abweichung in Gestalt der Rede vom Engel Jahwes erst eine Folge der Ein-

---

47 Vgl. oben, S. 203 und unten, S. 213-214.
48 Vgl. zum Folgenden Blum, Komposition, 314.
49 Vgl. auch Dtn 4,36.

fügung der zweiten Engelrede war, in der der Gottesname ihrem Inhalt gemäß erscheinen mußte, so war auch hier primär vom *Engel Gottes* die Rede.[50] Das 21,17b folgende „*und er sagte zu ihr ... fürchte dich nicht, denn*" besitzt in 12a mit seinen beiden Vetitiven und der folgenden mit בִּ, „denn", eingeleiteten Begründung jedenfalls eine strukturelle Entsprechung. Der Satz „*da machte sich Abraham früh auf*" in 22,3aα$_1$ wiederholt wörtlich 21,14aα$_1$. Thematisch geht es überdies in beiden Erzählungen um den Verlust eines Sohnes des Erzvaters, in 21,8-21 um den Ismaels, in 22,1-13.19 um den seines ihm verbliebenen und mithin einzigen[51] Sohnes Isaak, der zudem nach 21,12bβ zum Stammvater der Abrahamiden bestimmt ist.[52] Dieses Ergebnis hat auch *Irmtraud Fischer* in ihrer erneuten Untersuchung des zwischen den beiden Erzählungen bestehenden Verhältnisses bestätigt und zur Erklärung auf die beiden Möglichkeiten verwiesen, daß entweder beide in ihrer Grundschicht von demselben Verfasser stammen oder es sich bei einer von beiden um eine epigonenhafte und demgemäß späte Nachgestaltung handelt.[53]

Die ganz diesem Thema gewidmete Untersuchung von *Georg Steins* fügt den Entsprechungen noch zwei weitere verblüffende Parallelen in Gestalt des Handlungsgerüst in 21,3 und 22,2; 21,19 und 22,13 und der Abschlußnotizen in 21,21a und 22,19b hinzu.[54] Die Rede vom einzigen Sohn in c. 22 setzt mithin die Erzählung von der Verstoßung des Sohnes der Hagar in 21,8-21 voraus, die mit ihrer Verheißung, Gott werde ihren Sohn zu einem großen Volk machen, in V. 17b auffällig an den Schluß der Abraham für Ismael erteilten Verheißung in Gen 17,20bβ[55] anklingt und daher auch ihrerseits bereits ebenso nachpriesterlich ist wie es in Gen 22,13 der Fall ist, wo der Widder in Kenntnis der priesterlichen Opfergesetzgebung als Ersatz für den Sohn ausgewählt sein dürfte.[56]

Sucht man nach weiteren Parallelen zu Gen 22 in der Abrahamgeschichte, so finden sie sich zumal in Gen 12,1-8.[57] Dabei ist an erster Stelle die struktu-

---

50 Vgl. dazu auch Rudolf Kilian, Isaaks Opferung. Zur Überlieferungsgeschichte von Gen 22, SBS 44, Stuttgart 1970, 47.

51 Vgl. dazu auch oben S. 199 Anm. 1.

52 Vgl. dazu Kaiser, Isaaks Opferung, HoLiKo 10, 1992/93, 438-439.

53 Vgl. Irmtraud Fischer, Die Erzeltern Israels. Feministisch-theologische Studien zu Genesis 12-36, BZAW 222, Berlin und New York 1994, 333-337, vgl. bes. 335-336.

54 Steins, Bindung, 154-155.

55 Bei Gen 18,17-18 handelt es sich jedenfalls um eine späte Einfügung, die vermutlich mit Levin, Jahwist, 170, jünger als die Pentateuchredaktion ist, eine Zuweisung, die er 305 auch für 46,1b-5 vorschlägt.

56 Vgl. dazu oben, S. 202.

57 Vgl. Timo Veijola, Opfer, ZThK 85, 1988, 146 mit Anm. 67, und Christoph Levin, Der Jahwist, FRLANT 157, Göttingen 1993, 176, der 177 auch auf die Parallele zwischen den V. 11-13 und Ex 3,2-5*, die auch Steins, Bindung, 209-210 untersucht hat, und dem

relle und teilweise selbst wörtliche Verwandtschaft zwischen 12,1 und 22,1b-2 zu benennen: In beiden Fällen wird Abraham mit einem sonst nicht belegten לֶךְ־לְךָ („*mache dich auf*") befohlen, in ein Land bzw. zu einem Berg zu gehen, den Jahwe bzw. Gott ihm zeigen will.[58] In beiden Fällen macht sich Abraham kommentarlos auf den Weg.[59] Auch der Altarbau in 22,9aα₂ besitzt in 12,7b eine Parallele. Er errichtet ihn dort allerdings an der Stätte, an der ihm Jahwe nach V. 7a erschienen war und ihm die Landverheißung gegeben hatte.[60]

Fragen wir nach den Wurzeln für die Vorstellung, daß *Gott einen Einzelnen auf die Probe stellt*, so kommen wir zu dem Ergebnis, daß es sich bei dem direkt in Ps 26,2 und II Chr 32,21 und der Sache nach in den Satansszenen in Hiob 1 und 2[61] begegnenden Thema um eine Abwandlung des deuteronomistischen von der Prüfung Israels durch Jahwe in der Wüstenzeit handelt.[62] Schon *John Van Seters* wies in diesem Zusammenhang auf Dtn 8 hin,[63] und *Georg Steins* hat die Anregung aufgenommen und darauf hingewiesen, daß wir hier in den V. 2-6 die aus unserer Geschichte bekannten Motive der Erprobung des Gehorsams gegen Gottes Gebote, seiner Erkenntnis des Partners (V. 2b) und dessen Gottesfurcht wiederfinden, die sich im Halten seiner Gebote bewährt (V. 6).[64] *Georg Braulik* hat diese Verse als „*eine Theologie der Wüste als Lehrstück über göttliche Erziehung in der Form eines Schemas der Beweisführung*"[65] bezeichnet und das Kapitel als solches

---

wir hier in seiner Analyse der Beziehungen zwischen Gen 12,1-7 und der vorliegenden Erzählung auf den S. 137-141 folgen.

58 Steins, Bindung, 139, vgl. Kundert, Opferung, 35.

59 Zu den Beziehungen zwischen der Verheißung in Gen 12-13 und 22,15-18 vgl. unten, S. 215.

60 Vgl. Steins, Bindung, 137-141.

61 Vgl. Brueggemann, Genesis, 189, und Blum, Komposition, 329. Die Berührungspunkte in Hiob 1 und 2 gehen auf den Majestäts- und Gerechtigkeitsbearbeiter zurück, der primär selbständig überlieferte Erzählung mit der Dialogdichtung verbunden hat; vgl. dazu Wolf-Dieter Syring, Hiob und sein Anwalt. Die Prosatexte des Hiobbuches und ihre Rolle in seiner Redaktions- und Rezeptionsgeschichte, Diss. Marburg 1998, 44-85 und 128 und zur Eigenart und Datierung der Redaktion im ausgehenden 3. Jh. v. Chr. Markus Witte, Vom Leiden zur Lehre. Der dritte Redegang (Hiob 21-27) und die Redaktionsgeschichte des Hiobbuches, BZAW 230, Berlin und New York 1994, vgl. bes. 205-215.

62 Vgl. dazu Blum, Komposition, 320, und Zimmer, 237-241, und außer dem sogleich gewürdigten Beleg Dtn 8,2-6 auch z.B. Ex 15,25; 16,4; 20,20; Dtn 13,4; 33,8 und dazu den als Materialsammlung brauchbaren, in seinen literarkritischen Urteilen aber durch den Gang der Forschung überholten Beitrag von Lothar Ruppert, Das Motiv der Versuchung durch Gott in vordeuteronomistischer Tradition, VT 22, 1983, 13-22, und weiterhin F.J. Helfmeyers einschlägigen Art. in: ThWAT V, 1986, 473-487, bes. III.2, 480-487.

63 John Van Seters, Abraham in History and Tradition, New Haven, Conn., und London 1975, 239.

64 186-190.

65 Georg Braulik, Deuteronomium 1-16,17, NEB, Würzburg 1986, 68.

in die spätere Exilszeit datiert.[66] Es darf aber nicht übersehen werden, daß zwischen der Rede von der Furcht Gottes in 20,11 und 22,12 eine sachliche Beziehung besteht: Was dort über den fremden König gesagt wird, wird hier von Abraham bezeugt.[67] Daß die Furcht Gottes zu den charakteristischen Motiven der sog. elohistischen Texte des Pentateuchs gehört, hat *Hans-Christoph Schmitt* noch einmal ins Gedächtnis gerufen und dafür zwischen Gen 20,11 und Ex 20,20 acht Belege angeführt.[68] Weiterhin hat er richtig beobachtet, daß auch die für diese Texte charakteristische Rede von Gott statt von Jahwe Folge eines weisheitlichen Einflusses ist.[69]

In Gen 22,12 verbinden sich offensichtlich die weisheitliche Vorstellung von der Furcht Gottes bzw. Jahwes mit der speziellen deuteronomistischen, nach der sie sich im Halten seiner Gebote erweist.[70] Zu den weisheitlichen Motiven gehört auch das von der *göttlichen Providenz*, das in V. 8a in der Voraussage „*Gott wird sich ein Schaf für das Brandopfer(er)sehen!*" vorliegt (wahrscheinlich in V. 14a aufgenommen wird) und sich in V. 13 bestätigt. Am eindeutigsten ist es in den jedenfalls nachexilischen weisheitlich beeinflußten Psalmen 104,27-30 und 145,15-19 entfaltet, findet aber auch in der zur Erzählung von Davids Aufstieg gehörenden Geschichte von seiner Salbung in I Sam 16,1-13 ihre Entsprechung,[71] die jedenfalls zu den sekundären Einschaltungen an der Nahtstelle zwischen Saul und der David-Saulerzählung gehört und eher nach- als vordeuteronomistisch ist.[72] Erst unter stoischem Einfluß hat sie bei Jesus Sirach eine apologetische Funktion zur Verteidigung der Güte der Schöpfung Gottes und seiner Gerechtigkeit erhalten.[73]

---

66 Braulik, 67.
67 Zimmer, 125. Die von ihm 236-237 betonte Differenz zwischen dem elohistischen und dem deuteronomisch-deuteronomistischen Verständnis relativiert sich m.E. jedoch im Blick auf 22,12, weil sich Gottes Befehl in Analogie zu Gottes Gebot setzen läßt.
68 Schmitt, Theologie in Prophetie und Pentateuch, BZAW 310, Berlin und New York 2001, 116: Gen 20,11; 22,12; 42,18; Ex 1,17.21; 18,21 und 20,20.
69 Schmitt, 124-125; zu den weisheitlichen Belegen vgl. ausführlich Joachim Becker, Gottesfurcht im Alten Testament, AnBib 25, Rom 1965, 210-261.
70 Vgl. auch Dtn 6,24; 10,12; 13,5; 28,58, vgl. 31,13 und weiterhin 14,23 und 17,19.
71 Vgl. dazu auch Brueggemann, Genesis, 192.
72 Vgl. Julius Wellhausen, in: Friedrich Bleek, Einleitung in das Alte Testament, 4. Aufl., hg. von Johannes Bleek und Adolf Kamphausen, Berlin 1878, 216-217 = ders., Die Composition des Hexateuchs, 4. Aufl., Berlin 1963, 247-248. Ob sie als vor- oder nachdeuteronomistisch zu beurteilen ist, bleibt umstritten; vgl. z.B. Peter Mommer, Samuel. Geschichte und Überlieferung, WMANT 65, Neukirchen-Vluyn 1991, 176-186, mit John Van Seters, In Search of History. Historiography in the Ancient World and the Origins of Biblical History, New Haven, Conn. und London 1983, 260-263.
73 Vgl. dazu O. Kaiser, Die Rezeption der stoischen Providenz bei Ben Sira, JNSL 24/1 1998, 41-54 = unten S. 293-303, und jetzt bes. Ursel Wicke-Reuter, Göttliche Providenz und menschliche Verantwortung bei Ben Sira und in der Frühen Stoa, BZAW 298, Berlin und New York 2000, 275-285.

Erinnern wir uns daran, daß dem Erzähler auch die priesterliche Opfergesetzgebung bekannt ist und er sich vielfach von Gen 21,8-21 anregen ließ, so
brauchen wir nur noch das Urteil von *Ernst Axel Knauf* über diesen Text zu
berücksichtigen, um vollends sicher zu sein, daß unsere so eindrucksvolle
Geschichte ein Spätling unter den Erzählungen des Pentateuchs ist. Denn
Knauf hat nachgewiesen, daß es sich bei dieser Erzählung von der Austreibung der Hagar keinesfalls um eine Variante einer alten Erzähltradition, sondern um eine literarische Neubearbeitung des Textes von Gen 16 mit seinen
jahwistischen und priesterlichen Bestandteilen handelt, die geradezu als Mi-
drasch über ihn bezeichnet werden könne und nicht vor dem 4. Jahrhundert v.
Chr. anzusetzen sei.[74] Erweist sich Gen 22 als von Gen 21,8-21 abhängig, so
kann sie ihrerseits keinesfalls früher angesetzt werden, sondern gehört mit
der von ihr selbst vorausgesetzten Verbindung zwischen spätdeuteronomisti-
schen, priesterlichen und weisheitlichen Traditionen in den Umkreis der Tra-
ditionsmischung, wie sie für die Pentateuchredaktionen typisch zu sein
scheint.[75] Abgesehen von ihrem in Aufbau und Durchführung erfolgten
Rückgriff auf andere biblische Texte enthält sie keine ältere Überlieferung
von einem Kinderopfer, sondern es handelt sich bei ihr um ein Stück narrati-
ver Theologie.[76]

5. Die ältesten Auslegungen in V. 15-18 und V. 14

Nachdem wir wiederholt zu erkennen gegeben haben, daß wir die V. 14 und
15-18 für nachträgliche Ergänzungen halten, ist es jetzt an der Zeit, dies
sachlich zu begründen. Wir setzen dabei der vermutlichen Abfolge entsprechend bei der Verheißungsrede in den V. 15-18 ein. Es sind drei Gründe, die
wohl noch immer die Mehrheit der Exegeten dazu veranlassen, die zweite
Rede des Engels Jahwes als Nachtrag zu bezeichnen: 1.) wird sie mittels einer durch die Einfügung eines „zum zweiten Mal"[77] erweiterten Wiederholung der Einführung der ersten Rede des Engels aus V. 11 und 12 (erstes

---

74 Ernst Axel Knauf, Ismael. Untersuchungen zur Geschichte Palästinas und Nordarabiens
    im 1. Jahrtausend V. Chr., ADPV, 2. Aufl, Wiesbaden 1989, 16-25.
75 Zum Stand der Diskussion vgl. Eckart Otto, Forschungen zum nachpriesterlichen Penta-
    teuch, ThR 67, 2002, 125-155, und zu unserem Text auch Frank Zimmer, Elohist, 300,
    der den Elohisten mit dem Pentateuchredaktor gleichsetzt.
76 Vgl. auch Veijola, Opfer, ZThK 85, 1988, 156-157.
77 Vgl. dazu mit Zimmer, 131, Jer 1,13; 13,3; 33,1; Jona 3,1 und Hag 2,20.

Wort) durch V. 15 und 16 (erstes Wort) eingeleitet; 2.) wiederholt sie als Begründung in V. 16bβ einfach die aus V. 12bβ; 3.) legt sie die Worte im Gegensatz zur der ersten nicht Gott, sondern Jahwe in den Mund; 4.) bedient sie sich zur Legitimation des Gottesschwures gleich zu Beginn in V. 16aα₁ der prophetische Gottesspruchformel יהוה נאם, sonst im ganzen Pentateuch nur noch in Num 14,28 und mit Bileam als Sprecher in Num 24,3-4.15-16; 5.) kommt die Verheißung hinter dem in V. 13 erreichten Ziel der Erzählung zu spät;[78] 6.) leitet sie die Begründung in V. 16bα mit der deuteronomistischen Formel אשר יען ein;[79] 7.) nehmen die V. 15-18 (wie wir oben gezeigt haben) eine stilistisch Sonderstellung ein, und 8.) erweisen sie sich als Teil eines eigentümlich verwobenen Netzes theologischer Leittexte und Nachinterpretationen. Dies alles spricht dafür, daß es sich bei ihnen um die älteste Kommentierung der Erzählung handelt.[80]

Die Verheißungsrede besteht aus der durch die Gottes-Spruchformel verstärkten Gottes-Schwurformel in V. 16a als der stärksten Form der Versicherung.[81] An sie schließen sich in V. 16b die V. 12b entnommene Begründung und in V. 17a eine Segens- und eine Mehrungsverheißung an, die durch den Vergleich mit den Sternen des Himmels und dem Sand am Strand des Meeres ausgestaltet sind. Dann folgen in V. 17b die Zusage, daß sein Same die Tore der Feinde besitzen werde, und in V. 18a die Verheißung, daß alle Völker durch seinen Samen gesegnet werden/sich mit seinem Samen segnen, was in V. 18b mit dem Gehorsam Abrahams begründet wird. Auf den Abraham in V. 16-18 gegebenen Schwur greift unter Einbeziehung der Landverheißung und Auslassung des Vergleichs mit dem Sand die Erweiterung der Isaak-Verheißung in Gen 26,3b-5 zurück. Nur die Landverheißung nimmt dann die Erinnerung an den von Gott den drei Erzvätern gegebenen Schwur in Josefs letzten, an seine Brüder gerichteten Worte in 50,24 auf. Die Verbindung der Segens- mit der Mehrungs-Verheißung in V. 17a geht auf Gen 1,28 und 17,20 zurück. Eingeleitet durch die Beruhigungsformel und Beistandszusage wird sie ohne jeden Vergleich in Gen 26,24 anläßlich der nächtlichen Erscheinung Jahwes in Beer Seba wiederholt. Der Vergleich mit den Sternen des Himmels wird in 15,5 erzählerisch entfaltet, der mit dem *„Sand, der am Rand des Meeres* (liegt)" erscheint in der Form eines *status constructus* in

---

78 Vgl. z.B. John A. Emerton, The Origin of the Promises to the Patriarchs in the Old Sources, VT 32, 1982, 14-32, bes. 18, der sich hier mit der in sich gebrochenen Argumentation von Van Seters, Abraham, 238-293, zugunsten ihrer Ursprünglichkeit auseinandersetzt.

79 Vgl. dazu die Nachweise bei Zimmer, Elohist, 131 mit Anm. 124.

80 Vgl. R.W.L. Moberly, The Earliest Commentary on the Akedah, VT 28, 1978, 302-323.

81 Vgl. Jes 22,5; 41,13, vgl. 45,23.

32,13 und in Hos 2,1 mit dem Zusatz, daß man ihn weder zählen noch messen kann.[82] Seine sprichwörtliche Verwendung geht z.B. aus Gen 41,49 und Jes 10,22 hervor. Ihm entspricht der Vergleich mit dem Staub der Erde in der Nachkommenverheißung in Gen 13,16 und 28,14aα, die beide Teile der sekundären Verheißung in 13,14aβ-16[83] und der tertiären in 28,14 sind. Dieser Vergleich ist, wenn schon nicht sprichwörtlich, so doch formelhaft (vgl. z.B. Ex 8,12; Jes 40,12; Am 2,7). Die Verheißung in V. 18b , daß Abrahams Same das Tore seiner Feinde in Besitz nehmen werde, besitzt ihre Entsprechung in dem Segen, den die Angehörigen Gen 24,46 Rebekka mit auf den Weg zu ihrem Bräutigam Isaak geben.

Die Zusage in V. 18, daß die Völker durch Abrahams Samen gesegnet werden sollen/sich mit ihm segnen werden, besitzt ihr Vorbild in Gen 12,3b[84] und weiterhin ihre Aufnahmen in 28,14. Sollte sie in 18b durch Dtn 13,18-19 angeregt sein,[85] so hätte der Verfasser die ganze Rahmung der Verheißung durch den Schwur und die Begründung für Gottes Huld als Antwort auf den Gehorsam das Patriarchen von dort entnommen und den dort den Gegenstand des Schwurs bildenden Landbesitz durch die Nachkommenschaft ersetzt.[86] Erwähnung verdient aber auch noch die Verheißung in Gen 18,18-19, die Jahwe in V. 19 damit begründet, daß er Abraham erkannt (und d.h. hier: erkoren) hat, seinen Nachfahren zu befehlen, Jahwes Wege zu halten und Recht und Gerechtigkeit zu üben. So zeigt der Rückblick, daß die Verheißungen in Gen 18,18-19; 22,15-18 und 26,24 jeweils Verheißung und Gesetz zusammenbinden.[87] Insgesamt ist dem Urteil von Frank Zimmer zuzustimmen, daß es sich in Gen 22,15-18 *„um eine jüngere Kombination verschiedener Verheißungselemente aus anderen Texten handelt, wobei die Abhängigkeit von dtr Terminologie kaum bestritten werden kann.“*[88] Es handelt sich in diesen Versen um die letzte Rede, die Jahwe bzw. Gott an Abraham richtet. Sie faßt die Summe seiner Bedeutung als Ahnherr Israels bündig zusammen und macht ihn so nicht nur zum Urbild und Paradigma des gesetzestreuen Frommen, sondern auch zum Garanten der künftigen Erlösung Israels.[89] Oder um es mit *Matthias Köckert* zusagen, bekommt *„der Gehorsam Abrahams ... hier*

---

82 Vgl. auch Jes 10,22.
83 Vgl. Emerton, 18-20.
84 Auf die selbständige Aufnahme und Verarbeitung der Motive aus Gen 12,1-3.6 macht Steins, Bindung, 143-144, aufmerksam.
85 Vgl. z.B. auch Dtn 26,17; 28,1; 30,4 sowie 4,30 und 30,2.
86 Matthias Köckert, Vätergott und Väterverheißungen, FRLANT 142, Göttingen 1988, 219 mit Anm. 272.
87 Bequem abzulesen bei Köckert, 172.
88 Elohist, 132.
89 Moberly, 321.

geradezu stellvertretende Kraft und ... heilschaffende Wirkung für seine Nachfahren."[90]

Auch die nur einen Vers umfassende Einschaltung von V. 14 ist von erheblicher theologischer Bedeutung. Ihr sekundärer Charakter ergibt sich aus ihrem Gebrauch des Gottesnamens und ihrem erneuten Rückgriff auf V. 8a, der eigentlich V. 13 vorarbeitet: Abraham nennt die Opferstätte jetzt *„Es ist Jahwe, der (er)sieht!"* und bekennt sich damit scheinbar nur zu göttlichen Vorsehung.[91] Aber der V. 14b[92] deckt auf, daß diese Deutung zu kurz greift: Es geht um die Erwählung der Stätte, die der dank seiner verdoppelten Inversion nicht leicht zu durchschauende Nachsatz als den gegenwärtigen Ort seines Erscheinens identifiziert. Das aber ist kein anderer als der Zion; denn er ist nach Dtn 12,11-18 die Stätte, an der Jahwe kraft seiner Erwählung ausschließlich geopfert werden darf.[93] Der Schriftgelehrte hat den Namen Morija in V. 2aγ paronomastisch als Ort der Erscheinung Jahwes gedeutet. Das Land der Gottesfurcht ist mithin Juda und der Ort der Gotteserscheinung Jerusalem: Dorthin hat Jahwe den Erzvater gewiesen, damit er als Urbild und Beispiel Israels sein Opfer an der künftig einzig legitimen Stätte darbrächte. Der Ergänzer hat dabei in Kauf genommen, daß der Landesname zum Ortsnamen wurde. Als solchen hat ihn der Chronist verstanden, dem wir die älteste Bezeugung unserer Auslegung verdanken, daß die Opferstätte Abrahams mit dem Jerusalemer Tempelplatz und der Stätte seines Brandopferaltars identisch ist,[94] indem er Salomo den Tempel in II Chr 3,1 auf dem Berge Morija und der Stätte des Auraunas[95] errichten läßt. Auf eine absolute zeitliche und literargeschichtliche Einordnung der beiden ältesten Kommentare zu der Erzählung von Isaaks Bindung wird hier angesichts der noch offenen Diskussion über die Schlußphase der Pentateuchredaktionen verzichtet.[96] Da die Er-

---

90 Köckert, 317.

91 Zur hier vorliegenden Mischform der Ätiologie vgl. Van Seters, Abraham, 231-232.

92 Mit Blum, Komposition, 324-325, dürfte der Vers aus einem Guß sein; vgl. aber die zahlreichen Stimmen, die V. 14b für einen Zusatz halten wie z.B. Hermann Gunkel. Genesis, HK I/ 1, 3. neubarb. Aufl., Göttingen 1910, 239; John Skinner, Genesis, ICC, 2nd ed., Edinburgh 1930, 330-331, und zuletzt Zimmer, EHS XXIII/656, 1999, 121, der allerdings in V. 14a Elohim herstellt und schon V. 2aγ als Einschub beurteilt, V. 14a aber wegen seiner Beziehung zu V. 8 zum Grundtext rechnet.

93 Vgl. dazu Eleonore Reuter, Kultzentralisation. Entstehung und Theologie von Dtn 12, BBB 87, Frankfurt a.M. 1993, 105-106, und bes. Martin Keller, Untersuchungen zur deuteronomischen und zur deuteronomistischen Namenstheologie, BBB 105, Weinheim 1996, 32-34.

94 Vgl. dazu Sara Japhet, I & II Chronik, OTL, London 1993, 551.

95 Vgl. I Chr 21,1-22,1 und II Sam 24,24-25.

96 Grundsätzlich hat Jacob Hoftijzer, Die Verheißungen an die drei Erzväter, Leiden 1956, 30, richtig geurteilt, daß nur die Verheißungen El Schaddajs in den priesterlichen Texten von vornherein in ihren Kontext eingebunden waren, die anderen, von ihm um Gen 15 gruppierten, aber in ihrem Kontext traditionsgeschichtlich sekundär sind. Zur literari-

zählung nicht vor dem ausgehenden 5. oder frühen 4. Jh. v. Chr. entstanden sein dürfte, könnte die Verheißungsrede von der Hand des Mannes stammen, der die elohistischen Erzählungen Gen 20-22* in ihren jetzigen Zusammenhang eingefügt hat. Die kleine Ätiologie für den Opferort aber dürfte gemäß ihrer Parallele in II Chr 3,1 im Umfeld des Chronisten entstanden und entsprechend später zu datieren sein.

6. Zu den Rekonstruktionsversuchen älterer Vorläufer und Kurzfassungen der Erzählung

Demgemäß sollte man alle Versuche aufgeben, hinter der vorliegenden Fassung von Gen 22 eine ältere zu rekonstruieren oder zu postulieren, die entweder die Erinnerung an ein vorgeschichtliches Ereignis oder eine entsprechende Kultätiologie bewahrt hätte, wie es in den späten 60er und 70er Jahren des letzten Jahrhunderts einerseits *Henning Graf Reventlow*[97] und anderseits *Rudolf Kilian*[98] und *Diethelm Michel*[99] noch einmal nachzuweisen versucht haben. Sie knüpften damit an *Hermann Gunkel* an, der vorgeschlagen hat, die theologische Erzählung als Umgestaltung einer älteren ätiologischen Sage eines Kultortes Jeruel zu beurteilen, die den Zweck besessen hätte, die Auslösung des Knabenopfers durch das eines Widders an dem

---

schen Einheitlichkeit von Gen 15 selbst vgl. John Ha, Genesis 15. A Theological Compendium of Pentateuchal History, BZAW 181, Berlin und New York 1989, dessen exilische Ansetzung inzwischen jedoch der Korrektur bedarf.

97 Henning Graf Reventlow, Opfere deinen Sohn. Eine Auslegung von Genesis 22, BSt 53, Neukirchen-Vluyn 1976, 21-65, bes. 52-65.

98 Rudolf Kilian, Isaaks Opferung, 1970, 68-123, vgl. ders., Isaaks Opferung. Die Sicht der historisch-kritischen Exegese, BiKi 41, 1986, 98-104, bes. 99-101 = ders. Studien zu alttestamentlichen Texten und Situationen, hg. V. Wolfgang Werner und Jürgen Werlitz, SBAB 28, Stuttgart 1999, 199-210, bes. 202-205, zustimmend dazu Hans-Christoph Schmitt, Erzählung, BN 34, 1986, 82-109, zit. nach ders., Theologie, BZAW 310, 2001, 108-188, bes. 121-122; mit einer älteren Fassung rechnet auch Claus Westermann, BK.AT I/2, 1981, 434, und verhalten zuletzt Horst Seebaß, Genesis II: Vätergeschichte, Neukirchen-Vluyn 1997, 197 und bes. 208, vgl. auch Hans-Peter Müller, Genesis 22 und das *mlk*-Opfer. Erinnerung an einen religionsgeschichtlichen Tatbestand, BZ NF 41, 1997, 237-246, hier 244. Zur ausführlichen Kritik an Reventlow und Kilian vgl. John Van Seters, Abraham, 1975, 227-240, und Blum, Komposition, 320-321 mit der Anm. 53, und zur Sache gleichsinnig auch T. Veijola, Opfer, ZThK 85, 1988, 156-157 und Zimmer, Elohist, 1999, 124.

99 Diethelm Michel, Überlieferung und Deutung in der Erzählung von Isaaks Opferung (Gen 22), in: Peter von der Osten-Sacken, Hg., Treue zur Tora. FS Günter Harder, Berlin 1977, 13-16, zitiert nach ders., Studien zur Überlieferungsgeschichte alttestamentlicher Texte, ThB 93, Gütersloh 1997, 89-92, bes. 89-90.

Heiligtum von Jeruel zu legitimieren.[100] Doch mehr, als daß der Erzähler der vorliegenden Geschichte davon überzeugt ist, daß Jahwe kein derartiges Opfer will, läßt sich in dieser Hinsicht dem Text nicht entnehmen. Er läßt denn Abraham auch trotz des gegenteiligen Befehls Gottes sowohl den Burschen in V. 5 wie seinem Sohn in V. 8b eine Auskunft bzw. Antwort geben, die zeigt, daß er darauf vertraut, daß Gott es trotz seiner Forderung und Abrahams fraglosem Gehorsam schließlich nicht zulassen wird, daß Isaak geschlachtet wird.[101]

Es müssen jedoch noch die beiden, sich teilweise überschneidenden Versuche von *Lukas Kundert* (1998) und Omri Boehm (2002) besprochen werden, die beide, wenn auch in unterschiedlicher Weise für einen ältere und knappere Grundform der Erzählung eingetreten sind. *Kundert* setzt bei dem Subjektwechsel in den V. 1-2 und V. 11-12 und der Nichterwähnung Isaaks in V. 19a ein: Daraus schließt er, daß die Grunderzählung lediglich die V. 1-10+19 umfaßt und von der tatsächlichen Schlachtung Isaaks durch Abraham berichtet habe. Die V. 11-13 stammten dagegen erst von einem Bearbeiter, so daß die Rede des Engels Jahwes die Handlung unterbricht und korrigiert. Dann wären, worüber noch zu befinden ist, die V. 14 und 15-18 in zwei weiteren redaktionellen Schritten eingefügt, wobei die letzte die Geschichte zugleich in den Abraham-Zyklus eingefügt hätte.[102] Überprüft man die so abgegrenzte Kurzfassung der Erzählung, so müßte sie um eine in V. 10 fehlende Notiz vom tatsächlichen Vollzug des Opfers ergänzt werden, deren Streichung sich unschwer als ein Erfordernis der die V. 11-13 einfügenden Bearbeitung erklären ließe. Aber gegen diesen Versuch sprechen einerseits, daß dann die auf V. 13 bzw. V. 19a verweisenden Vorsignale in den V. 5b und 8b in der Luft hängen, und andererseits die Querverbindungen von V. 1-3 zu Gen 21,8-21 und zu Gen 12,1; denn sie erlauben es nicht, den Text soweit zurückzudatieren, daß eine Erzählung von Abrahams tatsächlich durchgeführtem Kinderopfer noch glaubhaft erscheint.

Inzwischen hat *Omri Boehm* diesen Vorschlag dahingehend abgewandelt und aus der unterstellten Grunderzählung in den V. 1-13+19 nur noch die erste Engelrede in den V. 11-12 ausgegliedert, die er auf denselben Verfasser wie die V. 15-18 zurückführt.[103] So kommt er zu dem Ergebnis, Abraham habe sich dem Befehl Gottes widersetzt, indem er seinen Sohn eigenmächtig

---

100 Hermann Gunkel, Genesis, 1910, 240-242.
101 Vgl. dazu auch Blum, Komposition, 327-328.
102 Kundert, Opferung, 31-32. Daß der Schwerpunkt der Arbeit auf der Rezeptionsgeschichte liegt und mit diesen Bemerkungen als ganze keineswegs abgewertet werden soll, sei ausdrücklich angemerkt.
103 Omri Boehm, The Bindung of Isaac: An Inner-Biblical Polemic on the Question of „Disobeying" a Manifestly Illegal Order, VT 52, 2002, 1-12.

verschonte und statt dessen den Widder schlachtete. Die so gewonnene Grunderzählung sei ein Beispiel innerbiblische Polemik und fordere dazu auf, offensichtlich widerrechtlichen Befehlen den Gehorsam zu verweigern.[104] Immanuel Kants Kritik an der überlieferten Erzählung wäre – so fügen wir hinzu – gleichsam bereits von dem ursprünglichen Erzähler befolgt worden: Stellt eine Stimme den Anspruch im Namen Gottes zu reden, so muß sie sich die Überprüfung am Sittengesetz gefallen lassen.[105] Boehm erklärt nicht weiter, was er unter einer „*illegal order*" versteht.[106] Vermutlich denkt er an den Widerspruch von Gen 22,2 zu Ex 34,20b. Doch ist es in der Zeit um 400 v. Chr. noch denkbar, daß ein Erzähler Gott Abraham absichtlich einen der Tora widersprechenden Befehl erteilen läßt, um seinen Gehorsam zu testen, ohne im weiteren Verlauf in irgendeiner Weise Zustimmung zu Abrahams Handlungsweise zum Ausdruck zu bringen? Zudem sagt Abraham in V. 8b nicht voraus, daß er, sondern daß Gott sich ein Schaf ersehen werde, und daher wäre es selbst in dieser Kurzfassung Gott, der durch seine Vorsehung die Lösung ermöglichte. So bezeugt auch dieser geistvolle Versuch die Schwierigkeit, dieser wohl ausbalancierten und zugleich gebrechlichen Erzählung mit Kürzungen aufzuhelfen. Daß es sich im Fall von V. 14 und 15-18 anders verhält, haben wir oben bereits ausführlich erörtert.

7. Die Bindung Isaaks und das Knabenopfer

Doch mit der Zurückweisung der Versuche, die in den V. 1-13+19 vorliegende Erzählung als Nachklang einer alten ätiologischen Sage zu betrachten oder in ihr einen archaischen oder polemischen Grundtext zu entdecken, ist die Frage nicht beantwortet, warum sie gerade das in Israel verpönte Knabenopfer als Mittel der göttlichen Versuchung ausgesucht hat. Die Auslegung hat ihr Ziel nicht erreicht, solange sie den konkreten Fall nicht auf einleuchtende Weise in die Deutung einzubeziehen vermag.

Daher ist ein Rundblick über die Ausübung des Kinderopfers in der Umwelt Israels angebracht und das bedeutet angesichts der Quellenlage zumal bei den Phöniziern und Puniern. Anschließend muß es sich zeigen, ob und wie sich die alttestamentlichen Hinweise auf ein derartiges Opfer in diesen Zu-

---

104 Boehm, 3.
105 Vgl. dazu oben, S. 204 Anm. 16.
106 Boehm, 3.

sammenhang einordnen lassen, und schließlich, welche Rechtslage die Erzählung in dieser Beziehung voraussetzt.

Daß das Kinderopfer bei den *Phöniziern* in älteren Zeiten und bei den *Puniern* bis in die römische Kaiserzeit hinein ausgeübt wurde, ist zumal für den punischen Bereich sowohl archäologisch wie durch Grabinschriften und antike, den Puniern nicht gerade wohl gesonnene Nachrichten belegt. Aus ihnen läßt sich entnehmen, daß das Knabenopfer bei den Punier seit dem 6. Jh. v. Chr. allmählich und in der Spätzeit dominierend durch das Opfer eines Lammes ersetzt worden ist.[107] Allerdings ist es im ausgehenden 4. Jh. v. Chr. in Karthago noch zu einer Massenopferung gekommen. Als der Tyrann von Syrakus Agathokles Karthago 310 belagerte,[108] sollen nach dem Zeugnis Diodors zweihundert Jünglinge aus den vornehmsten Familien der Stadt geopfert worden sein. Außerdem seien weitere 300 geschlachtet worden, die zuvor entweder durch ein unterschobenes Kind ausgelöst worden waren oder sich freiwillig zur Hingabe ihres Lebens bereit erklärt hätten, um den sich in der Bedrängnis der Stadt erweisenden Zorn des Kronos (Baal Hamon) zu besänftigen (Diod. XX.14.4-7). Daß es in Tyros damals bereits seit längerer Zeit nicht mehr dargebracht wurde, weiß der römische Alexander-Historiker *Q. Curtius Rufus:*zu berichten: Nach ihm sollen sich in der Inselfeste während der Belagerung durch Alexander den Großen im Jahre 332 Stimmen erhoben haben, die vergeblich für die Wiederaufnahme des seit vielen Jahren unterbrochenen Opfer eines einheimischen Knaben eintraten. Selbst die äußerste Notlage der Stadt vermochte es nicht, die Tyrer dazu zu bewegen, diese Opferpraxis wieder aufzunehmen (Curt. IV. 3.23)[109] Daß das Knabenopfer auch in der östlichen Nachbarschaft Israels in der frühen Königszeit vollzogen werden konnte, belegt die isolierte Nachricht in II Reg 3,27. Nach ihr

---

107 Vgl. dazu O. Kaiser, Salammbo, Moloch und das Tophet. Erwägungen zum Kinderopfer der Karthager, in: Nordafrika. Antike. Christentum. Islam, Die Karawane 19, Ludwigsburg 1978, 1/2, 3-22 mit Anm. S. 130-133, bes. S. 14-21; den Überblick über das punische Pantheon und die Kinderopfer bei Werner Huss, Geschichte der Karthager, HAW III/8, München 1985, 510-540, bes. 531-540, bzw. die bei Hans-Peter Müller, Genesis 22, BZNF 41, 1997, 238-244, und John Day Molech. A God of Human Sacrifice in the Old Testament, UCOP 41, Cambridge 1989 mit den 86-91 zusammengestellten antiken Nachrichten über das Kinderopfer bei den Phöniziern und Puniern.

108 Vgl. dazu ausführlich Huss, Geschichte, 183-203 und bes. 187-188.

109 Da Herodot VIII.114 berichtet, daß die Gemahlin des Xerxes Amestris als Gegengabe an den Gott für sich zweimal sieben Knaben an den Gott lebend begraben ließ, scheint es in der Achämenidenzeit bei den Persern ein unblutiges Knabenopfer zur Besänftigung der Unterirdischen gegeben zu haben; vgl. dazu Geo Widengren. Die Religionen Irans, RM 14, Stuttgart 1965, 130-131. Die Verbrennung von Opfertieren wurde von ihnen als Entweihung des reinen Feuers abgelehnt, Hdt I.131-132, vgl. auch Widengren, 125. Vermutlich hat einer der Perserkönige den Tyrern das Kinderopfer verboten. Denn daß sie es verabscheuten, geht jedenfalls aus der Nachricht bei Pom.Trog. (Justin) XIX.1.10 hervor, nach der Dareios I. den Puniern das Menschenopfer verboten haben soll.

hätte der im zweiten Drittel des 9. Jh. v. Chr. regierende König Mescha von
Moab angesichts der Belagerung seiner Hauptstadt durch ein israelitisch-
judäisches Heer zur Abwendung der höchsten Not seinen Erstgeborenen geopfert.[110]

Es fällt schwer, bei den alttestamentlichen Belegen für das Knabenopfer,
das in Jerusalem seit dem letzten Drittel des 8. Jh. im Tal Hinnom dargebracht worden sein soll, zwischen Tendenz und Realität zu unterscheiden[111].
Überdies ist es umstritten, ob sich diese Nachrichten und die gesetzlichen
Bestimmungen in Dtn 18,10; Lev 18,21 und 20,1-5, die es verbieten, einen
Knaben durch das Feuer gehen zu lassen (Dtn 18,10) bzw. ihn dem Moloch
zu geben (Lev 18,21; 20,1-5) auf ein Feiung[112] oder ein Knabenopfer[113] beziehen. Außerdem besteht auch keine Einigkeit darüber, ob es sich bei Moloch primär um die aus spätpunischen Inschriften bekannten Opferbezeich-
chung Molk[114] oder um den Unterweltsgott Mælæk (vgl. Hiob 18,14) oder
Malik (was beides König bedeutet) handelt.[115] Wir können die Streitfrage an

---

110 Vgl. dazu John Gray, I & II Kings, 2nd ed., OTL, London 1970, 490-491.

111 Vgl. dazu O. Kaiser, Den Erstgeborenen deiner Söhne sollst du mir geben, in: ders., Hg.,
Denkender Glaube. FS Carl Heinz Ratschow, Berlin und New York 1996, 24-48, hier
30-45 = ders., Von der Gegenwartsbedeutung des Alten Testaments. Ges. Studien zur
Hermeneutik und zur Religionsgeschichte, hg. V. Volkmar Fritz u.a., Göttingen 1984,
142-166, hier 148-163. Eine Neuuntersuchung im Horizont der redaktionsgeschichtlichen Forschung der letzten Jahrzehnte ist erforderlich. Zu Knabenopfern bei den voris-
lamischen Arabern, die freilich gesteinigt und nicht verbrannt, und zu gelegentlichen
Kinderopfern, die durch Kamele ausgelöst wurden, vgl. J. Wellhausen, Reste arabischen
Heidentums, 2. = 3. Aufl., Berlin 1897 = 1961, 115-117.

112 Vgl. dazu Rainer Albertz, Religionsgeschichte Israels, ATD.E 8/1-2, Göttingen 1992,
297-301, der für diese von Moshe Weinfeld, The Worship of Molech and the Queen of
Heaven and Its Background, UT 4, 1972, 133-154, vorgeschlagene Lösung optiert. Zugunsten dieser Lösung läßt sich nebenbei auf den Demeterhymnus Hom. h. II.239-262
verweisen, nach dem die Göttin Demeter, die Mutter der Persephone, der Gemahlin des
Unterweltsgottes Hades, dem Söhnchen des Königs Keleos von Euleusis namens Demo-
phon die Unsterblichkeit zu verleihen suchte, indem sie ihn nächtlich „wie einen Holz-
scheit" in ein kräftiges Feuer steckte, wogegen die Mutter protestierte, da sie vermeinte,
daß ihr Kind auf diese Weise getötet würde; vgl. dazu Werner Burkert, Homo necans.
Interpretationen altgriechischer Mythen und Riten, RGVV 32, Berlin und New York
1972, 309-310, mit den Nachweisen zur entsprechenden rituellen eleusinischen Praxis.

113 Vgl. Day, UCOP 41, 1989, 46-71.

114 So Otto Eißfeldt, Molk als Opferbegriff im Punischen und Hebräischen und das Ende
des Gottes Moloch, BRA 2, Halle 1935.

115 Vgl. z.B. Day, UCOP 41, 22-24 und 46-55, der den Text auf ein Opfer für den König der
Unterwelt Malik/Melek bezieht, und George C. Heider, Art. Molech, DDD, 1995, 1090-
1097, mit Klaus Grünwaldt, Das Heiligkeitsgesetz Leviticus 17-26, BZAW 271, Berlin
und New York 1999, 187-191, und Erhard Gerstenberger, Das 3. Buch Mose. Leviticus,
ATD 6, Göttingen 1993, 231-232 und 266-268, der damit rechnet, daß es sich um einen
Weiheritus mit gelegentlich tödlicher Folge handelte, der aber mit Eißfeldt meint, daß
Moloch nicht als Gottesepitheton, sondern als Opferterminus zu verstehen ist.

dieser Stelle nicht entscheiden, weil sie eine gründliche Neuuntersuchung der biblischen Befunde erfordert, die hier nicht zu leisten ist.[116]

Kehren wir nach diesem Rundblick zu unserem Text zurück, so ist es vollends deutlich, daß sein Verfasser archaisiert. Ein Vergleich der Schilderung der Vorbereitung zum Opfer in V. 9 mit dem Bericht über ihren Vollzug in Karthago bei Diod. XIX.14.6 spricht dafür, daß er keine Anschauung über den Opfervollzug besessen hat; denn die Opfer wurden nach ihrer Schächtung in einer Feuergrube verbrannt (vgl. Jes 31,33).[117] Das ist angesichts der Tatsache, daß in Israel längst die Pflicht zur Auslösung des Erstgeborenen bestand und das Opfer bei den Phöniziern nicht mehr geübt wurde, auch nicht verwunderlich. Wir brauchen uns jetzt nur noch die drei gesetzlichen Bestimmungen im Buch Exodus ansehen, die von dem Eigentumsrecht Jahwes auf jede Erstgeburt handeln. Die Bestimmungen über die menschliche Erstgeburt stehen in Ex 13,13; 22,28b und 34,20b.[118] In der in der Mitte stehenden Weisung in 22,28b heißt es kurz und knapp: *„Den Erstgeborenen deiner Söhne sollst du mir geben".* Damit ist gesichert, daß der erstgeborene Sohn grundsätzlich Jahwe verfallen ist. In der Bestimmung Ex 13,11-13 wird dieser Anspruch eindeutig auf alles Männliche, was den Mutterschoß bricht, ausgedehnt, gleichzeitig aber in V. 13b die Auslösung des ersten Sohnes geboten. Diese Bestimmung wird in 34,19-20 wiederholt und also erneut das Gebot eingeprägt, den erstgeborenen Sohn auszulösen. Liest man diese drei Bestimmungen nacheinander, so ergibt sich, daß Jahwe einen grundsätzlichen Anspruch auf das Leben des erstgeborenen Knaben wie auf jede tierische Erstgeburt bei Schafen, Rindern und Eseln besitzt, aber von diesem Recht aus freier Entscheidung keinen Gebrauch macht, sondern sich mit einem Ersatzopfer begnügt.[119] Daß der Israelit seinen erstgeborenen Sohn auslösen darf, verdankt er also keinem Rechtsanspruch, sondern einem Akt der Gnade: Jahwe will kein Knabenopfer, obwohl er nicht anders als die kanaanäischen Götter als der Geber und Herr des Lebens einen Rechtsanspruch auf es hätte. Die Auslösungspraxis ist offenbar so alt, daß es anders als bei den Puniern (in deren Siedlungsbereichen mehrere Tausend einschlägige Votivstelen mit oder ohne ihre ursprüngliche Verbindung zu den Urnengräbern gefunden

---

116 Vgl. dazu künftig auch Francesca Stavropoulou, Biblical Distortions and Historical Realities. A Study with Special Reference to King Manasseh and Child Sacrifice, Diss. Oxford 2002.

117 Vgl. dazu Kaiser, Salammbo, Karawane 19, 1978, 1/2, 9.

118 Zum sekundären Charakter von Ex 34,11-26 vgl. z.B. Josef Schreiner, Kein anderer Gott! Bemerkungen zu Ex 34,11-26, in: Ingo Kottsieper u.a., Hg., „Wer ist wie du, Herr, unter den Göttern?" Studien zur Theologie und Religionsgeschichte Israels. FS Otto Kaiser, Göttingen 1994, 199-213.

119 Vgl. dazu R.W.L. Moberly, At the Mountain of God. Story and Theology in Exodus 32-34, JSOT.S 22, Sheffield 1983, 100.

sind) in Israel für das Knabenopfer keine archäologischen Zeugnisse gibt. Daher konnte es allenfalls als ein besonderes Mittel der Unterwerfung unter Jahwe betrachtet werden, ihm einen Knaben zu opfern. Daß das nicht seinem Willen entsprach, betont Mich 6,6-8: Auf die in den V. 6-7 gestellten Fragen:

> Womit soll ich Jahwe nahen,
> mich neigen vor dem Gott der Höhe?
> Soll ich mit Brandopfern vor ihm erscheinen,
> mit Kälbern, die ein Jahr alt sind?
> Hat Jahwe Gefallen an tausend Widdern,
> an zehntausend Bächen von Öl?
> Soll ich meinen Erstgeborenen geben für meine Sünde,
> die Frucht meines Leibes als Sühne für mein Leben?

lautet die in V. 8 erteilte Anwort:

> Es ist dir gesagt, Mensch, was gut ist
> und was Jahwe von dir fordert:
> Vielmehr Recht tun und Treue lieben
> und umsichtig wandeln vor deinem Gott.[120]

Der Mich 6,1-8 umfassende Text ist nachdeuteronomistisch,[121] setzt in den V. 3-5 die Verbindung zwischen dem abgeschlossenen Pentateuch und dem Josuabuch voraus[122] und gehört mithin in den Diskurs der vorgerückten Perserzeit über das rechte Verhältnis Israels und des einzelnen Israeliten zu Gott.[123] Dabei ist die Steigerung der Opferangebote in V. 7 karikierend und gipfelt in der damals undenkbaren Hingabe des Erstgeborenen, die nicht als Folge des Anspruchs Jahwes auf dessen Leben, sondern als das Opfer des Erstgeborenen in der vorgerückten Perserzeit weder praktiziert noch für erforderlich gehalten wurde. Der Erzähler von Gen 22,1-13+19 macht jedoch von dem Unterschied zwischen dem Rechtsanspruch und dem gnädigen Verzicht Jahwes auf es Gebrauch: Wann immer Jahwe wollte, könnte er seinen Rechtstitel auf das Leben des Erstgeborenen geltend machen; obwohl er es eigentlich nicht will, sondern auch in diesem Fall seine Gnade walten lassen würde. Und damit haben wir die Fabel von Gen 22 beschrieben. Der Erzähler läßt Jahwe scheinbar von seinem grundsätzlich bestehenden Rechtsanspruch auf das Leben des Erstgeborenen Gebrauch machen, um auf diese Weise festzustellen, ob Abraham ihn wahrhaft als seinen Gott respektiert. Der aber anerkennt Gottes Recht, macht sich auf den Weg und schickt sich an, das

---

120 Vgl. Dtn 10,12
121 Wolfgang Werner, Micha 6,8 – eine alttestamentliche Kurzformel des Glaubens, BZ NF32, 1988, 232-248, bes. 240-241.
122 Theodor Lescow, Worte und Wirkungen des Propheten Micha. Ein kompositionsgeschichtlicher Kommentar, ATh 84, Stuttgart 1997, 202-209.
123 Rainer Kessler, Micha, HThK.AT, Freiburg i.Br. u.a.,1999, 260, vgl. auch Leskow, 228: „Ende des 5. Jh.“.

Opfer zu vollziehen, obwohl er in seinem Herzen darauf vertraut, daß Gott am Ende auch in seinem Fall Gnade walten lassen, ein Ersatzopfer bereitstellen und annehmen wird. Die Bereitschaft des Menschen, auf sein Glück und seinen Lebenssinn zu verzichten, wenn es Gott von ihm verlangt, ist der Erweis seiner Gottesfurcht: Und daher nimmt Gott die Bindung als vollzogenes Opfer an und gibt dem Vater den Sohn und dem Sohn den Vater zurück.

Der Mensch als Geschöpf Gottes
Aspekte der Anthropologie Ben Siras

1. Die alttestamentliche Anthropologie als Voraussetzung von Ben Siras Menschenbild

Versuchen wir, uns ein Bild von der Anthropologie Ben Siras zu machen, so können wir davon ausgehen, daß sie angesichts seiner Vertrautheit mit den heiligen Schriften seines Volkes[1] und seiner Zurückhaltung gegenüber weiteren Offenbarungen[2] grundsätzlich mit der biblischen Sicht des Menschen übereinstimmt. Wollen wir seine besonderen Akzentuierungen erkennen, müssen wir uns daher vorab in angemessener Kürze der Grundzüge der alttestamentlichen Anthropologie vergewissern[3].

Dabei wendet man sich sachgemäß zunächst den Mythologemen von der Menschenschöpfung zu. Sie begegnen bekanntlich als Ausgangs- oder Zielpunkte in den Erzählungen von der Erschaffung der Welt in Gen 1,1-2,4a und vom Paradies und Sündenfall in Gen 2,4b-3,23. Von ihnen dient der zuerst genannte priesterliche Schöpfungsbericht einerseits der Vergewisserung der Kontinuität der Welt als Lebensraum des Menschen dank göttlicher Ordnung und Fügung[4] und andererseits der Aufdeckung der göttlichen Bestimmung des Menschen[5]. Dagegen macht die weisheitliche Lehrerzählung in Gen 2,4b-3,24 das Urelternpaar für die negativen Existenzbedingungen des Menschen verantwortlich[6]. Vermutlich ist das Motiv der Menschenschöpfung noch ursprünglicher in Berufungsorakeln wie in der Klage des Einzelnen beheimatet. Im (wie der Vergleich mit den mesopotamischen Texten zeigt) originär königlichen[7] und später auch prophetischen Berufungsorakel erklärt die Gottheit den Erwählten, sie habe sie bereits im Mutterleibe zu ihrem künftigen Amt bestimmt[8]. In der Klage des Einzelnen kann der um sein Leben fürchtende Beter seinen Gott daran erinnern, daß er ihn kunstvoll im Mutterleibe

---

[1] Vgl. dazu die Nachweise bei Middendorp, Stellung 35-91.
[2] Vgl. Sir 3,17-25 und 31/34,1-8.
[3] Vgl. zu ihr umfassend Wolff, Anthropologie.
[4] Vgl. James, Creation 2f.
[5] Vgl. zum folgenden auch Kaiser, Gott II, § 9-11.
[6] Vgl. dazu Albertz, Gott 108ff.
[7] Vgl. dazu Albertz, Weltschöpfung 59-62.
[8] Vgl. Jer 1,5-8 und Jes 49,1f.

bereitet habe[9], ihm in der Vergänglichkeitsklage seine Erbarmen erheischende Kurzlebigkeit ins Gedächtnis rufen[10] oder ihn indirekt auf die mit seinem Tode entstehende Lücke im Kreise seiner Verehrer hinweisen[11]. Dabei dient das Motiv der Vergänglichkeit in dem lehrhafte Elemente enthaltenden Hymnus eines Einzelnen[12], Ps 103,14ff, der Begründung der Barmherzigkeit Gottes.

Auffallend ist der aspekthafte Charakter des psychophysischen Sprachgebrauchs der anthropologischen Grundbegriffe נֶפֶשׁ (Seele als individuelles Lebensprinzip), רוּחַ (Atem als Lebensprinzip) und לֵב (Herz als Organ des Fühlens, Denkens und Wollens)[13]. Das Wort נֶפֶשׁ bezeichnete ursprünglich wohl die Kehle (Jes 5,14), dann die Begierde (Ps 13,2) und schließlich die Seele als die individuelle Lebenskraft mit ihren nutritiven (Klgl 1,11; 2,12), sensitiven (Spr 19,2; Hld 1,7; Ps 17,9; 27,12) und noetischen Fähigkeiten (Ps 139,14; Spr 19,29; Gen 23,8) und damit den Menschen als Person[14]. Im Tode verläßt sie den Leib (Ps 107,5). Kennzeichnen wir die נֶפֶשׁ als das subjektive Lebensprinzip, so steht ihr die רוּחַ als das objektive zur Seite: Sie ist der göttliche, dem Menschen auf Zeit gegebene Odem, dem er seine Lebendigkeit verdankt (Ps 104,29f). Die unterschiedliche Tiefe und Folge der Atemzüge erlauben Rückschlüsse auf das Befinden und die Stimmung des Menschen (Spr 14,29; 25,28; Ps 76,13; Koh 7,8; Spr 17,27 und 18,19). Auf dieser Grundlage entwickelte sich die Bedeutung Geist zur Bezeichnung der Gesinnung und Willensrichtung (Spr 11,13; 29,23; Ps 34,19; Sach 13,2; Hos 4,12) und weiterhin auch des Verstandes (Jes 29,24). Schließlich konnte suffigiertes רוּחַ wie entsprechendes נֶפֶשׁ zu einer verstärkenden Umschreibung des Personalpronomens werden (Jes 26,9). Der לֵב, das Herz, galt bei den Alten als der Sitz des Denkens und Fühlens. Auch hier dürfte sich der psychophysische Sprachgebrauch auf der Beobachtung der Korrespondenz zwischen Herzfrequenz und Stimmungen sowie auf der Selbstbeobachtung von bestimmten Empfindungen entwickelt haben. Auch ihm wurden neben den ve-

---

9   Zu dieser sog. poetischen Embryologie vgl. z.B. Ps 139,13ff; Ijob 10,8-12 und dann Ps 22,10f.

10   Vgl. z.B. Ps 39,5ff.12; 89,48f; Ijob 14,1f und zu Ps 39 auch Kaiser, Psalm 39, 133-145.

11   Vgl. z.B. Ps 6,6; 30,10 und 88,11 und dann 115,17f.

12   Zur Diskussion mit den unterschiedlichen Vorschlägen der Einordnung des Psalms als Hymnus oder als Danklied eines einzelnen vgl. Allen, Psalms 19ff, und mich besonders überzeugend Crüsemann, Studien 301-304, der in der Verarbeitung unterschiedlicher Formenelemente einschließlich des Wechsels der Person und unverkennbarer lehrhafter Elemente die typischen Merkmale der Hymnen eines einzelnen erkennt; aber auch Seybold, Gebet 142-146, vgl. ders., Psalmen 402, der ihn als Danklied eines Genesenden zu beurteilen trachtet.

13   Vgl. dazu ausführlich Lauha, Sprachgebrauch, und Kaiser, Gott II, § 11.

14   Daher dient das Wort in der Poesie als verstärktes Personalpronomen.

getativen (Ps 38,11) und sensitiven Eigenschaften (Ps 13,6; 55,5) noetische Fähigkeiten zugeschrieben (Spr 4,4; 15,23). Es ist das Zentrum des Wollens und Begehrens (Ps 31,3), wobei dem Alten Testament vor Ben Sira ein eigentlicher Willensbegriff fehlt[15]. Außerdem gibt es dem Menschen seinen Charakter (Ps 51,12; Neh 9,8). Den Menschen als Ganzen in seiner bloßen Leiblichkeit und vergänglichen Vorfindlichkeit bezeichnet dagegen das Wort בָּשָׂר / Fleisch (Ijob 6,12; Koh 12,12; Ps 56,6; Jes 40,6). Im Rückblick zeichnet sich uns der aspektive Charakter dieses Sprachgebrauches ab, der sich mit seinen Überschneidungen gegen eine zu weit gehende Systematisierung sträubt.

2. Die Ambivalenz der alttestamentlichen Anthropologie

Die Ambivalenz der alttestamentlichen Anthropologie tritt am deutlichsten zutage, wenn man sich die drei Antworten vergegenwärtigt, die in Ps 8,4ff; 144,3f und Ijob 15,14ff auf die Frage *Was ist der Mensch?* gegeben werden[16]. Sie spiegeln auf ihre Weise die beiden Aspekte der menschlichen Existenz, die in Gen 1,26ff und 3,17ff ihren paradigmatischen Ausdruck gefunden haben, wider. In Ps 8,4ff, dem Hymnus des Einzelnen, wird die Frage dahingehend beantwortet, daß Jahwe den Menschen nur wenig an den Himmlischen mangeln ließ und ihn mit Ehre und Herrlichkeit gekrönt und damit zum Herrn über die Tiere gesetzt hat[17]. Die Fähigkeit zu dieser Herrschaft ergibt sich nach Gen 1 aus der Gottebenbildlichkeit des Menschen, einem wohl aus der ägyptischen Königsideologie entnommenen Mythologem[18]. Die Herrlichkeit des Menschen aber spiegelt sich in seiner jugendlichen Schönheit wider, wie sie uns z.B. in den Beschreibungsliedern der Liebenden in Hld 4,1-7 und 5,10-16 begegnen. Diesem Hochgefühl des Menschen stellt der vermutlich für seinen jetzigen Kontext verfaßte Davidpsalm Ps 144[19] im Kontext seines ersten, die Schutzbedürftigkeit des königlichen Beters unterstreichenden Teils (Vv1-11) in den Vv3f die Vergänglichkeit des Menschen gegenüber:

Jahwe, was ist der Mensch, daß du ihn beachtest,
das Menschenkind, daß du dich um es kümmerst?

---

15 Vgl. dazu auch Dihle, Vorstellung.

16 Vgl. dazu auch Zimmerli, Mensch 311-324.

17 Vgl. dazu auch Kaiser, Psalm 8, 207-221.

18 Vgl. dazu Ockinga, Gottebenbildlichkeit, und knapper Kaiser, Gott II, § 11, und zu den mesopotamischen, lediglich in der Hofsprache, aber nicht im Königskult verankerten Belegen Angerstorfer, Ebenbild 47-58.

19 Vgl. Zenger, Komposition 111, der damit die von Mathys, Dichter 262-266, nach der Analyse des Liedes offene Frage nach der Absicht des Dichters beantwortet hat.

Der Mensch gleicht einem Hauch,
seine Tage sind wie ein flüchtiger Schatten.

Denn so können wir mit Ijob 14,1-2 hinzufügen:

Der Mensch, vom Weibe geboren,
kurz und ruhelos ist sein Leben.
Wie eine Blume, die aufgeht und verwelkt,
wie ein Schatten flieht er und bleibet nicht.

Nach der Erzählung vom Paradies und Sündenfall steht der Mensch nämlich über die Zeiten hinweg unter dem Schicksalswort, das Jahwe über den Urvater gesprochen hat (Gen 3,19):

Im Schweiße deines Angesichts
sollst du dein Brot essen,
bis du zu der Erde zurückkehrst,
denn von ihr bist du genommen.
Denn Staub bist du,
und zu Staub mußt du wieder werden.

Diese natürliche Sicht des Menschen als eines Gebildes aus dem Erdenstaub hat in der Erweiterung der zweiten Elifasrede des Ijobdialogs durch den sogenannten Niedrigkeitsbearbeiter in Ijob 15,11-16[20] eine zusätzliche Bedeutung erhalten, indem sie als Begründung für die Unmöglichkeit eines sündlosen Lebens dient. Die hier in den Vv14ff zum dritten und letzten Mal gestellte Frage findet nun ihre Beantwortung in der Feststellung, daß der Mensch dank seiner ihm als Kreatur anhaftenden Unreinheit unvermeidlich fehlbar ist:

Was ist der Mensch, daß er rein sein,
und der vom Weibe Geborene gerecht sein kann?
Wenn er seinen Heiligen[21] nicht traut
und die Himmel in seinen Augen unrein sind,
Wie dann ein Verabscheuter und Verdorbener,
ein Mensch, der Frevel wie Wasser trinkt?

Die Sünde ist für diesen vermutlich im frühen 3. Jh. v.Chr. wirkenden Niedrigkeitstheologen[22] kein vermeidbarer Unfall, sondern ein mit seiner irdischen Leiblichkeit und ihrer Vergänglichkeit zusammenhängendes Schicksal (vgl. Ijob 4,17-20): Es gibt nach seiner Ansicht keinen Menschen, der in Gottes Augen tatsächlich von untadeliger Reinheit und Schuldlosigkeit zu leben vermöchte. Gewiß ist das eine Stimme am Rande des Alten Testaments,

---

[20] Vgl. weiterhin Ijob 4,12-21 und 25,2-6 und dazu Witte, Leiden 91ff.
[21] D.h.: seinen Engeln.
[22] Vgl. Witte, Leiden 204f.

aber sie hat nicht nur im Henochbuch[23] und im essenischen Schrifttum zum Beispiel in dem Gebet des Unterweisers in 1QS XI,9-22[24], sondern (wie wir sehen werden) auch bei Ben Sira ein Echo gefunden[25].

Blicken wir zurück, so zeichnet sich uns die Gebrochenheit des alttestamentlichen Menschenbildes ab: Einerseits ist der Mensch als Ebenbild Gottes in seinem Verhältnis zur Welt ein kleiner König, der in Gottes Stellvertretung die Erde und alles Getier beherrscht (Ps 8,5ff; vgl. Gen 1,26ff). Dem entspricht die Selbstverständlichkeit, mit der die Deuteronomiker und Deuteronomisten mit der Verantwortlichkeit des Menschen für sein Schicksal rechnen: Die Entscheidung über Leben und Tod, über Heil und Unheil Israels liegt bei ihm und damit zugleich bei jedem einzelnen selbst (Dtn 30,15-20)[26]. Andererseits ist das Leben des Menschen flüchtig und nichtig (Ps 144,2f). Seine Herkunft aus der Erde bestimmt seine Zukunft (Gen 3,19). Zugleich aber haftet ihm dank ihrer eine kreatürliche Unreinheit und Schwäche an, die seine Sündlosigkeit verhindert.

3. Die psychophysischen Grundbegriffe bei Ben Sira

Wenn wir uns nun dem Menschenbild Ben Siras zuwenden, empfiehlt sich der Einsatz bei den psychophysischen Grundbegriffen der נֶפֶשׁ, der רוּחַ, des לֵב und schließlich auch noch des בָּשָׂר. Sich hier abzeichnende Gemeinsamkeiten mit der biblischen Tradition und Akzentverschiebungen erlauben es auf einfache Weise, seine Art des Umgangs mit dem überlieferten Menschenbild zu erkennen. Dabei ergibt sich, daß bei ihm, wie in einer Lehrschrift nicht anders zu erwarten, die physischen Grundbedeutungen von נֶפֶשׁ, רוּחַ und לֵב in den Hintergrund rücken. So ist die נֶפֶשׁ vor allem das Individuationsprinzip oder die Seele. In ihrem vegetativen Aspekt bezeichnet sie bei Ben Sira das Leben (vgl. 4,1b und 13,12b), in ihrem affektiv-voluntativen die Gier (5,2; 6,1.4) oder den Mut (14,2a) und in ihrem personalen das Selbst. Demgemäß verwendet er das Wort ebenfalls als verstärktes Personalpronomen, so daß נַפְשִׁי mich, mich selbst (16,17d; 50,25; 51,2a.3a), נַפְשֶׁךָ dich, dich selbst, כְּנַפְשׁ wie sich selbst (7,21a; 27,16b; 34,15a) und כָּל־נֶפֶשׁ jeder-

---

23   Vgl. Witte, Leiden 198f.
24   Vgl. Witte, Leiden 200-204. Zu dem essenischen Charakter des Gebets vgl. Stegemann, Essener 159.
25   Vgl. Witte, Leiden 195-198.
26   Vgl. dazu Kaiser, Gott I, 312-316.

mann (37,28) bedeuten. So heißt es zum Beispiel in seiner Abwandlung der goldenen Regel (34,15)[27]:

> *Erkenne deinen Nächsten wie dich selbst*[28]
> *und alles, was du haßt, bedenke*[29].

Wer erkennt, daß sein Nächster wie er selbst ist, der wird ihm nicht antun, was er selbst haßt.

Es entspricht dem literarischen Genus, daß die physikalische Bedeutung von רוּחַ als Wind (5,9a; 43,20) in den Hintergrund rückt. Daß der entsprechende anthropologische Grundaspekt des Wortes als die von Gott gegebene Atemseele ausfällt, erscheint angesichts von 40,11 eher als Zufall. Wie in einer Lehrschrift nicht anders zu erwarten, dominiert der psychophysische Sprachgebrauch. Immerhin erinnert die Rede von der Langmut (אֶרֶךְ רוּחַ) noch an die Beobachtung des ruhig gehenden Atems des Besonnenen (5,11b). Unter affektivem Aspekt ist eine רוּחַ טוֹבָה ein gesunder und fröhlicher Geist (30,15):

> *Einen gesunden Leib wollte ich mehr als Gold*
> *und einen frohen Geist mehr als Korallen.*

Die רוּחַ kann freilich auch verbittert sein (4,6a; 7,11a) oder Grauen empfinden (4,9b). Einen besonderen Geist besitzen bekanntlich die Propheten: Die רוּחַ oder der Geist Elias erfüllte Elisa (48,12). Der weit in die Zukunft schauende Prophet Jesaja besaß eine רוּחַ גְּבוּרָה, einen starken Geist (48,24a). Wenn der Weise in 16,17d statt von allen Menschen artifiziell von den כָּל־בְּנֵי אָדָם רוּחוֹת, den Geistern aller Menschenkinder spricht, wird man das seiner poetischen Kraft gutschreiben.

Wie den Alten überhaupt so galt auch Ben Sira das Herz (לֵב) als Zentrum des Empfindens und Denkens: Mangel an Herz bedeutet mithin Mangel an Einsicht oder Verstand (6,20b). Demgemäß kann ein Mensch ein לֵב מֵבִין, ein einsichtiges oder verständiges Herz (36,24b), ein לֵב חָכָם, ein weises Herz (3,29a; vgl. 40,26a), ein לֵב כָּבֵד, ein verhärtetes (3,26a.27a) oder ein לֵב עָקוֹב, ein höckriges oder arglistiges Herz (36,25/20) besitzen. Ein Gedanke kommt ihm nicht in den Sinn, sondern in das Herz (11,5). Es richtet sich auf etwas und gibt dabei auf etwas acht (6,32b; 8,19; 16,20a.24b), es neigt sich jemandem zu (9,9c) und es vergißt (7,35). Gibt der Mensch etwas auf sein Herz, so nimmt er es sich zu Herzen (50,28). Wer hinter seinem Herzen und seinen Augen hergeht, folgt seiner Begierde (5,2):

---

27 Zur Übernahme der Goldenen Regel aus dem Griechischen vgl. auch Dihle, Regel 82ff.
28 Vgl. Lev 19,18.
29 Vgl. Tob 4,15.

> *Folge nicht deinem Herzen und deinen Augen,*
> *um der Lust deiner Begierde (נֶפֶשׁ) zu folgen.*

Das Herz und d.h. die Gesinnung des Menschen verändern sein Antlitz (13,25). Ein gutes Herz ist zugleich ein fröhliches Herz (30,16); daher erkennt man es am Leuchten des Angesichts (13,26). Wer gleichen Herzens ist, besitzt dieselbe Gesinnung (37,12c). Aber wer sein Herz allem Fleisch und d.h. jedermann öffnet, zerstört sein Glück (7,29). Dabei erkennt das Herz die Situation, denn (37,14):

> *Des Menschen Herz tut seine Stunden kund*
> *besser als sieben Wächter auf Wache.*

Daher tut der Mensch gut daran, auf den Rat seines Herzens zu hören, denn (37,13):

> *Gib acht auf den Rat des Herzens.*
> *Wer ist dir treuer als es?*

So zeichnet sich zumal bei der Verwendung von לֵב eine genauere Beobachtung der Physiognomie[30] und Psychologie des Menschen ab.

Traditionell erweist sich dagegen seine Verwendung von בָּשָׂר: Bekennt Ben Sira in 51,2b, daß Gott sein Fleisch (בְשָׂרִי) aus der Grube gezogen habe, so übersetzt das der Enkel angemessen mit σῶμα. Die Rede vom Fleisch betont die vorfindliche Leiblichkeit, sei es allen Fleisches als aller Lebewesen (13,15a vgl. 44,18b) oder spezieller als aller Menschen (8,19a) und zumal ihrer Vergänglichkeit (14,17f; 41,4a vgl. auch 48,12a). Was die Lebewesen als solche charakterisiert, trifft auch für die Menschen zu (13,15):

> *Alles Fleisch liebt seine Art*
> *und jeder Mensch sein Ebenbild.*

Und damit ist auch schon gesagt, daß der Mensch für Ben Sira ein zur Gemeinschaft bestimmtes Wesen ist.

4. Die Rezeption der Motive der vorgeburtlichen Erwählung und des Töpfervergleichs bei Ben Sira

Halten wir Ausschau, welche in den Psalmen beheimateten Schöpfungsmotive bei Ben Sira begegnen, können wir sie - abgesehen von der poetischen Embryologie - alle wiederfinden. Dabei spielt jedoch die bereits im Mutterleib erfolgte Erwählung des Menschen nur eine traditionelle Rolle, indem

---

30   Vgl. auch 19,30.

Ben Sira im Lob der Väter in 49,7 in Anspielung auf Jer 1,5 und 10 daran
erinnert, daß Jeremia vom Mutterschoß an zum Propheten gebildet war, um
auszureißen und niederzureißen, zu pflanzen und wiederherzustellen. Die
Möglichkeit Gottes, das Los des Menschen zu bestimmen, ergibt sich für Ben
Sira aus dem sich angesichts der Erschaffung des Menschen aus Staub nahe-
legenden Töpfervergleiches, den er aus Jer 18,6 entnimmt (Sir 36/33,10-
13)[31]:

> 10   *Auch jeder Mensch ist wie ein Tongefäß,*
>   *und aus Staub ward Adam gebildet.*
> 11   *Die Weisheit des Herrn unterschied sie*
>   *und veränderte ihre Wege.*
> 12   *(Etliche) von ihnen segnete und erhöhte er,*
>   *und (etliche) von ihnen heiligte er und ließ sie ihm nahen[32].*
>   *(Etliche) von ihnen verwünschte und erniedrigte er*
>   *und trieb sie von ihren Sitzen.*
> 13   *Wie Lehm in der Hand des Töpfers,*
>   *der ihn formt nach seinem Gefallen,*
>   *so ist der Mensch in der Hand seines Schöpfers,*
>   *daß er stehe vor ihm wie er entschieden.*

Aus der Art der Erschaffung des Menschen durch Gott ergibt sich mithin
für Ben Sira seine Herrschaftsgewalt. Seine kosmischen Scheidungen spiegeln sich in seinen geschichtlichen, in denen er nur Israel erwählt hat[33].

5. Die Kürze des Lebens als Anlaß für die Barmherzigkeit Gottes

Der lehrhaften Absicht Ben Siras entsprechend tritt das Motiv der Vergänglichkeit des Lebens anders als in der Klage des Einzelnen nicht als Appell an
Gottes Barmherzigkeit in den Blick, sondern wird von ihm wie in Ps 103 als

---

[31]   Zur Vorstellung vom Schöpfergott als Töpfer vgl. z.B. den großen Chnum-Hymnus aus
       Esna übersetzt von Assmann, Hymnen 909, bzw. Lichtheim, AEL III, 113-115. Zur
       Töpfermetapher auch Amenemope XXIV, 13f. übersetzt von Shirun-Grumach, Lehre
       247.

[32]   Vgl. Dtn 7,6; 14,2.21; 26,19; 28,9 und Ex 19,6 sowie 28,1; Lev 8,6.13.24; Ez 40,46;
       44,15; Num 8,9f; Jer 30,21.

[33]   Zum Problem inwieweit in V12a.b auch noch eine Gegenüberstellung von Israel und
       seinen Priestern vorliegt, und zu dem der am besten offen bleibenden Deutung von
       V12c.d vgl. Prato, Problema 38-41, und besonders 40: "La prima parte della divisione
       riguarda quindi Israele, mentre la seconda non si riferisce con ugale precisione a popoli
       o a situazioni particolari". Anders Skehan / Di Lella, Wisdom 400, die 12a auf Abra-
       ham und seine Nachkommen, 12b auf die Priester, 12c auf die Heiden überhaupt und
       12d auf die Kanaanäer beziehen.

Ursache für Gottes Erbarmen mit den kurzlebigen Menschen verwendet. So beantwortet er die im Kontext von Sir 18,1-14 in V8 gestellte Frage *Was ist der Mensch und was ist er wert, was ist sein Glück und was ist sein Unglück?* zunächst mit dem Hinweis auf die, gemessen an Gottes Ewigkeit, nichtige Vergänglichkeit selbst des längsten Menschenlebens (Vv8-10). Aber weil das Leben so flüchtig und nichtig ist, behandelt der ewige Gott, der das All erschaffen hat und der allein und mithin vollkommen gerecht ist (Vv1-2), die Menschen nachsichtig und barmherzig. In seiner Langmut und Barmherzigkeit unternimmt Gott alles, um die Irrenden auf den Pfad des Gehorsams zurückzuführen (Vv11-14). Denn als der gerechte Richter (V2a) vergibt er nur denen, die ihn lieben und seine Gebote halten (1,10)[34] oder sich durch seine Zurechtweisungen zum Gehorsam gegen sie zurückführen lassen (V14)[35]:

1   *Der ewig lebt, schuf das All insgesamt;*
2a   *der Herr allein verschafft Recht*[36]*.*
4   *Wer reicht zu, seine Werke herzuzählen,*
     und wer erforscht seine Großtaten?[37]
5   *Die Macht seiner Größe, wer kann sie zählen,*
     und wer vermag sein Erbarmen zu künden?
6   *Man kann nichts vermindern oder vergrößern,*
     noch die Wundertaten des Herrn erforschen.
7   *Käme einer zu Ende, finge er an,*
     und hörte er auf, wäre er verwundert.
8   *Was ist der Mensch und was ist er wert*[38]*,*
     was ist sein Glück und was ist sein Unglück?
9   *Wenn die Zahl der Lebenstage des Menschen*
     zahlreich sind, sind es hundert Jahre[39]*.*
10   *Wie ein Wassertropfen aus dem Meer und ein Sandkorn,*
     so (verhalten sich) die wenigen Jahre zu einem Tag der Ewigkeit.
11   *Daher ist der Herr langmütig ihnen gegenüber*
     und gießt über sie sein Erbarmen aus.
12   *Er sieht und weiß, daß ihr Ende übel;*
     daher macht er sein Erbarmen groß.
13   *Das Erbarmen des Menschen gilt seinem Nächsten,*

---

34   Vgl. Sir 2,15 und weiterhin Ex 20,6 par Dtn 5,10; 6,5 und 10,12.
35   Vgl. auch Sir 2,1-6.11-18; 4,17ff; 5,4-8.
36   Zum sekundären Charakter der von ΓΙΙ überlieferten Vv2b-3d vgl. Skehan / Di Lella, Wisdom 280.
37   Die Übersetzung schließt sich unter Verweis auf 𝔖 der Rekonstruktion von Segal, ספר 107, an.
38   Hinter dem griech. χρῆσις dürfte das hebr. יִתְרוֹן stehen; vgl. 𝔖 und Segal, ספר 107.
39   Vgl. Anm. 4; V9b gehört zu den Erweiterungen von ΓΙΙ.

das Erbarmen des Herrn aber allem Fleisch,
Er überführt und züchtigt und belehrt
und führt wie ein Hirt seine Herde zurück.
14   Er erbarmt sich derer, die Zucht annehmen
und wachsam seinen Satzungen folgen.

Das Unglück der Menschen besteht nach Ben Siras Ansicht offenbar in der Kürze ihres Lebens, die durch den Vergleich ihrer größtmöglichen Länge mit einem einzigen Tag der unermeßlichen Ewigkeit unterstrichen wird. In der Konsequenz dürfte nach Ben Siras Ansicht das Glück der Menschen darin liegen, daß sich Gott ihrer gerade deswegen erbarmt und in seiner göttlichen Leidenspädagogik alles unternimmt, um die Verirrten auf den Pfad des Gehorsams gegen seine Gebote zurückzuführen (vgl. auch Ijob 33,13-28[40]) und sie dadurch vor einem vorzeitigen Tod zu bewahren[41].

6. Der Mensch als der vor Gott verantwortliche Sünder

Wie stark das Menschenbild Ben Siras durch Gen 1-3 bestimmt ist und wie frei er dabei teilweise mit dieser Überlieferung umgeht, läßt sich an dem hymnischen Lehrgedicht in 17,1-32[42] und hier zumal in den Vv1-10 ablesen:

1   Der Herr erschuf den Menschen aus Erde
und läßt ihn wieder zu ihr zurückkehren.
2   Er gab ihnen gezählte Tage und befristete Zeit,
aber machte ihn zum Herrscher über alles auf ihr.
3   Sich selbst gleich[43] bekleidete er sie mit Stärke
und machte sie nach seinem Ebenbild.
4   Er legte die Furcht vor ihm[44] auf alles Fleisch,
damit sie herrschten über Landtiere und Vögel[45].
6   Er bildete[46] ihnen Zunge und Augen,
Ohren und Herz gab er ihnen um zu verstehen.

---

[40]   Dazu Wahl, Schöpfer 59-69.

[41]   Vgl. auch Sir 11,28.

[42]   Zur Abgrenzung vgl. Skehan / Di Lella, Wisdom 280f.

[43]   Die Übersetzung hält sich wie die von Sauer, Jesus Sirach 546, an den griechischen Text von Ziegler. Die Lesarten zeigen, daß das Verständnis von V3a seit alters umstritten ist. Hamp, Buch 612, las ein *kidemūtō*, Segal, ספר 102, ein כְּמוֹהֶם, das offenbar auch Skehan / Di Lella, Wisdom 276, voraussetzen.

[44]   Nämlich dem Menschen.

[45]   V5 gehört zu den Erweiterungen in ΓII.

[46]   Lies mit Smend, Weisheit 156, ein יצר, das Γ als יֵצֶר mißverstand.

7   *Er erfüllte sie mit verständiger Einsicht*
      und Gut und Böse zeigte er ihnen.
8   *Er legte die Furcht vor ihm in ihre Herzen,*
      um ihnen die Größe seiner Taten zu zeigen[47]*,*
9   *damit sie seine großen Taten erzählten*
10   *und seinen Heiligen Namen priesen.*

Schon diese erste Stanze zeigt, welche Vielzahl traditioneller Motive Ben Sira in diesem Gedicht aufgenommen und abgewandelt hat. Unbeschadet der Tatsache, daß Gott den Menschen aus Staub gebildet und ihm nur eine kurze Lebenszeit zugemessen hat (Vv1-2)[48], ist er dennoch nach seinem Ebenbild erschaffen (Vv3-4). Diese Gottebenbildlichkeit besteht für Ben Sira in der Verleihung von einer Macht (ἰσχύς), die alles Fleisch (und das heißt in diesem Zusammenhang: alle Tiere) in Furcht versetzt und dem Menschen die Herrschaft über sie ermöglicht (Vv3-4). Ben Sira zieht mithin Gen 1,28 und 9,2 lehrhaft zusammen, weil die Stellung des geschichtlichen Menschen ebenso durch den Schöpfungsbefehl wie durch den Noahsegen bestimmt ist. Sein eigentliches Interesse liegt jedoch bei den noetischen und ethischen Fähigkeiten der Menschen: Gott hat ihnen einerseits die Fähigkeit zum Hören und Sehen wie zum Denken und Reden und mithin Urteilsfähigkeit gegeben (V6). Sie erweist sich, wie V7 festhält, in der ihnen von Gott selbst verliehenen Fähigkeit[49], zwischen Gut und Böse, zwischen dem, was nützt und was schadet, wie zwischen dem, was religiös-sittlich richtig oder verwerflich ist, zu unterscheiden[50]. Obwohl Ben Sira (wie nicht anders zu erwarten) die Sündenfallerzählung nachweislich an 25,24

Von einer Frau stammt der Anfang der Sünde,
und wegen ihr sterben wir alle!

kannte, rekurriert er hier im Interesse der von ihm verteidigten vollen Verantwortlichkeit des Menschen für sein Tun und Ergehen nicht auf Gen 3,5 und 22. Diese verständige Einsicht umschließt nach den Vv8-10 die so freilich nur in Israel aktualisierte Fähigkeit, Gott angesichts der Größe seiner Werke zu fürchten[51], diese als solche zu erkennen und seinen heiligen Namen zu preisen. Gott hat bei den Menschen mithin alle Voraussetzungen geschaf-

---

[47]   8c gehört zu den Erweiterungen von ΓII.
[48]   Vgl. auch Gen 2,7 und dazu Maier, Mensch 65: "Offenbar haben wir einen festgeprägten weisheitlichen Lehrsatz vor uns, der zur fundamentalen Bestimmung des Menschen dient, indem man ihn nach seiner materialmäßigen Herkunft definiert".
[49]   Vgl. dazu auch Smend, Weisheit 157; Hamp, Buch 45; Maier, Mensch 73, und Snaith, Ecclesiasticus 87.
[50]   Vgl. Dtn 1,39; 2Sam 19,36; Jes 7,15 und 8,4.
[51]   Vgl. dazu auch Haspecker, Gottesfurcht 66.

fen, sich ihm gegenüber so zu verhalten, wie es sich geziemt[52]. Der Mensch ist als Geschöpf Gottes erkenntnis- und urteilsfähig und daher in der Lage, ihm in angemessener Weise zu begegnen. Er ist vor Gott verantwortlich für sein Tun.

Daß es sich so verhält, hat Ben Sira in 15,11-20 leidenschaftlich verteidigt[53]. Hier wird deutlich, daß das biblische Schöpfungsmotiv bei dem Weisen offensichtlich unter dem Einfluß von Dtn 11,26 und 30,15-20 steht (15,14-17)[54]:

> *14   Er selbst hat am Anfang den Menschen gemacht*
> *und ihn in die Hand seines Willens (יצרו)[55] gegeben.*
> *15   Wenn es dir gefällt, hältst du das Gebot,*
> *und Treue ist es, nach seinem Gefallen zu handeln[56].*
> *16   Vor dir liegen[57] Feuer und Wasser,*
> *was dir gefällt, danach strecke aus deine Hand.*
> *17   Vor dem Menschen (liegen) Leben und Tod,*
> *das, was ihm gefällt, wird ihm gegeben.*

Offensichtlich bildet die deuteronomistische Entscheidungsethik die Grundlage für diese sachgemäße Ergänzung der Anthropologie: Der Mensch kann zwischen Gut und Böse wählen. Gott selbst hat ihn mit einem Trieb oder freien Willen ausgestattet. Daher macht ihn Gott mit vollem Recht für seine Taten verantwortlich. Aber Ben Sira weiß, wie sich in 17,30 zeigt, auch um die aus seiner Vergänglichkeit stammende Unvollkommenheit des Menschen. So kann er in 8,5 mit der Begründung dazu auffordern, einen reuigen Sünder nicht zu schmähen, sondern daran zu denken, *daß wir alle Sünder sind* (vgl. Ps 143,2). Damit kann sich der Mensch nach Ben Siras Meinung freilich nicht entschuldigen und die Verantwortung Gott zuschieben (15,11ff):

> *11   Sage nicht: Von Gott kommt meine Sünde;*
> *denn was er haßt, das hat er nicht geschaffen.*
> *12   Sage nicht: Er ließ mich fehlen;*
> *denn er bedarf[58] der Bösewichter nicht.*

---

52   Vgl. Weish 13,1-8.
53   Vgl. dazu auch Maier, Mensch 85-97, und Prato, Problema 234-246.
54   Zur an die spätere rabbinische Exegese erinnernde Arbeitsweise Ben Siras vgl. Maier, Mensch 91.
55   Wörtlich: *seines Triebes*. Vgl. Gen 6,5 und 8,21. Zur Sache vgl. U. Wicke-Reuter 111ff.
56   Zum Text von V15 vgl. Di Lella, Text 126ff.
57   Wörtlich: *ausgegossen ist.*
58   Zum Text vgl. Skehan / Di Lella, Wisdom 269.

13   Greuliche Bosheit haßt der Herr,
*   sie widerfährt nicht denen, die ihn fürchten.*

Kehren wir zu 17,1-32 zurück, so geht es in den folgenden Vv11-24 um das besondere Handeln Jahwes an Israel und seine Vergeltung. Demgemäß berichtet Ben Sira in den Vv11-14 zunächst von der Verpflichtung auf die Tora am Sinai (vgl. 48,7) und ihren im Dekalog zusammengefaßten Grundforderungen der ausschließlichen Jahweverehrung und des angemessenen Verhaltens gegen den Nächsten. Mit diesen und den anschließenden Vv15-21* erreicht das Gedicht sein erstes Ziel: Verantwortlich erschaffen ist Israel von dem Herrn durch den Bund vom Sinai / Horeb in die Verantwortung genommen und als sein Eigentumsvolk zum Gehorsam gegen seine Tora verpflichtet. Die Verantwortlichkeit des Menschen bildet die Voraussetzung für die Möglichkeit Israels, Jahwe den geschuldeten Gehorsam zu leisten. Die Verpflichtung auf die Tora bildet das Thema für die Vv8-14. Dabei umschreibt V11 die Sinaiereignisse resultativ: Jahwe gab das nötige Wissen, indem er ihnen die תּוֹרַת חַיִּים, das Leben gewährende Gesetz gab. Daß damit die Übermittlung der Tora durch Mose gemeint ist, geht aus 45,5 hervor, wo die Formel im entsprechenden Zusammenhang erneut begegnet. Sachlich steht Dtn 30,15-20 im Hintergrund (vgl. auch Bar 4,1b). Unter der Aufrichtung des ewigen Bundes ist dem Kontext gemäß der Bundesschluß am Sinai / Horeb zu verstehen, in dem der Abrahambund in Gen 17,7 insofern seine Erfüllung fand, als er dem Israel aller Zeiten den Weg zum Leben zeigte (vgl. Dtn 29,11-14 und Bar 4,1a). Ex 20,1ff und Dtn 5,1ff gemäß sind unter den Israel mitgeteilten Rechtssätzen die Bestimmungen des Dekalogs zu verstehen[59]. So besitzt denn auch V13 seine Entsprechung im Lob Moses in 45,3c und 5a.b: Mose durfte am Sinai / Horeb die Herrlichkeit Jahwes sehen und seine Stimme hören. Dasselbe wurde dort auch Israel zuteil (vgl. Ex 19,18 mit Dtn 5,4). V14 faßt den Inhalt der Tora bzw. seiner Summe, des Dekalogs, in dem Befehl zusammen, sich einerseits jeglichen Treuebruchs ihm gegenüber zu enthalten[60], und erinnert andererseits an die dem Verhalten gegenüber dem Nächsten gegebenen Gebote[61]. So weist die Tora Israel und jeden Einzelnen in seine Verantwortung für den Nächsten vor dem Gott ein, der als der Schöpfer der Welt und des Menschen wie als der Lenker der Geschicke Israels allein als Gott gefürchtet, verehrt und geliebt zu werden beansprucht (vgl. Sir 7,29f und 47,8). So heißt es in den Vv11-14:

---

[59] Vgl. Skehan / Di Lella, Wisdom 282f.

[60] Vgl. mit Smend, Weisheit 158, Jes 63,8 und Segal, ספר 103, siehe auch Hamp, Buch 613, und Skehan / Di Lella, Wisdom 282f.

[61] Vgl. Skehan / Di Lella, Wisdom 282f.

11   Er legte ihnen Erkenntnis vor
      und gab ihnen das Gesetz des Lebens zum Erbe[62]*.*
12   Einen ewigen Bund richtete er mit ihnen auf
      und ließ sie seine Gebote erkennen.
13   Die Majestät seiner Herrlichkeit sahen ihre Augen,
      und seine hehre Stimme hörten ihre Ohren.
14   Und er sagte zu ihnen: Hütet euch vor allem Abfall[63]*!*
      und befahl ihnen wie ein jeder seinem Nächsten (begegnen soll).

Dem hier verhandelten Thema gemäß können wir auf eine ausführlichere Vorstellung von 17,15-24* verzichten. In ihnen wird die in V17 berichtete Erwählung Israels zum Eigentumsvolk Jahwes durch die Vv15 und 19-20. 22a.b.23.24 in den Horizont seiner allwissenden Gegenwart und Gerechtigkeit gerückt: Vor dem Gott, der um alle Taten der Menschen weiß, bleiben weder Sünden noch Barmherzigkeitserweisungen verborgen. Er wird schließlich jedem nach seinem Verdienst vergelten, hält aber für die Umkehrwilligen den Weg offen und tröstet die Hoffnungslosen (Vv15-24):

15   Ihre Wege sind vor ihm allezeit,
      sie sind nicht verborgen vor seinen Augen[64]
17   Für jedes Volk setzte er einen Herrscher ein,
      aber des Herren Teil ist Israel[65]*.*
19   All ihre Werke sind wie die Sonne vor ihm
      und seine Augen beständig auf ihren Wegen.
20   Ihre Frevel sind vor ihm nicht verborgen,
      und all ihre Sünden sind vor dem Herrn[66]*.*
22   Das Almosen eines Mannes ist bei ihm wie ein Siegelring,
      und die Güte eines Menschen hütet er wie einen Augapfel.
23   Später wird er sich erheben und ihnen vergelten
      und was sie vollbracht auf ihren Kopf wenden.
24   Nur denen, die umkehren, gewährt er die Umkehr[67]
      und tröstet die, welche die Hoffnung verloren.

Die Gerechtigkeit des göttlichen Handelns wird nach Ben Siras Überzeugung auch nicht durch die Leiden und Übel in Frage gestellt, denen alle Menschen ausgesetzt sind. Wenn das Leben des Menschen vom Tage seiner Geburt bis zu seinem Tode durch Unrast gekennzeichnet ist und er überdies

---

[62]   11c gehört zu den Erweiterungen von ΓII.
[63]   Vgl. oben Anm. 54.
[64]   Die Vv16 und 17a gehören zu den Erweiterungen von ΓII.
[65]   V18 gehört zu den Erweiterungen von ΓII.
[66]   V21 gehört zu den Erweiterungen von ΓII.
[67]   Vgl. 𝔖 und Segal, ספר 107.

wie alle Kreatur von allen möglichen Übeln geplagt wird (40,1-10), sucht
Ben Sira zumindest die Ursache für letztere ausdrücklich in der Existenz des
Übeltäters (V10). Vielleicht kann man aus der Bezeichnung der Menschen in
V1 als Söhne Adams entnehmen, daß er die Unrast des Lebens auf die Schuld
des Urvaters und den göttlichen Urteilsspruch in Gen 3,17-19[68] zurückgeführt
wissen will (40,1-3):

> 1   *Große Unrast hat Gott zugeteilt*
>   *und ein schweres Joch liegt auf Adams Kindern*
>   *vom Tag, an dem einer aus seiner Mutter Leib kommt,*
>   *bis zum Tag, an dem er zur Mutter alles Lebendigen[69] zurückkehrt:*
> 2   *Seine Sorgen und Herzensängste,*
>   *sein Denken, an das, was ihn erwartet, der Tag seines Endes[70].*

Kehren wir zu unserem Leittext Sir 17,1-32 zurück, so schließt sich an
die Darlegung der Verpflichtung Israels zum Gehorsam und des Ernstes der
göttlichen Vergeltung in den Vv11-24 die abschließende Paränese der Vv25-
32 folgerichtig an. Sie setzt mit einer Aufforderung zur Umkehr und Abwendung von allem Bösen in den Vv25 und 26a.b ein, die in den Vv27-32 damit
begründet wird, daß nicht die Toten, sondern nur die Lebenden Gott loben.
Dieses ursprünglich an Gottes Gnade appellierende Motiv[71] dient hier der
Erweckung der Hoffnung auf Gottes Barmherzigkeit für die Bußfertigen, die
in den folgenden Vv29-32 gepriesen wird. Dabei begründet der unsicher
überlieferte V30 das göttliche Erbarmen mittels des Hinweises darauf, daß
die sterblichen Menschen notwendig hinter seinem Handeln zurückbleiben[72].
Das bedeutet, daß ihnen die in 18,2 Gott allein zugesprochene vollkommene
Gerechtigkeit notwendigerweise fehlt. V31 unterstreicht diese Aussage, indem er die strahlende und doch in ihrer Kraft nachlassende Sonne mit den
nach Bösem trachtenden, vergänglichen und daher als Fleisch und Blut bezeichneten Menschen vergleicht. Wenn selbst der Glanz der Sonne nachdun-
kelt, um wieviel schlechter steht es mit der sittlichen Qualität der Menschen.
Als sinnlichen und vergänglichen Wesen ist es ihnen unmöglich, ohne Sünde
zu bleiben. Dennoch kann sich der Mensch Gott gegenüber nicht darauf berufen, sondern muß dessen eingedenk sein, daß der Schuldige seiner Heimsuchung nicht entgeht; denn der Gott, der das Heer des Himmels heimsucht,
prüft selbstverständlich auch alle Menschen, die letztlich nur Staub und

---

68   Vgl. dazu auch Albertz, Gott 108ff.

69   D.h.: zur Erde.

70   Dieser Vers fehlt in H^B.

71   Vgl. oben, S.2.

72   Lies mit Peters, Buch 148, statt *hkl* ein *klyl*; vgl. auch Sauer, Jesus Sirach 548. An-
    dere Vorschläge bei Ryssel, Sprüche 317, Anm. e, und Smend, Weisheit 161f. Segal,
    ספר 107, hält an Γ unverändert fest. Zur Sache vgl. auch Maier, Mensch 83.

Asche sind (V32) und ihrer Herkunft gemäß zur Erde zurückkehren (V1; vgl.
16,30). So rahmt Ben Sira das ganze Gedicht mit dem Niedrigkeits- und
Endlichkeitsmotiv und prägt damit seinen Schülern und Lesern ein, daß sie
sich ganz in Gottes Macht befinden (Vv25-32):

25 *Kehre um zum Herrn und laß ab von Sünden,*
    bete vor ihm und gib weniger Anstoß!
26 *Wende dich zum Höchsten und ab vom Bösen[73],*
    und hasse entschieden, was greulich ist.
27 *Wer kann den Höchsten loben in der Unterwelt*
    anstatt der Lebenden, die ihm lobsingen?
28 *Beim Toten wie bei dem, der niemals war[74], hört das Loblied auf.*
    Nur wer lebt und gesund ist, lobt den Herrn.
29 *Wie groß ist die Barmherzigkeit des Herrn*
    und sein Vergeben für die, die sich zu ihm wenden.
30 *Denn Vollkommenheit[75] kann beim Menschen nicht sein,*
    weil kein Mensch unsterblich ist.
31 *Was ist heller als die Sonne? Doch sie dunkelt,*
    und böse ist der Trieb[76] von Fleisch und Blut.
32 *Das Heer der Höhe mustert er,*
    aber die Menschen sind nur Staub und Asche.

Wir können den anthropologischen Gehalt dieses Lehrgedichts dahingehend zusammenfassen, daß der Mensch trotz seiner Hinfälligkeit und Fehl-
barkeit so von Gott erschaffen und ausgestattet ist, daß er zu denken und verantwortlich zu urteilen und zu handeln versteht und daher angesichts Gottes
großer Werke zur Gottesfurcht verpflichtet ist. Daher sind die vom Herrn in
seiner geschichtlichen Führung und zumal durch die Aufrichtung des Bundes
ausgezeichneten Israeliten auch grundsätzlich in der Lage, seinen Geboten zu
folgen. Als das Eigentumsvolk des Herrn züchtigt und liebt er es. In seiner
vollkommenen Gerechtigkeit vergilt er jedem nach seinem Tun, läßt aber für
den Umkehrwilligen den Weg zur Umkehr offen (Vv15-24*). Daher mündet
das Lehrgedicht in die begründete Aufforderung zur Umkehr zu dem Gott,
den die Toten nicht loben, sondern nur die Lebenden, denen er sich barmherzig erweist, weil er um ihre Unvollkommenheit weiß, und vor dem es doch
für die hinfälligen Menschen kein Entrinnen gibt.

---

73 V26b gehört zu den Erweiterungen von ΓII.
74 Vgl. Skehan / Di Lella, Wisdom 278.284. Das Verständnis des ὡς μηδὲ ὄντος ist um-
    stritten. In der Regel bezieht man es auf den Toten.
75 Vgl. Anm. 25.
76 Vgl. Smend, Weisheit 162, und Segal, ספר 106.

7. Der Tod als unvermeidliches Schicksal

Der Tod galt Ben Sira als ein unvermeidliches und daher mannhaft anzunehmendes Schicksal. Seit der durch die Frau verursachten Verschuldung der Urmenschen (25,24)[77] bildet es eine uralte Satzung (14,17), eine unerschütterliche göttliche Bestimmung, daß der Mensch sterben muß (41,3f)[78]:

> *3   Zittere nicht vor dem Tod, der dir bestimmt,*
> *gedenke, daß die vor dir und die nach dir dich begleiten.*
> *Dies ist die Bestimmung für alles Fleisch von Gott,*
> *warum willst du des Höchsten Weisung widerstreben?*
> *4   Ob tausend Jahre, hundert oder zehn,*
> *in der Unterwelt gibt es keine Beschwerden.*

Wenn Ben Sira feststellt, daß der Tod für die einen ein Schrecken und für die anderen eine Erlösung ist, bleibt er auch damit im Bereich der traditionellen Bewertung. Man denke nur einerseits z.B. an das Gebet eines jungen Leidenden (Ps 88) und andererseits an das Versprechen des Elifas, daß der Fromme in Vollreife zum Grabe eingehe (Ijob 5,26), oder an die formelhafte Feststellung, daß einer *in gutem Grauhaar alt und satt an Tagen* starb (Gen 25,8)[79]. Schwer fällt der Abschied dem glücklichen und genußfähigen, leicht dem kraft- und hoffnungslosen Menschen (Sir 41,1f):

> *1   O Tod, wie bitter ist der Gedanke an dich*
> *für den Mann, der friedlich im Seinen lebt,*
> *für den Mann, der sorglos ist und dem alles gelingt*
> *und der noch Kraft hat, Freuden zu genießen.*
> *2   O Tod, wie gut ist dein Spruch*
> *für den, der schwach ist, dem die Kraft fehlt,*
> *den Mann, der sich strauchelnd an allem stößt,*
> *der lustlos ist und dem die Hoffnung geschwunden.*

Im Augenblick des Todes verläßt die נֶפֶשׁ, die Seele, den Leib des Menschen (Sir 38,23) und fährt in die Unterwelt. Gleichzeitig kehrt sein Geist zu Gott zurück (Sir 40,11):

> *Alles, was aus der Erde kommt, zur Erde kehrt es zurück*
> *und was aus der Höhe zur Höhe.*

Dieser Wahrspruch besitzt in Koh 12,7 seine Parallele und dürfte trotz seiner Verträglichkeit mit Gen 3,19b und Ps 104,29f nicht von diesen Bele-

---

77   Vgl. dazu oben S.11.
78   Vgl. dazu auch Kaiser, Tod 75-89.
79   Vgl. dazu auch Wächter, Tod 64-69.

gen abhängig sein[80], sondern vermutlich in beiden Fällen auf eine griechische Gnome zurückgehen. So heißt es zum Beispiel in Euripides' Chrysipp (fr. 839. 8-11)[81]:

> *Was aber aus der Erde entstanden ist,*
> *geht wieder in die Erde zurück,*
> *und was dem Äther entstammt,*
> *kehrt wieder zu den Höhen des Himmels zurück*[82].

Der drastische Wahrspruch in Sir 10,11

> *Im Tode erbt der Mensch Maden*
> *und Würmer, Gewürm und Geschmeiß.*

dient freilich der Warnung vor dem Hochmut, der schnell zu Fall kommt (10,9f):

> 9 *Was überhebt sich Staub und Asche,*
>   *noch während er lebt, schwärzt sich sein Leib.*
> 10 *Eine kleine Krankheit, schon zürnt der Arzt;*
>   *heute ein König, aber morgen fällt er dahin.*

Mit dem Tode ist für Ben Sira das Leben des Menschen unwiderruflich vorüber. Das einzige, was von ihm bleibt, sind seine Nachkommen (Gen 48,16; Dtn 25,7) und sein guter Name (Jes 56,5; Ijob 18,17), wie ihn zumal der weise Schriftgelehrte erhoffen darf (Sir 39,11). Eben deshalb ist es besser für den Menschen, gar keine Kinder zu haben als solche, die Unrecht tun und damit seinen Namen schänden (16,3). So lautet denn des Weisen summa (41,10-13):

> 10 *Alles was aus dem Nichts kommt, kehrt ins Nichts zurück,*
>   *so der Ruchlose aus dem Leeren zum Leeren.*
> 11 *Nichtig ist der Mensch in seinem Leib,*
>   *nur des Treuen Name wird nicht ausgerottet.*
> 12 *Zittre um deinen Namen, denn er gibt dir Geleit,*
>   *mehr als um tausend kostbare Schätze.*
> 13 *Das Glück des Lebens dauert gezählte Tage,*
>   *aber ein guter Name Tage ohne Zahl.*

Daraus ergibt sich auch für Ben Sira die Forderung, den Tag zu ergreifen und das gegenwärtige Glück zu genießen (14,11-14)[83]. Besonnen, realistisch und gottesfürchtig, so spiegelt sich Ben Sira in seinen Lehren. Und besonnen,

---

[80] Zum zweiten Kolon vgl. auch Ps 104,29f.
[81] Zitiert nach der Ausgabe von Seeck, Euripides VI, 372-373.
[82] Weitere griechische Parallelen bei Middendorp, Stellung 23f.
[83] Vgl. dazu auch Kaiser, Carpe diem, unten, S. 265-2.

realistisch und gottesfürchtig sollte der Mensch gemäß seiner Überzeugung nach Gottes Willen sein.

Literaturverzeichnis

ALBERTZ, Rainer, "Ihr werdet sein wie Gott". Gen 3,1-7 auf dem Hintergrund des atl. und des sumerisch-babylonischen Menschenbildes: WO 24 (1993) 89-111.

ALBERTZ, Rainer, Weltschöpfung und Menschenschöpfung. Untersucht bei Deuterojesaja, Hiob und in den Psalmen (CThM.A 3), Stuttgart 1974.

ALLEN, Leslie C., Psalms 101-150 (WBC 21), Waco (Texas) 1983.

ANGERSTORFER, Andreas, Ebenbild eines Gottes in babylonischen und assyrischen Keilschrifttexten: BN 88 (1997) 47-58.

ASSMANN, Jan, Ägyptische Hymnen und Gebete (TUAT II/6), Gütersloh 1991, 827-928.

CRÜSEMANN, Frank, Studien zur Formgeschichte von Hymnus und Danklied in Israel (WMANT 32), Neukirchen-Vluyn 1969.

DI LELLA, Alexander Anthony, The Hebrew Text of Sirach. A Text-Critical and Historical Study (Studies in Classical Literature 1), London / Paris / Den Haag 1966.

DIHLE, Albrecht, Die Goldene Regel. Eine Einführung in die Geschichte der antiken und frühchristlichen Vulgärethik, Göttingen 1962.

DIHLE, Albrecht, Die Vorstellung vom Willen in der Antike, Göttingen 1985.

HAMP, Vinzenz, Das Buch Sirach oder Ecclesiasticus, in: Die Heilige Schrift in deutscher Übersetzung (EB IV), Würzburg 1959, 569-717.

HASPECKER, Josef, Gottesfurcht bei Jesus Sirach. Ihre religiöse Struktur und ihre literarische und doktrinäre Bedeutung (AnBib 30), Rom 1967.

JAMES, E.O., Creation and Cosmology. A Historical and Comparative Inquiry (SHR 16), Leiden 1969.

KAISER, Otto, Carpe diem und Memento mori bei Ben Sira, in: M. Dietrich / O. Loretz (Hg.), FS W.H.Ph. Römer (AOAT), 1998 (im Druck).

KAISER, Otto, Der Gott des Alten Testaments. Theologie des Alten Testaments I: Grundlegung (UTB 1747), Göttingen 1993; II: Wesen und Wirken. Jahwe, der Gott Israels, Schöpfer der Welt und des Menschen (UTB 2024), Göttingen 1998.

KAISER, Otto, Der Tod als Schicksal und Aufgabe bei Ben Sira, in: G. Ahn / M. Dietrich (Hg.), Engel und Dämonen. Theologische, anthropologische und religionsgeschichtliche Aspekte des Guten und Bösen. Akten des gemeinsamen Symposiums der Theologischen Fakultät der Universität Tartu und der Deutschen Religionsgeschichtlichen Studiengesellschaft am 7. und 8. April 1995 zu Tartu / Estland (FARG 29), Münster 1997, 75-89.

KAISER, Otto, Psalm 8, in: K. Seybold / E. Zenger (Hg.), Neue Wege der Psalmenforschung, FS W. Beyerin (Herders Biblische Studien 1), Freiburg / Basel / Wien 1994, 207-221.

KAISER, Otto, Psalm 39, in: D. Vieweger / E.J. Waschke (Hg.), Von Gott reden. Beiträge zur Theologie und Exegese des Alten Testaments, FS S. Wagner, Neukirchen-Vluyn 1995, 133-145.

LAUHA, Risto, Psychophysischer Sprachgebrauch im Alten Testament. Eine strukturalsemantische Analyse von לב, נפש und רוח (AASF. DHL 35), Helsinki 1983.

LICHTHEIM, Miriam, Ancient Egyptian Literature, 3 vols., Berkeley (California) 1973-1980. (= AEL)

MAIER, Gerhard, Mensch und freier Wille. Nach den jüdischen Religionsparteien zwischen Ben Sira und Paulus (WUNT 12), Tübingen 1971.

MATHYS, Hans-Peter, Dichter und Beter. Theologen aus spätalttestamentlicher Zeit (OBO 132), Freibourg / Göttingen 1994.

MIDDENDORP, Theodor, Die Stellung Jesu Ben Siras zwischen Judentum und Hellenismus, Leiden 1973.

OCKINGA, Boyo, Die Gottebenbildlichkeit im Alten Ägypten und im Alten Testament (ÄAT 7), Wiesbaden 1984.

PETERS, Norbert, Das Buch Jesus Sirach oder Ecclesiasticus (EH 25), Münster 1913.

PRATO, Gian Luigi, Il problema della teodicea in Ben Sira. Composizioni dei contrari e richiamo alle origine (AnBib 65), Rom 1975.

RYSSEL, Victor, Die Sprüche Jesus', des Sohnes Sirach, in: E. Kautzsch (Hg.), APAT I: Die Apokryphen des Alten Testaments, (Tübingen ¹1900) Hildesheim 1962, 230-475.

SAUER, Georg, Jesus Sirach (Ben Sira) (JSHRZ III,5), Gütersloh 1981, 481-644.

SEECK, Gustav Adolf, Euripides. Fragmente. Der Kyklop, Rhesos (TuscBü VI), Darmstadt 1981.

SEGAL, Moshe Zwi, ‏ספר בן סירא השלם‎, Jerusalem (¹1953; ²1958) ³1972.

SEYBOLD, Klaus, Das Gebet des Kranken im Alten Testament. Untersuchungen zur Bestimmung und Zuordnung der Krankheits- und Heilungspsalmen (BWANT 99), Stuttgart / Berlin / Köln u.a. 1973.

SEYBOLD, Klaus, Die Psalmen (HAT I/15), Tübingen 1996.

SHIRUN-GRUMACH, Irene, Die Lehre des Amenemope (TUAT III/2), Gütersloh 1991, 222-250.

SKEHAN, Patrick William / DI LELLA, Alexander Anthony, The Wisdom of Ben Sira (AncB 39), New York 1987.

SMEND, Rudolf, Die Weisheit des Jesus Sirach, Berlin 1906.

SNAITH, John G., Ecclesiasticus or the Wisdom of Jesus Son of Sirach (CNEB), Cambridge 1974.

STEGEMANN, Hartmut, Die Essener, Qumran, Johannes der Täufer und Jesus (Herder / Spektrum 4128), Freiburg ⁵1996.

WÄCHTER, Ludwig, Der Tod im Alten Testament (AzTh II,8), Stuttgart 1967.

WAHL, Harald M., Der gerechte Schöpfer. Eine redaktions- und theologiegeschichtliche Untersuchung der Elihureden - Hiob 32-37 (BZAW 207), Berlin / New York 1993.

WICKE-REUTER, Göttliche Providenz und menschliche Verantwortung bei Ben Sira und in der Frühen Stoa, (BZAW 298), Berlin. New York 2000.

WITTE, Markus, Vom Leiden zur Lehre. Der dritte Redegang (Hiob 21-27) und die Redaktionsgeschichte des Hiobbuches (BZAW 230), Berlin / New York 1994.

WOLFF, Hans Walter, Anthropologie des Alten Testaments (KT 91), München (1973) ⁵1990.

ZENGER, Erich, Komposition und Theologie des 5. Psalmenbuches 107-145: BN 82 (1996) 97-116.

ZIEGLER, Joseph, Sapientia Iesu Filii Sirach (Septuaginta. Vetus Testamentum Graecum auctoritate Societatis Litterarum Gottingensis editum XII,2), Göttingen (¹1965) ²1980.

ZIMMERLI, Walther, Was ist der Mensch?, in: ders., Studien zur alttestamentlichen Theologie und Prophetie (TB 51), München 1974, 311-324.

Zusätzliche Literatur

BARTHÉLEMY, Dominique / RICKENBACHER, Otto, Konkordanz zum hebräischen Sirach mit syrisch-hebräischem Index, Göttingen 1973.

BEENTJES, Pancratius C., The Book of Ben Sira in Hebrew. A Text Edition of All Extant Hebrew Manuscripts and a Synopsis of All Parallel Hebrew Ben Sira Texts (VT.S 68), Leiden 1997.

DIESTEL, Anja A. u.a. (Hg.), "Jedes Ding hat seine Zeit ..." Studien zur israelitischen und altorientalischen Weisheit, FS D. Michel (BZAW 241), Berlin / New York 1996.

LÉVI, Israel, The Hebrew Text of the Book of Ecclesiasticus Edited with Brief Notes and a Selected Glossary (SSS 3), Leiden (1904) ³1969.

OTTO, Eckart, Die Paradieserzählung Genesis 2-3: Eine nachpriesterschriftliche Lehrerzählung in ihrem religionsgeschichtlichem Kontext, in: A.A. Diestel u.a. (Hg.), "Jedes

Ding hat seine Zeit ..." Studien zur israelitischen und altorientalischen Weisheit, FS D. Michel (BZAW 241), Berlin / New York 1996, 167-192.

RÜGER, Hans Peter, Text und Textform im hebräischen Sirach. Untersuchungen zur Textgeschichte und Textkritik der hebräischen Sirachfragmente aus der Kairoer Geniza (BZAW 112), Berlin 1970.

SMEND, Rudolf, Griechisch-syrisch-hebräischer Index zur Weisheit des Jesus Sirach, Berlin 1907.

STRACK, Hermann Leberecht, Die Sprüche Jesus', des Sohnes Sirachs. Der jüngst gefundene hebräische Text mit Anmerkungen und Wörterbuch (SIJB 31), Leipzig 1903.

VATTIONI, Francesco, Ecclesiastico. Testo ebraico con apparato critico e versioni greca, latina e siriaca (Publicazioni del Seminario di Semitistica. Testi 1), Neapel 1968.

WINTER, Michael M., A Concordance to the Peshitta Version of Ben Sira (MPIL II), Leiden 1976.

WITTE, Markus, Die biblische Urgeschichte (BZAW), Berlin / New York 1998 (im Druck).

Carpe diem und Memento mori in Dichtung und Denken der Alten, bei Kohelet und Ben Sira

1. Das Carpe diem und Memento mori in der Dichtung der Alten

Seit Menschengedenken ist das Thema des *carpe diem* mit dem des *memento mori* verbunden. Die Zeugen dafür reichen in der europäischen Kultur und ihren morgenländischen Vorläufern vom Ende des 2. Jahrtausends v. Chr. bis in unsere Gegenwart und belegen so, daß die Verbindung beider in der Endlichkeit des Menschen und seiner Erfahrung der Flüchtigkeit der Zeit verwurzelt ist. Denn jedermann steht vor der Aufgabe, sein Streben nach der *vita beata,* dem glückseligen Leben, mit der Flüchtigkeit und Begrenztheit seines Lebens in Einklang zu bringen.

Aus den Friedhöfen des Alten Ägyptens klingt das Harfnerlied aus dem Grabe des Antef mit seinem Rat zu uns herüber:[1]

> „Sorge dich nicht um dein künftiges Ende,
> folge dem Herzen, noch schlägt es in dir!
> Mit Myrrhe bestreue
> dein Haupt und bekleide
> mit Linnen den Leib.
> Mit Leinen duftend
> von köstlichen Salben,
> den Göttern geweiht.
> Betrübt sich dein Herz,
> such größere Freuden,
> folge dem Herzen
> und dem, was dich freut."

Der Refrain aber lautet:

> „Genieße den Tag,
> dessen werde nicht müde.
> Denn niemand nahm mit sich,
> woran er gehangen,
> und niemand kehrt wieder,
> der einmal gegangen."

---

1 Zitiert in der Übersetzung von Emma Brunner-Traut, Die Alten Ägypter. Verborgenes Leben unter den Pharaonen, Stuttgart u.a. 1974, 98, und zur Gattung Jan Assmann, LÄ II, 1977, 972-982, und mit breiter Vorführung der Belege und Diskussion des Alters und Sitzes im Leben der Lieder Stefan Fischer, Die Aufforderung zur Lebensfreude im Buch Kohelet und seine Rezeption der ägyptischen Harfnerlieder, Wiener alttestamentliche Studien 2, Frankfurt a.M. u.a. 1999, 138-177.

Im Alten Mesopotamien stimmt die Schenkin im Gilgameschepos ein und gibt dem durch den Tod des Freundes Enkidu erschütterten Helden den Rat:[2]

> „Gilgamesch, wo läufst du hin?
> Das Leben, das du suchst, wirst du nicht finden!
> Als die Götter die Menschheit erschufen,
> Teilten den Tod sie der Menschheit zu,
> Nahmen das Leben für sich in die Hand.
> Du, Gilgamesch – voll sei dein Bauch.
> Fröhlich seist du bei Tag und bei Nacht.
> Feiere täglich ein Freudenfest!
> Tanze und spiele bei Tag und bei Nacht!
> Deine Kleidung sei rein, gewaschen dein Haupt,
> Mit Wasser sollst du gebadet sein!
> Sieh auf das Kind, das deine Hand hält,
> Die Gattin freu sich auf deinem Schoß,
> denn das allein ist des Menschen Tun!"

Bald nach der Mitte des 1. Jahrtausends schallt das Bekenntnis zu frohem Genuß aus dem griechischen Festland zu uns herüber. Gleich mehrfach ist es in der unter dem Namen des Theognis überlieferten Sammlung belegt. So heißt es Theognis 867-870:[3]

> „Fröhlich tändle ich in der Jugend; denn lange
> liege ich unter der Erde, unbeseelt wie ein
> dumpfer Stein, und lasse der Sonne so liebes Licht;
> ob ich auch edel bin, sehe ich dann nichts mehr."

Und weiterhin ruft ein Bursche seinen Altersgenossen zu (Theognis 983-988):

> „Laßt uns bei munteren Gelagen frohen Sinn bewahren,
> solange uns gefälliges Tun erfreut.
> Flüchtiger als ein Gedanke schwindet die helle Jugend,
> schneller ist nicht der Pferde Zug,
> selbst wenn sie einen König tragen zum Männergeschäft,
> gierig weidend in Weizen tragender Erde."

Die Erinnerung an die Kürze des Lebens, dem die ewige Nacht in der Unterwelt im Reiche der von der Göttin Persephone beherrschten Schatten folgt, läßt einen anderen den Entschluß fassen, die Jugend auszukosten und den Antrieben seines Herzens zu folgen (Theognis 973-976):

> „Keiner der Menschen, bedeckt ihn erst die Erde
> und steigt er zum Erebos, Persephoneias Wohnung,

---

2   Meissner-Millard-Tafel Kol. III, 1-14, vgl. die Übersetzungen von Alfred Schott, in: Das Gilgamesch-Epos, neu hg. Wolfram von Soden, Recl. Univ. Bibl. 7235, Stuttgart 1958 (1982), 81, bzw. Karl Hecker, in: TUAT III/4, Gütersloh 1994, 665-666, und zur Eigenschaft des Epos als einer Erzählung vom Erwachsenwerden, das in der Annahme der eigenen Endlichkeit und Lebensaufgabe besteht, vgl. Thorkild Jacobsen, The Treasures of Darkness. A History of Mesopotamian Religion, New Haven und London 1976, 193-219.

3   Textausgabe: Theognis. Ps.-Pythagoras. Ps.-Phokylides. Chares. Anonymi Aulodia-Fragmentum Teliambicum post Ernestum Diehl, ed. Douglas Young. Indicibus ad Theognidem adiectis, BSGRT, Leipzig 1971, Übersetzungen vom Verfasser unter Benutzung von *Elegy and Iambus with Anacreontea* I, ed. J.M. Edmonds, LCL, Cambridge, Mass., und London 1931 (Nachdr. 1982).

freut sich länger des Klangs der Lyra oder der Flöte
noch verlangt er nach den dionysischen Gaben.
Dies bedenkend folge ich froh dem Herzen, solange
leicht mir die Knie und ohne Zittern mein Haupt."

Nicht anders lautet der Rat, den *Euripides* Herakles dem durch das Benehmen des Vaters des Königs Admetos angesichts dessen Trauer über den Opfertod seiner Gemahlin Alkmene verstörten Diener geben läßt (Eur. Alc. 782-802):[4]

„Auf alle Menschen wartet gleicher Tod,
Und keinen gibt es, der an diesem Tag
Schon weiß, ob er den nächsten noch erlebt.
Der Weg des Schicksals liegt in Finsternis.
Kein Kunstgriff, keine Rechnung hellt sie auf.
Hast solche Weisheit du von mir gelernt,
Sei heiter, trinke, rechne mit dem Tag,
Stell alles andre dem Geschick anheim.
Der schönste Dienst der Götter bleibt uns stets
Das Werk der Kypris,[5] unsres besten Freunds.
Laß alles andre stehn und folge mir,
Wenn anders dir mein Rat der rechte scheint.
Ich denke wohl. So mäßige den Schmerz,
Besieg dein Los, bekränze dir das Haupt
Und trink mit mir! Ich weiß, es wird dir bald
Des Bechers Kreisen deinen trüben Sinn
Erlösen und die schwere Bürde weicht.
Was sterblich ist, das denke Sterbliches!
Für all die ernsten Stirnerunzler bleibt
Das Leben – wenn du meinem Urteil traust –
Kein wahres Leben, nur ein Mißgeschick.

Und im *Herakles* legt derselbe Dichter Amphitryon folgende an den Chor gerichtete Mahnung in den Mund (503-507):[6]

Ihr Freunde, das Leben ist kurz; o so lebt
Aus dem Tag in die Nacht und bekümmert euch nie:
Keine Hoffnung auf morgen erfüllt uns die Zeit,
Sie schenkt uns das Heute und flattert davon.

Schwermütig beklagt ein demselben Dichter zugeschriebenes Chorlied den Gegensatz zwischen der Kürze des Lebens und der endlosen Länge der Ruhe in der Tiefe der Erde:[7]

„Das Leben ist kurz, und lang der Tag,
Den wir Menschen unter der Erde
Sterbend sehn. Allen gewährt

---

4   Übers. Ernst Buschor, Euripides Sämtliche Tragödien und Fragmente. Griechisch-deutsch I, TuscB, München 1972, 61; vgl. auch Eur. Herc. 503-513.
5   D.h. der Liebesgöttin Aphrodite.
6   Übers. Ernst Buschor, Euripides III, TuscB, München 1972, 129.
7   Griechische Inschriften als Zeugnisse des privaten und öffentlichen Lebens. Griechisch-Deutsch, ed. Gerhard Pfohl, TuscBü, München ²1980, Nr. 25, 29-30, mit den Nachweisen 200, wiedergegeben in der poetischen Nachdichtung von Hilprecht Hommel, Ein neues Chorliedfragment und seine Umwelt, Epig. 19, 1957, 134/164.

> Ist der Anteil göttlich verhängten
> Loses, wie's auch fällt."

In unübertroffener Eindrücklichkeit wird es dann vierhundert Jahre später von dem früh vollendeten römischen Dichter und Zeitgenossen Cäsars Catull aufgenommen (5,4-6):[8]

> „Soles occidere et redire possunt:
> nobis, cum semel occidit brevis lux,
> nox est perpetua una dormienda."

Schließlich fand es bei dem glücklicheren, der nächsten Generation angehörenden Q. Horatius Flaccus seine klassische Ausprägung und seinen Namen (Hor. carm. I.11):[9]

> „Tu ne quaesieris, scire nefas, quem mihi, quem tibi
> Finem di dederint, Leuconoe, nec Babylonios
> Temptaris numeros. Ut melius, quidquid erit, pati,
> Seu pluris hiemes seu tribuit Juppiter ultimam,
> Quae nunc oppositis delibitat pumicibus mare
> Thyrrhenum. Sapias: vina liques et spatio brevi
> Spem longam reseces. Dum loquimur, fugerit invida
> Aetas: carpe diem quem minimum credula postero."

2. Das Carpe diem im Horizont der Ethik der wahren Lust: Epikur

Doch das Thema fand nicht nur unter den Dichtern, sondern auch bei den Philosophen der hellenistischen Epoche und römischen Kaiserzeit seine Aufnahme. Die Frage, wie man glücklich sein könne, wenn man der Macht des wankelmütigen Zufalls der Tyche oder Fortuna ausgeliefert ist, beschäftigte die Menschen dieser Jahrhunderte nachhaltig.[10] Denn sie hatten seit der Zerstörung des Perserreiches durch Alexander und den Kämpfen um die Aufteilung seines gewaltigen Erbes bis zu der schrittweise erfolgten Eingliederung

---

8   „Sonnen sinken hinab und kehren wieder;/ Unser winziges Licht, erlischt es einmal,/ Dann umfangen uns Nacht und schlaf für ewig." Catull, Gedichte. Lateinisch-Deutsch, hg. und übers. v .Werner Eisenhut, STusc, 10. Aufl., München 1993, 12-13.

9   „O Leukonoe, so forsche doch nicht – Sünde ja ist es – wann/ Mir die Götter das Ziel setzten, wann Dir! Laß astrologische/ Rechenkunst! Wie viel besser, man trägt, wie es auch fällt, sein Los,/ Ob der Winter noch mehr Juppiter schenkt, ob es der letzte sei,/ Der das tuskische Meer dort an des Strands hemmendem Felsgeklüft/ Müdpeitscht. Zeige dich klug: kläre den Wein, stelle der Hoffnung Flug/ Auf das Heute nur ein! Neidisch entflieht, während du sprichst, die Zeit;/ Schenk dem kommenden Tag nimmer Vertraun, koste den Augenblick." Horaz. Sämtliche Werke. Lateinisch und deutsch, hg., bearb. und übers. v. Wilhelm Schöne, TuscBü, München 1967 (Nachdr. 1970), 24; zur Deutung vgl. Anne Lill, Carpe diem: Hedonistic, Sceptical or Frightened?, Trames 2, 1997, 109-124.

10 Vgl. William Tarn coll. G.T. Griffith, Hellenistic Civilisation, 3. Aufl. (Nachdr.) London 1959, 340 = Die Kultur der Hellenistischen Welt, übers. v. Gertrud Bayer, Darmstadt 1966, 404-405, und Hermann Bengton, Die Hellenistische Weltkultur, Stuttgart 1988, 47-48.

der so entstandenen Reiche in das Imperium Romanum einen drastischen Anschauungsunterricht über die launenhafte Macht des Schicksals erhalten. Doch auch in der römischen Kaiserzeit machte es sich vielfach bemerkbar. Der Thron der Kaiser stand in weiten Abschnitten der Geschichte des Reiches keineswegs unerschüttert. Seine Hofbeamten bekamen seine Launen zu spüren, und schließlich stand selbst ein Kaiser vor der Aufgabe, sich die innere Ruhe und Freiheit in einem ihm durch die Feinde des Reiches aufgezwungenen Soldatenleben zu bewahren.

Als die einflußreichsten Schulphilosophien der hellenistischen Epoche können wir mit zunehmendem, ihrer Aufzählung entsprechendem Einfluß die Akademische Skepsis mit ihrer Leugnung alles sicheren Wissens,[11] die epikureische mit ihrer Anweisung, durch eine vernünftige Lebensführung und Denkungsart alle Ängste vor dem Tod und den Göttern zu verlieren und auf diese Weise glücklich zu leben, und die stoische Lehre von der inneren Freiheit angesichts der Macht der Notwendigkeit im Verlauf aller Welt- und Lebensprozesse benennen, deren letzter großer Vertreter der Kaiser Marcus Aurelius war.

Schon dieser vereinfachende Überblick läßt vermuten, daß das Motiv des *carpe diem* die größte Rolle bei den *Epikureern* spielte, die sich nach dem Vorbild des Freundeskreise, den Epikur (341-270) in seinem Gartengrundstück in Athen versammelt hatte, mit Gleichgesinnten zusammenschlossen und vom politischen Leben fernhielten,[12] um angesichts des allen gewissen Todes ein lustvolles und von Schmerzen freies Leben zu führen.[13] Entgegen der bereits in der Antike einsetzenden[14] und bis heute nachwirkenden oberflächlichen Polemik gegen ihre Lehren galt ihnen nicht eine ausschweifende, nur den Gelüsten folgende, sondern eine umsichtige Lebensführung, welche nüchtern den wahren Lustgewinn kalkuliert und sich dadurch vermeidbare Schmerzen erspart, als die eigentliche Lebenskunst (Epicurus, epist.Men. =

---

11 Vgl. dazu Anthony A. Long, Hellenistic Philosophy. Stoics, Epicureans, Sceptics, London 1974, 75-106; Achim Engstler, Die phyrrhonischen Skeptiker, in: Friedo Ricken, Hg., Philosophen der Antike II, UB 459, Stuttgart u.a. 1996, 9-23, bzw. ausführlich Woldemar Görler, Älterer Pyrrhonismus. Jüngere Akademie. Antiochos von Askalon, in: Hellmut Flashar, Hg., Die Hellenistische Philosophie, GGPh 3. Aufl., Philosophie der Antike IV/2, Basel 1994, 717-989.

12 Vgl. Lucr. II.2-3 (A.A. Long und D.N Sedley, The Hellenistic Philosophers I, Cambridge 1987, 21 W, 120).

13 Vgl. zum Folgenden Maximilian Forschner, Über das Glück des Menschen. Aristoteles, Epikur, Stoa, Thomas von Aquin, Kant, 1. Aufl., Darmstadt 1993 (= 2. Aufl. 1994), 22-44, bes. 39-44, und weiterhin z.B. A.A. Long, Hellenistic Philosophy, 14-74, bes. 41-51 bzw. umfassend Michael Erler, in: Flashar, Die Philosophie der Antike IV/1, 1994, 29-202, bes. 153-159 und zur Schule Epikurs 203-490 bzw. knapp auch ders., Epikur, in: Ricken, Hg., Philosophen der Antike II, 40-60, bes. 51-57.

14 Vgl. dagegen z.B. Seneca, vit.beat. XIII.5: „*Itaque non quod dicunt plerique nostrorum, sectam Epicuri flagitiorum magistram esse, sed illud dico: male audit, infamis est, et immerito.*"

Diog. Laert. X.127-135).[15] Die Todesfurcht, die durch den Volksglauben an die Schrecken der Unterwelt gesteigerte Furcht vor dem Tode, von denen die Mysterien zu befreien versprachen, hatte Epikur mit zwei einander ergänzenden Argumenten als unbegründet erklärt. Nach dem ersten kümmern sich die Götter überhaupt nicht um die Menschen, weil sie das in ihrer Seligkeit beeinträchtigen würde. Nach dem zweiten ist es sinnlos, sich vor einem Ereignis zu fürchten, das man nicht wahrnimmt, weil die Seele sich zusammen mit dem Leibe auflöst und es daher bei den Toten weder Wissen noch Wahrnehmung gibt.[16] Aus der Einsicht in die Bedeutungslosigkeit des Todes folgt die Zuwendung zum Augenblick, folgt das *carpe diem*. So heißt es in Epikurs Brief an Menoikeus (Diog. Laert. X.124):[17]

„Gewöhne dich auch an den Gedanken, daß es mit dem Tode für uns nichts auf sich hat. Denn alles Gute und Schlimme beruht auf Empfindung; der Tod aber ist die Aufhebung der Empfindung. Daher macht die rechte Erkenntnis (γνῶσις ὀρθή) von der Bedeutungslosigkeit des Todes für uns die Sterblichkeit des Lebens erst zu einer Quelle der Lust, indem sie uns nicht eine endlose Zeit als künftige Fortsetzung in Aussicht stellt, sondern dem Verlangen nach Unsterblichkeit ein Ende macht."

Ganz in diesem Sinne mahnt ein Römer auf seinem aus dem 1. Jh. n. Chr. (CE 1567) stammenden Grabstein die Vorübergehenden, sich durch die Furcht vor dem Tod nicht die Freuden des Lebens entgehen zu lassen:[18]

„Ne metuas Lethen;[19] nam stultum est tempore et omni,
dunc mortem metuas, amittere gaudias vitae."

---

15 Vgl. bes. Diog. Laert. X.132 (Epicurea, ed. Hermanus Usener, Leipzig 1887 = Stuttgart 1966, 64.18-24): „*Für alles dies ist Anfang und wichtigstes Gut die vernünftige Einsicht (φρόνησις), daher steht die Einsicht an Wert auch noch über der Philosophie. Aus ihr entspringen alle Tugenden. Sie lehrt, daß ein lustvolles Leben nicht möglich ist ohne ein einsichtsvolles und sittliches (καλῶς) und gerechtes Leben, und ein einsichtsvolles, sittliches und gerechtes Leben nicht ohne eine lustvolles. Denn die Tugenden sind mit dem lustvollen Leben auf das engste verwachsen, und das lustvolle Leben ist von ihnen untrennbar.*"

16 Vgl. Epicurus, Kyr.Dox. I-II (Diog. Laert. X.139 = Usener, 71.3-7): „*I. Was glückselig und unvergänglich ist, ist nicht nur selbst frei von jeder Störung, sondern bereitet auch keinem anderen irgendwelche Störung; es hat also nichts zu schaffen mit Zorn und Gefälligkeit, denn dergleichen zeugt durchweg von Schwäche. II. Der Tod hat keine Bedeutung für uns; denn was aufgelöst ist, ist ohne Empfindung; was aber ohne Empfindung ist, das hat keine Bedeutung für uns.*" Übers. Otto Apelt, Diogenes Laertius. Leben und Meinungen berühmter Philosophen, PhB 53/54, 2. Aufl., Hamburg 1967, S. 287-288; vgl. auch Epist. Herod./Diog. Laert. X.65-66 und 81-82 = Usener, 21-22 und 30-31, PhB 53/54, 252-253 und zu Epikurs Theologie Erler, GGPh IV/1, 149-153.

17 Usener, 16.15-20; Übers. O. Apelt, PhB 53/54, 280.

18 „*Fürchte die Lethe nicht; denn töricht ist es, wann immer/ während du fürchtest den Tod, zu verlieren die Freuden des Lebens.*" Zitiert nach Hieronymus Geist, besorgt v. G. Pfohl, Römische Grabinschriften. Gesammelt und ins Deutsche übertragen, TuscBü, 2. Aufl., München 1976, Nr. 449, 169.

19 Vgl. Thgn. 705: Persephone gewährt den Menschen Vergessen (λήθην); im großen Seelenmythos des Er (Plat. rep. 621a 1-b 1) kommen die Seelen nach der Wahl ihrer künftigen Lebensweise und der Verbindung der Seele mit dem gewählten Los durch die Spindel der Atropos und dem Gang durch die Ananke, die Notwendigkeit, auf das Feld der

3. Das Carpe diem im Horizont der Ethik der Pflicht: Die Stoa

Wenden wir uns der *Stoa* zu, so begegnet uns ein weit komplizierteres Ge-
dankengebäude als bei Epikur und seinen Anhängern. Wir können das Ganze
im vorliegenden Zusammenhang nur lose skizzieren, um einen angemessenen
Horizont für die spezifische Lehre von dem höchsten und einzigen Gut und
der inneren Freiheit des Menschen in einer durch Kausalität bestimmten Welt
zu gewinnen.[20] Zeus ist als der höchste Gott mit dem Logos identisch, der als
inneres Prinzip die Materie gestaltet und in einen Kosmos verwandelt, der in
seinem Ganzen Verlauf kausal determiniert und mithin notwendig ist. Der
Kosmos selbst entfaltet sich, altert und endet in einem Weltenbrand, aus dem
die gleiche Welt in immer neuer Abfolge hervorgeht. Die Aufgabe des Menschen besteht darin, in den ihm durch den notwendigen Lauf der Welt gesetzten Grenzen, zu denen auch sein eigener determinierter Charakter gehört,
als Teilhaber an der göttlichen Vernunft so zu handeln, daß er mit dem von
der Weltvernunft oder Zeus geleiteten Weltganzen übereinstimmt und damit
seiner eigenen, durch die Vernunft bestimmten Natur entspricht.[21] Daraus
ergibt sich als Ziel des menschlichen Handelns, das Leben so zu führen, daß
es mit der Natur des Alls und der eigenen übereinstimmt, die beide durch die
alles durchdringende göttliche Vernunft bestimmt sind. Aus dieser Übereinstimmung des Menschen mit seiner wahren Natur entspringen ebenso die
Tugenden wie sein inneres Glück.[22] Das höchste und einzige Gut des Menschen und also auch sein Glück besteht mithin „nicht im ‚Glück haben'
(εὐτυχεῖν), sondern im ‚Glücklichsein' (εὐδαιμονεῖν)".[23] Bündig faßt Seneca
in seinem Traktat *Über das glückliche Leben* (De vita beata) das stoische
Verständnis des Glücks zusammen (III.3):[24]

Vergessenheit (τῆς Λήθης πεδίον), um hier von dem Wasser des Flusses Ameletos
(Sorglos) zu trinken, dessen übermäßiger Genuß Vergessenheit (λήθη) zur Folge habe. In
621c1-2 ist vom Durchschreiten des Flusses der Lethe im Sinne von Sterben die Rede.
Ohne mythisches Bild gesagt: Der Mensch vergißt im Tode bzw. vor seiner Wiederge-
burt sein zurückliegendes Leben.

20 Vgl. Forschner, Glück, 45-79; ders., Die ältere Stoa, in: Ricken, Philosophen der Antike
   II, 1996, 24-39, bes. S. 35-39; zum Hintergrund ders., Die stoische Ethik. Über den Zusammenhang von Natur-, Sprach- und Moralphilosophie im altstoischen System, Stuttgart 1981, 142-226 und weiterhin Long, Philosophy, 107-209, umfassend Peter Steinmetz, Die Stoa, in: Flashar, Philosophie der Antike IV/2, 1994, 491-716.
21 Vgl. Diog. Laert. VII.87 und SVF I, 552 und dazu Steinmetz, Philosophie der Antike
   IV/2, S. 541-543 (Zenon); 574 (Kleanthes) und 612-613 (Chrysipp).
22 Diog. Laert. VII.88.
23 M. Forschner, Die stoische Ethik. Über den Zusammenhang von Natur-, Sprach- und
   Moralphilosophie im altstoischen System, Stuttgart 1981, 174, und zum Unterschied
   zwischen griechischem und römischem Verständnis des Glücks A.A. Long, Epictetus. A
   Stoic and Socratic Guide to Life, Oxford 2002, 193.
24 *„Glücklich also ist ein Leben, übereinstimmend mit dem eigenen Wesen, das nicht anders [uns] zuteil werden kann, als wenn die Seele gesund ist und in beständigem Besitz
   ihrer Gesundheit, so dann tapfer und leidenschaftlich, ferner mit Haltung leidensfähig,*

„Beata est ergo uita conveniens naturae suae, quae non aliter contingere potest quam si pri-
mum sana mens est, et in perpetua possessione sanitatis suae, deinde fortis ac uehemens, tunc
pulcherrime patiens, apta temporibus, corporis sui pertinentiumque ad id curiosa non anxie,
tum aliarum rerum quae uitam instruunt diligens sine admiratione cuisquam, usura fortunae
muneribis, non seruitura."

Damit wird das Glück zu einem inneren Besitz, dem die äußeren Glücksfälle
des Lebens nichts anzuhaben vermögen. An dem der Notwendigkeit unterlie-
genden Ablauf des Weltlaufes kann der Mensch nichts ändern, aber er kann
ihm seine Zustimmung entziehen oder erteilen. Im ersten Fall treibt ihn die
Natur, im zweiten Fall führt sie ihn: *Ducunt uolentam fata, nolentem trahunt*.[25] Auf dieser Zustimmung zu dem notwendigen Geschehen erwächst die
innere Freiheit. Weil der Weise weiß, daß seine Zustimmung zum notwendigen Lauf der Welt dem Willen Gottes entspricht, ist er darin als ein Nachah-
mer Gottes frei,[26] in welcher äußeren Lage er sich auch befinden mag.[27] Die
äußeren Umstände gehören entweder zu den ἀδιάφορα, den gleichgültigen,
weder guten noch schlechten Dingen,[28] oder aber zu den Übeln. So zeichnet
sich eine Gütertafel ab, an deren Spitze die Tugenden, in deren Mitte als polare Gegensätze Leben und Tod, Ruhm und Schande, Mühe und Lust,
Reichtum und Mangel, Krankheit und Gesundheit und an deren Ende die
Laster stehen.[29] Der stoische Weise unterscheidet sich von dem Asketen dadurch, daß er die positiven Seiten des Lebens wie Gesundheit, Freude und
überschaubaren Besitz nicht verachtet, aber nicht von ihnen abhängig ist. Zu
den guten Seiten des Lebens rechnen selbstverständlich ein ehrenwertes Vaterland und nicht zuletzt tüchtige und gute Freunde, die einander auf dem
Weg der Tugend beistehen.[30] Das Schlechte ist seinerseits Teil des notwendigen Weltzusammenhangs und gehört zu der Harmonie des Ganzen.[31] Der

---

*gewachsen den Zeitumständen, mit ihrem Körper und allem mit ihm Zusammenhängen-
den achtsam ohne Ängstlichkeit, dann in den anderen Dingen, die das Leben bereichern,
sorgfältig ohne Überbewertung von irgend etwas, willens zu nutzen des Schicksals Ge-
schenke, nicht ihnen zu dienen.*" Zitiert nach Manfred Rosenbach, L. Annaeus Seneca,
Philosophische Schriften. Lateinisch und Deutsch II. Dialoge VII-XII, Darmstadt 1988,
8-9; zu Senecas Denken vgl. Gregor Maurach, Seneca, in: Ricken: Philosophen II, 1996,
146-168.

25   Sen. epist. 107,1; vgl. auch SVF II, 975, und dazu Maximilian Forschner, Die stoische
Ethik. Über den Zusammenhang von Natur-, Sprach- und Moralphilosophie im altstoischen System, Stuttgart 1981, 164, und zu dem im Hintergrund stehenden Zeus-Hymnos
des Kleanthes Steinmetz, Philosophie der Antike IV/2, 573, und die knapp kommentierte
Übersetzung 576-578.

26   Epictetus 2.14.12-13; vgl. auch frg. 35 (114), zu Epiktet vgl. Jackson P. Hershbell,
Epiktet, in: Riecken, Philosophen II, 1996, 184-198, und jetzt vor allem Long, Epictetus,
2002, zur Sache bes. 170.

27   Vgl. Seneca, vit.beat. XV.7 und Epictetus, ench. 1.

28   Diog. Laert. VII.165 bzw. SVF I, 411.

29   SVT I, 190.

30   Diog. Laert. VII.95-96.

31   Gellius 7.1.1-13 = SVF II, 1169-1170.

Weise wird sich den öffentlichen Aufgaben nicht entziehen, sofern sie es ihm ermöglichen, dem Bösen zu wehren und zur ἀρετή, zu einem tugendhaften Leben anzuleiten.[32] Als die einzigen wahrhaft Freien sind sie allein dazu befähigt, leitende Beamte (ἀρχικοί), Richter und Redner zu sein.[33]

Die einfachsten Anweisungen zu einem glücklich Leben verdanken wir dem einstigen phrygischen Sklaven und späteren Stoiker Epiktet, der während des letzten Drittels des 1. und dem ersten des 2. Jh. n. Chr. in dem epirischen Nikopolis lehrte. Sein *Enchiridion* oder Handbuch, in dem er seine Lehren zusammenfaßte, ist bis heute eine Quelle der Anweisung zu einem innerlich freien und sittlichen Leben und hat tief auf den Kaiser Mark Aurel eingewirkt, dem wir uns alsbald zuwenden werden. Wir wählen aus ihm drei Maximen aus, die auf einfachste Weise zu einem innerlich freien Leben angesichts des alle erwartenden Todes anleiten. Die erste lautet (Epictetus, ench. 8):

„Sei nicht darauf aus, daß alles so geschieht, wie du es willst, sondern wolle, daß alles so geschieht, wie es tatsächlich geschieht, und dein Leben wird heiter sein."

Die zweite ist gleichnishaft und leitet aus dem *memento mori* die Mahnung zu einem maßvollen Leben ab (ench. 15):

„Bedenke, dich im Leben wie auf einem Gastmahl zu benehmen: Was herumgereicht wird, gelangt auch zu dir. Strecke deine Hand aus und nimm maßvoll dein Teil. Es geht vorüber; halte es nicht auf."

Und die dritte fordert zur der Erinnerung an den Tod und alle möglichen Leiden auf und sagt als ihre Folge ein sittliches und maßvolles Leben voraus, um dann in einem einzigen Satz die Eigenschaften des stoischen Weisen umfassend zu bestimmen (ench. 21):

„Stelle dir jeden Tag den Tod, das Exil und alle anderen Schrecklichkeiten vor Augen, am meisten von allen aber den Tod. Dann wirst du niemals etwas Niedriges bedenken noch maßlos etwas begehren.
So ist der stoische Weise ein Mensch, der mit seinem Schicksal versöhnt und gelassen dem Leben gegenübersteht und sein Denken und Handeln durch die Erinnerung an die Vergänglichkeit alles Irdischen bestimmen läßt und daher das Maß hält."[34]

So steht im Vordergrund der Stoiker nicht das *carpe diem*, sondern das *memento mori*: Dem Weisen dient das Gedenken an die Vergänglichkeit alles Irdischen und damit zugleich an den eigenen Tod dazu, sich innerlich über den schicksalhaften Gang der Welt zu erheben und dadurch zu einer inneren Freiheit gegenüber allen äußeren Zwängen zu gelangen, die ihm ein sittlich reines Leben ermöglicht.

Dieses Welt- und Selbstverständnis teilte auch der Philosoph auf dem Kaiserthron Marcus Aurelius Augustus.[35] Er erinnert sich in seinem Feldlager an

---

32 Diog. Laert. VII.121.
33 Diog. Laert. VII.122; vgl. SVT III, 617 und 612.
34 Vgl. dazu auch oben, Deuteronomium, S. 42.

den transitorischen Charakter der menschlichen Existenz als der Triebfeder, statt nach vergänglichem Glück nach der Übereinstimmung mit dem in uns befindlichen göttlichen Geist zu trachten, sich durch nichts, was ihm widerfährt, den inneren Frieden rauben zu lassen, seine Pflicht zu tun und den Tod heiteren Sinnes zu erwarten, weil nichts, was natürlich ist, schlecht ist (Marcus Aurelius, Med. II.17):[36]

„Die Dauer des menschlichen Lebens ist nur ein Augenblick, seine Existenz in dauerndem Fluß; die Wahrnehmungsfähigkeit des Menschen ist schwach, das Gebilde seines Körpers ganz der Fäulnis ausgesetzt, seine Seele unbeständig und orientierungslos, sein Schicksal unberechenbar, sein Reden unbestimmt und verworren. Kurz: Alles Körperliche – ein Fluß alles Seelische – Schall und Rauch, das Leben – Krieg und kurzer Aufenthalt eines Fremden, der Nachruhm – Vergessen. Was kann uns da noch stützen und helfen? Einzig und allein die Philosophie. Ihre Hilfe besteht darin, den göttlichen Geist in unserem Innern vor Schaden und Verletzung zu bewahren, auf daß er Lüsten und Schmerzen überlegen sei, nichts planlos tue, ohne Lug und Trug unabhängig sei vom Tun und Lassen eines anderen, außerdem das, was geschieht, hinnehme, als ob es irgendwie von dort komme, woher er selbst gekommen ist, schließlich den Tod mit heiterer Gelassenheit erwarte, als ob er nichts anderes sei als die Trennung der Grundbestandteile (λύσις τῶν στοιχείων), aus denen jedes Lebewesen besteht. Wenn es aber für die Grundbestandteile selbst nicht schlimm ist, daß sich jedes einzelne ununterbrochen in ein anderes verwandelt – warum fürchtet man dann die Verwandlung und Trennung der Grundbestandteile? Das ist doch natürlich. Nichts aber ist schlecht, was natürlich ist (οὐδὲν δὲ κακὸν κατὰ φύσιν)."

Daher relativiert sich ihm die Frage nach der Länge des Lebens; denn alles Geschehen wiederholt sich in einem ewigen Kreislauf. Für das *carpe diem* bleibt hier kein Platz, sondern nur noch dafür, auch unter widrigen Umständen seine Pflicht zu tun und sich mittels der Erinnerung an die ewige Wiederkehr die Seelenruhe zu bewahren (Med. II.14b):[37]

„Immer also an diese beiden Dinge denken: erstens, daß alles seit Ewigkeiten gleichartig ist und sich in ständigem Kreislauf wiederholt und daß es ohne Bedeutung ist, ob jemand in hundert oder zweihundert Jahren oder in unendlicher Zeit dasselbe sehen wird; zweitens, daß der am längsten Lebende dasselbe verliert wie der andere, der sehr früh sterben muß. Denn nur das Gegenwärtige wird einem weggenommen, jedenfalls dann, wenn man nur dies besitzt und nicht verliert, was man hat."

Wir Heutigen erinnern uns vielleicht im Kontrast dazu an Friedrich Nietzsches *Nachtwandlerlied* im *Zarathustra*, in dem er dem eisigen Gedanken der ewigen Wiederkehr des Gleichen den Mantel der ewigen Bejahung umlegt:

„Lerntet ihr nun mein Lied? Errietet ihr, was es will? Wohlan! Wohlauf! Ihr höheren Menschen, so sing mir nun meinen Rundgesang! Singt mir nun selber das Lied, des Name ist

---

35   Zu seinem Denken vgl. Pierre Hadot, Mark Aurel, in: Ricken, Philosophen II, 1996, 199-215, zu seiner politischen Leistung Karl Christ, Geschichte der römischen Kaiserzeit. Von Augustus bis zu Konstantin, München 1988, 332-345, bes. 344-345.

36   Marc Aurel, Wege zu sich selbst. Griechisch-Deutsch, hg. und übers. v. Rainer Nickel, STusc, München und Zürich (Darmstadt) 1990, 38-41; zu den pantheistischen Zügen seines Denkens vgl. Long, Epictetus, 2002, 176-178.

37   Ed. Nickel, TuscBü, 36-39.

‚Noch ein Mal', dess Sinn ist ‚in alle Ewigkeit!' singt, ihr höheren Menschen, Zarathustra's Rundgesang!

> Oh Mensch! Gib Acht!
> Was spricht die tiefe Mitternacht?
> ‚Ich schlief, ich schlief –,
> ‚Aus tiefem Traum bin ich erwacht: –
> ‚Die Welt ist tief,
> ‚Und tiefer als der Tag gedacht.
> ‚Tief ist ihr Weh –,
> ‚Lust – tiefer noch als Herzeleid:
> ‚Weh spricht: Vergeh!
> ‚Doch alle Lust will Ewigkeit –,
> ‚– will tiefe, tiefe Ewigkeit!'"[38]

Auf den Boden des Tatsachen und zu unsrem Thema ruft uns *Rafik Schami* zurück, indem er uns durch die dem Abriß geweihten Gassen und Höfe der Altstadt von Damaskus führt. Dort treffen wir auf den alten, weder armen noch reichen, dafür aber zufriedenen Kutscher Onkel Salim und lauschen ihm, wie er seinem jungen Freund den zeitlos gültigen Rat gibt:[39]

„Der Tod, mein Junge, sagt uns jede Stunde: Lebe! Lebe! Lebe!"

3. Memento mori und Carpe diem beim Kohelet/Prediger Salomo

Wüßten wir, daß der alte Kutscher ein eifriger Bibelleser gewesen ist (was eher unwahrscheinlich ist), so könnten wir ihm bescheinigen, daß er seinen Kohelet richtig verstanden hat und sein würdiger Nachfolger gewesen ist. Weisheit ist eben an keinen besonderen Stand gebunden, sondern eine Gabe, die Gott denen gibt, die geraden Sinnes sind und selbständig denkend aus dem ihre Schlüsse ziehen, was sich rings um sie ereignet. Daraus ergibt sich von selbst, daß der Weise nicht nur die lichten, sondern auch die dunklen Seiten des Lebens wahrnimmt und bedenkt. Das war auch bei den beiden spätbiblischen Weisheitslehrern der Fall, denen wir uns im Folgenden zuwenden, dem sogenannten Kohelet oder Prediger Salomo und Jesus Sirach. Der eine lebte im zweiten Drittel des 3. Jh. v. Chr., während der andere der nächsten Generation angehörte und seine Lehren vermutlich zwischen 195 und 185 v. Chr. aufzeichnete. Beider Schriften geben zu erkennen, daß sich

---

38 Zitiert nach KGA VI/1, hg. Giorgio Colli und Mazzino Montinari, Berlin 1968, 399,23-400,11 (mit Anpassungen an die heute noch vorherrschende Orthographie); zu Nietzsches Lehre von der ewigen Wiederkehr vgl. knapp und präzise Henning Ottmann, Philosophie und Politik bei Nietzsche, Monographien und Texte zur Nietzsche-Forschung 17, 2. verb. und erw. Aufl, Berlin und New York 1999, 358-382.

39 Rafik Schami, Eine Hand voll Sterne, dtv 1290, München 1995, 94.

der geistige und kulturelle Einfluß des Hellenismus auf das palästinische Judentum in der zwischen ihnen liegenden Zeit kontinuierlich verstärkt hatte.[40]

Der Name des Verfassers des erst nachträglich der Autorität König Salomos als des paradigmatischen Weisen schlechthin unterstellten Büchleins[41] ist nicht überliefert. Im ersten Epilog des für die Herausgabe des schriftlichen Nachlasses seines Lehrers verantwortlichen Schülers wird er unter dem Pseudonym des Kohelet oder Versammlungsleiters erwähnt (Koh 12,9).[42] Der Einfluß des damaligen Zeitgeistes auf das jüdische Denken spiegelt sich einerseits in der Aufnahme der für die hellenistische Philosophie zentralen Frage, wie der Mensch angesichts der Macht des Schicksal glücklich zu sein vermag, andererseits in der Rolle, die er der eigenen Erfahrung bei der Auseinandersetzung mit den überkommenen Lebenslehren der Weisheit einräumt.[43] Auf der Suche nach einem bleibenden Gewinn des vergänglichen Menschenlebens (1,3) gerät sein Denken in die polare Spannung zwischen der Einsicht, daß alles durch und durch vergänglich ist und es keinen Generalschlüssel für die Deutung des menschlichen Schicksals gibt, und der Suche nach einem bleibenden Gewinn. Obwohl er der klassischen Lehre, daß Gott dem Menschen nach seinem Tun vergilt, dem vorliegenden Text nach nicht absagt (8,11-13),[44] findet er doch angesichts der Tatsache, daß es Gerechte gibt, denen es geht, wie es den Frevlern gehen sollte, und Frevler, denen es geht, wie es den Gerechten gehen sollte (8,14), keinen anderen Schlüssel für Glück und Unglück des Menschen als den, daß Gott beides den Menschen aufgrund seiner unergründlicher Zu- oder Abneigung zuteilt (2,26). Die Verborgenheit Gottes erweist sich Kohelet

---

40 Zur politischen, wirtschaftlichen und geistigen Situation des palästinischen Judentums unter der Vorherrschaft der Ptolemäer und der Seleukiden vgl. Martin Hengel, Judentum und Hellenismus, WUNT 10, Tübingen 1969 (3. Aufl. 1988*), passim.

41 Vgl. dazu Otto Kaiser, Grundriß der Einleitung in die kanonischen und deuterokanonischen Schriften des Alten Testaments III: Die poetischen und die weisheitlichen Werke, Gütersloh 1994, 83-96, bes. 84-85.

42 Zur Edition des Traktats Koh 1,3-3,15 und der Einzelaufzeichnungen durch den 1. Epilogisten vgl. Alexander A. Fischer, Skepsis oder Furcht Gottes? Studien zur Komposition und Theologie des Buches Kohelet, BZAW 247, Berlin und New York 1997 mit der Tabelle 252 bzw. das Referat bei O. Kaiser, Beiträge zur Kohelet-Forschung. Eine Nachlese. II. Literarische Probleme des Buches, ThR 60, 1995, 233-253, bes. 246-248 = ders., Gottes und der Menschen Weisheit, BZAW 261, 1998, 180-200, bes. 193-195.

43 Zum Problem vgl. auch Reinhold Bohlen, Kohelet im Kontext hellenistischer Kultur, in: Ludger Schwienhorst-Schönberger, Hg., Das Buch Kohelet. Studien zur Struktur, Geschichte, Rezeption und Theologie, BZAW 254, Berlin und New York 1997, 249-274.

44 Die Verse sind umstritten und z.B. von Kurt Galling, Der Prediger, in: Ernst Würthwein, ders. und Otto Plöger, Die Fünf Megilloth, HAT I/18, Tübingen 1969, S. 11-112 und Martin Rose, Rien de nouveau. Nouvelles approches du livre de Qohéleth. Avec une bibliographie (1988-1998) élaborée par Béatrice Perregaux Alision, OBO 168, Freiburg, Schweiz, und Göttingen 1999, 255-259, im Zuge einer fundamentalen redaktionsgeschichtlichen Untersuchung als Zusätze des 2. Epilogisten beurteilt worden. (Sein Entwurf wartet m.W. noch immer auf eine gründliche Überprüfung); vgl. aber auch Roland Murphey, Ecclesiastes, WBC 23A, Dallas, Tex. 1989, 85-86, und Coon-Leong Seow, Ecclesiastes, AncB 18C, NewYork 1997, 294.

auch in seiner eigentümliche Lehre von der qualifizierten, dem Menschen schicksalhaft zufallenden Zeit und führt ihn zu der Einsicht, daß Gott den Lauf der Welt mit Absicht so eingerichtet hat, daß der Mensch ihn nicht zu durchschauen vermag, damit er ihn fürchtet (3,1-15).

Für Ben Sira stand die Furcht des Herrn nicht am Ende, sondern am Anfang seiner Überlegungen.[45] Sie ist für ihn Wurzel und Krone, Anfang und Vollendung der Weisheit und aufs engste mit dem Halten der Gebote verbunden (Sir 1,11-21.26-27).[46] Ben Sira stellt die traditionelle Überzeugung von der Übereinstimmung zwischen menschlichem Handeln und göttlicher Schicksalslenkung nicht in Frage, sondern sucht sie als vernunftgemäß zu erweisen. Daher führt er den Nachweis, daß der Mensch für seine Taten verantwortlich ist (Sir 15,11-20; 17,1-6*) und der Herr die Welt so eingerichtet hat, daß er über alle Mittel verfügt, die Guten zu belohnen und die Bösen zu bestrafen (39,12-35). Die natürliche Urteilsfähigkeit des Menschen und die Tora ergänzen einander insofern, als diese den dem Menschen als das Gesetz des Lebens zuverlässig zu einem von Gott gesegneten Leben anleitet (17,11-14).

Aus beider unterschiedlichem Denkansatz folgt, daß sie auch *carpe diem* und *memento mori* in unterschiedlicher Weise aufgenommen haben. Kohelet Ausgangsfrage lautet, ob es einen bleibenden Gewinn für das Handeln des Menschen gibt (Koh 1,3). Seine Antwort fällt negativ aus, weil er für den Menschen als ein zeitliches Wesen, das nicht über seine Zukunft verfügt und dem Tode verfallen ist, unmöglich ist. Auch der Weise bildet keine Ausnahme, denn selbst wenn er gegenüber dem Toren den relativen Vorteil besitzt, muß auch er sterben (2,12-17). Extremer Reichtum ermöglicht es zwar, sich alle Wünsche zu erfüllen (2,1-11), doch gibt es keine Garantie dafür, daß der Reiche ihn genießen kann (6,1-6), daß er ihm nicht genommen (5,12-16) oder durch einen törichten Erben vertan wird (2,18-23). Dem Planen und Handeln des Menschen ist durch die rätselhaft zufallende, ihm in ihrer Qualität unbekannte Zeit eine Grenze gesetzt: Es gibt nicht nur keine Sicherheit dafür, daß es zum Erfolg führt (3,1-9);[47] sondern er muß selbst damit rechnen, daß ihn eine böse Zeit in ihren Netzen fängt (9,11-12):

> „Zum anderen sah ich unter der Sonne,
> daß weder die Schnellsten den Lauf

---

45 Zum Sirachbuch vgl. O. Kaiser, Die alttestamentlichen Apokryphen. Eine Einleitung in Grundzügen, Gütersloh 2000, 79-90.

46 Vgl. dazu umfassend Josef Haspecker, Gottesfurcht bei Jesus Sirach. Ihre religiöse Struktur und ihre literarische und doktrinäre Bedeutung, AnBib 30, Rom 1967, und zu ihrer Charakterisierung vor allem Oda Wischmeyer, Die Kultur des Buches Jesus Sirach, BZNW 77, Berlin und New York 1995, 278-281 und zur Beziehung zwischen Kohelet und Ben Sira Johannes Marböck, Kohelet und Sirach, in: Schwienhorst-Schönberger, Hg., Das Buch Kohelet, BZAW 254, 1997, 275-302.

47 Vgl. dazu A.A. Fischer, 217-225, und Tilmann Zimmer, Zwischen Tod und Lebensglück. Eine Untersuchung zur Anthropologie Kohelets, BZAW 286, Berlin und New York 1999, 82-89.

noch die Tapfersten den Krieg
noch die Weisesten Brot
noch die Verständigsten Reichtum
noch auch die Kundigen Ansehen gewinnen:
sondern Zeit und Zufall treffen sie alle.
Denn der Mensch kennt seine Zeit nicht.
Wie Fische, die sich in einem schlimmen Netz verfangen,
und wie Vögel, die in einem Klappnetz gepackt sind,
wie sie werden die Menschenkinder zur bösen Zeit gefangen,
wenn sie plötzlich über sie herfällt."

Das einzige, was der Mensch angesichts dieser Lage tun kann, ist es, seine
Augen offen zu halten, um nicht blindlings ins Unglück zu laufen, und das
Risiko bei seinen Unternehmungen ebenso breit zu streuen und wie das Rest-
risiko entschlossen einzugehen (11,1-6):[48]

„Schicke dein Brot über die Wasserfläche,
denn nach vielen Tagen[49] wirst du es finden.
Verteile (dein) Kapital auf sieben oder acht,
denn du weißt nicht, welches Unglück auf Erden geschehen wird.
Wenn die Wolken voll sind, ergießen sich Regen auf die Erde.
Und wenn ein Baum nach Süden oder nach Norden fällt,
an dem Ort, an den der Baum fällt, dort liegt er.[50]
Wer den Wind beobachtet, wird nicht säen,
und wer nach den Wolken ausschaut, wird nicht ernten.
So wie du nicht weißt, auf welche Weise der Atem in die Gebeine im Leib der
Schwangeren (kommt),
so weißt du auch nicht um das Handeln Gottes, welches alles bewirkt.
Am Morgen säe deinen Samen
und am Abend laß deine Hand nicht ruhen,
denn du weißt nicht, was gelingt, ob dies oder jenes,[51]
oder beides zusammen glückt."

Angesichts der Unberechenbarkeit der Zukunft und der Unverfügbarkeit des
Erfolges ist die ihm von Gott geschenkte Freude das einzige ihm mögliche,
wenn auch vergängliche Gut, die Gottesfurcht die von ihm erwartete und von
Gott mittels des Entzuges der Einsicht in seine Schicksalsleitung absichtlich
provozierte Grundeinstellung (Koh 3,10-15).[52] Gott hat ihm die Einsicht in

---

48 Vgl. dazu Antoon Schoors, The Preacher sought to find Pleasing Words, OLA 41, Leu-
    ven 1992, 109f., und A.A. Fischer, 163-171.
49 Zur Übersetzung vgl. Schoors, 195.
50 Zu Text und Übersetzung vgl. Schoors, 42-43.
51 Zur Diskussion über das אֵיזֶה vgl. Schoors, 57-58.
52 Vgl. dazu auch O. Kaiser, Die Botschaft des Buches Kohelet, EThL 71, 1995, 48-70,
    bes. 66-10 = ders., Gottes und der Menschen Weisheit, BZAW 261, Berlin und New
    York 1998, 126-148, bes. 144-148. Zum Einfluß der hellenistischen Philosophie auf Ko-
    helets Frage nach dem Glück vgl. Ludger Schwienhorst-Schönberger, „Nicht im Men-
    schen gründet das Glück" (Koh 2,24). Kohelet im Spannungsfeld zwischen jüdischer
    Weisheit und hellenistischer Philosophie, HBS 2, Freiburg i.Br. 1994, 274-332, zum
    polaren Verhältnis zwischen Gottesfurcht und carpe diem als den Grundelementen der
    Ethik Kohelets 320-332 und zu der Vorstellung von der Wiederkehr des Gleichen bei
    Kohelet Norbert Lohfink, Die Wiederkehr des immer Gleichen. Eine frühe Synthese

sein Handeln verwehrt, *damit* der Mensch ihn fürchtet (3,14). So erweist sich Kohelet die Gottheit Gottes in seiner Verborgenheit: Er zwingt den Menschen, nach ihm zu fragen, aber er verwehrt ihm die Antwort (V. 10-11). Er gibt ihm keine Gewißheit, auf welche Weise er das Glück gewinnen, sondern höchstens darüber, wie er es verhindern kann (4,17-5,6; 7,15-22). Grundsätzlich aber ist und bleibt es seine Gabe (2,26; 3,13).[53] Im Schluß seines von 1,3-3,15 reichenden Traktats hat Kohelet seine Lehre bündig zusammengefaßt (3,10-15):[54]

10 „Ich bedachte die Mühe, die Gott den Menschenkindern gegeben hat, damit sie sich damit abmühen: 11 Alles hat er schön gemacht zu seiner Zeit und auch ‚die Mühsal'[55] hat er in ihr Herz gegeben, nur daß der Mensch das eigentliche Handeln Gottes vom Anfang bis zum Ende nicht ergründen kann. 12 Ich weiß: Es gibt nichts Besseres ‚für ihn', als sich zu freuen und sich gütlich zu tun in seinem Leben. 13 Doch jeder Mensch, der essen und trinken kann und Gutes bei seiner Mühe erfährt: eine Gabe Gottes ist es. 14 Ich weiß, daß alles, was Gott bewirkt, das währt ewig. Zu dem kann man nichts hinzufügen und von dem kann man nichts wegnehmen. Gott aber handelt so, damit man sich vor ihm fürchtet. 15 Das, was geschieht, längst war es, und das, was geschehen wird, längst ist es gewesen. Gott sucht nämlich das Entschwundene wieder hervor."

Mit dem Glück hat es eine eigentümliche Bewandtnis; denn einerseits ist das Glück-Haben nicht das Ergebnis eines zielgerichteten Handelns, sondern das eines Zusammenspiels einer Vielfalt von unberechenbaren Faktoren. Andererseits kann beim Menschen das Glücksgefühl ausbleiben, obwohl die äußeren Bedingungen für es gegeben sind.[56] Darauf beruht die Notwendigkeit, die Menschen auf seine Bedeutung aufmerksam zu machen und sie zu ermahnen, es nicht zu versäumen, weil es in seinen an das Lebensalter gebundenen Möglichkeiten unwiederbringlich ist. Das Hauptargument für die Dringlichkeit, sich dem Glück zu öffnen, besteht mithin in der Erinnerung an die Endlichkeit des Lebens, im *memento mori.* Demgemäß eröffnet Kohelet seine entsprechende Lehrrede in 9,1-10 in den V. 1-3 mit einer Erinnerung daran, daß alle Menschen ohne Unterschied und ohne Berücksichtigung ihrer religiösen und sittlichen Qualitäten dem Todesgeschick (מִקְרֶה) verfallen sind.

---

zwischen griechischem und jüdischem Weltgefühl, AF 52, 1985, 125-149, bes. 143-149 = ders., Studien zu Kohelet, SBAB 26, Stuttgart 1998, 95-124, bes. 117-124.

53 Vgl. 2,24-26; 5,17-19; 8,15 und 11,9-7.

54 Vgl. dazu A.A. Fischer, 226-244, der darauf hinweist, daß 3,11 die Verborgenheit, 3,12-13 die Güte und 3,14-15 die Allmacht Gottes betonen, und Zimmer, 207-223, der den Unterschied zwischen der Rolle der Gottesfurcht in der traditionellen Weisheit und bei Kohelet 215 zutreffend so erklärt: „*Gottesfurcht ist hier nicht das Gehen auf erhellten Pfaden, auf denen, wer den gewiesenen Pfaden folgt, auch gewiß ist, alle Früchte und Ehren des Lebens zu ernten. Gottesfurcht ist hier das Gehen unter einem geheimnisvoll verschlossenen Himmel, nie gesichert vor der Möglichkeit, daß aus ihm jäh ein Blitz hervorzuckt und den Wanderer trifft, auf Schritt und Tritt angewiesen auf die freie Beschenkung Gottes, auf Schritt und Tritt aber auch gerufen, bereitwillig das Rätsel und die Bedrängnis zu tragen, die Gott verhängen kann.*"

55 Zur Konjektur vgl. A.A. Fischer, 226f. Anm. 5.

56 Vgl. dazu Thomas Gil, Paradoxien des Handelns, Berlin 2002, 11-32.

Dann beschreibt er in einer fast sarkastischen Weise den absoluten Vorteil
der Lebenden gegenüber den Toten (V. 4-6), um erst dann dazu aufzufordern,
das Leben wie ein Fest zu feiern, sich den Freuden der Liebe und des Gau-
mens hinzugeben und den eigenen Kräften gemäß zu handeln (V. 7-10a),
weil sämtliche Möglichkeiten des Menschen in der Unterwelt erlöschen, zu
der sich auch der Angesprochene schon auf dem Wege befindet (9,4-10):

> 4 „Ja, wer noch allen, die leben, ‚zugesellt ist‘,[57]
>   für den gibt es Hoffnung;
>   denn: Ein lebender Hund ist besser als ein toter Löwe!
> 5 Denn die Lebenden wissen, daß sie sterben müssen,
>   aber die Toten wissen gar nichts,
>   und für sie gibt es keinen Lohn,
> 6 Auch ihr Lieben und ihr Hassen
>   samt ihrem Eifern ist längst dahin.
>   Sie nehmen in Ewigkeit nicht mehr an dem teil,
>   was unter der Sonne geschieht.
> 7 Geh, iß dein Brot mit Freuden
>   und trinke frohen Herzens deinen Wein;
>   denn Gott hat längst dein Tun gebilligt.
> 8 Weiß seien deine Kleider jederzeit,
>   und Öl soll nicht auf deinem Haupte fehlen!
> 9 Genieße das Leben mit der Frau, die du liebst,
>   alle Tage deines vergänglichen Lebens,
>   die er dir unter der Sonne gegeben.[58]
>   Denn das ist dein Anteil an deinem[59] Leben
>   und bei deiner Mühe, mit der du dich
>   abmühst unter der Sonne.
> 10 Alles, was deine Hand zu tun
>   vermag, tue!
>   Denn es gibt kein Handeln und Planen,
>   kein Wissen und keine Weisheit in der Unterwelt,
>   zu der du (schon) auf dem Weg bist.“

Wollen wir sein Verständnis des Glücks mit dem der hellenistisch-römischen
Philosophen vergleichen, müssen wir es zunächst noch einmal in seinen
Kontext gestellt zusammenfassen: Alle Menschen sind unterschiedslos dem
Tode ausgeliefert (9,2-3). Darüber hinaus ist keiner seines Geschickes Mei-
ster. Obwohl die Menschen sich abmühen müssen, als hinge der Erfolg ausschließlich von ihnen selbst ab, bleiben sie den Wechselfällen des Schicksals
ausgeliefert. Kohelet führt das, wie wir gesehen haben, darauf zurück, daß
der Mensch weder die den Zeiten von Gott verliehenen Qualitäten kennt (3,1-
9; 9,11-12) noch sicher sein kann, daß Gott nach dem von ihm selbst festge-
legten Grundsatz handelt, das Tun der Gerechten zu segnen und das der
Frevler zu verfluchen (vgl. 8,11-14 mit Dtn 28). Daraus ergibt sich, daß alles
Glück Gottes Gabe ist.[60] Dieses Glück aber hat nichts mit der Selbstbeschei-

---

57 Siehe BHS.
58 Siehe BHS.
59 Siehe BHS.
60 Vgl. 2,26; 3,13; 5,17-19; 9,7; vgl. aber auch 9,11b.

dung des Stoikers zu tun, der sich durch die Bejahung des Schicksals als der Fügung des Zeus der Entfremdung entzieht und sich selbst im sittlichen Handeln treu bleibt. Trotz seiner lustvollen Gehalte entspricht es auch nicht dem der Epikureer. Denn es ist gerade nicht das Ergebnis eines universalen Kalküls, sondern eine freie Gabe Gottes, die es rechtzeitig anzunehmen gilt; weil sie nur den Jungen in ihrer Manneskraft zuteil wird, während die Greise glücklos dem Grabe entgegen wanken (11,9-12,7). Trotz der Beeinflussung durch den hellenistischen Schicksalsglauben wird man die Geistesverwandten für das *carpe diem* Kohelets mit seiner Verheißung eines sinnlichen Glücks eher in den altorientalischen Tavernenliedern und den ägyptischen Harfnerliedern als bei den Epikureern oder Stoikern finden. Der sich als Paralelle so nahelegende, eingangs zitierte Rat der Schenkin im Gilgamesch-Epos[61] scheidet aus traditionsgeschichtlichen Gründen aus; denn das Gespräch zwischen Siduri und Gilgamesch ist nur aus einem einzigen altbabylonischen Fragment des Epos bekannt und nicht in die spätere kanonische Form aufgenommen worden.[62] Dagegen erweist sich das *carpe-diem*-Motiv auch in akkadischen Tavernenliedern verwurzelt, die sich bis in das 7. Jh. v. Chr. verfolgen lassen und in denen (wie die sumerisch-akkadische Weisheitskomposition aus Emar bzw. Sippar zeigt) es zusammen mit den Themen der Bestimmung des Geschicks, der Gegenüberstellung zwischen Leben und Tod, der Rede vom Vorteil oder Gewinn und vom Freudentag begegnet.[63] Vor allem aber verdienen die ägyptischen Harfnerlieder und unter ihnen zumal das oben zitierte aus dem Grab des Antef Beachtung[64], in denen sich das Mißtrauen gegen den Glauben an das vergöttlichte Nachleben spiegelt, welches der Totenkult zu sichern suchte.[65] Man kann sie zur „Gelagepoesie"[66] rechnen, die, wie unser oben zitiertes Beispiel zeigt,[67] zur Lebensfreude angesichts der Vergänglichkeit des Lebens aufruft.[68] Und genau diesen Gegen-

---

61 Vgl. oben, S. 248, und für eine Abhängigkeit votierend z.B. Oswald Loretz, Qohelet und der Alte Orient. Untersuchungen zu Stil und theologischer Thematik des Buches Qohelet, Freiburg i.Br. u.a. 1964, 116-122.

62 Christoph Uehlinger, Qohelet im Horizont mesopotamischer, levantinischer und ägyptischer Weisheitsliteratur der persischen und hellenistischen Zeit, in: Schwienhorst-Schönberger, Hg., Das Buch Kohelet, BZAW 254, 155-248, bes. 183-188.

63 Vgl. dazu Uehlinger, 192-196.

64 Vgl. oben, S. 247.

65 Vgl. dazu die alle Aspekte berücksichtigende Darstellung von Jan Assmann, Tod und Jenseits im Alten Ägypten, München 2001, II: Riten und Rezitationen, 321-525.

66 J. Assmann, Der schöne Tag. Sinnlichkeit und Vergänglichkeit im altägyptischen Fest, in: ders., Stein und Zeit. Mensch und Gesellschaft im alten Ägypten, München, 1991, 200-234, hier 221.

67 Vgl. dazu oben, S. 247.

68 Uehlinger, 218-222, mit dem Hinweis auf das griechische Epigramm im hellenistischen Jason-Grab in Jerusalem auf 222: „*Feiert ihr lebenden Brüder, und trinkt dabei. Niemand ist unsterblich.*" sowie Stefan Fischer, Aufforderung zur Lebensfreude, 1999, 233-235.

satz zwischen dem flüchtigen Glück der Jugend und dem müseligen Alter und Tod vergegenwärtigen wir uns, die Befragung des Koheletbüchleins abschließend, an Hand seiner letzten, an die Jünglingen gerichteten Lehrrede in 11,7-12,7. Sie gliedert sich in das *carpe diem* in 11,9-10 und das *memento mori* in 12,1-17. Hier seien ihr Anfang und Ende zitiert (11,9-12,2+6-7):

> 11,9　„Freue dich, Jüngling in deiner Jugend
> 　　　und fröhlich sei dein Herz in deiner Jugendzeit,
> 　　　und gehe, wohin dein Herz dich weist
> 　　　und dich deine Augen locken
> 　　　[Doch wisse, daß wegen alledem
> 　　　Gott dich vor Gericht bringen wird.].[69]
>
> 11,10Halt Kummer fern von deinem Herzen
> 　　　Ungemach fern von deinem Leibe,
> 　　　Denn Jugend und dunkles Haar sind flüchtig.[70]
>
> 12,1　Und gedenke an deinen Schöpfer
> 　　　in den Tagen deiner Jugend,[71]
> 　　　ehe die bösen Tage kommen,
> 　　　und die Jahre eintreffen, von denen du sagst:
> 　　　‚An ihnen habe ich kein Gefallen!'[72]
>
> 12,2　Ehe die Sonne dunkel wird,
> 　　　das Licht des Mondes und der Sterne.
> 　　　...
>
> 12,6　Ehe die silberne Schnur zerreißt[73]
> 　　　und die goldene Schale zerbricht[74]
> 　　　und der Krug im Brunnen zerschellt
> 　　　und das Schöpfrad in der Grube zerbricht[75]
>
> 12,7　Und der Staub zur Erde zurückkehrt, aus der er geworden,
> 　　　und der Odem zu Gott zurückkehrt, der ihn gegeben."

69　V. 9b ist Zusatz des 2. Epilogisten, vgl. 12,14 und z.B. Roland Murphey, Ecclesiastes, AncB 23A, New York 1992, 117, zu seiner störenden Funktion ausführlich Norbert Lohfink, Freu dich, Jüngling – doch nicht, weil du jung bist, Biblical Interpretation 3, 1995, 158-189, bes. 164 = ders., Studien zu Kohelet, SBAB 26, 1998, 181-214, bes. 187-188.

70　Zur Ursprünglichkeit V. 10b und 12,1a vgl. ausführlich Schoors, 217-218; A.A. Fischer, 157-162; Michael V. Fox, A Time to Tear down and a Time to Build up. A Reading of Ecclesiastes, Grand Rapids, Mich., und Cambridge 1999, 318-319, und Thomas Krüger, Kohelet (Prediger), BK.AT XIX (S), Neukirchen-Vluyn 2000, 349; anders z.B. Kurt Galling, HAT I/18, 1969, 121-122; Aarre Lauha, Kohelet, BK.AT XIX; Neukirchen-Vluyn 1978, 208-209, und Diethelm Michel, Qohelet, EdF 258, Darmstadt 1988, 167.

71　Andere Übersetzung: Morgenröte, vgl. A.A. Fischer, 151 Anm. 516, vgl. auch Rose, OBO 168, 473-477, der mit „*Sucher*" übersetzt, aber leider keine Übersetzung des Kolons bietet.

72　C.-L. Seow, AncB 18C, 1997, 375, verweist ansprechend auf Pap. Ins. XVII.11-14 = Z. 376-379. Sie lauten in der Übersetzung von Hellmut Brunner, Altägyptische Weisheit. Lehren für das Leben, BAW.AO, Zürich und München (Darmstadt) 1988, 323-324: „*Der, für den 60 Jahre vorbei sind, für den ist alles vorbei. Wenn sein Herz den Wein liebt – er kann nicht mehr bis zur Trunkenheit trinken. Wenn er das Essen liebt – er kann nicht mehr so essen wie gewohnt. Wenn sein Herz eine Frau wünscht – der Augenblick für sie kommt nicht mehr*".

73　Lies mit G u.a. יִנָּתֵק, vgl. A.A. Fischer, 152 Anm. 523.

74　Das heißt: das Licht des Lebens erlischt.

75　Lies mit Schoors, 95, das Niphal. Es handelt sich, wie Jer 18,6; Jes 30,14 und Ps 2,9 zeigen, um eine Metapher für die Zerstörung bzw. das Ende des Lebens, vgl. mit Fox, 330.

5. Carpe diem und Memento mori bei Ben Sira[76]

Schon der erste, dem angemessenen Umgang mit dem Tode[77] gewidmete
Abschnitt Ben Siras in 14,11-19 zeigt, daß er das *carpe diem* und *memento
mori* anders als Kohelet akzentuiert. Er fordert den Schüler nicht allein dazu
auf, seinen eigenen Tag zu genießen, sondern auch den Freunden daran teil-
zugeben. Gleichzeitig erweist die sich an die Ilias anlehnende Begründung in
den V. 17-18[78] seine hellenistische Bildung:[79]

> 11 „Mein Sohn, wenn du was hast, laß es dir dienen,
>   und wenn du was besitzt, erfreue dich daran.
> 12 Gedenke, daß der Tod nicht zaudert
>   und dir der Unterwelt Beschluß nicht kund getan.
> 13 Ehe du stirbst, tue dem Freunde Gutes,
>   gib ihm, was deine Hand vermag.
> 14 Halt dich nicht fern vom Glück des Tages,
>   am Teil des Bruders gehe nicht vorüber.[80]
> 15 Mußt du nicht einem andern dein Vermögen lassen,

---

76 Zur Rolle des Todes im Denken des Siraziden vgl. auch Friedrich V. Reiterer, Deutung
    und Wertung des Todes durch Ben Sira, in: Die atl. Botschaft als Wegweisung. FS Hans
    Reinelt, hg. v. Josef Zmijewski, Stuttgart 1990, 203-233, und O. Kaiser, Das Verständnis
    des Todes bei Ben Sira, NZSTh 43, 2001, 185-192 = unten, S. 275-292.
77 Zur Rolle des Todes im Denken des Siraziden vgl. auch Friedrich V. Reiterer, Deutung
    und Wertung des Todes durch Ben Sira, in: Die atl. Botschaft als Wegweisung. FS Hans
    Reinelt, hg. v. Josef Zmijewski, Stuttgart 1990, 203-233, und O. Kaiser, Das Verständnis
    des Todes bei Ben Sira, NZSTh 43, 2001, S.185-192 = unten, S. 275-292.
78 Vgl. dazu unten, S. 266-267.
79 Zu seiner Stellung zwischen Judentum und Hellenismus vgl. Alexander A. Di Lella,
    Conservative and Progressive Theology: Sirach and Wisdom, CBQ 28, 1966, 139-154,
    bes. 140-142; Martin Hengel, Judentum und Hellenismus, WUNT 10, Tübingen 1969
    (³1988), 252-275; Johannes Marböck, Weisheit im Wandel. Untersuchungen zur Weis-
    heitstheologie bei Ben Sira, BBB 37, Bonn 1971= 2., um ein Nachwort und eine Biblio-
    graphie vermehrte Aufl., BZAW 272, Berlin und New York 1999, 154-173; ders., Die
    jüngere Weisheit im AT, in: ders., Gottes Weisheit unter uns. Zur Theologie des Buches
    Sirach, hg. von Irmtraud Fischer, HBS 6, Freiburg i.Br. u.a. 1995, 3-24, bes. 16-19;
    ders., Gerechtigkeit Gottes und Leben nach dem Sirachbuch. Ein Antwortversuch aus
    seinem Kontext, in: Jörg Jeremias, Hg., Gerechtigkeit und Leben im hellenistischen
    Zeitalter, BZAW 296, 2001, 21-52; Theophil Middendorp, Die Stellung Ben Sira zwi-
    schen Judentum und Hellenismus, Leiden 1973; O. Kaiser, Judentum und Hellenismus.
    Ein Beitrag zur Frage nach dem hellenistischen Einfluß auf Kohelet und Jesus Sirach,
    VuF 27, 1982, 68-86, bes. 79-85 = ders., Der Mensch unter dem Schicksal, BZAW 161,
    Berlin und New York 1985, 135-153, bes. 146-152; ders., Anknüpfung und Wider-
    spruch. Die Antwort der jüdischen Weisheit auf die Herausforderung durch den Helle-
    nismus, in: Joachim Mehlhausen, Hg., Pluralismus und Identität, VWGTh 8, Gütersloh
    1995, 54-69 bes. 58-62 = ders., Gottes und der Menschen Weisheit, BZAW 261, 1998,
    201-216, bes. 205-209; Hans Volker Kieweler, Ben Sira zwischen Judentum und Helle-
    nismus. Eine Auseinandersetzung mit Th. Middendorp, BEATAJ 30, Frankfurt a.M. u.a.
    1992, passim und jetzt vor allem Ursel Wicke-Reuter, Göttliche Providenz und mensch-
    liche Verantwortung bei Ben Sira und in der Frühen Stoa, BZAW 298, Berlin und New
    York 2000, mit der Zusammenfassung 275-285.
80 Lies mit Hans Peter Rüger, Text und Textform im hebräischen Sirach, BZAW 112, Ber-
    lin 1970, 19 mit H^A V. 14b.

deinen Erwerb denen, die darum losen?
16 So gib und nimm und labe deine Seele,
   denn in der Unterwelt gibt's keine Lust zu suchen.[81]
17 Es altert alles Fleisch wie ein Gewand,
   nach uralter Satzung müssen sie sterben.
18 Wie sprossendes Laub am grünenden Baum,
   das eine fällt und das andre sproßt nach,
   So sind die Geschlechter aus Fleisch und Blut,
   eines verscheidet, ein andres wächst nach.
19 All seine Werke vermodern gewiß,
   und was er schuf, das folgt ihm nach."

In diesem Abschnitt werden Rat und Begründung mehrfach miteinander verbunden: Die einleitende Empfehlung in V. 11, sich seines Besitzes zu erfreuen, wird in V. 12 damit begründet, daß der Mensch die Länge seines Lebens nicht kennt. Daher muß er beständig mit seinem Tod rechnen. Darauf folgt in V. 13 die Mahnung, dem Freunde bei Lebzeiten nach bestem Vermögen Gutes zu tun. In V. 14 schließt sich die weitere an, das Glück des Tages nicht zu versäumen und sich der Wonnen des Lebens zu versichern, wann immer sie einem zuteil werden. Die V. 15 und 16 ziehen daraus die Folgerung: Wenn schon alles, was der Mensch besitzt, nach seinem Tode den Erben zuteil wird, während er selbst in der Unterwelt von allen Freuden abgeschnitten ist, handelt er recht und billig, wenn er sein Leben in fröhlichem Geben und Nehmen verbringt.[82] Das *carpe diem* und *memento mori* wird hier also im Sinne eines *„Leben und Leben-Lassen"* ausgelegt. Die Mahnworte in 14,11-16 erhalten in den V. 17-19 ihre abschließende Begründung. Sie greift auf den berühmten Vergleich des Kommens und Gehens der Geschlechter mit dem Erblühen und Verwelken des Laubes in der Ilias (VI.145-149) zurück, mit dem Glaukon seine Antwort auf die Frage seines Herausforderers Diomedes einleitet:[83]

> „Hochgemuter Tyide, was forschst du nach meinem Geschlechte!
> Ganz wie der Blätter Geschlecht so sind die Geschlechter der Menschen,
> Streut doch der Wind auf den Boden die einen Blätter, die andern
> Treibt der grünende Wald zur Zeit des knospenden Frühlings.
> So von der Menschen Geschlechtern wächst eins, das andere
> schwindet."

Schon der im letzten Drittel des 7. Jh. v. Chr. in Kolophon und Smyrna wirkende Elegiker *Mimnermos* hatte sich dieser Verse bedient. In einem Ge-

---

81 Zum Text vgl. Rüger, a.a.O., 20.
82 Vgl. auch 14,4: *Wer für sich selbst kargt, sammelt für einen anderen, und an seinen Gütern wird sich ein Fremder laben.*
83 Zitiert nach der Übertragung von Thassilo von Scheffer, Homer. Ilias, Samml. Dieterich, Leipzig 1938 (Nachdr. Bremen o.J.), 135.

dicht, in dem er vermutlich klagend die Kürze der Jugend und die Mühsal des Alterns der Ewigkeit der Götter gegenüber stellt, heißt es (fr. 2 D):[84]

> „Wir aber, so wie die Blätter empor treibt des üppigen Frühlings
> Blütenstunde, wenn rasch alles im Sonnenlicht wächst,
> ihnen gleich auf ein kurzes Weilchen an Blumen der Jugend
> freuen wir uns, und nicht kennen wir Schlecht oder Gut
> nach dem Willen der Götter. Doch neben uns stehen die
> schwarzen Keren;[85] die eine hält mißliches Alter bereit
> und die andre den Tod. Wir pflücken nur spärlich der Jugend
> holde Früchte, soweit Sonne die Erde bescheint.
> Aber sobald dann dieses Erlebnis des Frühlings vorbei ist,
> wäre man besser sogleich tot als ein lebendiger Mensch."

Es folgt die Beschreibung der Mühen und Enttäuschungen, die das weitere Leben den Menschen bringt, wenn sie Armut überfällt, sie kinderlos bleiben oder sie eine unheilbare Krankheit heimsucht. Generalisierend faßte Mimnermos seine Klage dahingehend zusammen,daß es *„keinen einzigen Menschen"* gibt, *„welchem nicht Zeus Schlechtes in Fülle verleiht."*

Eine so einseitige Hochschätzung der Jugend lag den Hebräern und anders als Kohelet auch Ben Sira durchaus fern. Für sie waren ein hohes Alter und ein sanftes Verlöschen des Lebens Zeichen der göttlichen Gnade.[86] Erst nachdem sich die Gewißheit der mit dem Tode nicht endenden Gerechtigkeit Gottes in den eschatologisch gesinnten Kreisen des Judentums durchgesetzt hatte, konnte der unbekannte Verfasser der Weisheit Salomos die Sentenz des Menander (583) aufnehmen

ὃν οἱ θεοὶ φιλοῦσιν, ἀποθνῄσκει νέος[87]

und ihr in Weish 4,12f. im Blick auf den früh verstorbenen Gerechten die folgende Feststellung an die Seite stellen:[88]

---

84 Zitiert nach der Übertragung von Hermann Fränkel, Dichtung und Philosophie des frühen Griechentums. Eine Geschichte der griechischen Epik, Lyrik und Prosa bis zur Mitte des fünften Jahrhunderts, 3. Aufl., München 1969, 241.

85 Ker, *Verderbnis*, bezeichnete ebenso die Todesart wie personifiziert das Todeslos und gewann dann dämonischen Charakter; vgl. dazu Martin P. Nilsson, Geschichte der griechischen Religion I, HAW V/2.1, 2. Aufl., München 1965, 222-225, bzw. Christine Walde, DNP VI, 1999, Sp. 418.

86 Vgl. Josef Scharbert, Das Alter und die Alten in der Bibel, Seac. 30, 1979, 338-354 und O. Kaiser, „Und dies sind die Geschlechter ...". Alt und jung im Alten Testament, in: Zur Aktualität des Alten Testaments. FS G. Sauer, hg. v. Siegfried Kreuzer und Kurt Lüthi, Frankfurt a.M. u.a. 1991, 29-45.

87 *„Wen die Götter lieben, der stirbt jung."*

88 Vgl. dazu auch Helmut Engel, NSK. AT 16, Stuttgart 1998, 94f.; zu weiteren Parallelen zum Thema aus der hellenistischen und römischen Literatur wie aus Grabinschriften 98-101 und zur Sache James M. Reese, Hellenistic Influence on the Book of Wisdom and its Consequences, AnBib 41, Rom 1970, 62-71, und Martin Neher, Der Weg zur Unsterblichkeit in der Sapientia Salomonis, in: Engel und Dämonen, hg. v. Gregor Ahn und Manfried Dietrich, FARG 29, Münster 1997, 121-136.

> „Vollendet in kurzem hat er lange Zeiten erfüllt,
> denn weil seine Seele dem Herrn wohlgefällig war,
> darum eilte sie fort aus der Mitte der Bosheit."

Denn unter dem eschatologischen Blickwinkel erscheint die Aufforderung, das Leben angesichts des als absolutes Ende verstandenen Todes in vollen Zügen und ohne moralische Skrupel zu genießen, als pure Gottlosigkeit, der ein schreckliches Erwachen folgen wird.[89]

Ben Sira hat das *memento mori* auch ohne Verkoppelung mit dem *carpe diem* aufgegriffen. Dabei zeigen 9,11-12 auf der einen und 7,16-17 sowie 28,6-7 auf der anderen Seite, daß ihm die Erinnerung an die Endlichkeit zur Aufforderung zur Gelassenheit angesichts fremder Hybris und zur Demut und Mäßigung der eigenen Leidenschaften dient (9,11-12):[90]

> 11 „Beneide keinen frevelhaften Mann,
>   denn du weißt nicht, welches Ende er nimmt.[91]
> 12 Beneide nicht den Hochmut des Erfolgreichen,
>   bedenke, daß er zur Zeit des Todes nicht straflos bleibt."

Hinter V. 12b steht die in 11,26c-d (H^A) auf ihre Formel gebrachte Überzeugung, daß Gottes Gericht sich am Menschen spätestens in seinem Tode vollzieht:

> „Vor dem Tode preise keinen glücklich,
> denn an seinem Ausgang wird der Mensch erkannt."

In ihrer ersten Hälfte ist sie ein Nachklang einer verbreiteten griechischen Maxime[92], wie sie uns z.B. aus dem Schlußchor des sophokleischen Oedipus Rex bekannt ist (1528-1530). Sie lautet in Friedrich Hölderlins Übersetzung:

> „Darum schauet hin auf jenen, der zuletzt erscheint, den Tag,
> Wer da sterblich ist, und preiset glücklich keinen,
> eh denn er
> An des Lebens Ziel gedrungen, Elend nicht erfahren hat."[93]

Doch in seiner zweiten, begründenden Hälfte ist Ben Siras Mahnwort mit seiner Verteidigung der immanenten Gerechtigkeit Gottes ein Spätling der jüdischen Weisheit.[94] In 7,16f. wendet er sich gegen die Selbstüberschätzung

---

89 Vgl. auch Weish 2,1-20 mit 2,20-24 und 5,1-15.
90 Vgl. dazu auch F.V. Reiterer, Deutung, in: FS Reinelt, 207.
91 Wörtlich: „was sein Tag ist".
92 Vgl. Hdt I.32.5; Aischyl. Ag. 928-930; Soph. Trach. 1-3; Ant. 583 und Eur. Andr. 100-103; Tro. 509-510.
93 Friedrich Hölderlin, Werke. Briefe. Dokumente. Nach dem Text der von Friedrich Beißner besorgten Kleinen Stuttgarter Hölderlin-Ausgabe ausgewählt und mit einem Nachwort versehen von Pierre Bertaux, Anmerkungen und Literaturhinweise von Christoph Prignitz, 4. Aufl., München 1990, 617.
94 Vgl. dazu auch O. Kaiser, Gottesgewißheit und Weltbewußtsein in der frühhellenistischen jüdischen Weisheit, in: Trutz Rendtorff, Hg., Glaube und Toleranz, VWGTh, Gütersloh 1982, 76-88, bes. 84-86 = ders., Der Mensch unter dem Schicksal, BZAW 161, Berlin und New York 1985, 122-134, bes. 131-132, und J. Marböck, Gerechtigkeit Gottes und Leben nach dem Sirachbuch, in: Jörg Jeremias, Hg., Gerechtigkeit und Leben im

dessen, der sich für etwas Besseres als andere Leute hält und damit Gottes Zorn herausfordert. Denn Gott widersteht bekanntlich den Hoffärtigen (Prov 21,4; 15,25, vgl. I Petr 5,5). Und so sollte der Gedanke an das allgemeine Ende bei den Würmern ausreichen, uns vor Hochmut zu bewahren (Sir 7,16-17):

> 16 „Halte dich nicht für besser als die Leute,[95]
> gedenke, daß der Zorn nicht zaudert.
> 17 Tief, tief beuge deinen Stolz,
> denn was den Mensch erwartet, sind Maden."[96]

In ähnlicher Weise dient das *memento mori* in 28,6 der Zügelung der eigenen Leidenschaft und der Erinnerung daran, daß, wer sich selbst rächt, der Rache des Herrn verfällt (28,1; vgl. Dtn 32,35 und Röm 12,19). Daher lautet der Rat Ben Siras prägnant:

> „Sei eingedenk des Endes und laß ab vom Haß,
> der Unterwelt und Auflösung und stehe ab von Sünde."[97]

6. Die Rangfolge der Güter als Gaben des Herrn bei Ben Sira

Im Zusammenhang mit dem *memento mori* hat der Sirazide es lediglich bei der allgemeinen Mahnung zum *carpe diem* gelassen. Sehen wir uns in seinem Buche um, so finden wir bei ihm zwar keine generalisierenden Aussagen über das Leben als Fest, wohl aber eine differenzierte Abwägung der primären und der sekundären Glücksgüter. Dabei steht die intakte Gottesbeziehung an erster Stelle; denn sie ist die Voraussetzung für ein langes und gesegnetes Leben (23,27b-28):

> „Nichts ist besser als die Furcht des Herrn
> und nichts süßer als die Befolgung der Gebote des Herrn.
> Große Ehre (bewirkt es), Gott zu folgen,
> langes Leben, wenn du dich an ihn hältst."

Daher ist sie auch wichtiger als Klugheit (19,24):

> „Besser ein Gottesfürchtiger, dem es an Verstand mangelt,
> als ein überaus Kluger, der das Gesetz übertritt."

An zweiter Stelle rangieren Gesundheit und ein fröhliches Herz (30,14-17:

> 14 „Besser ein Armer in kräftiger Gesundheit
> als ein Reicher, der mit Krankheit geschlagen.

---

hellenistischen Zeitalter, BZAW 296, Berlin und New York 2001, 21-52, bes. 26-28, der auf 27 darauf aufmerksam macht, daß die Art und Weise der göttlichen Vergeltung am Todestag völlig offenbleibt.

95 Wörtlich: die Männer des Volkes.
96 Zum Text von V. 17 vgl. Rüger, BZAW 112, 44.
97 Lies in V. 6b mit S, vgl. auch Patrick W. Skehan und A. A. Di Lella, AncB 39, 1987, 361, z. St.

15 Gesundheit des Leibes ist mir lieber als Feingold
und ein fröhlicher Geist als Korallen.
16 Kein Reichtum ist besser als ein gesunder Leib,
und kein Gut geht über ein fröhliches Herz.
17 Besser ist Tod als ein nichtiges Leben
und ewige Ruhe statt dauerndem Schmerz."

Die beiden nächsten Plätze nehmen eine gute Frau und ein treuer Freund ein.
Ob ein Mann arm oder reich ist, ändert nichts an der Tatsache, daß ihn nichts
glücklicher als eine gute Frau macht. Sie ist eine Gottesgabe, die nur bekommt, wer den Herr fürchtet (26,1-4)::

1 „Eine gute Frau ist das Glück ihres Mannes,
    sie verdoppelt die Zahl seiner Tage.[98]
2 Eine wackere Frau erlabt ihren Mann
    und gibt seinen Lebensjahren Freude.
3 Eine gute Frau ist ein gutes Teil,
    sie fällt dem zu, der den Herrn fürchtet.
4 Das Herz des Reichen und Armen ist zufrieden,
    jederzeit ist sein Antlitz heiter."

Dann kommt jedoch sogleich ein zuverlässiger Freund, auf den man sich in
allen Lebenslagen und zumal in Notzeiten verlassen kann. Ihn zu finden, hilft
die Gottesfurcht, wenn sie die Auswahl der Freunde bestimmt. Denn nach
dem Grundsatz, daß sich gleich und gleich gesellen, wird er keinen als
Freund erwählen, der nicht ebenfalls gottesfürchtig und daher zuverlässig ist
(6,13-16):[99]

13 „Ein treuer Freund ist ein starker Schutz,
    wer ihn findet, hat einen Schatz gefunden.
14 Ein treuer Freund ist unbezahlbar,
    nichts wiegt seinen Wert auf.[100]
15 Ein Unterpfand des Lebens[101] ist ein treuer Freund,
    wer den Herrn fürchtet, erlangt es.[102]
16 Ein treuer Freund ist ein Trank des Lebens,
    und die den Herren fürchten, finden ihn.
17 Wer den Herrn fürchtet, hält feste Freundschaft,
    und wie er selbst so ist sein Freund."

Dennoch ist eine kluge Frau für den Mann wichtiger als seine Freunde, weil
sie ihn nicht nur zeitweilig begleitet (40,23):

„Freund und Gefährte geleiten auf Zeit,
mehr als beide eine kluge Frau."

---

98 Vgl. auch 26,26c-d.
99 Zur Sache vgl. umfassend Friedrich V. Reiterer, Hg., Freundschaft bei Ben Sira. Beiträge des Symposions zu Ben Sira Salzburg 1995, BZAW 244, Berlin und New York 1996
bzw. James Corley, Friendship in Ben Sira, in: Renate Egger-Wenzel und Ingrid Krammer, Der Einzelne und seine Gemeinschaft bei Ben Sira, BZAW 270, Berlin und New
York 1998, 65-72.
100 Vgl. 7,18.
101 Wörtlich: *Bündel des Lebens.*
102 Zur Beziehung des Suffixes vgl. Georg Sauer, Jesus Sirach (Ben Sira), JSHRZ III/5,
Gütersloh 1981, 519 z.St.

Doch daß ein treuer Freund und die eigene Zuverlässigkeit wichtiger als alle sinnlichen Genüsse sind, ist Ben Sira gewiß (40,20-21):

„Wein und Rauschtrank erfreuen das Herz,
besser als beide ist Freundesliebe.
Flöte und Leier verschönern das Lied,
aber besser als beide ist eine lautere Zunge."

Den unbedingten Vorrang der Gottesfurcht, der Weisheit, einer klugen Frau, wohlgeratener Kinder und guter Freunde vor allen materiellen Besitztümern unterstreichen seine zehn Makarismen in 25,7-11:

7 Neun Fälle preise ich in meinem Herzen glücklich
und den zehnten nenne ich mit meiner Zunge:
Einen Mann, der sich an seinen Kindern erfreut,
der zu Lebzeiten den Fall seiner Feinde sieht.
8 Glücklich, wer mit einer klugen Frau zusammenwohnt
und pflügt nicht mit Rind und Esel zumal,[103]
der nicht mit seiner Zunge sündigt
und keinem dient, der sein nicht wert.
9 Glücklich, wer einen Freund[104] fand
und zu verständigen Ohren spricht.,
10 Wer Weisheit fand, ist wirklich groß,
doch größer, wer den Herrn fürchtet.
11 Die Frucht des Herrn übertrifft alles sonst,
wer sie ergreift, ist unvergleichlich.

Steht diese Rangordnung der Glücksgüter fest, so sind alle guten Gaben dieser Erde vom Reichtum bis zum fröhlichen Gelage durchaus willkommen. Ehrlich erworbener Reichtum gilt dem Siraziden ebenso als eine Gabe Gottes (vgl. 11,14 mit 13,24) wie ein guter Becher Wein. Daß Ben Sira Feste zu feiern verstand, können wir seiner Lehrrede über das Verhalten beim Gastmahl 31,12-32,13 und dem darin in 31,27-31 enthaltenen Lob des Weines entnehmen.[105] Natürlich fehlen bei ihm als hingegebenen Pädagogen die Hinweise auf die guten Sitten und also seinem Preis des Weins auch die Warnung vor den ihm innewohnenden Gefahren nicht (vgl. auch Prov 23,29-35). Aber das hindert ihn nicht, den Wein zunächst einmal als eine gute Gabe Gottes zu preisen:

27 „Für wen ist der Wein Leben? Für den Menschen,
der ihn mit Maßen trinkt!
Was ist das für ein Leben, dem der Wein fehlt?
Ist er doch von Anfang an zur Freude erschaffen!
28 Herzensfreude und Wonne und Lust
ist Wein, reichlich getrunken zu rechten Zeit."

Freilich ist auch das andere wahr, daß übermäßiger Weingenuß im stillen Kämmerlein spätestens am nächsten Morgen mit Kopfschmerzen und Übel-

---

103 Das bedeutet: „und ist nicht unglücklich verheiratet."
104 Lies mit L und S.
105 Vgl. dazu auch Marböck, Weisheit im Wandel, BBB 37, 1971 = BZAW 272, 1999, 162-164, und Oda Wischmeyer, Kultur, BZNW 77, 1994, 106-109.

keit bezahlt wird. Wer dagegen beim Gelage zu viel trinkt, muß aufpassen, daß er die Selbstkontrolle nicht verliert und in der Folge gewalttätig wird, mit seinen Nachbarn zu raufen beginnt oder ihn mit enthemmter Zunge beleidigt (31,29-31):

> 29 „Kopfschmerz, Wermut und Schmach
>   ist Wein, getrunken bei Ärger und Kummer.
> 30 Zuviel Wein ist für den Toren ein Fallstrick,
>   er mindert die Kraft und schlägt Wunden.
> 31 Beim Weingelage schmähe den Nachbarn nicht
>   noch beschäme ihn, wenn er glücklich ist.
>   Schmähe ihn nicht mit Worten
>   und kränke ihn nicht vor den Augen der Leute."

Zum Wein gehörte in alten Zeiten ganz selbstverständlich das Lied, daher wäre es ungebührlich, wenn der Ältere die Jüngeren beim Singen stört und versucht, in froher Runde seine Lebensweisheiten zum Besten zu geben; denn erst der Gesang vollendet die Freuden des Mahles (32,3-6):[106]

> 3 „Rede, Greis, denn das kommt dir zu,
>   aber sei demütig mit deinem Wissen
>   und behindere nicht den Gesang.
> 4 Wenn Zuhören am Platz ist, halte keine Reden,
>   zur Unzeit gebärde dich nicht als weise.[107]
> 5 Ein Siegel aus Karneol in goldener Fassung
>   ist ein singender Kreis beim Weingelage.
> 6 Ein smaragdenes Siegel auf goldener Fläche
>   ist die Weise der Sänger bei lieblichem Wein."

Glück und Lebensfreude sind nach Ben Sira keine autonomen Güter, sondern Gaben, die Gott seinen Frommen gibt. Er hat dem Leben des Menschen seine Grenze gesetzt, die es ohne Auflehnung anzunehmen gilt (41,1-3). Daher besitzt das Thema des *carpe diem* und des *memento mori* bei ihm auch nicht die Zentralstellung wie bei Kohelet. Es geht ihm vielmehr darum, das Leben in der Furcht Gottes gemäß den Geboten der Tora und den Einsichten der Weisheit zu ordnen, damit es dank Gottes Segen lange währt und glücklich und erfolgreich verläuft. In diesem Sinne können wir 11,14-17 und 22 als die Summe seiner Aussagen über den Weg zu einem glücklichen Leben betrachten. In 11,14-17 heißt es:

> 14 „Gutes und Schlimmes, Leben und Tod,
>   Armut und Reichtum kommen vom Herrn.[108]
> 17 Die Gabe des Herrn bleibt bei den Frommen,
>   und sein Wohlgefallen bringt dauernden Erfolg."

Und in V. 22 versichert er seinen Schülern:

> „Gottes Segen ist der Gerechten Teil,
>   zur rechten Zeit trägt seine Hoffnung Frucht."

---

106 Vgl. dazu auch Wischmeyer, 132-135.
107 Zum Text vgl. Skehan und Di Lella, AnchB 39, 387 z. St.
108 Die V. 15-16 sind erst in G II überliefert.

7. Epilog: *Der Christ und die Kürze der Zeit*

Für den Christen hat sich der Horizont durch die Osterbotschaft und damit zugleich sein Verhältnis zur Zeit verändert: Sein Leben steht unter dem radikalen Vorbehalt ihrer und der Welt Vergänglichkeit (I Kor 7,29; vgl. Röm 13,11), aber zugleich auch der Gewißheit der ihn im Tode erwartenden Zukunft Gottes. Demgemäß fordert der Apostel die Korinther und mit ihnen alle Christen dazu auf, den Ereignissen und Möglichkeiten ihres Lebens in der Distanz des ὡς μή, des „*als ob nicht*" zu begegnen (I Kor 7,30). Sein Herz soll sich nicht an das Vorletzte, sondern an den Letzten, an Gott und den auferstandenen Christus hängen. Daher lebt der Christ zwar in der Welt, macht sich ihr aber nicht gleich (Röm 12,2), weil sein Selbstverständnis nicht durch seinen Tod, sondern durch die Hoffnung auf Gott als seine Zukunft bestimmt ist. Daher ist seine Grundstimmung nicht die Traurigkeit des Todes (II Kor 7,10), sondern die Freude, die ihm durch die Gewißheit der nie endenden Gottesgemeinschaft zuteil wird. Für seinen Umgang mit der Zeit aber steht er unter dem Gebot, sie auszukaufen (Eph 5,16) und d.h. im Wissen um ihre Kürze in Weisheit zu wandeln, wie es den Christen als Kindern des Lichts gebührt und dem Herrn wohlgefällig ist (vgl. Eph 5,9-15 mit Kol 4,5).[109] Demgemäß lebt der Christ mit seiner Endlichkeit versöhnt in einer vergehenden Welt. Er transzendiert sie in der Hoffnung, die ihn zur Liebe befreit. Daß es sich bei seiner Hoffnung um keinen ungedeckten Scheck handelt, ist ihm gewiß, sofern er auch nur ein einziges Mal seine Endlichkeit radikal angenommen und darin auf sein natürliches Glücksverlangen verzichtet hat. Paulus hat das als ein mit Christus Sterben und Auferstehen beschrieben (Röm 6,3-9). In dieser *resignatio in Deum* erschließt sich Gott als der tragende und bergende Grund unserer selbst und der Welt. Der Lohn dieses Verzichts auf die eigene Endlichkeit ist der Friede, der höher ist als alle Vernunft (Phil 4,7). Er ist das Ende alles Fragens, nach dem, was uns nach dem Tode erwartet; weil Gottes Gegenwart selbst die Antwort ist. Oder um es mit Antoine de Exupéry zu sagen:[110]

„Der ist töricht, der von Gott eine Antwort erwartet. Wenn Er dich aufnimmt, wenn Er dich heilt, so geschieht es, weil Er mit seiner Hand deine Fragen gleich dem Fieber von dir nimmt. So ist es.

Herr, wenn Du Deine Schöpfung eines Tages in die Scheuer einbringst, so öffne das doppelte Scheunentor und laß uns dort eintreten, wo nicht mehr geantwortet wird, denn dort gibt es keine Antwort mehr, aber die Seligkeit, die der Schlußstein des Fragens ist, und die Schau, die befriedigt."

---

109 Vgl. dazu Hans Hübner, An Philemon. An die Kolosser. An die Epheser, HNT 12, Tübingen 1997, 239-240 z.. St.
110 Antoine de Saint Exupéry, Gebete der Einsamkeit, aus: Die Stadt in der Wüste, übers. v. Otto von Nostitz, 3. Aufl., Düsseldorf 1954, 13-14.

Nichts ginge freilich an der Sache so sehr vorbei, als wenn man den aus der bedingungslosen *resignatio* erwachsenen Frieden mit verantwortungsloser Weltflucht verwechseln wollte. Im Gegenteil gibt erst das Wissen um die bleibende Geborgenheit in Gott dem Menschen die Freiheit, in der sich ihm die vergehende Welt als der Ort der Liebe (Gal 5,6; I Kor 13,13) und der andere als der Nächste erschließt, für den er verantwortlich ist. Die Kraft des Glaubens als des festen Vertrauens auf Gottes Gegenwart und Zukunft erweist sich in der Freude, die dem vergänglichen Tag Anteil am Licht der Ewigkeit gibt. Daher schließen wir mit einem Morgenlied, in dem das *carpe diem* in dieser Verwandlung wiederkehrt. Es stammt aus Friedrich Schillers Übersetzung der *Macbeth* und lautet:[111]

> „Verschwunden ist die finstre Nacht,
> Die Lerche schlägt, der Tag erwacht,
> Die Sonne kommt mit Prangen
> am Himmel aufgegangen.
> Sie scheint in Königs Prunkgemach,
> Sie scheinet durch des Bettlers Dach,
> Und was in Nacht verborgen war,
> das macht sie kund und offenbar.
>
> Lob sei dem Herrn und Dank gebracht,
> Der über diesem Haus gewacht,
> Mit seinen heiligen Scharen
> Uns gnädig wollt bewahren.
> Wohl mancher schloß die Augen schwer
> Und öffnet sie dem Licht nicht mehr,
> Drum freue sich, wer neu belebt
> Den frischen Blick zur Sonn erhebt!"[112]

---

111 Sämtliche Werke in fünf Bänden. Nach den Ausgaben letzter Hand unter Hinzuziehung der Erstdrucke und Handschriften, Textredaktion Jost Perfahl, Anmerkungen Helmut Koopmann, Einleitung Benno von Wiese, III, München o.J. (1975), 826.
112 Erneut überarbeitete Fassung des Vortrags, den ich am 14. April 1996 auf Einladung des Fachbereichs Ev. Theologie der Universität Mainz in der Feier anläßlich des 65. Geburtstages von Diethelm Michel gehalten und 1998 der Festschrift zum 70. Geburtstag von Willem H. Ph. Römer (AOAT 253) beigesteuert habe.

Das Verständnis des Todes bei Ben Sira[1]

Hans-Peter-Müller zum 65. Geburtstag

1. *Ben Sira als Ausleger der Schrift im Spannungsfeld zwischen Judentum und Hellenismus.* Vergleicht man den Prolog, mit dem der Enkel die griechische Version des Weisheitsbuches Ben Siras eröffnet, mit dem Nachwort des Weisen selbst, so fällt ein relevanter Unterschied auf: Der Großvater empfiehlt seine Schrift als ein Werk, in dem der Leser Erziehung zur Einsicht in Gestalt von Sprüchen aller Arten findet. Diese entstammen seinen eigenen Überlegungen und wollen dem, der über sie nachsinnt, zur Furcht des Herrn als der wahren Weisheit und damit zu einem glücklichen und langen Leben verhelfen (Sir 50,27—29). Der Enkel berichtet dagegen, daß sich der Großvater erfolgreich um die Erkenntnis der Tora, der Propheten und der anderen Bücher der Väter bemühte, ehe er mit seinen eigenen Aufzeichnungen begann.[2] Mit ihnen habe er denen, die nach Bildung streben, zum Fortschreiten in einem der Tora gemäßen Lebenswandel verhelfen wollen (ProlSir 7—14). So weiß der Leser, daß dieses Buch in seiner Intention mit der Tora als dem maßgeblichen Regelwerk für das jüdische Leben übereinstimmt. Es besitzt mithin einen deuterokanonischen Charakter, und das heißt: Es setzt die in der Tora, den Propheten und den anderen Schriften der Väter enthaltenen Grundanschauungen über Gott, Mensch und Welt voraus.[3]

Daher sind wir berechtigt die Frage zu stellen, wie sich Tradition und Interpretation, Überlieferung und ihre Ausgestaltung bei Ben Sira zueinander verhalten. Diese Problemstellung besitzt schon deshalb ihren besonderen Reiz, weil der amtierende Hohepriester Jason nur wenige Jahre später den Versuch unternahm, das Judentum im Geiste des Hellenismus zu reformieren.[4] Daher haben wir damit zu rechnen, daß sich

---

[1] Vortrag gehalten am 6. Mai 1998 auf Einladung der Theol. Fakultät der Friedrich-Schiller-Universität Jena.

[2] Zum Einfluß der Bibel auf sein Denken vgl. die ausführlichen Nachweise bei Th. Middendorp, Die Stellung Jesu Ben Siras zwischen Judentum und Hellenismus, Leiden 1973, 35—91 bzw. knapp und prägnant Roland E. Murphey, The Tree of Life. An Exploration of Biblical Wisdom Literature, Grand Rapids 1996², 67.

[3] Vgl. dazu auch Johannes Marböck, Die jüngere Weisheit im Alten Testament. Zu einigen Ansätzen in der neueren Forschungsgeschichte, in: ders., Gottes Weisheit unter uns. Zur Theologie des Buches Sirach, hg. v. Irmtraud Fischer, HBS 6, Freiburg. Basel. Wien u. a. 1995, 14—16.

[4] Vgl. dazu Elias Bickerman(n), Der Gott der Makkabäer. Untersuchungen über Sinn und Ursprung der makkabäischen Erhebung, Berlin 1937, S. 50—89 und S. 90—116 bzw. ders., The God of the Maccabees. Studies on the Meaning and Origin of the Maccabean Revolt, trl. Horst R. Moehring, StJLA 32, Leiden 1979, 32—60 und 61—75 und jetzt vor allem

derartige Tendenzen schon zu Lebzeiten Ben Siras bemerkbar machten und seine Schrift das Ziel verfolgte, den Jünglingen und Jungmänner der jüdischen Oberschicht trotz der politischen und zivilisatorischen Übermacht der hellenistischen Umwelt die Gewissheit der Überlegenheit der eigenen Religion und Bildung zu erhalten.[5] Denn nachdem das Judentum über anderthalb Jahrhunderte unter hellenistischer Herrschaft lebte, stand es zunehmend vor der Aufgabe, seine Identität in Anknüpfung und Widerspruch gegenüber dem Fremden zu behaupten. Ben Sira nahm sie wahr, indem er seinen Adepten einprägte, daß die Furcht Gottes Wurzel, Anfang und Krone der Weisheit[6] und die Einhaltung des Gesetzes das beste Mittel der Erziehung zur Selbstbeherrschung und damit zur vollendeten Gottesfurcht ist (vgl. Sir 1,20.14.18 mit 21,11).[7]

Im folgenden wollen wir am konkreten Beispiel seines Todesverständnisses untersuchen,[8] wie sich bei Ben Sira Tradition und Interpretation im Spannungsfeld zwischen Judentum und Hellenismus verhalten. Das setzt nach dem Gesagten voraus, daß wir uns vorab die Grundzüge der biblischen Anthropologie einschließlich ihres Umgangs mit der Endlichkeit des Menschenlebens vergegenwärtigen.[9]

Klaus Bringmann, Hellenistische Reform und Religionsverfolgung in Judäa. Eine Untersuchung zur jüd.-hell, Geschichte (175–163 v. Chr.), AAWG. PH II/132, Göttingen 1983, 66–74 und 97–140.

[5] Vgl. dazu Martin Hengel, Judentum und Hellenismus, WUNT 10, Tübingen 1969 (1988[3]), 252–275; Johannes Marböck, Weisheit im Wandel, BBB 37, Bonn 1971; Th. Middendorp, Stellung, 1973; zur Sache vgl. auch Otto Kaiser, Judentum und Hellenismus, VuF 27, 1982, 68–86 = ders., Der Mensch unter dem Schicksal, BZAW 161, Berlin. New York 1985, 135–153 und ausführlich Hans-Volker Kieweler. Ben Sira zwischen Judentum und Hellenismus, BEATAJ 30, Frankfurt am Main u.a 1992, weiterhin O. Kaiser, Anknüpfung und Widerspruch, in: Joachim Mehlhausen, Hg. Pluralismus und Identität, VWThG 8, Gütersloh 1995, 54–69 = ders., Gottes und des Menschen Weisheit, BZAW 261, Berlin. New York 1998, 201–216 und zuletzt John J. Collins, Jewish Wisdom in the Hellenistic Age, Edinburgh 1998, 23–41.

[6] Vgl. dazu ausführlich Josef Haspecker, Gottesfurcht, AnBib 30, Rom 1967.

[7] Vgl. dazu auch Oda Wischmeyer, Die Kultur des Buches Jesus Sirach, BZNW 77, Berlin. New York 1995, 174–201; John J. Collins, Jewish Wisdom, 1997, 35–39 und zu Ben Siras Gleichsetzung von Weisheit und Gesetz Eckhard J. Schnabel, Law and Wisdom from Ben Sira to Paul. A Tradition Historical Enquiry into the Relation of Law, Wisdom, and Ethics, WUNT II/16, Tübingen 1985, 69–92; Joseph Blenkinsopp, Wisdom and Law in the Old Testament. The Ordering of Life in Israel and Early Judaism, OBS, Oxford 1995[2], 162–167 und John J. Collins, a. a. O., 1997, 42–61.

[8] Vgl. dazu auch Friedrich V. Reiterer, Deutung und Wertung des Todes durch Ben Sira, in: Josef Zmijewski, Hg., Die atl. Botschaft als Wegweisung. FS Hans Reinelt, 1990, 203–236 und Otto Kaiser, Der Tod als Schicksal und Aufgabe bei Ben Sira, in: Gregor Ahn und Manfried Dietrich, Hg., Engel und Dämonen. Theologische, Anthropologische und Religionsgeschichtliche Aspekte des Guten und Bösen. Akten des Gemeinsamen Symposiums der Theol. Fakultät der Universität Tartu und der Deutschen Religionsgeschichtlichen Studiengesellschaft am 7. und 8. April 1995 in Tartu/Estland, FARG 29, Münster 1997, 75–90.

[9] Vgl. dazu grundsätzlich Hans Walter Wolff, Anthropologie des Alten Testaments, München 1973 (ND) und knapper Otto Kaiser, Gott des Alten Testaments II, UTB 2024, Göttingen

2. *Was ist der Mensch?* Die anthropologische Grundfrage *Was ist der Mensch?* hat im Alten Testament bekanntlich eine dreifache Antwort gefunden:[10]

Im persönlichen Hymnus des 8. Psalms stellt sie der Beter staunend angesichts der Unermeßlichkeit des gestirnten Himmels als dem Werke des Gottes, der den Menschen mit Hoheit und Herrlichkeit gekrönt und nur wenig geringer als die Himmlischen erschaffen und zur Herrschaft über die ganze Tierwelt bestimmt hat.[11]

In der Königsklage des 144. Psalms beantwortet sie der Beter in V.3 f. mit dem Hinweis auf die Vergänglichkeit des Menschen, dessen Tage einem Hauch gleichen und wie ein flüchtiger Schatten sind, um auf diese Weise an die Barmherzigkeit Gottes zu appellieren.[12]

Geradezu im Gegensatz zu der Antwort des Hymnikers steht die des Niedrigkeitsbearbeiters des Hiobdialogs in Hiob 15,14−16: Für ihn ist der Mensch dank seiner kreatürlichen, erdhaften Unreinheit unvermeidlich fehlbar ist.[13]

So stellt uns das Alte Testament den Menschen in seinem Widerspruch als Gottes königlichen Statthalter auf Erden und zugleich vergängliches und in seiner irdischen Begrenztheit notwendig fehlbares Wesen vor. Dabei ist der Tod nach Gen 3,14−19 das vom Menschen selbst verschuldete Schicksal: Der aus dem Staub der Erde Gebildete muß wegen der Schuld der Urmutter am Ende zu ihr zurückkehren.[14] Dann zerfällt

---

1998, 278−318 sowie ders., Der Mensch als Geschöpf Gottes. Aspekte der Anthropologie Ben Siras, in: Renate Egger-Wenzel und Ingrid Krammer, Hg., Der Einzelne und seine Gemeinschaft bei Ben Sira, BZAW 270, Berlin. New York 1998, 1 − 22 = oben, S. 225−246.

[10] Vgl. dazu Walther Zimmerli, Was ist der Mensch, in: ders., Studien zur atl. Theologie und Prophetie. GAufs.II, ThB 51 ThB 51, München 1974, 311−324 und Otto Kaiser, Der Gott des Alten Testaments II, 278−282 und ders., Der Mensch als Geschöpf Gottes, in: R. Egger-Wenzel und I. Krammer, Hg., Einzelne, BZAW 270, 1998, 3−5 = 229−231.

[11] Vgl. dazu auch Otto Kaiser, Psalm 8, in: Klaus Seybold und Erich Zenger, Hg., Neue Wege der Psalmenforschung. FS Walter Beyerlin, HBS 1, Freiburg. Basel. Wien 1994, 207−222.= ders., Gottes und des Menschen Weisheit, BZAW 261, 1998, 56−70 und zum religionsgeschichtlichen Hintergrund Boyo Ockinga, Gottebenbildlichkeit in Ägypten und im Alten Testament, ÄAT 7, Wiesbaden 1984 bzw. Andreas Angerstorfer, Ebenbild eines Gottes in assyrischen und babylonischen Keilschrifttexten, BN 88, 1997, 47−58.

[12] Zur Komposition und Entstehung des Liedes vgl. Erich Zenger, Komposition und Theologie des 5. Psalmenbuches, BN 82, 1996, 97−116 und bes. 111, der damit die von Hans-Peter Mathys, Dichter und Beter. Theologen aus spätalttestamentlicher Zeit, OBO 132, Freiburg/Schweiz und Göttingen 1994, 262−266 aufgeworfene Frage nach der Absicht des Dichters beantwortet.

[13] Vgl. zu ihm Markus Witte, Vom Leiden zur Lehre.Der dritte Redegang (Hiob 21−27) und die Redaktionsgeschichte des Hiobbuches, BZAW 230, Berlin. New York 1994, 175−197 und zu den Parallelen und zur Zeitstellung 194−205.

[14] Vgl. dazu Rainer Albertz, »Ihr werdet sein wie Gott...«Gen 3,1−7 auf dem Hintergrund des atl. und des sumerisch-babylonischen Menschenbildes, WO 24, 1993, 89−111 und zum Alter und literarischen Befund Eckart Otto, Die Paradieserzählung Genesis 2−3, in: Anja A. Diesel u. a., Hg., »Jedes Ding hat seine Zeit...« Stud. zur israelitischen und altorientalischen Weisheit. FS Diethelm Michel, BZAW 241 BZAW 241, Berlin. New York

sein Leib, während seine *Ruach*, seine göttliche Lebenskraft zu dem Gott
zurückkehrt, der sie gegeben (Koh 12,7; vgl. Ps 104,29 f.), und sein individuelles Lebensprinzip, seine *Nefesch*, in das Reich des ewigen Vergessens
in der Unterwelt versinkt (Koh 9,10).[15]

In der Klage des Einzelnen spiegelt sich derselbe Gegensatz darin,
daß der Beter in seiner Todesangst Gott einerseits daran erinnert, daß er
ihn kunstvoll im Mutterleib bereitet habe,[16] und er ihm andererseits in
der Vergänglichkeitsklage seine Erbarmen verdienende Kurzlebigkeit ins
Gedächtnis ruft.[17] Er konnte ihn aber auch auf die durch seinen Tod
entstehende Lücke im Kreise der Gottesverehrer hinweisen.[18] Auf diese
Weise wollten die Beter erreichen, daß sich Jahwe ihrer erbarmte und vor
dem vorzeitigen Tode errettete. Daher ist es nicht verwunderlich, daß das
Vergänglichkeitsmotiv schließlich in Ps 103,14−16 im Rahmen eines lehrhaften Hymnus eines Einzelnen als Begründung für die Barmherzigkeit
Gottes diente.[19]

3. *Ben Siras Antwort auf die anthropologische Grundfrage.*[20] Wenn
wir uns jetzt der Weisheit Ben Siras zuwenden, um zu beobachten, in
welcher Weise er diese Motive aufgenommen und verarbeitet hat, tun wir
gut daran, uns vorab zu vergegenwärtigen, daß der Weise seiner lehrhaften Absicht gemäß weder die biblischen Mythen wiederholt noch die
Stimme zur Klage erhebt. Wir sind daher nicht überrascht, daß Ben Sira
die anthropologische Grundfrage mit dem Verweis auf die Kürze des
Menschenlebens beantwortet und daraus Gottes Erbarmen ableitet
(18,8−14):[21]

---

[15] 1996, 167−192 sowie Markus Witte, Die biblische Urgeschichte, BZAW 265, Berlin. New York 1998, 158−166.
[15] Vgl. zu diesen Prinzipien auch Otto Kaiser, Gott des Alten Testaments II, 290−301 und ergänzend zu Sirach ders., Mensch, in: Renate Egger-Wenzel und Ingrid Krammer, Hg., Einzelne, BZAW 270, 1998, 5−7 = 229−231.
[16] Zu diesem von A. de Wilde, Das Buch Hiob, OTS 22, Leiden 1981, 152 als poetischen Embryologie bezeichneten Zug vgl. Hiob 10,8−12; Ps 139,13−15 sowie ferner Ps 22,10 f. und dazu Otto Kaiser, Gott des Alten Testaments II, UTB 2024, 1998, 219−221.
[17] Vgl. z. B. Ps 39,5−7.12; 89,48 f. und Hiob 14,1 f. und dazu auch Otto Kaiser, Psalm 39, in: Dieter Vieweger und Ernst-Joachim Waschke, Von Gott reden… FS Siegfried. Wagner, 1995, 133−146 = ders., BZAW 261, 1998, 71−83.
[18] Vgl. Ps 6,6; 30,10; 88,11 und Jes 38,18 sowie Ps 115,17 f.
[19] Vgl. zu ihm Frank Crüsemann, Studien zur Formgeschichte von Hymnus und Danklied in Israel, WMANT 32, Neukirchen-Vluyn 1969, 302−304 und Klaus Seybold, Das Gebet Das Gebet des Kranken im Alten Testament. Untersuchungen zur Bestimmung und Zuord-nung der Kankheits- und Heilungspsalmen, BWANT 99, BWANT 99, Stuttgart u. a. 1973, 142−146, ders., Die Psalmen, HAT I/15, Tübingen 1996, 401−405 und dazu Leslie C. Al-len, Psalms 101−150, WBC 21, Waco/Texas 1983, 19 f.
[20] Vgl. dazu auch Otto Kaiser, Mensch, in: Renate Egger-Wenzel und Ingrid Krammer, Hg., Einzelne, BZAW 220, 1998, 8−10 = 232−234.
[21] Zu den im Hintergrund stehenden biblischen Motiven vgl. Gian L. Prato, Il problema della teodicea in Ben Sira, AnBib 65, Rom 1975, 294−298.

8 Was ist der Mensch und was ist er wert,
  was ist sein Glück und was ist sein Unglück?
9 Ist die Zahl der Lebenstage des Menschen
  zahlreich, sind es hundert Jahre.[22]
10 Wie ein Wassertropfen aus dem Meer und ein Sandkorn
  (verhalten sich) die wenigen Jahre zu einem Tage der Ewigkeit.
11 Daher ist der Herr ihnen[23] gegenüber langmütig
  und gießt über sie sein Erbarmen aus.
12 Er sieht und weiß, daß ihr Ende übel ist;
  daher macht er sein Erbarmen groß.
13 Das Erbarmen des Menschen gilt seinem Nächsten,
  das Erbarmen des Herrn aber allem Fleisch.
  Er überführt und züchtigt und belehrt
  und führt wie ein Hirt seine Herde zurück.
14 Er erbarmt sich derer, die Zucht annehmen
  und wachsam seinen Satzungen folgen.

Neu ist der Vergleich der Lebenszeit des Menschen mit einem einzigen Tage der Ewigkeit.[24] Der unaufhebbare Gegensatz zwischen Gott und Mensch ist das specificum nicht nur der Anthropologie, sondern auch der Theologie des Alten Testaments. Die Gegenüberstellung von Zeit und Ewigkeit besitzt im 90. Psalm ihre Entsprechung: Jahwe ist von Ewigkeit zu Ewigkeit Gott, während das Leben des Menschen achtzig Jahre nicht überschreitet. Neu ist die Verbindung des Qualität der Ewigkeit mit der Quantität. Die Ewigkeit wird auf diese Weise aus einer Eigenschaft Gottes zu einer eigenen, in Diastase zur Zeit stehenden Größe.[25] Auch wenn die Zeit bei Plato das bewegte Abbild der Ewigkeit ist,[26] kann man fragen, ob Ben Sira bei dieser Gegenüberstellung gänzlich frei von hellenistischem Einfluß ist. Die Frage worin das Unglück des Menschen besteht, beantwortet Ben Sira in V.9 f. explizit: Es besteht in seiner Kurzlebigkeit. Worin sein Glück besteht, muß man aus den V.12–14 entnehmen: Glücklich ist der Mensch, wenn er die aus seinem Erbarmen entspringende Leidenspädagogik Gottes[27] als solche erkennt und mit seiner Umkehr zu ihm beantwortet.[28] Dabei setzt Ben Sira als selbstverständlich voraus, daß der

---

22 V.9 b gehört zu den Erweiterungen von GII.
23 Nämlich: den Menschen.
24 Vgl. 2 Petr 3,8.
25 Vgl. auch Ps 102,24–28 und zur vermutlichen Entstehung des Psalms Ende des 3. bzw. Anfang des 2. Jh.s v. Chr. O. H. Steck, Zu Eigenart und Herkunft von Ps 102, ZAW 102, 1990, 357–372.
26 Plat. Tim. 37 d und dazu Hedwig Conrad-Martius, Die Zeit, München 1954, 95–135 und bes. 129–132.
27 Vgl. Hiob 33,13–28 sowie Sir 2,1–18.
28 Zum hellenistischen Hintergrund des Themas bei Kohelet vgl. Ludger Schwienhorst-Schönberger, Nicht im Menschen gründet das Glück (Koh 2,24). Kohelet im Spannungsfeld jüdischer Weisheit und hellenistischer Philosophie, HBS 2, Freiburg. Basel. Wien 1992, 251–273 und Maximilian Forschner, Über das Glück des Menschen. Aristoteles. Epikur.

Mensch Herr seiner Entscheidungen ist. Das hat er in 15,11−17 in Auseinandersetzung mit einer leichtfertigen Betonung der göttlichen Allverursachung im Rückgriff auf Dtn 11,26 und 30,15−20 so begründet:

11 Sage nicht: Von Gott stammt meine Sünde;
   denn was er haßt, hat er nicht geschaffen.

12 Sage nicht: Er ließ mich straucheln;
   denn er bedarf menschlicher Untat nicht.

13 Böses und Greuel haßt der Herr,
   nicht läßt er's begegnen denen, die ihn fürchten.

14 Er selbst hat am Anfang den Menschen gemacht
   und ihn in die Hand seines Triebes gegeben.

15 Wenn es dir gefällt, hältst du das Gebot,
   und Treue ist es, nach seinem Gefallen zu handeln.

16 Vor dir liegen Feuer und Wasser,
   was dir gefällt, danach strecke aus deine Hand.

17 Vor dem Menschen liegen Leben und Tod,
   was ihm gefällt, das wird ihm gegeben.

Anders als für den für das Urteil Jahwes über die Menschen in Gen 6,5 b und 8,21 verantwortlichen jüdischen Theologen ist der Trieb des Menschen für Ben Sira nicht von Geburt an böse, sondern seinem Willen unterworfen. Aber einen eigentlichen Willensbegriff hat er so wenig wie die alten Griechen besessen: Zwischen dem Trieb und der Handlung vermittelt anders als in unserem Denken kein dritter Begriff.[29] Nehmen wir die an 8,11−14 gestellte Frage nach dem Glück des Menschen wieder auf, so ist sie nun eindeutig im Sinne von 17,24 zu beantworten:

   Nur denen, die umkehren, gewährt er die Umkehr
   und tröstet er, die die Hoffnung verloren.

Stoa. Thomas von Aquin. Kant, Darmstadt 1993 (1994²), 1−97 und zu seiner Aufnahme durch Kohelet Schwienhorst-Schönberger, 274−279 sowie Alexander A. Fischer, Skepsis oder Furcht Gottes? Studien zur Komposition und Theologie des Buches Kohelet, BZAW 247, Berlin. New York 1997, 74−86.

[29] Zum hebräischen Begriff *jeṣær* vgl. John J. Collins, Jewish Wisdom in the Hellenistic Age, Edinburgh 1998, 81 f. und zur Sache, was Albrecht Dihle, Die Vorstellung vom Willen in der Antike, Göttingen 1985, 38 zur zweigeteilten homerischen Psychologie ausführt und was weiterhin für die griechische Anthropologie grundlegend blieb: »Es gibt zwischen Trieb und Handlung oder Überlegung und Handlung keinen Willen, den man als selbständigen Faktor isolieren und moralisch bewerten könnte.« Zur Sache vgl. auch Gerhard Maier, Mensch und freier Wille. Nach den jüdischen Religionsparteien zwischen Ben Sira und Paulus, WUNT 12, Tübingen 1971, 85−97; zum Problem der Prädestination jetzt Ursel Wicke-Reuter, Göttliche Providenz und menschliche Verantwortung bei Ben Sira und in der Frühen Stoa, BZAW 298, Berlin. New York 2000, 267−270 und zu der von Ben Sira geteilten Vorstellung vom Herzen als Zentrum des Denkens und Fühlens Otto Kaiser, Mensch, in: Renate Egger-Wenzel und Ingrid Krammer, Hg., Einzelne, BZAW 270, 1998, 6−7 = 230-231.

4. *Der Tod des Menschen als Enthüllung seines Standes bei Gott.*
Der Mensch als solcher verfügt so wenig über sein Glück und sein Unglück wie über sein Leben und seinen Tod, 11,14+17:

> Gut und Böse, Leben und Tod,
> Armut und Reichtum stammt von dem Herrn.
> Die Gabe des Herrn bleibt bei den Frommen,
> und sein Wohlgefallen gibt für immer Gelingen.

Dabei ist ein sei es plötzlicher, sei es vorzeitiger, sei es qualvoller und
mithin *schlimmer Tod* ein Zeichen dafür, daß der Betroffene unter Gottes
Gericht steht.[30] Da niemand seine eigene letzte Stunde und die Art seines
Todes kennt, darf er nicht aufhören, seine Pflicht zu tun. Er darf sich
davon weder durch seine Erfolglosigkeit noch durch das scheinbare Glück
des Gottlosen abbringen lassen. Denn einerseits kann Gott den Armen
reich und den Reichen arm machen, und andererseits gibt erst der letzte
Augenblick eines Menschen darüber Auskunft, ob ihm Gott gnädig oder
ungnädig gesinnt war, 11,20–28:

> 20 Mein Sohn, steht fest zu deinem Teil,
>   besinne dich auf es und werde alt.
> 21 Wundere dich nicht über des Bösen Taten,
>   vertraue auf den Herrn und warte auf sein Licht!
>   Denn es ist in des Herren Augen leicht,
>   den Armen ganz unversehens reich zu machen.
> 22 Der Segen Gottes ist des Gerechten Los,
>   und seine Hoffnung sproßt zur rechten Zeit.
> 23 Sage nicht: Was ist mir nötig?
>   Was kann mir ferner nützen?
> 24 Sage nicht: Ich habe genug!
>   Was kann mir künftig schaden?
> 25 Das Unglück von heute läßt das Glück vergessen,
>   und das Ende des Menschen gibt über ihn Auskunft.
>
> 26 Denn leicht ist es für den Herrn am Tage des Todes
>   dem Menschen nach seinem Wandel zu vergelten.
> 27 Jetziges Leid läßt einstiges Wohlsein vergessen,
>   und das Ende des Menschen enthüllt seine Taten.
> 28 Vor dem Tode preise keinen glücklich;
>   denn an seinem Ende erkennt man den Mann.

---

[30] Vgl. dazu Johannes Pedersen, Israel. Its Life and Culture I–II, London und Copenhagen
1926 (ND), 495 sowie paradigmatisch Hans Joachim Sell, Der schlimme Tod bei den
Völkern Indonesiens, s'Gravenhage 1955, 9–18 und zum speziellen religionsgeschicht-
lichen Hintergrund Karel van der Toorn, Sin and Sanction in Israel and Mesopotamia. A
Comparative Study, SSN Z2, Assen. Maastrich 1985 und J. Gwyn Griffith, The Divine
Verdict. A Study of Dinive Judgement in the Ancient Religions, StHR 52, Leiden 1991.

So lautet also die Übersetzung griechische Maxime ins Jüdische, der Sophokles am Schluß des Oedipus Rex ihre gültige Prägung gegeben und mit der er die tragische Existenz auf die Formel gebracht hatte. Wir rufen sie in Hölderlins Übertragung ins Gedächtnis (Soph.Oid.T. 1524–1530):[31]

> Ihr im Lande Thebe Bürger, sehet diesen Oedipus,
> Der berühmte Rätsel löste, der vor allen war ein Mann.
> Der nicht auf der Bürger Eifer, nicht gesehen auf das Glück,
> Wie ins Wetter eines großen Schicksals er gekommen ist,
> Darum schauet hin auf jenen, der zuletzt erscheint, den Tag,
> Wer da sterblich ist, und preiset glücklich keinen, eh denn er
> An des Lebens Ziel gedrungen, Elend nicht erfahren hat.

Für den jüdischen Weisen gibt es keine tragische Existenz, keine schuldlose Verschlingung in den Knoten des Schicksals, sondern nur des Menschen Verantwortung für sein Tun und Gottes Gerechtigkeit, die schließlich jedem das gibt, was er verdient hat. Nur das Todeslos als solches ist gemäß der Mythe von Paradies und Sündenfall in Gen 2–3 ein Verhängnis, in dem die Schuld der Urmutter fortwirkt, 25,24:

> Von einer Frau stammt der Anfang der Schuld,
> und um ihretwillen sterben wir alle.[32]

5. Die Annahme der Todesschicksals. Der biblische Grundsatz, daß der aus Erde genommene Mensch zur Erde zurückkehren muß (vgl. Gen 2,7 mit 3,19), ist mithin auch für Ben Sira von selbstverständlicher Gültigkeit. Sein großes Lehrgedicht über den Menschen in 17,1–32[33] setzt denn auch in V.1 mit der Zitation dieses Grundfactums ein:

> Der Herr erschuf den Menschen aus Erde
> und läßt ihn wieder zu ihr zurückkehren.

Auch wenn diesem Kurzlebigen die Herrschaft über sie verliehen ist, bestimmt doch die Endlichkeit sein Schicksal (17,2):

> Er gab ihnen gezählte Tage und befristete Zeit,
> aber er machte ihn zum Herrscher über alles auf ihr.

So erschreckend der Gedanke an den Tod zunächst erscheint, so differenziert lautet das Urteil über ihn bei näherem Nachdenken: Gewiß

---

[31] Friedrich Hölderlin, Werke. Briefe. Dokumente. Nach dem Text der von Friedrich Beißner besorgten Kleinen Stuttgarter Hölderlin-Ausgabe. Ausgew. und mit einem Nachwort von Pierre Bertaux. Mit Anmerkungen und Literaturhinweisen von Christoph Prignitz, Winkler Weltliteratur, München 1990⁴; 1990⁴, 617.

[32] Vgl. dazu auch John J. Collins, Jewish Wisdom, 1998, 81: »It seems to be an ad hoc comment, made in the context of a lengthy reflection on ›the wicked woman‹, but it has not been integrated into a coherent theological system.«

[33] Vgl. zu ihm Collins, 83; Kaiser, Mensch, in: Renate Egger-Wenzel und Ingrid Krammer, BZAW 270, 10–16 = 234–240 und Ursel Wicke-Reuter, Providenz, BZAW 298, 152–175.

kommt er zu dem, der jung oder in der Vollkraft seines Lebens davon muß, als Feind. Aber er ist ein Freund für den, dem nur noch die Qualen des Alters geblieben sind (41,1–2):

> 1 O, Tod, wie bitter ist der Gedanke an dich
>   für den Mann, der friedlich im Seinen lebt,
>   für den Mann, der sorglos ist und dem alles gelingt
>   und der noch die Kraft hat, Freuden zu genießen.
> 2 O, Tod, wie gut ist dein Spruch
>   für den, der schwach ist, dem die Kraft fehlt,
>   den Mann, der sich strauchelnd an allem stößt,[34]
>   der lustlos ist und dem die Hoffnung schwand.

Dem zweiten Aspekt entspricht der komparative ṭôb-Spruch in 30,17:

> Besser tot als ein bitteres Leben,
> ewiger Schlaf als dauernder Schmerz.

Die Konfrontation der beiden Gesichtspunkte ist die Leistung Ben Siras. Um sie selbst wußten schon die Alten. So klagt z. B. auf der einen Seite der Beter in Ps 88,16 darüber, daß er in seiner Jugend verscheiden soll, während auf der anderen der Priester feststellt, daß Abraham in gutem Grauhaar, bärtig und satt an Tagen gestorben ist (Gen 25,8).

Ob der Mensch nun alt oder jung sterben muß, – nach Sirachs Überzeugung wäre es geradezu gotteslästerlich, sich gegen die Todesverfallenheit des Menschen als solche aufzulehnen (41,3 f.):

> 3 Zittre nicht vor dem Tod, der dir bestimmt;
>   gedenke, daß die vor dir und die nach dir dich begleiten.
> 4 Dies ist eine Ordnung[35] für alles Fleisch von Gott
>   was solltest du des Höchsten Weisung widerstreben?
>   Ob tausend Jahre, hundert oder zehn –,
>   in der Unterwelt gibt's keinen Einspruch (zugunsten) des Lebens.[36]

Es ist eine *Torat Eljon*, eine Weisung des Höchsten, der jeder Mensch folgen muß und die für die Vorfahren ebenso wie für die Nachkommen gilt. Gottes Weisung bindet sie in der Solidarität der Sterblichen zusammen. Ihr kann sich auf dieser Welt niemand entziehen, und niemand kann gegen sie in der Unterwelt Einspruch erheben.

---

34 Vgl. auch Koh 12,5 a.
35 Vgl. dazu auch Patrick W. Skehan in: ders. und Alexander A. Di Lella, The Wisdom of Ben Sira, AncB 39, New York 1987, AncB 39, 486.
36 Vgl. dazu auch Hor.Carm.II,3.25–28: *Omnes eodem cogimur, omnium / Versamur urna serius ocius / Sors exitura et nos in aeternum/ Exilium inpositura cumbae.* »Ja, einen Weg geht alles, uns allen springt / Ob früh, ob spät, einst aus dem geschwungenen Topf / Das letzte Los – in jenen Nachen / Holt es dich ab, und du kommst nicht wieder.« Zitiert nach Horaz, Sämtliche Werke. Lateinisch und deutsch, hg. v. Hans Färber, TuscB, München 1967 (ND), 72 f.

So wie Kohelet aus der Unmöglichkeit des Menschen, angesichts seiner Todesverfallenheit ein bleibendes Lebensresultat zu erzielen, die Folgerung des carpe diem, des *Ergreife den Tag* zog,[37] hat es in ähnlicher Weise auch Ben Sira gehalten. Der inzwischen gestiegenen Bedeutung der Freundschaft gemäß[38] bezog er freilich die Forderung der Großmütigkeit gegenüber dem Freunde mit ein (14,11—16):

11 Mein Sohn, wenn du was hast, laß es dir dienen,
und wenn du was besitzt, erfreue dich daran.
12 Gedenke, daß der Tod nicht zaudert
und dir der Unterwelt Gesetz nicht kund getan.
13 Ehe du stirbst, tue dem Freunde Gutes,
gib ihm, was deine Hand vermag.
14 Versag' dir nicht das Glück des Tages
und laß dir den begehrten Anteil nicht entgehn.
15 Mußt du nicht einem Andren dein Vermögen lassen,
deiner Mühen Ertrag der Verteilung durch das Los?
16 So gib und nimm und labe deine Seele,
denn in der Unterwelt gibt's keine Lust zu suchen.

Und zur Unterstreichung erinnert Ben Sira noch einmal an die Unausweichlichkeit und Unhinterfragbarkeit von unser aller Todverfallenheit. Dabei lehnt er sich an die berühmten Verse aus der Ilias an, die Glaukon seiner von dem Helden Diomedes erbetene Auskunft über sein Geschlecht bescheiden voranschickt (VI, 145—149):[39]

Hochgemuter Tydide, was forschst du nach
meinem Geschlechte!
Ganz wie der Blätter Geschlecht so sind die
Geschlechter der Menschen,
Streut der Wind auf den Boden die einen
Blätter, die andren

---

37 Vgl. dazu Ludger Schwienhorst-Schönberger, HBS 2, 1992, 324—332; Otto Kaiser, Die Botschaft des Buches Kohelet, EThL 71, 1995, 48—70 = ders., BZAW 261, 1998, 126—148 und zum Problem der zwischen Kohelet und Ben Sira waltenden Beziehungen Johannes Marböck, Kohelet und Sirach, in: Ludger Schwienhorst-Schönberger, Hg., Das Buch Kohelet, BZAW 254, Berlin. New York 1997, 275—302.
38 Vgl. dazu Otto Kaiser, Lysis oder von der Freundschaft, ZRGG 32, 1980, 193—218 und bes. 215—218 = ders., Der Mensch unter dem Schicksal, BZAW 161, Berlin. New York 1985, 206—231 und bes. 228—231 sowie ders., Was ein Freund nicht tun darf. Eine Auslegung von Sir 27,16—21, in: Friedrich V. Reiterer, Hg., Freundschaft bei Ben Sira. Beiträge des Symposions Salzburg 1995, BZAW 244, Berlin. New York 1996, 107—122 und bes. 107 = ders., Gottes und des Menschen Weisheit, BZAW 261, 1998, 217—232 und bes. 217.
39 Übertr. Thassilo von Scheffer, Ilias, Sammlung Dieterich 15, Leipzig 1938 (ND Bremen o.J.), 135 f.

Treibt der grünende Wald zur Zeit des
    knospenden Frühlings.
So von der Menschen Geschlechter wächst eins,
    das andere schwindet.

Ben Sira ist hinter seinem großen Vorbild nicht zurückgeblieben, sondern hat den Vergleich mit sicherem Instinkt als Metapher für unser aller
Vergänglichkeit umgeprägt (14,17−19):

17 Es altert alles Fleisch wie ein Gewand,
     nach uralter Satzung müssen sie sterben.
18 Wie sprossendes Laub am grünenden Baum,
     von dem eines welkt und anderes sproßt,
     So sind die Geschlechter aus Fleisch und Blut,
     eines verscheidet, ein andres wächst nach.
19 All sein Gemächte vermodert gewiß,
     und das Werk seiner Hände folgt ihm nach.

6. *Der Tod der Anderen.* Die poetische Kraft dieser Verse vermag
die Nüchternheit nicht zu überdecken, mit welcher der Weise Tod und
Leben betrachtet. Dafür zeugen nicht zuletzt seine Anweisungen, wie man
sich angesichts des Todes eines Anderen verhalten soll. Sein Rat, sich
dabei an das Schickliche zu halten, es dabei aber auch bewenden zu lassen, mag manchem als herzlos erscheinen. Unter der Voraussetzung, daß
das Bewußtsein des Menschen mit dem Tode erlischt und jedes Leben
unaufhaltsam seinem Ende zugeht, ist er jedoch konsequent und einem
Weisen angemessen (38,16−23):[40]

16 Mein Sohn, vergieße über einen Toten Tränen,
     klag bitterlich und stimme an ein Klagelied.
     Wie es ihm zukommt, so umhülle seinen Leib,
     verbirg dich nicht, wenn er verscheidet.
17 Gib dich, mein Sohn, der Trübsal hin und bittrer Klage
     und halte um ihn Trauer, wie es ihm gebührt,
     einen Tag oder zwei um ⟨des Geredes⟩[41] willen,
     dann tröste dich um des Kummers willen.[42]

---

[40] Vgl. auch Davids Verhalten nach dem Tod des Erstgeborenen Batsebas 2 Sam 12,16−23
und zur Diskussion z. B. Ernst Würthwein, Die Erzählung von der Thronfolge Davids,
ThSt(B) 115, Zürich 1974, 32 = ders., Studien zum Deuteronomistischen Geschichtswerk,
BZAW 227, Berin. New York 1994, 53 und P. Kyle McCarter Jr., II Samuel, AncB 9 o,
Garden City/New York 1984, 301.

[41] Lies mit Patrick W. Skehan, AncB 39, 440 statt des *DMYH,* (*wegen der Tränen*) ein
DBTYM (*wegen des Geredes der Leute*).

[42] Lies statt ῾*WD* ein *NWD,* vgl. Georg Sauer, Jesus Sirach (Ben Sira), JSHRZ III/ 5, Gütersloh 1981, 597 und Skehan/Di Lella, AncB 39, 440.

18 Vom Kummer geht schwere Krankheit aus,
und ein trauerndes Herz beugt die Kraft.[43]
19 Mit dem Leichenzug vergeht die Trauer,
aber des Armen Leben ist für das[44] Herz ein Fluch.[45]
20 Wende ihm dein Herz nicht länger zu,
laß ab, an ihn zu denken, und bedenk (dein) Ende.
21 Denk nicht an ihn, für ihn gibt's keine Hoffnung;
es nützt ihm nichts[46] und schadet dir.
22 Bedenke, daß sein Schicksal auch das deine ist,
ihm galt es gestern und dir heute.
23 Ist er bestattet, lasse sein Gedächtnis ruhn,
und laß dich trösten über den Auszug seiner Seele.

Kurz und bündig und nicht weniger pragmatisch heißt es in 22,11 f.:

11 Weine über einen Toten, denn es erlosch ein Licht,
und weine über einen Toren, denn es erlosch ein Verstand.
Weine sanfter über einen Toten, denn er fand seine Ruhe,
aber das Leben des Toren ist schlechter als Tod.
12 Die Klage über einen Toten dauert sieben Tage,
aber die über einen Toren[47] alle Tage seines Lebens.

7. Ben Siras Verzicht auf eschatologische Spekulationen. Vergegenwärtigen wir uns abschließend noch einmal die Zeitstellung des Siraziden
am Vorabend der hellenistischen Reformen in Jerusalem, so fällt es dop-
pelt auf, daß sich Ben Sira den zeitgenössischen Spekulationen der Apokalyptiker über Tod und Afterlife verschlossen hat. Sein Résumé in 40,11
stellt trotz der gleich zu nennenden hellenistischen Parallelen zugleich eine
Summe der klassischen Vorstellungen Israels über den Tod dar:[48]

Alles, was aus der Erde kommt, zur Erde kehrt es zurück,
und was aus der Höhe, zur Höhe.

Mag es den Bibelleser an Ps 104,29 f. und Koh 12,7 erinnern, so
verbirgt sich dahinter doch ein griechischer Allgemeinplatz, den wir in
der Fassung von Euripides' Chrysippos (fr.839.8–11) zitieren:[49]

---

[43] Vgl. G und zu seiner mutmaßlichen Vorlage Mosche Zvi Segal, Seper Ben Sira Haschscha-
lem, Jerusalem, 1958², 248 und Skehan/Di Lella, AncB 39, 440.

[44] La und Sa: eius.

[45] Zum Befund vgl. Skehan/Di Lella, 440 z.St. V.19 fehlt in H^B, die Überlieferung bei G
ist unsicher, der Text von S wenig hilfreich. Wir halten uns an die Lesart von Ziegler.

[46] Wörtlich: *Was nützt es?*

[47] Die Worte *und über die Gottlosen* sind als sekundär ausgelassen.

[48] Vgl. zu ihnen Ludwig Wächter, Der Tod im Alten Testament, Berlin 1967 und Otto Kaiser,
Tod, Auferstehung und Unsterblichkeit im Alten Testament und im frühen Judentum –
im religionsgeschichtlichen Zusammenhang bedacht, in: ders. und Eduard Lohse, Tod und
Leben. BibKon. Kohlhammer Taschenbücher 1001, Stuttgart u. a. 1977, 15–67.

[49] Zit. nach der Ausgabe von G. A. Seeck, Euripides VI. Fragmente, TuscB, 1981, 371 und
373. Weitere Parallelen bei Th. Middendorp, Die Stellung Jesu Ben Siras zwischen Judentum und Hellenismus, Leiden 1973, 23 f.

> Was aber aus der Erde entstanden ist,
> geht wieder in die Erde zurück,
> und was dem Äther entstammt,
> kehrt wieder zu den Höhen des Himmels zurück.

Das, was zum Himmel aufsteigt, ist für Ben Sira gut alttestamentlich die *Ruach*, der göttliche Lebensodem. Zur Erde aber fährt nicht allein der Leib, sondern in ihre Tiefe auch die *Nefesch*, das individuelle Lebensprinzip (Sir 38,23). So wie Himmel und Erde und alles was sie füllt aus dem Gestaltlosen entstanden ist, steht am Ende des Menschenlebens sein Zerfall ins Gestaltlos-Nichtige. Dann lebt er allenfalls in seinem Namen fort.[50] Daher sollte der Weise darauf bedacht sein, daß jener in gutem Gedächtnis bleibt (41,10–13):[51]

> 10 Alles, was aus dem Nichts[52] kommt, kehrt ins Nichts zurück,
> so auch der Gottlose: aus dem Leeren ins Leere.
> 11 Vergänglich ist der Mensch nach seinem Leibe,
> doch der Ruhm des Getreuen[53] wird nicht schwinden.
> 12 Sei um deinen Namen besorgt; denn er begleitet dich
> mehr als tausend kostbare Schätze.
> 13 Das Gut des Lebens dauert zählbare Tage,
> aber das Gut des Namens unzählbare Tage.

Ben Sira war es nicht anders als den Dichtern der Bittklagen des Einzelnen gewiß,[54] daß das Gottesverhältnis mit dem Tode endet. Demgemäß heißt es in 17,27 f.:

> 27 Wer wird den Höchsten loben in der Unterwelt
> statt derer, die leben und Lobgesang bringen?
> 28 Bei dem Toten, der nicht mehr ist, endet auch der Dank;
> nur wer lebt und gesund ist, lobt den Herrn.

Aber aus seiner Barmherzigkeit vergibt er denen, die sich zu ihm wenden; denn er weiß um ihre kreatürliche Gebrechlichkeit, 17,29 f.:

---

50 Vgl. dazu auch Prov 10,7; Hiob 18,17 und dazu John J. Collins, Jewish Wisdom, 1998, 79 und dagegen z. B. Sap.Sal 2,4 sowie Simonides fr.59 (Diehl) und Mark Aurel II.17; IV.19; V.33 und VII.6.

51 Vgl. auch Sir 15,6; 39,11; 44,3.8 f.14 und zum Verhältnis zwischen 41,1–13 und 44,1–15 Gian L. Prato, Problema, AnBib 65, 1975, 354 ; als biblische Parallelen vgl. z. B. Prov 22,1; zur Ausrottung des Namens 2. Sam 14,7; Jes 14,22 f. Jer 11,19; Hiob 18,17–19 und zum Überdauern des Namens vor allem Prov 10,7 und weiterhin z. B. Dtn 25,6; Rut 4,5.10;Jes 66,22 und dazu Johannes Pedersen, Israel. Its Life and Culture I-II, London und Copenhagen 1926 (1954), 245–259; Aubrey R. Johnson, The One and the Many in the Israelite Conception of God, Cardiff 1942 (1961), 2–4 bzw. knapp Adrian S. van der Woude, THAT II, 947–949.

52 H^B: APS; G: *ek* gäs.

53 Lies mit Gian L. Prato, Problema, 341 ein *HSJD*.

54 Vgl. Ps 6,6; 30,10; 88,11; 115,17 f. und Jes 38,18.

29 Wie groß ist die Barmherzigkeit des Herrn
    und die Vergebung denen, die sich zu ihm wenden.
30 Bei Menschen kann es ja Vollkommenheit nicht geben,[55]
    weil kein Mensch[56] unsterblich ist.

So kommt das uns vom Niedrigkeitsbearbeiter des Hiobbuches her bekannte Motiv der kreatürlichen Schwäche des Menschen auch bei Ben Sira zum Zuge.[57] Es dient ihm zusammen mit dem Vergänglichkeitsmotiv als Begründung für die Barmherzigkeit Gottes über die reuigen Sünder. Mit der Hoffnung, daß der Herr dem barmherzig und gnädig ist, der ihn fürchtet und ihm gehorcht, sollte sich der Weise nach Ben Siras Überzeugung begnügen. Für ihn ging die Rechnung in diesem Leben auf: Der Tod war in seinen Augen nicht nur die absolute Grenze, sondern auch das Urteil über das Leben. Daher erschien ihm die Erwartung eines für den Ausgleich sorgenden postmortalen Totengerichts als überflüssig.

Mit seinem vom Geist des Hellenismus nicht unbeeinflußten Traditionalismus[58] verbindet sich eine geradezu phänomenologisch anmutende Skepsis gegenüber spekulativen Versuchen, die der menschlichen Erkenntnis gesetzten Grenzen zu überspringen und den Gaukeleien esoterischer Mantik zu verfallen. Die einschlägigen Belegtexte finden sich in 3,17−25 und in 31(34),1−8. In 3,17−25 ermahnt er den Schüler, zu demütiger Selbstbescheidung angesichts der Begrenztheit der menschlichen Erkenntnis:

17 Mein Sohn, verrichte, was du tust, in Demut,
    dann wirst du mehr geliebt als einer der Geschenke gibt.
18 Je größer du bist, desto mehr erniedrige dich selbst,
    dann findest du Gnade beim Herrn.
20 Denn groß ist die Macht des Herrn,
    aber durch die Niedrigen wird er verherrlicht.[59]

---

55 Die Übersetzung von V.30a ist umstritten. Dort heißt es: *ou gar dunatai panta einai en anthropois*. Wir schließen uns dem Verständnis von Georg Sauer, JSHRZ III/5, 1981, 148 an. Anders Patrick W. Skehan, AncB 39, 1987, 278, vgl. 280 ad 30a, der im Anschluß an S statt des *panta* ein *tauta* liest:«The like cannot be found in humans / for not immortal is any human being.»
56 *huios anthropou.*
57 Vgl. dazu oben, 177 und Markus Witte, Vom Leiden zur Lehre, BZAW 230, Berlin. New York 1994, 195−198.
58 Daß Ben Sira sich gegenüber der griechisch-hellenistischen Kultur nicht schlechthin abweisend verhalten hat, zeigen die entsprechenden Nachweise vor allem von M. Hengel, Judentum und Hellenismus, WUNT 10, Tübingen 1969 = 1988³, 252−275 und J. Marböck, Weisheit im Wandel, BBB 37, 1971, 154−173. Die Studie von Raymond Pautrel, Ben Sira et le Stoïcisme, RSR 52, 1963, 535−549 befriedigt dagegen wegen zu pauschaler Urteile nicht. Vgl. dazu jetzt Ursel Wicke-Reuter, Providenz, BZAW 298, 2000, 275−285.
59 Zum Textbestand vgl. Skehan/Di Lella, AncB 39, 159.

21 Was dir zu schwierig ist, erforsche nicht,
   und Dinge, die dich überfordern, such' nicht zu ergründen.
22 Über das, was dir übereignet ist, sinne nach;
   denn was verborgen ist, geht dich nichts an.
23 Über das, was dir entzogen ist, sei nicht verbittert,
   denn mehr als du verstehst, ist dir gezeigt.
24 Ja, zahlreich sind die Gedanken der Menschen,
   und schädliche Sprüche verleiten sie.
25 Wo der Augapfel fehlt, gibt es kein Licht,
   und wo es kein Wissen gibt, gibt es keine Weisheit.

Das sind Worte, die sich ebenso gegen die Versuche der Philosophen wie der Apokalyptiker richten, die Geheimnisse der Welt und des Lebens zu ergründen. Nach Ben Siras Überzeugung hat der Mensch mehr als genug damit zu tun, die Gebote der Tora zu halten, Gottesfurcht zu lernen und im Alltag umsichtig zu handeln. Denn in der Schule des Lebens ist er zugleich in der Schule Gottes. An ihr soll und kann er es sich genug sein lassen. Von den angeblich den Urvätern und Vorvätern zuteil gewordenen Offenbarungen durch Träume, Visionen und Orakel, wie sie die Apokalypsen präsentieren,[60] hat er gewiß nichts gehalten.[61] Wenn Ben Sira in 31(34),6 das Zugeständnis der Möglichkeit gottgesandter Träume macht, ist es biblisch begründet. Grundsätzlich aber beurteilte er weitere Offenbarungen nicht nur als überflüssig, sondern auch als schädlich, weil sie den Menschen von dem abhalten, was seine eigentliche Aufgabe ist: Er soll und kann durch den Gehorsam gegenüber der Weisung Gottes weise und so des Segens teilhaftig werden, der dem Gottesfürchtigen und Weisen verheißen ist. Und daher heißt es in 31,1−8:

1 Leer sind die Hoffnungen und Lügen des Unverständigen,
  und Träume erregen die Toren.
2 Wie einer, der nach Schatten greift und Wind verfolgt,
  ist, wer sich an Träume hält.
3 Nur ein Reflex ist das Traumgesicht,
  ein Spiegelbild dessen, was man gesehen.
4 Was kann von einem Unreinen gereinigt werden?
  Und was kann von einem Lügner Wahres kommen?

---

60 Vgl. dazu John J. Collins, Apocalypticism in the Dead Sea Scrolls, London und New York 1997 und zu den Grundproblemen umfassend David Hellholm, Hg., Apocalypticism in the Mediterranean World and in the Near East, Tübingen 1989[2].
61 Einen strukturellen Vergleich zwischen Ben Sira und dem 1. Henochbuch hat Randall A. Argall, I Henoch and Sirach. A Comparative Literary and Conceptional Analysis of the Themes of Revelation, Creation and Judgment, SBL Early Judaism and Its Literature 8, Atlanta/Georgia 1995 vorgelegt. Zur Sache vgl immer noch Vinzenz Hamp, Zukunft und Jenseits im Buche Sirach, in: Alttestamentliche Studien. FS Friedrich Nötscher, BBB 1, Bonn 1950, 86−97 sowie ergänzend Otto Kaiser, Tod, in: FARG 29, 1997, 88 f.

5 Wahrsagungen, Omina und Träume sind leer,
und wie eine Frau in Wehen phantasiert das Herz.
6 Sucht dich der Höchste nicht mit ihnen heim,
so richte dein Herz nicht auf sie.
7 Denn Träume haben viele irregeführt,
und die auf sie hofften, gingen zugrunde.
8 Ohne Lüge kommt die Tora an ihr Ziel,
und Weisheit vollendet sich in getreuem Munde.

8. *Rückblick und Ausblick.* Blicken wir zurück, so müssen wir Ben
Sira bescheinigen, daß sein Todesverständnis im Grundsätzlichen dem der
Bibel seines Volkes entspricht: Nüchtern nimmt er die Grenze zur Kenntnis, welche die Lebenden und die Toten, Gott und die Schatten der Totenseelen für immer von einander scheidet. Neu sind eher die Folgerungen,
die er daraus zieht: Er rät dem Sterblichen, sich seiner Endlichkeit bewußt
zu sein, sich nicht sicher zu wähnen, daher den Tag zu genießen und zu
Lebzeiten mit den Freunden zu teilen; die eigene Gesundheit aber nicht
durch unsinnige Trauer zu ruinieren. Gott ist Herr des Lebens und des
Todes. Erst wenn der Mensch sein Leben gelebt hat, läßt sich erkennen,
ob er in Gottes Huld oder ob er unter Gottes Gericht stand. Daher gilt,
es die Tage in der Furcht Gottes und weiser Umsicht zu verbringen, zu
der Gottes Weisung anhält.

Wenn Ben Sira bei seinem Reden von Gott hellenistische Motive benutzt, dienen sie in den hier behandelten Texten entweder der Unterstreichung der für die Religion Israels konstitutiven Diastase zwischen Gott
und Welt oder der Stabilisierung des Glaubens an seine Gerechtigkeit.
Wenn er andererseits das Thema menschlichen Glücks aufgreift, so liegt
das auf derselben Ebene wie seine Berücksichtigung anderer, in der hellenistischen Welt aktueller Themen wie die des Freundes,[62] des Reisens,[63]
des Symposiums[64] oder des Arztes:[65] Sie demonstrieren, daß der Weise
die angenehmen und nützlichen Seiten der hellenistischen Kultur zu schät-

---

[62] Vgl. Sir 6,5−17; 9,10; 12,8−9; 19,8−17, 22,19−26, 27,16−21 und 37,1−6 und dazu
Friedrich V. Reiterer, Hg., Freundschaft bei Ben Sira, BZAW 244, Berlin. New York 1996
und Jeremy Corley, Friendship According to Ben Sira, in: R. Egger-Wenzel und
I. Krammer, BZAW 220, 1998, 65−71.
[63] Vgl. 31(34),9−12 und 39,4, dazu J. Marböck, Weisheit im Wandel, BBB 37, 1971, 161 f.
und knapp Oda Wischemeyer, Kultur, BZNW 77, 1995, 95−97.
[64] Sir 34(31),12−35(32),13 und dazu Marböck, 162−164; Wischemeyer, Kultur, 106−109;
John J. Collins, Jewish Wisdom, 1997, 32 f. und Hans-Volker Kieweler, Benehmen bei
Tisch, in: R. Egger-Wenzel und I. Krammer, BZAW 220, 1998, 191−216.
[65] Vgl. dazu Marböck, 155−160; Dieter Lührmann, Aber auch dem Arzt gib Raum (Sir
38,1−15), WuD 15, 1979, 55−78; Wischemeyer, 46−47 und 100 f. und zur Einordnung
in die medizinischen Praktiken des Alten Orients Hector Avalos, Illness and Health Care
in the Ancient Near East. The Role of the Temple in Greece, Mesopotamia, and Israel,
HSM 54, Atlanta/Georgia 1995, 294−299.

zen wußte, ohne darüber seine zentrale apologetische Absicht zu vernachlässigen.[66] Wer in einer sich ändernden Welt Glaube und Sittlichkeit ihren Platz sichern will, kann und darf sich dem Geist der Zeit weder blindlings anpassen noch sich ihm grundsätzlich verschließen. Er muß den schmalen Pfad suchen, der zwischen den beiden Extremen hindurchführt und zwischen Wesentlichem und Unwesentlichem unterscheiden. Für Ben Sira standen der in der Tora bezeugte Gott und die in ihr verankerten ethischen Normen nicht zur Disposition. Daher besaß er die Freiheit, bei den sich mit dem Hellenismus verbreitenden Ideen und Sitten zwischen dem mit der Tora Verträglichen und Unverträglichen zu unterscheiden. Gegen das Unvereinbare polemisierte er, das Kompatible filtrierte er mittels des Kriteriums der strikten Unterscheidung zwischen Gott und Welt, Schöpfer und Geschöpf.

Konfrontiert mit dem New Age unserer Tage wirkt Ben Siras Zurückhaltung gegenüber der Berufung auf Träume und geheime Offenbarungen, wie sie die Apokalypsen kennzeichnen, grundsätzlich sympathisch: Den Ausflügen in das Reich der Phantasie stellt er den Respekt vor Gott und die Nachsicht und Umsicht im Umgang mit den Anderen gegenüber. Das alttestamentliche Symbol von dem bis in den Himmel entbrennenden Sinai, dessen Wolken und Feuer den Israeliten den Anblick Gottes entzieht und sie nur die göttliche Stimme vernehmen läßt, die ihnen den Gehorsam gegen die Zehn Gebote befiehlt,[67] dient nicht der Befriedigung metaphysischer Neugier, sondern der Unterstreichung der Tatsache, daß wir Menschen stets die von Gott Geforderten sind und wir es in der Begegnung mit den Anderen zugleich mit ihm zu tun haben. In dieser Beziehung ist das Judentum eine Religion der Vernunft. Es trägt der Tatsache Rechnung, daß wir dank unseres Wissens um die Endlichkeit unserer Erkenntnis über seine Grenze hinaus sind, ohne doch zu positiven Aussagen über die Transzendenz in der Lage zu sein.[68] Unsere Unfähigkeit, die Frage nach dem Transzendenten positiv zu beantworten, enthebt uns jedoch nicht der Notwendigkeit, nach ihm zu fragen. Daher ist die Unabweisbarkeit der Frage nach Gott die Form seiner Offenbarung und die große und heilsame Beunruhigung, die uns aus unserer Einnistung in die Endlichkeit aufstört.[69] Dem entspricht der Anblick der Anderen als

---

[66] Vgl. dazu John J. Collins, Jewish Wisdom, 33: »The fact that Helenistic culture seemed to promote arrogance and temerity was not a reason to reject all aspects of it out of hand. A sweeping rejection of Hellenism, or of the Hellenized mores of the upper class, was scarcely a possibility for someone in Ben Sira's social location.«

[67] Vgl. Ex 19 f.; Dtn 5 und Dtn 4,11 ff. mit Sir 17,12–15.

[68] Vgl. Immanuel Kant, Prolegomena zu einer jeden künftigen Metaphysik, die als Wissenschaft wird auftreten können, hg. v. Karl Vorländer, PhB 40, Hamburg 1951, 115–124 (§ 57).

[69] Vgl. dazu Emmanuel Lévinas, Wenn Gott ins Denken einfällt. Diskurse über die Betroffenheit von Transzendenz. (De Dieu qui vent à l'idée). Übers. von Thomas Wiemer. Mit einem Vorw. von Bernhard Casper, Freiburg. München 1985, 166 f. (185): »Diese Weise, in der das Denken über das sich thematisierende Korrelative hinausdenkt, diese Weise, das

des Anderen unser selbst, der uns als solcher wechselseitig verantwortlich macht und unsere soziale Genügsamkeit in Frage stellt.[70] Die Furcht für den Anderen und die Furcht vor Gott erweisen sich in diesem Sinne als komplementär. Denn wer für den Anderen fürchtet, der steht vor dem transzendenten Geheimnis der Welt und der Existenz, das seine Überlegenheit in der Zufälligkeit des Geschicks offenbart.

Ben Sira meinte es meistern und dafür die Art des Todes als Erweis der Gerechtigkeit Gottes in Anspruch nehmen zu können. Darin liegt eine Anmaßung, der (nüchtern ausgedrückt) die Inkongruenz zwischen moralischer Würdigkeit und physischer Glückseligkeit oder (pathetischer gesagt) die unvollendeten Toten Hohn sprechen. Wer aber wagte es von sich zu sagen, daß er im Tode vollendet und sein Leben kein Fragment bleiben werde? Insofern waren die oft wahrhaft phantastischen Apokalyptiker im Recht, als sie die Lösung des Schicksalsknotens dem jüngsten Gericht überließen. Seiner Qualität nach ist das ein rationalisiertes Mythologem. Aber die Wahrheit des Mythos beruht nicht auf seinen Vorstellungen, sondern in dem, auf das er verweist, und das ist in diesem Fall die Unaufhebbarkeit unserer Verantwortung für einander und die Unmöglichkeit des Endlichen, aus der Hand des Unendlichen zu fallen.

SUMMARY

On the background and within the framework of the traditional Israelite-Jewish anthropology Ben Sira advises his pupils and readers to accept death as a fate and to draw the consequences of the fact that human beings have no other life than the present one. For the Lord the shortness of human life gives reason for his mercy, if they return to his commands. On the other hand the way a man dies is a parameter for God's judgement. Apart from the fact that everybody is responsible for his fate the transitory character of life gives reason to enjoy oneself using his property for gifts to his friend and the embellishment of the own transitory days. But he should as well take care of his name, for a good name is just what may survive. In regard to the death of other people one should not withdraw from a dying, but after his death not lengthen the mourning for this would weaken himself whithout helping the dead one. This in the whole conservative outlook of Ben Sira protected him against philosophical and apocalpytic speculations, which he judged as devorced from reality. All what a humans may need for their life became revealed to them by the Lord. To act according to his commandments is better than to look out for fresh revelations. So we may understand Ben Sira as a representative of Judaism as a religion of reason in a transitional age, even if we would credit to his unnamed opponents that they had some idea about the transcendent mystery of life.

Unendliche zu denken, ohne ihm gleich zu sein und folglich ohne zu sich selbst zurückzukehren, bedeutet die Infragestellung des Denkens durch das Andere. Die Infragestellung bedeutet nicht, daß sich das Denken, in welcher Weise auch immer, über seine Natur und über seine Washeit zu befragen hätte, sondern bedeutet, daß es sich über die Positivität, in der es sich in der Welt festhält, beunruhigt und erwacht.« Vgl. auch 170 (188).

[70] Ebd., 250 (De l'Un à l'Autre, AF 51, 1983, 31).

Die Rezeption der stoischen Providenz bei Ben Sira

Juda bildete in der Folge der Eroberung von Syrien und Palästina in den Jahren 333 und 332 v. Chr. durch Alexander den Großen ein *ethnos*, das unter der Leitung seines Hohepriesters und seiner Gerusie eine beschränkte Selbstverwaltung besaß. In seiner Wirtschaft wurde es im Interesse der an die hellenistischen Oberherren zu entrichtenden Steuern von einem Ökonomen kontrolliert, während seine Botmäßigkeit durch die Anwesenheit eines Strategen und seiner Truppen garantiert war.[1] Von einem Kranz hellenistischer Städte im Westen, Norden und Nordosten umgeben[2] und mit seiner Diaspora in den Teppich der hellenistischen Staatenwelt verwoben,[3] unterlag es in zunehmendem Maße der Anziehungskraft der griechisch-hellenistischen Kultur und damit zugleich ihrer Philosophie. Das Ringen der Diadochen und Epigonen um die Konsolidierung und Erhaltung ihrer Macht führte den Menschen die Macht der *Tyche*, des Schicksals, vor Augen. Die Entpolitisierung des Lebens in den auf die Selbstverwaltung begrenzten und damit scheinfreien *poleis* begünstigte die Hinwendung auf die eigene Lebensgestaltung. Und so versprachen die für die Epoche repräsentativen philosophischen Schulen der Stoiker, Epikureer und Skeptiker den Menschen, den Weg zur inneren Freiheit von der Macht des Schicksals und damit zu einem gelingenden Leben, zur *vita beata* zu weisen.[4] Bedenken wir die allgemeine Situation des Judentums, so ist es | verständlich, daß es sich auf die Dauer nicht dem Einfluß der griechisch-hellenistischen Kultur und Bildung entziehen konnte. Am Beispiel

---

1 Vgl. dazu M. Hengel, Judentum und Hellenismus, WUNT 10, Tübingen ³1988, 42-55, zur Position des Synhedrions und des Hohepriester auch E. Schürer, The History of the Jewish People in the Age of Jesus Christ, hg. v. G. Vermes, Bd. 2, Edinburgh 1986, 199-236.
2 Vgl. dazu E. Schürer, The History of the Jewish People in the Age of Jesus Christ, Bd. 2, 85-183.
3 Vgl. dazu H. Hegermann, The Diaspora in the Hellenistic Age, in: W.D. Davies/L. Finkelstein, The Cambridge History of Judaism II. The Hellenistic Age. Cambridge 1989, 115-166.
4 Vgl. zur kurzen Information H.-J. Gehrke, Geschichte des Hellenismus, OGG 1A, München 1990, 82-88, zur speziellen M. Forschner, Die stoische Ethik. Über den Zusammenhang von Natur-, Sprach- und Moralphilosophie im altstoischen System, Stuttgart ²1994; ders., Über das Glück des Menschen, Darmstadt ²1994, und zur genauen A.A. Long, Hellenistic Philosophy. Stoics, Epicureans, Sceptics, London 1974, bzw. die einschlägigen Beiträge in: H. Flashar (Hg.), Die Philosophie der Antike 4, Stuttgart 1994. |

Kohelets[5], Ben Siras[6] und der Sapientia Salomonis[7] läßt sich nicht nur die zunehmende Kraft dieser Sogwirkung, sondern auch der Gewißheit der eigenen Identität beobachten.

Das sei im folgenden am Beispiel des in den beiden ersten Jahrzehnten des 2. Jh. v. Chr. in Jerusalem wirkenden Schriftgelehrten Ben Sira[8] exemplifiziert. Er suchte in seinem Weisheitsbuch der heranwachsenden Generation der judäischen Oberschicht die Furcht Gottes als den Grund (Sir 1,8-2,6)[9] und das Halten der Tora als den Weg der Weisheit (Sir 24,1ff.23ff.)[10] einzuprägen und sie gleichzeitig davon zu überzeugen, daß sie allen Grund zum Stolz auf die eigene Vergangenheit und damit die eigene Identität besaß (Sir 44-50).[11]

---

5   Vgl. dazu M. Hengel, Judentum und Hellenismus, 210-237; R. Braun, Kohelet und die frühhellenistische Popularphilosophie, BZAW 130, Berlin und New York 1973; O. Kaiser, Judentum und Hellenismus, VF 27, München 1982, 68-86 = ders., Der Mensch unter dem Schicksal. Studien zur Geschichte, Theologie und Gegenwartsbedeutung der Weisheit, BZAW 161, Berlin und New York 1985, 135-153 und ders., Beiträge zur Kohelet-Forschung. Eine Nachlese, ThR 60, Tübingen 1995, 1-31 bes. 21-31 und zur allgemeinen Information über Autor und Werk ders., Grundriß der Einleitung in die kanonischen und deuterokanonischen Schriften des Alten Testaments. III. Die poetischen und weisheitlichen Werke, Gütersloh 1994, 97-105.

6   Vgl. dazu zuletzt H.V. Kieweler, Ben Sira zwischen Judentum und Hellenismus, eine Auseinandersetzung mit Th. Middendorp, BEATAJ 30, Frankfurt a.M. 1987.

7   Vgl. dazu J.M. Reese, Hellenistic Influence on the Book of Wisdom and its Consequences, AnBib 41, Rom 1970.

8   Vgl. dazu H. Stadelmann, Ben Sira als Schriftgelehrter, WUNT II/6, Tübingen 1980, 271-274, aber auch J. Marböck, Der schriftgelehrte Weise, in: M. Gilbert, La Sagesse de l'Ancient Testament, BEThL 51, Leuven 1979, 38,24-39,11, 293-316) = J. Marböck/I. Fischer (Hg.), Gottes Weisheit unter uns. Zur Theologie des Buches Sirach, Herders Biblische Studien 6, Freiburg i.Br. 1995, 25-51.

9   Vgl. dazu J. Haspecker, Gottesfurcht bei Jesus Sirach. Ihre religiöse Struktur und ihre literarische und doktrinäre Bedeutung, AnBib 30, Rom 1967, 209-218.336-342.

10 Vgl. auch Sir 19,20; 21,11 und 23,27cd (G) und dazu J. Marböck, Gesetz und Weisheit. Zum Verständnis des Gesetzes bei Jesus Ben Sira, BZ 20, Paderborn 1976, 1-21 = ders./ I. Fischer, Gottes Weisheit unter uns. Zur Theologie des Buches Sirach, HBS 6, Freiburg i.Br. u.a. 1995, 52-72; E.J. Schnabel, Law and Wisdom from Ben Sira to Paul, WUNT 2/16, Tübingen 1985, 69-92 und P.W. Shekan/A.A. Di Lella, The Wisdom of Ben Sira, (Übersetzt von P. W. Skehan), New York 1987, 75-81.

11 Vgl. dazu M. Hengel, Judentum und Hellenismus, 269f.; J. Marböck, Weisheit im Wandel. Untersuchungen zur Weisheitstheologie bei Ben Sira, BBB 37, Bonn 1971, 154ff.160ff.162ff.; Th. Middendorp, Die Stellung Ben Siras zwischen Judentum und Hellenismus, Leiden 1973, 26-34; O. Kaiser, Judentum und Hellenismus, VF 27, München 1982, 75-83 = ders., Der Mensch unter dem Schicksal, 146-150; ders., Grundriß der Einleitung in die kanonischen und deuterokanonischen Schriften des Alten Testaments III, 54-69, und ausführlich H.V. Kieweler, Ben Sira zwischen Judentum und Hellenismus. Eine Auseinandersetzung mit Th. Middendorp.

In seinem Weisheitsbuch begegnen uns gegenüber der vorausgehenden sapientiellen biblischen Literatur neue, auf den hellenistischen Einfluß verweisende Themen wie die Anweisung zum richtigen Verhalten beim Symposion[12], die Empfehlung des Arztes[13], des Reisens und nicht zuletzt des unschätzbaren Wertes der Freundschaft[14]. Darüber hinaus läßt sich Ben Siras Bekanntschaft mit der griechischen Literatur z.B. in Sir 14,17f. nachweisen, wo er sich an Ilias VI.146f. anlehnt.[15] Seit R. Pautrels Versuch, die tiefgreifende Beeinflussung seines Denkens durch die Stoa nachzuweisen[16], kann die Sirachforschung nicht mehr an der Untersuchung der Frage vorübergehen, in welchem | Umfang und auf welche Weise sich der jüdische Weise ihrem Einfluß geöffnet hat. Bei einem Schriftgelehrten, der in Sir 38,4 das Reisen zu fremden Völkern zwecks Studium ihrer Ethik zu den Vorzügen seines Standes rechnet, darf man mit Recht annehmen, daß er sich auch für die Lebenslehren der Stoiker interessiert hat.

Um genauer zu bestimmen, wie sich bei Ben Sira jüdische Tradition und hellenistischer Einfluß verbunden haben, sei im folgenden eine Rezeption der stoischen Lehre von der göttlichen *pronoia* oder Vorsehung untersucht. Bei ihr handelt es sich um eine charakteristische Weiterentwicklung des älteren Gedankens, daß die Natur zielgerichtet auf den Menschen hin angelegt ist. Als geistiger Vater dieser Teleologie gilt Diogenes von Apollonia, ein jüngerer Zeitgenosse des Philosophen Anaxagoras (gest. etwa 428 v. Chr.).[17] Sie hat in Xenophons Erinnerungen an Sokrates (Mem. I.4 und IV.3) ihren signifikanten Ausdruck gefunden.[18] In der Stoa erfuhr sie insofern eine Umgestaltung, als nach ihrem Verständnis die im ganzen Kosmos herrschende göttliche Vorsehung nicht allein dem Menschen, sondern der ganzen Welt

---

12 Vgl. dazu J. Marböck, Weisheit im Wandel, 162ff.
13 J. Marböck, Weisheit im Wandel, 154ff., D. Lührmann, Aber auch dem Arzt gib Raum (Sir 38, 1-15), WuD 15, Bielefeld 1979, 55ff. (Ab Fußnote 13 sind die Fußnotenzahlen gegenüber dem Originaldruck verändert).
14 J. Marböck, Weisheit im Wandel, 160ff., und F.V. Reiterer, Freundschaft bei Ben Sira. Beiträge des Symposions zu Ben Sira, BZAW 244, Berlin und New York 1996.
15 Vgl. dazu auch O. Kaiser, Judentum und Hellenismus, München 1982,82f. = ders., Der Mensch unter dem Schicksal, 149.
16 R. Pautrel, Ben Sira et le Stoïcisme, RSR 51, Paris 1963, 535-549.
17 Vgl. zu ihm W.K.C. Guthrie, History of Greek Philosophy II: The Presocratic Tradition, Cambridge 1965, 362-381, bes. 368f., und W. Theiler, Zur Geschichte der teleologischen Naturbetrachtung bis auf Aristoteles, Berlin ²1965, 636.
18 Vgl. W. Theiler, Zur Geschichte der teleologischen Naturbetrachtung bis auf Aristoteles, 36-53.

dient, indem sie in ihr *alles zum Besten gestaltet und noch erhält*[19]. Der Logos des Zeus, der den ganzen Kosmos durchwaltet und der leblosen Materie Leben verleiht, besitzt in *mens* und *ratio* des Menschen seine Entsprechungen. Der Mensch allein ist dazu erschaffen, die Welt zu betrachten und nachzuahmen (*ipse autem homo ortus est ad mundum contemplandum et imitandum*) und damit der höchste, wenn auch nicht der absolute Zweck. Denn dieser besteht in der Vollkommenheit des Ganzen (Cic. nat. II.37f.). Dabei erscheint die Rede von dem den Kosmos durchdringenden Logos und der sie durchwirkenden Vorsehung als austauschbar. So soll Chrysipp gelehrt haben, daß Zeus und die Welt wie ein Mensch und die Providenz wie seine Seele zu betrachten seien (SVF II, fr. 1064; vgl. fr. 613).[20] Am eindringlichsten hat Diogenes Laertius die stoische Theologie zusammengefaßt (VII.147; SVF II, fr. 1021):[21] |

> „Von Gott aber lehren sie: er ist ein unsterbliches Wesen,
> vernünftig, vollkommen, oder ein denkender Geist,
> glückselig, unempfänglich für alles Böse, voll vorschauender
> Fürsorge für die Welt und alles, was in ihr ist; doch trägt er
> nicht Menschengestalt. Er ist der Schöpfer der Welt und
> gleichsam der Vater von allem, was, wie überhaupt so im
> besonderen von dem Teil von ihm gilt, welcher alles
> durchdringt und der je nach seinen Wirkungsweisen mit
> vielen Namen benannt wird."[22]

Daß die Stoiker trotz dieser (mit dem Gedanken der Verursachung und damit der Schicksalhaftigkeit allen Geschehens verbundenen) Anschauung auf der Verantwortung des Menschen bestanden, kann ein Blick auf den Zeus-Hymnus des Kleanthes (SVF I, fr.537) zeigen:[23] Einerseits regiert Zeus nach ihm als der oberste König das All durch das allgemeine, alles durchdringende Gesetz, den Logos. Lediglich das, was *schlechte Menschen auf Grund ihrer Unvernunft*

---

19 M. Pohlenz, Die Stoa. Geschichte einer geistigen Bewegung I, Göttingen ²1959, 98.
20 Vgl. dazu auch P. Steinmetz, Die Stoa, in: H. Flashar (Hg.), Die Philosophie der Antike 4/II. Basel 1994, 537-541.609-612, sowie L.P. Gerson, God and Greek Philosophy. Studies in the Early History of Natural Theology. London und New York 1990, 142-167.
21 Zitiert nach der Übersetzung von O. Apelt, Diogenes Laertius. Leben und Meinungen berühmter Philosophen II. Buch VII-X, übers. O. Apelt, neu hg. von K. Reich, PhB 54, Hamburg ²1967, 75. Daß auch die Wahrsagekunst ein Ausfluß der göttlichen Providenz ist, war nach DL VII, 149 eine stoische Lehre, die von Zenon, Chrysipp, Athenodor und Poseidonius vertreten wurde. |
22 Zur kosmischen Theologie der Stoa vgl. M. Pohlenz, Die Stoa. Geschichte einer geistigen Bewegung I, Göttingen ²1959, 94-96 und L.P. Gerson, God and Greek Philosophy. Studies in the Early History of Natural Theology, London und New York 1990, 142-153.
23 Vgl. die Übersetzung von P. Steinmetz, Die Stoa, in: H. Flashar, Die Philosophie der Antike 4/II, 577f. und den Kommentar 578.

tun, bildet davon eine relative Ausnahme: Denn Zeus hat immer schon das Gute mit dem Schlechten zusammengefügt, so daß in allem nur ein einziger Logos zutage tritt. Trotzdem bittet der Weise darum, Zeus möge die Törichten zur Einsicht führen, damit er von den auf diese Weise von ihm geehrten sterblichen Menschen auch seinerseits so geehrt werde, wie es sich geziemt.

Den von uns empfundenen Widerspruch zwischen der universalen Gesetzlichkeit alles Geschehens und dem ihr widersprechenden faktischen Ungehorsam des Menschen haben die Stoiker mittels des Verweises auf die Harmonie des Ganzen gelöst: Zu ihm gehörten auch seine scheinbar sinnwidrigen Teile (M. Aur. V.8).[24] |

Wenden wir uns der Rolle der Providenz bei Ben Sira und seiner mit ihr verbundenen Verteidigung der Vollkommenheit der Werke Gottes zu, stoßen wir auf analoge Gedanken. Nirgends kommt der jüdische Weise der stoischen Philosophie so nahe wie in seinen beiden Hymnen auf den Schöpfer in Sir 39,12-35 und 42,15-43,33. Der eigentliche Hauptteil des ersten wird in V. 16 und V. 33 durch das Bekenntnis zur Güte und Zweckmäßigkeit der Schöpfung gerahmt:

> „Die Werke des Herrn, sie alle sind gut, er stellt bereit für
> jeden Zweck zu seiner Zeit."[25]

Sachlich geht es in 39,16-35 um die Verteidigung der Güte der Schöpfung. In ihr gibt es nach Ben Siras Überzeugung nichts Sinnloses und daher Schlechtes, weil Gott in seiner Vorsehung alles zu einem bestimmten Zweck erschaffen hat (V. 21-31):

> 21 „Man sage nicht: Wozu ist das da?
> Denn alles ist für seinen Zweck bestimmt.
> Man sage nicht: Dies ist schlechter als das!
> Denn alles bewährt sich zu seiner Zeit.
> 22 Sein Segen fließt über wie der Nil,
> wie der Euphrat tränkt er die Erde,
> 23 Aber sein Zorn vertreibt die Völker

---

24 „Denn überhaupt ist alles eine einzige Harmonie, und wie sich der Kosmos als allumfassender Körper aus allen Einzelkörpern zusammensetzt, so setzt sich das Schicksal als die allumfassende Ursache aus allen Einzelursachen zu einem Ganzen zusammen ... Und in diesem Sinne begrüße alles, was geschieht, auch wenn es sich als ziemlich unangenehm erweist, weil es dorthin führt: zur Gesundheit des Kosmos und zum Glück und zum guten Wirken des Zeus." Zit. nach Mark Aurel, Wege zu sich selbst. Griechisch-deutsch, hg. und übers. v. R. Nickel, Darmstadt 1990, 100f. Zum Problem der stoischen Ethik vgl. A.A. Long, Hellenistic Philosphy, London 1974, 179-182, bzw. M. Forschner, Die stoische Ethik, Stuttgart 1981, 104-113.

25 Lies mit H[B]; vgl. P.W. Shekan/A.A. Di Lella, The Wisdom of Ben Sira, 456 z.St.

und er wandelt zu Salz bewässertes Land.
24 Seine Pfade sind für die Frommen gerade,
    aber unzugänglich für die Vermessenen.
25 Gutes bestimmte er den Guten von Anfang an,
    aber den Bösen Gutes und Böses.
26 Das Wichtigste, dessen der Mensch zum Leben bedarf,
    sind Wasser und Feuer und Eisen und Salz,
    Das Mark des Weizens, Milch und Honig,
    das Blut der Traube, Öl und Bekleidung.
27 All das erweist sich dem Guten als gut,
    doch wandelt sich für die Bösen zum Bösen.
28 Es gibt Winde, die sind zum Gericht geschaffen,
    mit ihrem Schnauben erschüttern sie Berge.
    Zur Zeit der Vernichtung ergießen sie ihre Kraft
    und besänftigen den Zorn ihres Schöpfers.
29 Feuer und Hagel, Hunger und Pest,
    auch sie wurden zum Gericht geschaffen. |
30 Reißendes Getier, Skorpione und Vipern
    und das Racheschwert, zu bannen die Bösen:
    Sie alle sind für ihren Zweck erschaffen
    und sind im Schatzhaus für die Zeit ihres Aufgebots.
31 Befiehlt er ihnen, sind sie erfreut,
    beauftragt[26] widerstreben sie nicht seinem Wort.[27]"

Die in dem Hymnus bewiesenen Thesen, daß alle Werke Gottes gut sind und ihrem Zweck dienen, sind der Sache nach ebensowenig neu wie die in ihm aufgebotenen Beispiele für das Handeln Gottes. Die Grundthese basiert auf dem Urteil Gottes über all seine Werke in Gen 1,31, die zweite zieht die Folgerung aus dem in Ps 104,10ff. entwickelten Gedanken von Gottes Fürsorge für seine Geschöpfe, indem er ihn auf das unterschiedliche Verhalten der Menschen als gut oder böse hin spezifiziert. Die für die Begründung in den V. 22–31 gebotenen Beispiele greifen in der Sache oder der Wortwahl auf biblische Aussagen zurück.[28] Der dabei angewandte und in V. 25 ausdrücklich genannte Grundsatz, daß Gott den Guten Gutes und den Bösen Gutes und Böses bestimmt hat, stellt letztlich lediglich eine weisheitliche Variation der biblischen Grundgleichung dar, daß Gerechtigkeit und Leben einander dank göttlicher Fügung entsprechen.[29] Zur Illustration braucht man nur auf die Segensverheißungen und Fluchandrohungen am Ende des deuteronomi-

---

26 Text: *wbhqm*
27 Text: *Mund*
28 Vgl. dazu G.L. Prato, Il problema della teodicea in Ben Sira. Composizione dei contrari e richiamo alle origini, AnBib 65, Rom 1975, 102–113.
29 Vgl. dazu auch O. Kaiser, Der Gott des Alten Testaments. Theologie des AT I, 210–221.260f.273–298.

schen Gesetzes (Dtn 28, vgl. Lev 26) zu verweisen.[30] Die traditionellen Vorstellungen werden jedoch durch Ben Sira auf die rationale Formel gebracht,
daß sich die Güte der Werke Gottes darin erweist, daß sie für alles zureichen,
dessen Gott bei seinem Weltregiment bedarf. Gleichzeitig differenziert der
Weise das herkömmliche (nur zwischen Gottes Segen für den Frommen und
seinem Fluch für den Bösen unterscheidende) Urteil, indem er feststellt, daß
Gott den Bösen nicht nur schlechthin Böses widerfahren, sondern sie auch an
seinen guten Gaben teilhaben läßt (V. 25 und V. 26): Natürlich können auch
die Bösen nur dank Gottes Vorsorge essen, trinken und sich bekleiden. Aber
dann kommt in V. 27b die weisheitliche Einschränkung, daß die zum Leben
notwendigen Gaben Gottes sich zwar für die Guten als gut erweisen, den
Bösen aber schaden. Das wird hier nicht weiter ausgeführt. |

Aber man braucht sich zum Verständnis nur an Ben Siras kleine Lehrrede
über den Wein als Lebensspender oder Fallstrick in 34(31),27-30 als Beispiel
zu erinnern: nach ihr gereicht der Wein dem zur Freude, der ihn zur rechten
Zeit und mit Maßen trinkt, bereitet aber dem Kopfschmerzen, Bitterkeit und
Schmach, der ihn unmäßig im Zorn oder Ärger genießt. Es ist der Unbe-
herrschte, der die Gewalt über seine Begierde verliert und sich dadurch selbst
schadet (Sir 6,2-4). Abgesehen davon bleibt es in 39,28-31 bei den gängigen
Vorstellungen von den Gerichtswerkzeugen wie Unwetter, Hunger, Schwert,
Pest und wilden Tieren, derer sich Jahwe gegen die Sünder bedient.[31]

Auch wenn die Begriffe als solche fehlen, setzt diese teleologische Theodizee[32] der Sache nach die Vorsehung oder Providenz Gottes voraus. Sie im-
pliziert ebenso sein Vorherwissen, seine Präszienz, wie seine Allwissenheit,
seine Omniszienz, und bedarf zu ihrer Realisierung seiner Allmacht oder
Omnipotenz. Auf die Providenz weist V. 25 mit seiner Feststellung hin, daß
Gott es am Anfang und d.h. bei der Schöpfung so bestimmt hat. Präszienz hat
ihm Ben Sira in 23,19f. im Rahmen seiner Zurückweisung der irrigen Meinung, ein Sünder könne sich von Gott unbeobachtet wähnen, zugeschrieben:

> 19 „Die Augen der Menschen bereiten ihm Furcht,
>   aber er weiß nicht, daß die Augen des Herrn,
>   die tausendmal heller als die Sonne sind,
>   alle Wege der Menschen erblicken
>   und in die verborgensten Ecken sieht:

---

30 Vgl. O. Kaiser, Der Gott des Alten Testaments, 349f.
31 Vgl. dazu die Nachweise bei G.L. Prato, Il problema della teodicea in Ben Sira, 108-110.
32 J.L. Crenshaw, The Problem of Theodicy in Sirach. On Human Bondage, JBL 94 (1975)
    47-64.

> 20 Ehe das All geschaffen wurde, war es ihm bekannt,
>   so auch (verhält es sich) nachdem es geendet."

Daß die Providenz mit seiner Allmacht verbunden ist, läßt sich dem großen, dem Lob der Väter vorausgehenden Hymnus auf die Schönheit der Welt und die Unergründlichkeit ihres Schöpfers in Sir 42,15-43,33 entnehmen. Hier werden in 42,18-21 seine Präszienz und Omniszienz gerühmt:

> 18 „Das Urmeer und das Herz erforscht er,
>   und all ihre Geheimnisse[33] sind ihm bekannt.
>   Denn der Höchste besitzt alle Erkenntnis
>   und sieht voraus, was immerdar kommt.
> 19 Er tut das Vergangene und das Künftige kund
>   und offenbart die geheimsten Dinge. |
> 20 Ihm mangelt es an keiner Einsicht
>   und ihm entgeht kein Wort.
> 21 Er hat die Kraft seiner Weisheit bestimmt,
>   derselbe ist er seit Ewigkeit.
>   Nichts hinzugefügt und nichts weggenommen!
>   Er bedarf keinerlei Ratgeber."

Die traditionelle Vorstellung, daß Gott in das Herz der Menschen sieht und seinem Blick nichts verborgen bleibt,[34] wird generalisiert[35] und seine Präszienz und Omniszienz in V. 19 mit dem Gottesurteil und der Prophetie als Beispielen belegt. Weiterhin wird der Gedanke der Omniszienz mit dem der Providenz und der Schönheit der göttlichen Werke verbunden (42,22-25):

> 22 „Sind nicht all seine Werke liebenswert
>   bis zum Funken in seiner bunten Erscheinung?
> 23 Alles lebt und besteht für immer,
>   und für jeden Zweck ist alles bewahrt.
> 24 Sie alle sind voneinander verschieden,
>   und keines von ihnen erschuf er vergebens.
> 25 Eins übertrifft das andere durch seine Schönheit,
>   und wer wird satt, ihre Pracht zu schauen?"

In 43,1-26 werden anschließend die herrlichen Werke Gottes und ihrer Wirkungen von den Gestirnen über die meteorologischen Erscheinungen bis hin zu dem Sieg über die große Flut und ihre Belebung mit allerlei Lebewesen und Monstern aufgezählt. Hier begegnen wir außer Hinweisen auf ihre Schönheit (Himmelsfeste: 43,1; Sterne: 43,9; Regenbogen: 43,11.; Schnee: 43,18) und Wirkung (Sonne: 43,2-5; Mond: 43,6-8; Blitz: 43,13; Nordwind: 43,20-21; Regenwolke: 43,22) immer wieder solchen auf die Herrlichkeit

---

33 Wörtlich: *ihre Blößen*.
34 Vgl. z.B. I Sam 16,7; Prov 15,11; Hiob 28,24; II Chr 16,9.
35 Vgl. auch Sir 17,15 und 23,19f.; ferner 15,19; 16,15ff.

und Größe (43,1b.5a), Kraft, Stärke (43,12b.15.16a) und furchtgebietende
Macht Gottes (43,2b) sowie auf die schöpferische und wirkende Kraft seines
Wortes (43,5b.13.16b.26b). Den Begriff der Omnipotenz kennt Ben Sira
noch nicht. Statt dessen eröffnet er den Abgesang mit dem Hinweis darauf,
daß Gott alles (V. 27b) und größer als seine sämtlichen Werke ist (V. 28b).
Er selbst ist furchtbar und seine Worte sind wunderbar (V. 29). |

Aber zusammengesehen umschreiben diese Prädikationen die Allmacht
und Weltüberlegenheit Gottes, die seine Werke bezeugen (43,27-33):

> 27 „Noch mehr von diesem fügen wir nicht hinzu,
>   aber der Rede Ende lautet: Alles ist nur er.
> 28 Laßt uns denn jubeln, weil wir (ihn) nicht ergründen,
>   denn er ist größer als all seine Werke.
> 29 Zu fürchten über alle Maßen ist der Herr,
>   und wunderbar sind seine Machterweise.
> 30 Die ihr den Herren preist, erhebt die Stimme,
>   mit aller Kraft, denn er ist noch mehr.
>   Die ihr ihn rühmt, singt lauter,
>   und werdet nicht müde, weil ihr (ihn) nicht ergründet.
> 31 Wer hätte ihn gesehen und könnte davon künden,
>   und wer könnte ihn preisen, so wie er ist?
> 32 Die Fülle des Verborgenen ist mehr als das,[36]
>   wenig nur sah ich von seinen Werken.[37]
> 33 Das alles hat der Herr geschaffen
>   und seinen Frommen gab er Weisheit."

Was sich dem bloßen Hinblick entzieht, das erkennt der Weise, wenn er die
Welt als Gottes Werk betrachtet. Ihre Ordnung[38] und ihre Geheimnisse verweisen auf den in seiner Weisheit und seiner Macht unergründlichen Schöpfer. Die Nähe dieser auf dem Gedanken der göttlichen Providenz, Omniszienz und Omnipotenz sowie der Schönheit der Welt aufruhenden Theodizee zu der Gedankenwelt der stoischen Philosophie liegt auf der Hand. Fraglich ist jedoch, wie die Aussage in V. 27 zu verstehen ist, daß Gott alles ist.
Man möchte zur Erklärung sogleich auf die von Diogenes Laertius referierte

---

36 Ergänze in Gedanken: *was wir gesagt haben und sagen können*.
37 Vgl. auch den Hymnus auf Amun Papyrus Leiden J 350 IV,12-21 bei J. Assmann, Amun
    und Re. Die Krise des polytheistischen Weltbildes im Ägypten der 18.-20. Dynastie,
    OBO 51, Freiburg, Schweiz, und Göttingen 1983, 201: „Er ist zu geheimnisvoll, um sei-
    ne Hoheit zu enthüllen,/ er ist zu groß, um ihn zu erforschen,/ zu mächtig, um ihn zu er-
    kennen". Zu dem hier vorliegenden Phänomen der Steigerung seiner Wesenszüge als der
    dem bildlich-symbolischen Denken eigenen Form der Umschreibung der Wirkungstran-
    szendenz der Gottheit vgl. E. Hornung, Der Eine und die Vielen. Ägyptische Gottesvor-
    stellungen, Darmstadt 1971, 186.
38 Vgl. was in 43,10 über die Sterne gesagt wird: „Durch Gottes Wort besteht die Ordnung,
    (QoWC) sie ermatten nicht auf ihrer Wacht".

stoische Lehre hinweisen, die Zenon, Chrysipp und Poseidonius vertreten haben sollen, | nach der Gottes Substanz (*ousia*) die ganze Welt und der Himmel sei.[39] Aber nachdem Ben Sira die Schönheit des Himmels und seiner Gestirne, die meterologischen Erscheinungen und das Meer mit seinen Inseln und Monstern als Werke Gottes gepriesen hat und ihn im folgenden Vers über sie alle erhöht, ist ein derartiger pantheistischer Sinn der Formel (G: τὸ πᾶν ἐστιν αὐτός) im Sinne eines *Er ist alles!* mit Sicherheit auszuschließen. Syntaktisch handelt es sich um einen Nominalsatz im Sinne einer nominalen Mitteilung, in der das vorangestellte Personalpronomen als Prädikat (oder in der Terminologie der arabischen Grammatiker: Chabar) und das *hakkol* als Subjekt (oder in der arabischen Terminologie: Mubtada) dient. Dabei liegt die Kunde (Chabar) oder Botschaft in dem Prädikat.[40] Demgemäß ist der Satz mit *Alles ist nur ER* zu übersetzen. Das schließt dem Kontext gemäß ein, daß er der Schöpfer von allem ist.[41] Es bezeichnet ihn aber auch gleichzeitig als den, den all seine Werke bezeugen.[42] Und schließlich verweist der Satz auf seine geheimnisvolle Omnipräsenz, die alles Verstehen überschreitet. Eine ontologische Identifikation im Sinne der stoischen Formeln ist dagegen durch V. 33a ausgeschlossen; denn er stellt abschließend fest, daß der Herr alles erschaffen hat. Daher kann man im Blick auf 43,27 allenfalls mit einem Anklang an die stoischen Formeln rechnen. Sachlich bleibt der Schöpfer Israels bei Ben Sira von aller Kreatur geschieden.

Einen Einfluß der göttlichen Providenz auf das Handeln des Menschen im Sinn einer Prädestination hat Ben Sira nicht unterstellt. Er ist auch darin der biblischen Tradition treu geblieben, daß er den Menschen gemäß Dtn 30,15-20 als vor die Willensentscheidung gestellt und für sein Schicksal verant-

---

39 DL VII, 148; SVF I, fr. 263 bzw. SVF II, fr. 1022.

40 Vgl. dazu D. Michel, Studien zur Überlieferungsgeschichte alttestamentlicher Texte, ThB 93, Gütersloh 1997, 4f.

41 So z.B. V. Ryssel, „Die Sprüche Jesus", des Sohnes Sirachs, APAT I, Tübingen 1900, 448 Anm. i; ähnlich J.G. Snaith, The Wisdom of Jesus, Son of Sirach, London 1974, 214, für den die Formel in 36,1 ein ausreichendes Argument für die Zurückweisung der Annahme darstellt, daß es sich um ein stoisches Zitat handelt.

42 So N. Peters, Das Buch Sirach oder Ecclesiasticus, EHAT 25, Münster 1913, 370f.; V. Hamp, Jesus Sirach (Ecclesiasticus), FB 13, Würzburg 1954, 118 z.St., der auf die Übersetzung mit *ipse est in omnibus* verweist, und G.L. Prato, Il problema della teodicea in Ben Sira, 200-203: „Lo scopo di 42,15-43,33 non è quello di dare un resoconto delle opere create, ma di esprimere il loro valore sapienziale per il fatto che sono piene di gloria et la manifestano; sotto questa aggolazione, la sintesi finale è sintesi celebrativa, non quantitativa, e perciò hû' hakkol si referisce alle maniere con cui Dio si manifesta in

wortlich angesehen hat: Es liegt in der Macht seines Willens, das Gute oder das Böse zu tun, den Tod oder das Leben zu erwählen (Sir 15,11-20). Damit hat er die Schwierigkeiten | vermieden, mit denen die Stoiker bei der Verteidigung der Willensfreiheit angesichts der von ihnen postulierten universalen Herrschaft des Kausalprinzips[43] zu kämpfen hatten.[44] Seine Rechtfertigung der Güte der Schöpfungswerke Gottes mittels der Aufnahme der stoischen Gedanken der Providenz und der Schönheit des Ganzen entsprach seiner Intention, den durch den hellenistischen Zeitgeist in ihrer Identität angefochtenen Juden das Vertrauen in die väterliche Religion mit ihrer Mitte in der Tora als der wahren Weisheit zu erhalten oder zurückzugeben.

Die jüdische wie die christliche Theologie ist von ihren Anfängen her Apologetik des Glaubens an den unsichtbaren und doch in seinen Werken offenbaren Gott. Bei allem Wandel, wie ihn die Geschichtlichkeit des Daseins fordert, steht für sie der fundamentale Unterschied zwischen Gott und Welt, Schöpfer und Geschöpf nicht zur Disposition; denn er ist für das biblische Gottesverständnis entscheidend.[45] Das bedeutet nicht, daß beide einander absolut entgegengesetzt werden müssen; denn ein Gott, dessen Unendlichkeit die Endlichkeit nicht umgreift, wäre mit Hegel nicht wahrhaft unendlich.[46]

---

mondo." Vgl. auch J. Marböck, Weisheit im Wandel. BBB 37, Bonn 1971, 150 Anm. l3 und P.W. Shekan/A.A Di Lella, The Wisdom of Ben Sira, 495 z.St.

43 Chalcidicus, In Timaeum c. 144 (SVF II, fr. 933) notiert als Lehre Chrysipps, daß kein Unterschied zwischen der *providentia* und dem *fatum* besteht: Der Wille der Gottheit sei die Vorsehung, und er sei zugleich die Abfolge der Ursachen, der *series causarum*. Als Wille der Gottheit sei sie Vorsehung, als Kausalzusammenhang Fatum. Zu den sich daraus ergebenden Problemen der Existenz des Bösen und der Freiheit des Willens und ihrer Auflösung mittels der Thesen, daß Gott die Übel nur im Dienst höherer Zwecke zulasse und es Handlungen gibt, deren Impuls die Zustimmung zu einer Vorstellung ist, vgl. P. Steinmetz, Die Stoa, in: H. Flashar (Hg.), Die Philosophie der Antike, Basel 1994, 610-612.

44 Vgl. dazu A.A. Long, Problems in Stoicism, London 1971, 173-199; Ch. Stough, Stoic Determinism and Moral Responsibility, in: J.M. Rist, The Stoics, Major Thinkers, Berkeley u.a. 1978, 203-231, und die Darstellung bei P. Steinmetz, die Stoa, in: H. Flashar (Hg.), Die Philosophie der Antike 4/II, 548, 573f., 609-612.

45 Vgl. dazu auch O. Kaiser, Anknüpfung und Widerspruch. die Antwort der jüdischen Weisheit auf die Herausforderung durch den Hellenismus, in: J. Mehlhausen (Hg.), Pluralismus und Identität, VWGTh 8, Gütersloh 1995, 54-69.

46 Vgl. dazu W. Pannenberg, Theologie und Philosophie, UTB 1925, Göttingen 1996, 287f. und ders., Problemgschichte der neueren evangelischen Theologie in Deutschland, UTB 1979, Göttingen 1997, 279.

Personen und Sachen

Autoren

Belegstellen

Nachweis der ursprünglichen Erscheinungsorte

Die Bedeutung der griechischen Welt für die alttestamentliche Theologie, in: Nachrichten der Akademie der Wissenschaften zu Göttingen. I. Philologisch-Historische Klasse 2000/7, S. 299-344.

Das Deuteronomium und Platons Nomoi. Einladung zu einem Vergleich, in: Liebe und Gebot. Studien zum Deuteronomium. Festschrift zum 70. Geburtstag von Lothar Perlitt, hg. v. Reinhard G. Kratz und Hermann Spieckermann, Forschungen zur Religion und Literatur des Alten und Neuen Testaments 190, Göttingen: Vandenhoeck & Ruprecht 2000, S. 60-79.

Gott und Mensch als Gesetzgeber in Platons Nomoi, in: Antikes Judentum und Frühes Christentum. Festschrift für Hartmut Stegemann zum 65. Geburtstag, hg. v. Bernd Kollmann, Wolfgang Reinbold und Annette Steudel, Beihefte zur Zeitschrift für die neutestamentliche Wissenschaft 97, Berlin/New York: Walter de Gruyter 1998, S. 278-295.

Gott als Lenker des menschlichen Schicksals in Platons Nomoi, in: Rethinking the Foundation. Historiography in the Ancient World and in the Bible. Essays in Honour of John Van Seters, ed. Steven L. McKenzie and Thomas Römer in Collaboration with Hans Heinrich Schmid, Beihefte zur Zeitschrift für die alttestamentliche Wissenschaft 294, Berlin/New York: Walter de Gruyter 2000, S. 91-113.

Xenophons Frömmigkeit: Ideal und idealisierte Wirklichkeit, in: Trames. A Journal of the Humanities and Social Sciences 4 (54/59), 2000, Tallinn: Estonian Academy of Science and University of Tartu, S. 355-379.

Der eine Gott und die Götter der Welt, in: Schriftauslegung in der Schrift. Festschrift für Odil Hannes Steck zu seinem 65. Geburtstag, hg. von Reinhard G. Kratz, Thomas Krüger, Konrad Schmid, Beihefte zur Zeitschrift für die alttestamentliche Wissenschaft 300, Berlin/New York: Walter de Gruyter 2000, S. 335-352.

Die Schöpfungsmacht des Wortes Gottes, in: Internationale Katholische Zeitschrift Communio, Themenheft: Das Wort Gottes, 30, Januar/Februar 2001, Einsiedeln: Johannes Verlag, S. 6-17.

Von der Schönheit des Menschen im Alten Testament, in: Verbindungslinien. Festschrift für Werner H. Schmidt zum 65. Geburtstag, hg. v. Axel Graupner, Holger Delkurt und Alexander B. Ernst unter Mitarbeit von Lutz Aupperle, Neukirchen-Vluyn: Neukirchener Verlag, S. 154-163.

Freiheit im Alten Testament, in: Ex Mesopotamia et Syria Lux. Festschrift für Manfried Dietrich zu seinem 65. Geburtstag, hg. v. Oswald Loretz, Kai A. Metzler und Hanspeter Schaudig, Alter Orient und Altes Testament 281, Ugarit-Verlag: Münster 2002, S. 177-190.

Die Bindung Isaaks. Untersuchungen zur Eigenart und Bedeutung von Genesis 22 (Unveröffentlicht).

Der Mensch als Geschöpf Gottes. Aspekte der Anthropologie Ben Siras, in: Der Einzelne und seine Gemeinschaft bei Ben Sira, hg. v. Renate Egger-Wenzel und Ingrid Krammer, Beihefte für die Zeitschrift für die alttestamentliche Wissenschaft 270, Berlin/New York: Walter de Gruyter 1998, S. 1-19.

Carpe diem und Memento mori in Dichtung und Denken der Alten, bei Kohelet und Ben Sira. Wesentlich erweiterte und bearbeitete Form von: Carpe diem und Memento mori bei Ben Sira, in: dubsar anta-mem. Studien zur Altorientalistik. Festschrift für Willem H. Ph. Römer zur Vollendung seines 70. Lebensjahres mit Beiträgen von Freunden, Schülern und Kollegen. Unter Mitwirkung von Thomas E. Balke hg. v. Manfred Dietrich und Oswald Loretz, AOAT 253, Ugarit-Verlag: Münster 1998, S. 185-203.

Das Verständnis des Todes bei Ben Sira, Neue Zeitschrift für Systematische Theologie und Religionsphilosophie 43, 2001, Berlin/New York: Walter de Gruyter, S. 175-192.

Die Rezeption der stoischen Providenz bei Ben Sira, in: Journal of Northwest Semitic Languages 24/1 (Ferdinand Deist Memorial) 1998, University of Stellenbosch, Department of Ancient Near Eastern Studies.

Nachwort

Der vorliegende Band versammelt eine Reihe von Studien zur griechischen Theologie und biblischen Theologie, beider Eigenart und beider Verhältnis. Der ihn eröffnende Beitrag würdigt grundsätzlich die Bedeutung, welche die griechische Dichtung und Philosophie im hellenistischen Zeitalter für die Bewältigung der Sinnkrise in der biblischen Weisheit geleistet und welche weltgeschichtliche Nachwirkung dieser Beeinflussung erwachsen ist. Von den drei Studien zur Theologie Platons in seinem *opus postumum*, den *Nomoi* oder Gesetzen, vergleicht die erste die mannigfachen Parallelen zwischen ihnen und dem Deuteronomium. Sie erinnert damit paradigmatisch nachdrücklich an das Phänomen der prinzipiellen Einheit der religiösen und sittlichen Grundwerte. Die zweite ist dem Verhältnis zwischen Gott und Mensch in der Gesetzgebung der *Nomoi* gewidmet. Beider Verhältnis läßt sich als die Annäherung der Gesetzgeber an Gott als das Maß aller Dinge zusammenfassen. Die dritte ist der speziellen Antwort auf die Theodizeefrage bei grundsätzlichem Festhalten an der Verantwortlichkeit des Menschen für sein Schicksal gewidmet und handelt entsprechend von dem ironisch gebrochenen und doch ernst gemeinten Jenseitsmythos zumal in den *Nomoi*, dessen Ausgestaltung im Phaidon die nächste Parallele zum Seelenglauben des 1. Henochbuches darstellt. Der folgende Aufsatz über Xenophons Frömmigkeit illustriert den Glauben an göttliche Vorzeichen und Orakel, der von den Deuteronomikern und Deuteronomisten zugunsten des über die Zukunft Israels entscheidenden Gehorsams gegen die Weisung Gottes fast ausnahmslos als illegitim erklärt worden ist. Er beleuchtet damit indirekt die vorexilische Religionspraxis Israels.

Der Aufsatz über den einen Gott und die Götter der Welt führt den Vergleich zu Ende, indem er die Annäherung an Gott durch die griechischen Philosophen mit der biblischen Rede von Gott her konfrontiert und die Gegenwartsbedeutung beider Zugänge bedenkt. Der anschließende Beitrag über die Freiheit im Alten Testament kontrastiert das griechische politische Verständnis mit der biblischen Erwartung des rettenden Gottes und leitet damit zur nachexilischen jüdischen Frömmigkeit über. Als ein Lehrstück für das scheinbar Befremdliche des Alten Testaments wird eine Auslegung der für den heutigen Leser anstößigen Erzählung von Isaaks Bindung oder Opferung geboten, die zeigt, daß man den relativ jungen Text erst auf dem Hintergrund der einschlägigen biblischen Gebote angemessen verstehen und in seiner verhaltenen Dramatik würdigen kann.

Die folgenden vier Aufsätze über Einzelfragen der Weisheit des Jesus Sirach belegen, wie der spätbiblische Glaube bereit war, sich Themen und Denkmodelle von seiner griechisch-hellenistischen Welt vorgeben zu lassen, ohne seine eigensten Grundsätze der Unterscheidung zwischen Gott und Welt und der Forderung des unbedingten Gehorsams gegen das Erste oder Hauptgebot in Frage zu stellen.

Sie mögen damit zugleich einen speziellen Beitrag zum neu errichteten Schwerpunkt der interkulturellen Theologie der Salzburger Theologischen Fakultät leisten, mit dessen Sirach-Forschern Herrn Universitäts-Professor Dr. Friedrich Vinzenz Reiterer und Frau Universitäts-Assistentin Dr. Renate Egger-Wenzel ich, wie die einschlägigen Aufsätze belegen, seit Jahren fruchtbar zusammenarbeite. Daher ist dieser Band der Salzburger Fakultät und den dortigen Freunden in herzlicher Dankbarkeit gewidmet. Möge er mit den von ihm aufgeworfenen Fragen die fundamental-theologische Diskussion beleben und damit die Eigenart des christlichen Glaubens als einer denkenden Religion stärken.

Zu danken habe ich der Akademie der Wissenschaften zu Göttingen, dem Department of Semitic Studies der University of Stellenbosch, dem Johannes, dem Neukirchener und dem Ugarit Verlag für die freundliche Erlaubnis zum Nachdruck der von ihnen herausgegebenen, im vorausgehenden Verzeichnis aufgeführten Aufsätze. Ich habe sie, soweit erforderlich, korrigiert, aktualisiert und erweitert.

Mein besonderer Dank gilt dem Verlag Walter de Gruyter und den wechselnden Leitern seiner Geisteswissenschaftlichen bzw. Theologischen Abteilung in Gestalt der Herren Prof. Dr. Heinz Wenzel (†), Dr. Hasko von Bassi, Dr. Dr. Volker Gebhardt und Dr. Claus-Jürgen Thornton und stellvertretend für die Damen und Herren der Verwaltung und Herstellung Herrn Klaus Otterburig für das Vertrauen wie für die stets hilfsbereite und freundschaftliche Zusammenarbeit, die sie mir von 1982 bis heute als Herausgeber der Beihefte für die Zeitschrift für die alttestamentliche Wissenschaft entgegengebracht haben. Einen weiteren, nicht weniger herzlichen Dank schulde ich Herrn Dr. Albrecht Döhnert für die sorgfältige und freundliche Betreuung bei der Vorbereitung und Begleitung des Drucks des vorliegenden Bandes.

Marburg an der Lahn, im November 2002   Otto Kaiser